企业内部控制基本规范操作指南

（图解版）

侯其锋　主编

人 民 邮 电 出 版 社

北　京

图书在版编目（CIP）数据

企业内部控制基本规范操作指南：图解版 / 侯其锋主编. —北京：人民邮电出版社，2016.5（2023.4重印）

ISBN 978-7-115-42217-0

Ⅰ. ①企… Ⅱ. ①侯… Ⅲ. ①企业内部管理—规范—中国—指南 Ⅳ. ①F279.23-65

中国版本图书馆CIP数据核字（2016）第075762号

内 容 提 要

本书以最新的《企业内部控制基本规范》《企业内部控制配套指引》《企业内部控制评价指引》和《企业内部控制审计指引》为依据，以内部控制五要素为主线，以内部控制关键环节为重点，从实务的角度对企业内控建设流程进行了全方位梳理。

全书囊括了企业内部控制所需的现成方案和工具，详细介绍了企业组织架构、发展战略、全面预算、资金活动、采购与付款业务、研究与开发、工程项目、担保业务、业务外包、财务报告、合同管理、内部信息传递、信息系统建设等内部控制实施要点。同时，针对每一项具体业务的内部控制措施都附有相关范本，各企业可结合自身的实际情况进行个性化的修改，形成具有本企业特色的内部控制体系。

本书既适合各大企业管理人员、财务人员以及相关财经院校财会类专业师生参考阅读，也可作为企业实施内部控制的实用工具书和培训教材。

◆ 主　　编　侯其锋
责任编辑　包华楠
执行编辑　付微微
责任印制　焦志炜

◆ 人民邮电出版社出版发行　　北京市丰台区成寿寺路11号
邮编　100164　　电子邮件　315@ptpress.com.cn
网址　http://www.ptpress.com.cn
北京天宇星印刷厂印刷

◆ 开本：787×1092 1/16
印张：23.5　　　　2016年5月第1版
字数：471千字　　　　2023年4月北京第26次印刷

定价：69.00元

读者服务热线：（010）81055656　印装质量热线：（010）81055316
反盗版热线：（010）81055315
广告经营许可证：京东市监广登字20170147号

前　言 | preface

内部控制是企业管理工作的基础，是企业持续健康快速发展的重要保证。管理实践证明，企业一切管理工作都是从建立健全内部控制开始的；企业的一切决策都应统驭在完善的内部控制体系之下；企业的一切活动，都无法游离于内部控制之外。内部控制是由企业董事会、监事会、经理层和全体员工实施的，旨在实现控制目标的过程。良好的内部控制可以保证企业经营管理合法合规、资产安全、财务报告及相关信息真实完整，提高经营效率和效果，促进企业实现发展战略。

为了规范上市公司的内部控制，我国政府出台了《企业内部控制基本规范》及《企业内部控制配套指引》等一系列政策法规，基本规范的推出不仅对上市公司有效，同时也鼓励非上市大中型企业执行。此举标志着我国“以防范风险和控制舞弊为中心、以控制标准和评价标准为主体，结构合理、层次分明、衔接有序、方法科学、体系完备”的企业内部控制规范体系建设目标基本建成。这是继我国企业会计准则、审计准则体系建成并有效实施之后的又一项重大系统工程，也是财政、审计、证券监管、银行监管、保险监管和国有资产监管部门贯彻落实科学发展观、服务经济发展方式转变的重大举措；对防范企业风险、规范企业管理、促进企业可持续发展具有积极的推动作用；将全面提升企业经营管理水平、增强我国企业的国际竞争力，同时也是我国应对国际金融危机的一项制度安排。

内部控制制度贯穿于企业经营管理的各个环节，是一项内容繁多、程序复杂的系统工程，也是建立现代企业制度的一项重要工作。企业构建内部控制制度并不是一件简单的、容易的事情，有许多企业在这方面跌了跟头，花费了时间、精力、物力、财力，却没有取得较好的内控效果。

基于此，我们总结、分析了多年以来在内部控制制度建设方面取得良好效果的企业范例，汲取它们的先进经验，组织颇有实战经验的专业人士编写了《企业内部控制基本规范操作指南（图解版）》一书。本书主要从建立健全企业内部控制体系、内部控制环境的创设、具体业务风险与内部控制、业务流程层面内部控制、内部控制实施的监督五个方面对企业内部控制的整个流程进行了详细的介绍。

本书最大的特点在于，从实务的角度对内控建设流程进行了梳理，并且提供了大量的、具有实操性的内部控制文件范本。企业管理者可以此为蓝本，结合企业的实际情况进行个性化的修改，形成具有本企业特色的内部控制体系。

本书由侯其锋主编，同时获得了相关会计事务所、税务师事务所、审计事务所等机构及企业内控管理人员的支持与配合，参与本书编写的还有王益峰、杨文梅、梁文敏、刘艳玲、杨吉华、江美亮、段青民、赵仁涛、唐琼、邹凤、马丽平、段利荣、林红艺、贺才为、林友进、刘军、刘海江、周亮、赵建学、齐小娟、滕宝红、李景安、陈海川以及任克勇等人，全书最后由侯其锋统稿、审核完成。在此，作者对上述机构和人员所付出的努力表示衷心感谢。

由于作者水平有限，本书不足之处在所难免，还请读者提出宝贵意见和建议。

目　录 contents

第一章　建立健全企业内部控制体系

企业内部控制建设应当以经营的效率与效果为主导目标，以财务报告可靠、资产安全与经营合规为保障目标，并在此基础上，围绕内部控制组织的设置与内部控制建设的关键要素展开实务建设。

第二章 内部控制环境的创设

企业内部控制应建立在控制环境这一基础之上。内部控制环境是整个内部控制的基础，是推动企业发展的引擎，也是其他一切要素的核心。内部控制环境决定了其他控制要素能否发挥作用，是内部控制其他要素作用的基础。如果没有一个良好的控制环境，再好的内控制度都会流于形式，一切内控措施都是空谈。

第三章 具体业务风险与内部控制

企业的业务非常广泛，每项业务都存在一定的风险，要想把这些风险控制好，使企业朝健康健全并且有竞争力的方向发展，就有必要对其风险进行分析，并有针对性地制定内部控制措施。

业务流程是企业运营的重要部分，关系到企业战略的制定与改变，营运风险、财务风险、授权风险、信息技术风险和廉正风险都是业务流程中的潜在风险。企业管理通过流程运作实现经营战略，经营战略和战略目标的调整需要业务流程的配合，因此，企业应该梳理业务流程并据此建立内部控制。

第一章

建立健全企业内部控制体系

企业内部控制建设应当以经营的效率与效果为主导目标，以财务报告可靠、资产安全与经营合规为保障目标，并在此基础上，围绕内部控制组织的设置与内部控制建设的关键要素展开实务建设。

第一节　建立内部控制组织

组织是体系运行的基本保障。通常的内部控制组织包括董事会与经营层两个层面，董事会的主要责任是强调内部控制的建设与实施，并且下设审计（风险）管理专门委员会，以加强管理。

一、内部控制的责任主体

内部控制的责任主体向上可扩展到治理层（董事会），向下可扩展到其他员工，具体如表1-1所示。

表1-1　内部控制的责任主体

序号	实施责任主体	具体职责
1	董事会	董事会是企业的常设权力机构，向股东大会负责，实行集体领导，是股份企业的权力机构和领导管理、经营决策机构，是股东大会闭会期间行使股东大会职权的权力机构。董事会在内部控制中的重要职责表现为： （1）科学选择恰当的管理层并对其进行监督 （2）了解管理层实施有效的风险管理和内部控制的范围 （3）知道并确定单位的最大风险承受能力 （4）及时了解重大风险并制定应对措施 （5）建立健全单位内部控制体系并组织有效实施
2	审计委员会	审计委员会是董事会设立的专门机构，主要负责企业内外部审计的沟通、监督和核查工作。审计委员会的主要职责表现为： （1）审核及监督外部审计机构是否独立客观，以及审计程序是否有效 （2）制定外部审计机构非审计服务政策并执行 （3）审核企业的财务信息及其披露 （4）监督企业的内部审计制度及其实施过程 （5）负责内部审计与外部审计之间的沟通工作 （6）审查企业内部控制制度，并对重大关联交易进行审计
3	管理层	管理层直接对企业的经营管理活动负责。总经理在内部控制中承担重要责任，其职责表现为： （1）为高级管理人员提供指引

（续表）

序号	实施责任主体	具体职责
3	管理层	（2）定期与主要职能部门（营销、生产、采购、财务、人力资源等部门）的高级管理人员进行会谈，以便对他们的职责，包括他们如何管理风险等进行核查 （3）组织领导单位内部控制的日常运行工作
4	风险管理部门	（1）建立风险管理政策 （2）确定各业务单元对于风险管理的权力和义务 （3）提高整个企业的风险管理能力 （4）指导相关部门和人员做好风险管理与其他经营计划和管理活动的整合工作 （5）建立一套通用的风险管理体系 （6）帮助管理人员制定风险管理报告规程 （7）向董事会或管理层等报告企业风险管理的进展和暴露的问题
5	财务部门	企业的财务活动应当贯穿企业经营管理的全过程。财务部门负责人在制定目标、确定战略、分析风险和做出管理等决策时应扮演关键角色
6	内部审计部门	内部审计部门及其人员在评价内部控制的有效性，以及提出改进建议方面起着关键作用 （1）企业应当授予内部审计部门适当的权力，以确保其审计职责的履行 （2）对内部审计部门负责人的任免应当慎重 （3）内部审计部门负责人应与董事会及其审计委员会保持畅通沟通 （4）应当赋予内部审计部门追查异常情况以及提出处理、处罚建议的权力
7	单位员工	所有员工都在实现内部控制中承担相应职责并发挥积极作用。管理层应当重视员工的作用，并为员工反映诉求提供信息通道

二、内控部门的设置方式

内控组织的设置特别强调，经理层是企业内控建设的具体实施者与责任人，各经营管理部门按照职能归口进行内部控制的建设与实施。其中，是否设置专职的内控部门是企业界关注的焦点，通常的设置方式包括三种，具体如图1-1所示。

方式一　单独设置内控部门

单独设置内控部门的优点是有利于提高内控建设的初期推动效率；缺点是内控部门与经营管理部门割裂，未能很好地体现内部控制责任与经营管理责任的融合。此方式在金融类企业普遍应用，对于实体经济企业，通常不设置专职的内控部门

方式二　由内部审计部门牵头负责内控工作

此方式的优点是待体系初建完成且运行平稳后，内部审计作为内控的监督部门，可以立足于企业整体牵头协调各部门内部控制的定期自我评价工作，并且持续完善内控体系的建设；缺点是企业内审部门往往人才匮乏，在内控建设的初期独立担此重任可能力不从心

方式三　在内部控制建设集中期设立内部控制建设办公室，该办公室从各主要部门抽调人员专职从事内控体系建设工作，待体系正式运行时办公室解散，人员归位到各经营管理部门，且牵头职能也归位至内审部门

此方式的优点是可以集中各部门力量完成内部控制的体系化建设，待体系平稳运行后，相关人员再回到经营管理部门的骨干岗位上。这样做有利于促进各经营部门对内部控制体系的理解，以及内控与经营管理的融合。实践表明，对于管理基础弱的实体经济企业，采取方式三的内控推行效果较佳

图1-1　内控部门的设置方式

当然，组织的设置没有一定之规，企业应当依据自身的特点设置内部控制部门，明确相关的管理责任。

第二节　内部环境的诊断与完善

内部环境是企业内部控制建设与运行的载体，企业在建设内部控制机制时，首先要诊断与完善内部环境。一方面，内部环境的完善可以为控制活动的设计与运行奠定基础；另一方面，内部环境的诊断可以加强控制活动与内部环境的匹配性，有利于控制活动的顺畅运行。

通常，内部环境的诊断与完善包括六个方面的内容：治理结构，机构设置及权责分配，内部审计，人力资源政策，企业文化以及法律环境。

一、治理结构

治理结构是由股东大会、董事会、监事会和管理层组成的，决定企业内部决策过程和利益相关者参与企业治理的办法，主要作用在于协调企业内部不同产权主体之间的经济利益矛盾，克服或减少代理成本。

二、机构设置及权责分配

我国相关法规反映出董事会在企业管理层中居于核心地位，董事会应该对企业内部控制的建立、完善和有效运行负责。监事会对董事会建立与实施内部控制进行监督。企业管理层对内部控制制度的有效执行承担责任，其中处于不同层级的管理者掌握着不同的控制权力并承担相应的责任，同时相邻层级之间存在着控制和被控制的关系。

三、内部审计

内部审计控制是内部控制的一种特殊形式。其范围主要包括财务会计、管理会计和内部控制检查。内部审计主要具有监督、评价、控制和服务四种职能，主要起防护性作用和建设性作用。

（一）防护性作用

防护性作用是通过内部审计的检查和评价企业内部的各项经济活动，发现那些不利于本企业目标实现的环节和事项，防止给企业造成不良后果。

（二）建设性作用

建设性作用是通过对审查活动的检查和评价，针对管理和控制中存在的问题和不足，提出富有建设性的意见和改进方案，从而协助企业改善经营管理，提高经济效益，以最好的方式实现企业的经营目标。

四、人力资源政策

统一规范的人力资源政策对更好地贯彻和执行内部控制有很大的帮助，还能确保执行企业政策和程序的人员具有胜任能力和正直品行。从某种意义上说，企业内部控制的成效取决于员工素质的合格程度，因为任何内部控制制度的成效都取决于其设计水平和高素质人员的贯彻执行。因此，员工素质控制是内部控制的一个重要因素。员工素质控制包括企业在招聘、培训、考核、晋升与奖励等方面对员工素质的控制。

五、企业文化

企业文化（核心价值的建立）是一切从事经济活动的组织之中形成的组织文化，是企业在长期的经营实践中形成的共同思想、作风、价值观念和行为准则，是一种具有企业个性的信念和行为方式。企业文化包含四个要素：制度文化、物质文化、行为文化和精神文化。这四个要素相互影响、相互作用，共同构成企业文化的完整体系。

六、法律环境

如果企业不具备较强的法律意识，不能充分认识到法律风险的存在，并对其进行有效控制，那么轻则会给企业带来经济损失，重则会给企业带来灭顶之灾。其中，机构设置、权责分配与内部审计的定位必须先行完善，这样后续的控制活动设计与运行才会顺畅。治理结构、人力资源政策与企业文化三个方面，可以伴随控制活动的运行同步完善。

第三节　动态的风险评估

风险评估是内部控制体系化建设的重要表现，是后续内部控制措施设计的重要依据。根据成本效益原则，企业应当针对评估的重要风险强化内部控制措施，有效降低风险。对于次要风险，企业应当简化控制活动与流程设计，承担相关的风险，体现出以经营效率与效果为主导目标的内控建设理念。

一、风险管理的过程

风险评估是组织辨认和分析与目标实现有关的风险的过程。风险评估提供了控制风险的基础。此处所讲的风险评估是一个比较宽泛的概念，包括了风险管理的全过程，即设置目标、风险识别、风险分析、风险应对。

（一）设置目标

根据《企业内部控制基本规范》第二十一条的规定："企业开展风险评估，应当准确识别与实现控制目标相关的内部风险和外部风险，确定相应的风险承受度。风险承受度是企业能够承担的风险限度，包括整体风险承受能力和业务层面的可接受风险水平。"企业只有设定风险承受度，才能全面系统地收集相关信息，最后结合自身实际情况及时进行风险评估。

（二）风险识别

风险识别实际上是收集有关损失原因、危险因素及损失等方面信息的过程。风险识别作为风险评估过程的重要环节，主要研究：存在哪些风险、哪些风险应予以考虑、引起风险的主要因素是什么、这些风险所引起的后果及严重程度如何、风险识别的方法有哪些等。企业在风险评估过程中，应当重点关注引起风险的主要因素，并准确识别与实现控制目标有关的内部风险和外部风险，具体内容如表1–2所示。

表1–2　引起风险的主要因素

内部风险因素	外部风险因素
（1）董事、监事、经理及其他高级管理人员的职业操守，以及员工专业胜任能力等人力资源因素 （2）组织机构、经营方式、资产管理、业务流程等管理因素 （3）研究开发、技术投入、信息技术运用等自主创新因素 （4）财务状况、经营成果、现金流量等财务因素 （5）营运安全、员工健康、环境保护等安全环保因素以及其他因素	（1）经济形势、产业政策、融资环境、市场竞争、资源供给等经济因素 （2）法律法规、监管要求等法律因素 （3）安全稳定、文化传统、社会信用、教育水平、消费者行为等社会因素 （4）技术进步、工艺改进等科学技术因素 （5）自然灾害、环境状况等自然环境因素以及其他因素

（三）风险分析

企业应对识别出的风险进行分析。企业风险分析应当充分吸收专业人员，组成风险分析团队，严格按照规范的程序开展工作，确保风险分析结果的准确性。

（四）风险应对

在风险识别和风险分析的基础上，企业应结合具体的实际情况，选择合适的风险应对策略。企业风险应对策略有图1–2所示的四种基本类型：风险规避、风险降低、风险分担、风险承受。

1　风险规避

风险规避是指企业对超出风险承受度的风险，通过放弃或者停止与该风险相关的业务活动来避免和减轻损失的策略。这是控制风险最有力的一种措施。它与其他的控制风险方法不同，是在风险事故发生之前，将所有风险因素完全消除，从而彻底排除某一特定风险事故发生的可能性。同时，它也是一种消极的风险应对措施，因为选择风险规避策略也就等于放弃了可能从风险中获得的收益

2　风险降低

风险降低是指企业在权衡成本效益之后，准备采取适当的控制措施降低风险或者减轻损失，将风险控制在风险承受度之内的策略。这是风险管理中最积极主动也是最常见的一种处理方法，它包括两类措施：风险预防和风险抑制

3 风险分担

风险分担是指企业准备借助他人力量，采取业务分包、购买保险等方式和适当的控制措施，将风险控制在风险承受度之内的策略。其主要措施包括业务分包、保险、出售、开脱责任合同以及合同中的转移责任条款

4 风险承受

风险承受是指企业对风险承受度之内的风险，在权衡成本效益之后，不准备采取控制措施降低风险或者减轻损失的策略。这也是一种比较省事的风险应对策略

图1-2　风险应对的四种策略

风险应对的四种策略是根据企业的风险偏好和风险承受范围制定的。风险规避策略在采用其他任何风险应对措施都不能将风险降低到企业风险承受度以内的情况下适用；风险降低和风险分担策略则是通过相关措施，使企业的剩余风险与企业的风险承受度相一致；风险承受则意味着风险在企业可承受范围之内。企业应该结合实际情况及时调整风险应对策略。

风险评估包括风险辨识阶段与风险评估阶段。在风险辨识阶段，企业应当围绕内部控制目标识别影响目标实现的不确定性因素，辨别企业风险并进行分类，形成企业的风险管理库。通常，企业的风险可以划分为战略风险、市场风险、运营风险、财务风险与法律风险五类，并在此基础上进一步细分。在风险评估阶段，企业应当运用二维风险评估坐标图，从破坏性与发生频率两个维度评估风险，并将风险点界定为重大风险、中风险与低风险。企业需依据行业特点与目标设置等确定风险评估的标准，并注意定量与定性标准相结合。

在实务中我们强调，处于不同行业的企业，或是同一行业的不同企业，或是同一企业处于不同的发展阶段，其风险评估结果各不相同。为此，企业应当至少每年评估一次风险，及时发现新环境、新业务带来的新风险，动态地调整风险评估结果，进而动态地调整控制活动规范，让原本静止的内控制度动起来，始终踏上企业发展的节奏。

二、风险评估评级标准及评估方法

风险评估的定量和定性分析可以帮助管理层将风险量化，并由高到低进行排序，从而让管理层对企业当前的风险评级有一个全面且清晰的认识。风险评估的定性和定量分析主要分为以下几个步骤，如图1-3所示。

评估固有风险发生的可能性 → 评估固有风险的影响程度 → 固有风险排序 → 评估固有风险现有控制措施的实施有效性 → 剩余风险排序

图1-3　风险评估的定性和定量分析步骤

（一）评估固有风险发生的可能性

固有风险发生的可能性即每种风险发生的可能性有多大。在设定可能性参数的时候，我们可以考虑以下因素：

（1）预期事件发生的频率；

（2）工作环境；

（3）现有的程序和技能；

（4）员工承诺、士气和态度；

（5）前车之鉴。

以下是针对风险评估建议采用的风险发生可能性的评估参数，如表1-3所示。

表1-3　风险发生可能性的评估参数

等级	1	2	3	4	5
定量	10%以下，今后10年内发生的可能少于1次	10%～30%，今后5～10年可能发生1次	30%～70%，今后2～5年可能发生1次	70%～90%，今后1年内可能发生1次	90%以上，今后1年内至少发生1次
定性	极低，一般情况下不会发生	低，极少情况下才发生	中等，某些情况下发生	高，较多情况下发生	极高，常常发生

（二）评估固有风险的影响程度

固有风险是指未考虑任何控制措施的风险。通过定性和定量指标相结合的方法，我们可以评估风险的影响程度，形成统一的风险衡量语言。

风险发生的影响通常分为以下五个级别。

（1）灾难性的：灾难/极其严重的事件，有可能导致企业倒闭。

（2）重大的：严重的事件，要求高级管理层采取特别措施。

（3）中等的：重要的问题，要求中级管理层采取额外行动。

（4）次要的：不利事件，需要管理层一定的关注。

（5）轻微的：影响能通过正常的管理活动消除。

风险发生的影响级别及分值如表1-4所示。

表1-4　风险发生的影响级别及分值

分值	财务影响	声誉	日常运营
1分 轻微的	较低的财务损失，比如税前利润的某一百分比	负面消息在企业内部流传，企业声誉没有受损	对营运影响微弱；在时间、人力或成本方面不超出预算1%

（续表）

分值	财务影响	声誉	日常运营
2分 次要的	轻微的财务损失	负面消息在当地局部流传，对企业声誉造成轻微损害	对营运影响轻微；受到监管者责难；在时间、人力或成本方面超出预算1%～5%
3分 中等的	中等的财务损失	负面消息在某区域流传，对企业声誉造成中等损害	减慢营业运作；受到法规惩罚或被罚款等；在时间、人力或成本方面超出预算6%～10%
4分 重大的	重大的财务损失	负面消息在全国各地流传，对企业声誉造成重大损害	无法达到部分营运目标或关键业绩指标；受到监管者的限制；在时间、人力或成本方面超出预算11%～20%
5分 灾难性的	极大的财务损失	负面消息在国际流传，政府或监管机构进行调查，引起公众关注，对企业声誉造成无法弥补的损害	无法达到所有的营运目标或关键业绩指标；违规操作使业务受到中止；时间、人力或成本方面超出预算20%

（三）固有风险排序

企业可以结合管理层的风险偏好设定固有风险评级矩阵，如表1-5所示。

表1-5　固有风险评级矩阵

根据影响和可能性评估固有风险					
程度 可能性	1	2	3	4	5
5	显著	显著	高	高	高
4	中等	显著	显著	高	高
3	低	中等	显著	高	高
2	低	低	中等	显著	高
1	低	低	中等	显著	显著

（四）评估固有风险现有控制措施的实施有效性

现有的控制是管理层针对固有风险已建立的关键控制措施，依据其控制政策设立的健全性、合理性以及控制实施的有效性，评估该关键控制措施的效果。风险控制评级标准如表1-6所示。

表1-6 风险控制评级标准

级别	评级标准
满意	制度健全合理，且执行到位
比较满意	制度基本健全合理，但执行尚有欠缺
部分满意	制度还需健全完善，执行尚不到位
不满意	制度缺失，或基本没根据制度执行

（五）剩余风险排序

剩余风险是指经控制后的风险水平。剩余风险评估结果是结合固有风险的评级和针对该固有风险所采取的关键现有控制的有效性后得出的，说明经过控制后风险程度的运动情况。剩余风险评级矩阵如表1-7所示。

表1-7 剩余风险评级矩阵

根据控制的有效性评估剩余风险			
风险控制级别 固有风险评级	满意	部分满意/比较满意	不满意
高	显著/中等	高/显著	高
显著	中等/低	显著/中等	显著
中等	低	中等/低	中等
低	低	低	低

第四节 控制活动的设计

控制活动是确保管理层的指令得到贯彻执行的必要措施，存在于整个机构内所有级别和职能部门。它包括批准、授权、查证、核对、经营业绩评价、资产保全措施和职责分工等活动。

一、控制活动的分类

控制活动按照不同的分类标准可以划分为不同的类型。

（一）按控制活动的目标分类

（1）战略目标控制活动：指能够满足战略目标实现的控制活动。

（2）经营控制活动：指能够满足经营活动效率与效果目标的控制活动。

（3）财务报告控制活动：指能够满足财务报告目标的控制活动。

（4）合规性控制活动：指能够满足合规性目标的控制活动。

（二）按控制活动的内容分类

控制活动按其内容可分为企业层面控制和业务活动层面控制，具体如图1-4所示。

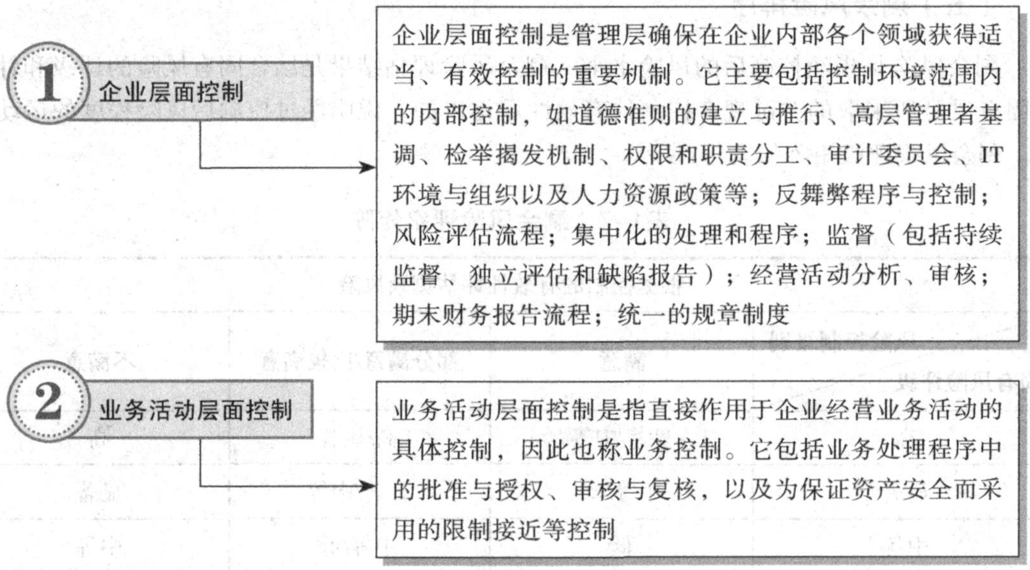

图1-4　按控制活动的内容分类

（三）按控制活动的作用分类

控制活动按其作用可分为预防性控制和发现性控制，具体如图1-5所示。

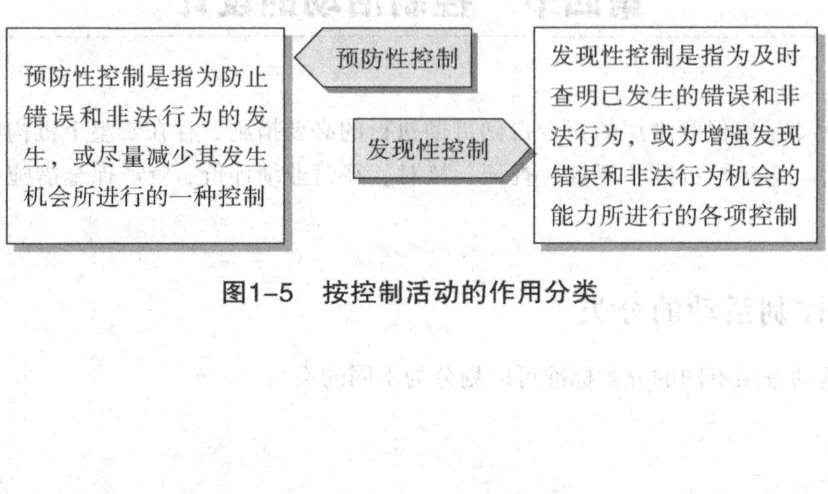

图1-5　按控制活动的作用分类

（四）按控制活动的手段分类

按控制活动的手段划分，控制活动可分为人工控制和自动控制，具体如图1-6所示。

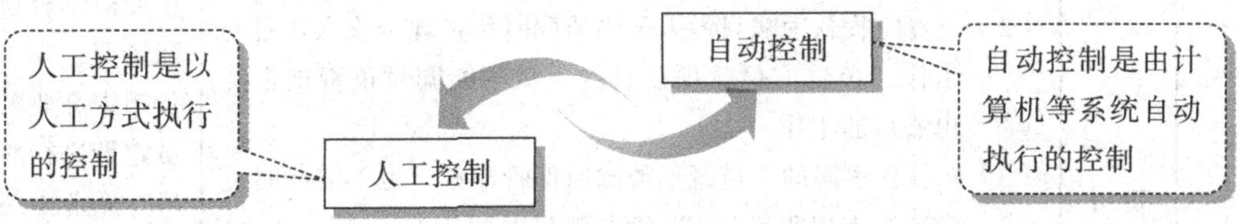

图1-6　控制活动的分类

二、控制活动的关注要点

（1）针对企业的每一项业务活动都有必要和恰当的政策和程序。

（2）已确定的控制行为得到恰当执行。

三、控制活动的措施

《企业内部控制基本规范》第二十八条明确了企业风险控制的措施，一般包括不相容职务分离控制、授权审批控制、会计系统控制、财产保护控制、预算控制、运营分析控制和绩效考评控制等。

（一）不相容职务分离控制

不相容职务是指那些不能由一人兼任，否则既可弄虚作假，又能掩盖其舞弊行为的职务。不相容职务分离是指这些职务由两人以上担任，以利于相互监督。

1. 企业中不相容的职务

企业中不相容的职务一般有：授权审批职务与申请职务、授权审批职务与执行业务职务、执行业务职务与监督审核职务、执行与会计记录业务职务、财产保管与会计记录职务、明细账与总账记录职务、执行业务职务与财产保管职务、财产保管职务与财产核查职务等。

2. 主要业务不相容职务分离控制要点

对于不同的业务，不相容职务分离控制的具体内容也有很大的差异。主要业务不相容职务分离控制要点如表1-8所示。

表1-8　主要业务不相容职务分离控制要点

序号	业务	控制要点	备注
1	货币资金	（1）管钱的不能管账，管账的不能管钱 （2）负责应收款项账目的人员不能同时负责现金收入账目的工作，负责应付款项账目的人员不能同时负责现金支出账目的工作 （3）保管支票簿的人员既不能同时保管印章，也不能同时负责现金支出账目和银行存款账目的调节工作 （4）负责银行存款账目调节的人员应当与负责银行存款账目、现金账目、应收款项账目及应付款项账目登记的人员相互分离 （5）货币资金支出的审批人员应当与出纳人员、支票保管人员和银行存款账目、现金账目的记录人员相互分离	企业应结合自身实际情况，安排办理货币资金业务的人员定期进行职务轮换。企业中关键的财会职务，可以实行强制休假制度，并在最长不超过五年的时间内进行职务轮换
2	采购与付款业务	（1）根据生产经营需要和储备情况进行请购的仓储或者所需部门的人员，不能与对该请购进行审批的人员为同一人 （2）市场价格调查与供应商的确定这两项工作不能由同一人负责，以防止有关业务人员与供应商勾结，蒙骗企业，致使企业受损 （3）订立采购合同与合同审核不能为同一人，目的是为了防止内部人员与供应商勾结，签订对企业不利的合同 （4）采购、验收与相关会计记录职务应该相互分离 （5）付款的申请、审批与执行职务应该相互分离	企业也可以根据实际情况安排办理采购业务的人员定期进行职务轮换，防范采购人员利用职权和工作便利收受商业贿赂、损害企业利益的风险
3	存货业务	（1）存货的请购与审批，以及审批与执行职务应当相分离，目的是防止随意采购存货，造成企业资金浪费 （2）存货的采购应当与验收付款职务相分离，目的是防止有关人员弄虚作假，以次充好、以少充多，从中得利 （3）存货的保管应当与相关会计记录职务相分离，目的是防止有关人员利用账务处理掩盖舞弊 （4）存货发出的申请与审批，以及申请与会计记录职务应当相分离，目的是防止出现存货流失、浪费等现象 （5）存货处置的申请与审批，以及申请与会计记录职务应当相分离，目的同上	禁止同一部门或同一个人办理存货业务的全过程。企业应根据实际情况安排办理存货业务的人员进行职务轮换
4	对外投资业务	（1）对外投资项目的可行性研究应当与评估职务相分离，目的是防止企业内部人员与被投资方串通，擅自更改投资项目的可行性报告，高估投资收益，低估投资风险 （2）对外投资决策应当与执行相分离，目的也是防止内部人员与被投资方串通，以公司利益为代价从中得利	

（续表）

序号	业务	控制要点	备注
4	对外投资业务	（3）对外投资处置的审批与执行相分离，如果这两个职务由一人担任，则可能出现违背企业利益，滥用审批权力等问题 （4）对外投资绩效评估与执行相分离，只有这两个职务相分离，才能客观、公正地反映企业的投资绩效	
5	工程项目业务	（1）将提出项目建议书、对项目进行可行性研究、负责项目决策的职务分离开，这样可以在一定程度上保证项目决策的合理性，防止在项目决策中出现舞弊行为 （2）分别设置专门的职务编制工程项目概预算并对概预算进行审核。工程项目概预算从本质上说是合理确定建设工程价格的工具，也是项目实施的重要参照依据，因此必须设专人负责。而工程项目概预算审核的目的是对工程项目概预算编制的合理性、合法性进行监督与检查。它是促使工程项目概预算编制水平提高的重要手段，因此企业必须设置专门的职位，由专人负责此项工作 （3）分别设置专门的职务进行工程项目决策和工程项目实施，这在一定程度上可以保证项目实施的合法性与合规性，防止相关人员从中徇私舞弊、图谋私利 （4）负责项目实施的人员不能同时负责价款的审核与支付，以免给其在工程价款上做手脚提供便利条件 （5）项目实施和项目验收要由不同的职务来执行，否则，就会犹如一个人既当运动员又当裁判员，不但不能保持客观公正性，还可能为他们掩饰犯罪提供有利的条件 （6）由于竣工决算可以综合、全面地反映项目的建设成果和财务情况，而竣工决算的审查，则可以查明竣工决算的真实性、合法性与合规性等，因此为了使它们各自发挥效用，必须由不同的人员负责	
6	销售与收款	（1）客户信用调查评估与销售合同的审批签订职务相分离，目的是防止有关业务人员与客户串通，从而骗取企业销售的商品 （2）销售合同的审批、签订与办理发货职务相分离 （3）销售货款的确认、回收与相关会计记录职务相分离，目的是防止有关人员在货款上实施舞弊行为后利用账务处理来掩饰 （4）销售退回货品的验收、处置与相关会计记录职务相分离 （5）销售业务经办与发票开具、管理职务相分离	

（续表）

序号	业务	控制要点	备注
6	销售与收款	（6）坏账准备的计提与审批、坏账的核销与审批职务相分离，目的是防止会计人员与客户串通，多计提坏账，骗取企业的应收账款，使企业蒙受损失	
7	筹资业务	（1）筹资方案的拟定与决策职务相分离，目的是尽可能保证筹资方案的完善与可行 （2）筹资合同或协议的审批与订立职务相分离，目的是保证合同程序的严密性和有效性 （3）与筹资有关的各种款项偿付的审批与执行职务相分离，目的是防止有关人员私自将资金转出 （4）筹资业务的执行与相关会计记录职务相分离	
8	成本费用业务	（1）成本费用定额、预算的编制与审批职务相分离。如果编制和审批为同一人，那就不利于发现成本费用定额、预算编制中存在的问题，从而给企业提供误导信息，或者成全编制人员的舞弊行为 （2）成本费用支出与审批职务相分离。如果这两个职务不分离，那么很容易出现成本费用“想用就用”的现象，这显然不利于企业对成本费用的控制 （3）成本费用支出与相关会计记录职务相分离。这两个职务的分离有利于发觉有关业务人员的舞弊行为。因此，企业应在会计记录过程中对成本费用的相关凭证进行审核，这在一定程度上为舞弊行为设置了障碍	同一职务人员应定期作出适当调整和更换，避免同一人长时间负责同一业务。这样做的目的是防止为有关业务人员在成本上进行舞弊提供充足的时间和条件
9	担保	由于担保业务不经常发生，因此企业没有必要单独设置担保业务职务，但要保证担保业务的不相容职务相互分离。担保业务的不相容职务至少包括： （1）担保业务的评估与审批，目的是控制企业内部道德风险，实现各部门横向制约 （2）担保业务的审批与执行，目的是降低企业担保业务的风险 （3）担保业务的执行与核对，目的同上 （4）担保业务相关财产保管和担保业务记录，目的是业务可追溯	
10	固定资产	（1）固定资产投资预算的编制与审批、审批与执行职务相分离，目的是防止企业资金被滥用 （2）固定资产采购、验收与款项支付职务相分离，目的是防止有关人员弄虚作假，以次充好、以少充多，从中牟利	同一部门或个人不得办理固定资产业务的全过程

（续表）

序号	业务	控制要点	备注
10	固定资产	（3）固定资产投保的申请与审批职务相分离，目的是防止有关人员在投保中串通外人获利 （4）固定资产处置的申请与审批、审批与执行职务相分离，目的是防止固定资产流失 （5）固定资产取得与处置业务的执行与相关会计记录职务相分离，目的是防止相关人员利用账务处理来掩盖舞弊行为	
11	计算机信息系统	（1）系统分析：分析用户的信息需求，并据此制订设计或修改程序的方案 （2）编程：编写计算机程序执行系统分析员的设计和修改方案 （3）计算机操作：负责运行并监控应用程序 （4）数据库管理：综合分析、设计系统中的数据需求，维护组织数据资源 （5）信息系统库管理：在单独的信息系统库中存储暂时不用的程序和文件，并保留所有版本的数据和程序 （6）数据控制：负责维护计算机路径代码的注册系统，确保原始数据经过正确授权，监控信息系统工作流程，协调输入和输出，将输入的错误数据反馈到输入部门并跟踪监控其纠正过程，将输出信息分发给经过授权的用户 （7）终端：终端用户负责记录交易内容，授权处理数据，并合理利用系统输出的结果 （8）系统开发和变更过程中不相容职务（或职责）一般应包括开发（或变更）审批、编程、系统上线、监控。系统访问过程中不相容职务（或职责）一般应包括申请、审批、操作、监控。上述职务中的任意两个都必须分开设置	
12	预算业务	（1）预算编制（含预算调整）与预算审批职务相分离 （2）预算审批与预算执行职务相分离 （3）预算执行与预算考核职务相分离	
13	合同业务	（1）合同谈判与审批职务相分离 （2）合同审批与执行职务相分离	

总之，不相容职务的分离控制要求企业必须合理地设置机构和职务，明确规定各部门和岗位的权责，形成相互牵制机制。

（二）授权审批控制

授权审批控制要求企业根据常规授权和特别授权的规定，明确各岗位办理业务和事项的权限范围、审批程序及相应责任。

1. 授权体系建立

企业应当编制常规授权的权限指引，规范特别授权的范围、权限、程序和责任，严格控制特别授权。不论采用哪种授权批准方式，企业都必须建立授权审批体系，其控制要点如表1–9所示。

表1–9 授权审批体系控制要点

序号	控制要点	具体说明
1	授权审批的范围	通常企业的所有经营活动都应纳入其范围，以便于全面预算和全面控制。授权审批的范围不仅包括控制各种业务的预算制定情况，还要对相应的办理手续、业绩报告、业绩考核等明确授权
2	授权审批的层次	企业应根据经济活动的重要性和金额大小确定不同的授权批准层次，从而保证各管理层有权亦有责
3	授权审批的责任	明确被授权者在履行权利时应对哪些方面负责，以避免授权责任不清、一旦出现问题又难咎其责的情况发生
4	授权审批的程序	规定每一类经济业务的审批程序，以便按程序办理审批，避免越级审批、违规审批的情况发生

2. 授权批准制度的原则

为了使授权批准制度拥有较好的效果，企业一定要遵循四个原则：一是有关事项必须经过授权批准，且在业务发生之前；二是授权批准责任一定要明确；三是所有过程都必须有书面证明；四是对于越权行为一定要有相应的惩罚制度。

3. 主要业务的授权审批控制要点

授权审批控制贯穿于企业所有业务之中，企业主要业务的授权审批控制要点如表1–10所示。

表1–10 主要业务的授权审批控制要点

序号	业务	控制要点
1	存货	企业应当对存货业务建立严格的授权批准制度，除了做到基本的要求外，还应该尽量做到以下两个方面： （1）对于重要的以及技术性较强的存货业务，应当组织专家进行论证，实行集体决策和审批，防止因决策失误而造成严重损失 （2）企业应当按照规定的程序办理存货业务。在办理存货业务时，各个环节都要有相关记录和凭证，最终建立一个完整的存货登记制度

（续表）

序号	业务	控制要点
2	销售与收款	企业应当在科学合理的岗位分工的基础上，建立销售与收款业务授权制度和审核批准制度，并严格按照规定的权限和程序办理销售与收款业务。授权批准制度一般包括以下内容： （1）销售合同的签订和审批的授权 （2）货物发出和入库的授权 （3）货款的确认和收回的授权 （4）会计处理的授权 （5）意外情况的特殊授权
3	担保授权与审核批准	（1）担保授权制度。企业应根据经济活动的重要性和金额大小确定不同授权的批准层次，在合理分工的基础上，授予各层管理人员以相应的权限并赋予相应的责任 （2）审核批准制度。审核批准制度的内容包括以下两方面： ① 担保责任、担保标准、担保条件等，企业对此应做出明确的规定，并明确担保业务的审批权限 ② 审批人应根据担保业务授权批准制度的规定，在授权范围内进行审批，不得超越权限审批
4	合同	（1）企业应当建立合同授权委托代理制度，明确企业内部各单位与各部门的授权范围、授权期限和被授权人条件等 （2）企业应当根据本单位经济业务性质、组织机构设置和管理层级安排建立合同分级管理制度。属于上一级合同管理单位权限的合同，下一级单位不得签订 （3）企业应当实行合同归口管理制度。企业可以根据合同管理需要指定合同归口管理部门，负责对本级及下级合同管理工作进行规范。归口管理部门一般应当设立法律事务岗位，由具有法律专业资格的人员担任

（三）会计系统控制

会计系统控制主要是通过对会计主体所发生的各项能用货币计量的经济业务的记录、归集、分类、编报等进行控制。其内容主要包括以下几点：

（1）依法设置会计机构，配备会计从业人员；

（2）建立会计工作的岗位责任制，对会计人员进行科学合理的分工，使之相互监督和制约；

（3）按照规定取得和填制原始凭证；

（4）设计良好的凭证格式；

（5）对凭证进行连续编号；

（6）制定合理的凭证传递程序；

（7）明确凭证的装订和保管手续责任；

（8）合理设置账户，登记会计账簿，进行复式记账；

（9）按照《中华人民共和国会计法》（以下简称《会计法》）和国家统一的会计准则制度的要求编制、报送、保管财务报告。

（四）财产保护控制

财产保护控制的主要措施如表1-11所示。

表1-11　财产保护控制的主要措施

序号	主要措施	具体说明
1	财产记录和实物保管	关键是要妥善保管涉及资产的各种文件资料，避免记录受损、被盗、被毁。对重要的文件资料，应当留有备份
2	定期盘点和账实核对	企业要定期对实物资产进行盘点，并将盘点结果与会计记录进行比较。盘点结果与会计记录如不一致，应当分析原因、查明责任、完善管理制度
3	限制接近	严格限制未经授权的人员对资产直接接触，只有经过授权批准的人员才能接触该资产

（五）预算控制

预算控制的主要环节有：

（1）确定预算的项目、标准和程序；

（2）编制和审定预算；

（3）预算指标的下达和责任人的落实；

（4）预算执行的授权；

（5）预算执行过程的监控；

（6）预算差异的分析和调整；

（7）预算业绩的考核和奖惩。

（六）运营分析控制

运营分析控制要求单位建立运营情况分析制度，管理层应当综合运用生产、购销、投资、融资、财务等方面的信息，通过因素分析、对比分析、趋势分析等方法，定期开展运营情况分析，发现存在问题后须及时查明原因并加以改进。

（七）绩效考评控制

绩效考评控制要求企业科学设置考核指标体系，对企业内部各职能部门和全体员工的业绩进行定期考核和客观评价，并将考评结果作为确定员工薪酬以及职务晋升、评优、降级、调岗和辞退等的依据。

此外，常用的控制方法还有内部报告控制、复核控制、人员素质控制等。

第五节　信息与沟通贯穿始终

信息与沟通是指在内控建设中，保证在恰当的时机让恰当的岗位获取适当的信息。信息与沟通的设计应当贯穿于内部环境、风险评估与控制活动的始终，例如，风险评估报告的报告程序，控制活动中的控制文档设计，都体现了信息与沟通要素的建立与健全。

一、要素

（一）信息

这里所说的信息是指来源于企业外部及内部，与企业经营相关的财务及非财务信息，包括从外部获取的行业、经济、监管信息以及内部产生的经营管理、财务等方面的信息。信息必须及时、准确地传递给需要的人，以帮助其行使各自的控制和其他职能。内部控制重点关注的信息如表1-12所示。

表1-12　内部控制重点关注的信息

信息类别	内容	获取渠道
内部信息	（1）财务信息 （2）经营信息 （3）规章制度信息 （4）综合信息	（1）各部门的调研报告 （2）财务会计报告 （3）信息员搜集、反映的情况 （4）群众来信来访、员工直接向上级沟通的信息 （5）内部刊物、资料 （6）企业局域网 （7）各种会议提案、记录、纪要等
外部信息	（1）国家法律法规 （2）监管机构信息 （3）客户、供应商、竞争对手的信息等	（1）国家部委和外部监管方的文件 （2）期刊杂志 （3）中介机构 （4）互联网 （5）广播、电视 （6）企业采购及销售部门收集的市场和价格信息

（续表）

信息类别	内容	获取渠道
外部信息		（7）驻外办事处提供的信息 （8）外部来信来访 （9）参加行业会议 （10）座谈交流等多种渠道

（二）沟通

沟通是指信息在企业内部各层次、各部门以及在企业与客户、供应商、监管者和股东等外部环境之间的传递。建立有效沟通，企业需要从沟通环境、沟通渠道、沟通方式及沟通反馈多方面进行建设。有效沟通的特点表现为：沟通频率高、方式随意；沟通深入且平等；具有沟通所需的物质条件；完善的沟通制度和系统；全方位的信息共享。

（三）信息披露

信息披露是指企业为确保符合中国证券监督管理委员的要求以及其他监管要求，向所有市场参与者和监管部门提供及时、有序、一致、准确、完整、可靠和可信的企业信息。

二、信息

（一）内控关注要点

1. 获取信息并向管理层汇报

（1）企业应该完善获取外部相关信息的机制，以随时掌握有关市场状况、竞争对手的动态、立法或监管的要求以及经营环境的变化等。

（2）对于实现企业目标的重要内部信息，应得到确认并定期汇报；各级管理人员应得到他们履行职责所需要的内外部信息。

2. 及时向适当的人员汇报足够的信息

（1）各级管理人员能够及时得到分析信息，以便判断需要采取的措施。

（2）向不同级别的管理人员汇报不同详细程度的信息。

（3）适当对信息进行汇总，以满足进一步详查的需要。

（4）及时获取和传递信息，以利于有效监控有关事件和活动，并对经济、行业因素和控制问题做出迅速反应。

3. 建立信息技术总体规划

（1）指定专门部门负责识别不断产生的信息需求。

（2）信息的需求和优先次序由具有完全责任的管理层来决定。

（3）订立与战略决策相联系的长期信息技术总体规划。

4. 对信息系统的支持

管理层对信息系统的支持态度为建立或改进信息系统提供足够的、必要的资源（包括但不限于管理人员、分析员、具备必要能力的编程人员）。

（二）控制措施

1. 内部信息收集与传递

内部信息收集与传递的措施如图1-7所示。

措施一 企业价值观、道德和行为期望

企业根据《员工手册》要求，统一企业精神和核心经营管理理念、企业宗旨，并通过广泛深入地宣讲引导员工实行。《员工手册》以文件形式下发，并利用网络等形式进行宣传。企业每年的工作会议要宣讲职业道德，对员工提出遵守职业道德规范的要求。新加入企业的员工要进行企业职业道德规范等内容的岗前培训

措施二 企业的战略性经营目标

企业在年度工作会议上提出战略性经营目标，并通过与高级管理人员签订业绩合同的方式将经营目标层层分解

措施三 财务政策及程序

企业制定和完善统一的财务、会计、资产和资金等方面的管理制度、办法和工作规范，并宣贯执行。财务会计政策发生变更时，按权限经过相关人员审批后，一般通过文件形式进行通知（或转发国家部门的文件），并规定文件下发之日起执行或某固定时间执行。财务会计政策及程序以文件、网络等形式发布

措施四 人力资源政策

人力资源应对各岗位职责进行规范，使员工理解自己的职责和工作程序。企业通过宣贯《年度业绩考核办法》《人力资源管理和实施细则》督促员工正常履行自己的职责

图1-7 内部信息收集与传递的措施

2. 其他内部信息的收集与传递

企业各单位对收集的各种信息进行必要的加工与分析，以向各级管理人员提供详细程度不同的有效信息。

其他内部信息的收集与传递要点如表1-13所示。

表1-13　其他内部信息的收集与传递要点

序号	信息类别	收集与传递要点
1	财务信息	分公司及子公司编制本单位的财务报表，在企业规定的时间内编制并报送合并财务报表。财务部同期对比进行财务分析，并分总部、分子公司，分别对主要生产经营指标进行对比分析，报企业领导
2	经营信息	分公司及子公司按照统计报表的要求，每月通过电话、传真和E-mail等方式自下而上地提交统计资料，企业综管部对主要生产经营指标进行对比分析，形成月、季、年度生产经营运行分析报告报企业主管领导
3	规章制度信息	规章制度的制定单位负责对下列事项进行全面论证：制度制定的依据和所规范的对象；通过制度解决的主要问题；该项制度的安排与其他相关制度的衔接；制度颁发实施的条件和时机；实施过程中需注意的问题等。论证情况要形成书面报告，制度草案通过局域网征求各部门和分公司及子公司的意见，规章制度最后由管理层签发
4	综合信息	（1）审计监察部门搜集内审方面的相关信息，分公司及子公司审计部门向审计监察部每年上报审计计划和工作总结，每季上报审计工作统计报表。审计监察部门收集信访、违规、舞弊等信息，对于重大、紧急情况要严格执行重大情况报送制度，及时报送企业审计委员会。总经理办公室负责企业重要综合管理信息的收集编发，并开展专题调研，及时掌握所属公司和机关的工作动态，为领导决策提供信息参考 （2）分公司、子公司负责职权范围内管理信息的收集、编发和制度制定工作，并开展专题调研，及时掌握所属范围内的工作动态。分公司及子公司按照上级的信息需要及时提交各种所需的信息
5	员工提供的信息	企业各级纪检监察部门设立举报电话、网上举报中心和电子举报信箱并对外公布，除设立专门的举报接待室外，还要在员工比较集中的地方设立举报箱，以给员工提供信息举报、不服处分或处理申诉的渠道，并根据实际情况对员工的举报进行保密、保护和奖励

3. 外部信息的收集与传递

外部信息的收集与传递措施如图1-8所示。

措施一　法律法规信息

部门分公司及子公司在各自业务范围内搜集相关法律法规等信息，主要来源有国家部委的文件、期刊杂志、互联网、专业法律信息服务商及中介机构等，并通过企业局域网发布

措施二 政策信息和监管机构信息

各部门和分公司及子公司搜集国家相关政策、监管机构的各种信息，通过公文形式和其他方式发布

措施三 从客户、供应商、经营伙伴、投资者处获得的信息

分公司、子公司的采购销售部门通过供需见面会或订货会、谈判、签订合同等形式搜集产品信息、市场需求信息、竞争对手信息等，经分析整理后及时传递至相关部门。证券部、财务部等部门搜集与证券机构或投资银行等第三方机构在业务往来中和企业相关的信息，经分析整理后及时传递至相关部门。企业领导通过各种渠道将从经营伙伴、投资者处获得的相关信息以工作例会等方式发布

图1-8 外部信息的收集与传递措施

（三）信息报告的种类

信息报告的种类如图1-9所示。

信息报告的种类

- 例行报告：各级人员按照企业分级管理的组织结构和岗位职责，定期向上级反映其管辖部门或所在岗位的工作情况。各部门向上级请示、报告工作，要先按照企业领导的工作分工向分管领导请示、报告，然后再根据请示报告类别，按照（股份公司、分公司及子公司）管理体制向对口的上级请示、报告。正常情况下不得越级请示、报告工作
- 实时报告：除例行报告外，企业还要制定相关制度的有关规定，形成重大信息传递机制
- 专题报告：企业各部门要根据业务需要，就某一专题及时向上级领导汇报情况
- 综合报告：企业各部门应定期向上级领导全面汇报本部门的工作情况，主要包括工作总结、计划安排等内容

图1-9 信息报告的种类

（四）信息技术总体规划

企业应成立信息部，由总经理直接领导，由总经济师具体管理。信息部应根据企业整体发展战略，组织确定企业信息技术发展总体目标和战略规划。对于重大信息技术项目，信息部委专家小组要进行项目技术论证，例如，OA办公软件的安装与使用等。

三、沟通

（一）沟通内控关注要求

（1）向员工传达工作职责和控制责任的有效性。

①沟通方式应能实现沟通的目的。

②员工应清楚要达到的工作目标，以及本岗位工作对于实现这些目标有什么作用。

③员工应清楚自己的职责与他人的职责如何相互影响。

（2）企业内部是否具有内部交流和沟通的充分性，以及信息的完整性和及时性。

（3）沟通机制应开放有效，企业应设立全方位反馈机制，并对相关方的建议、投诉和收到的其他信息进行记录并快速处理；必要的信息应向上级汇报并采取相关的跟进措施。

（4）外部相关方了解企业职业道德规范的程度。

①与外部的重要信息交流应由相应的管理人员负责。

②供应商、客户和其他各方应清楚企业在与其往来的活动中，员工应遵循的职业道德规范。

③在与外部的日常交往中，企业要强调员工应遵循的职业道德规范。

④其他企业员工的不当行为应向有关人员汇报。

（5）管理层收到外部信息后应采取及时和适当的应对措施。

①企业应善于接受他人就产品、服务或其他方面反映的问题，并且对此进行调查并采取适当的行动。

②在与客户交易或财务记录中出现的错误，企业应及时纠正，并且就产生错误的原因进行调查。

③应由经授权的当事人以外的人员处理投诉事项，并采取适当的行为与原始信息提供者进行沟通，同时做好跟踪工作。

④管理层应清楚投诉的性质以及数量。

（二）措施

1. 内部沟通

（1）明确的职责和有效的控制

各部门定期组织对本部门员工进行相关岗位培训，使员工清楚其行为要达到的目标，以及自己的职责与他人的职责如何相互影响。人力资源部根据企业制定的各种业绩考核办法组织对各级人员进行业绩考核，并及时将考核结果反馈给被考核人，有效检查各级人员对其职责的理解和有效性控制。

（2）内部沟通与交流

管理层定期向董事会就最新的业绩、发展、风险、重要事件或事故等问题进行汇报。企业管理层定期或不定期召开各种会议，及时与相关职能部门领导、分公司、子公司负责人就生产、运营等情况进行沟通、交流。员工除了正常向其直属上级汇报工作外，还可以通过各种方式与本单位主要领导进行直接沟通。企业各部门经理的联系方式公布在联络簿上，员工可以通过电话、邮件、面谈等方式直接与其沟通、交流。企业员工可以通过书信、电话、走访等形式，向纪检监察部门反映党员以及监察对违反党纪、政纪问题的有关意见、建议和要求；同时，企业还应规定对信访件的处理权限和办结率，以及对查报结果的要求等，对信访举报属实，查处后为企业挽回或减少重大损失的，将酌情奖励举报人。企业还可以组织开展合理化建议活动，鼓励员工对企业管理、生产、研发等方面提出合理化建议，并对有突出贡献的单位和个人给予适当的奖励。

2. 外部沟通

外部沟通的措施如图1-10所示。

措施一 对外职业道德规范的宣传

企业积极参与社会公益事业，以实际行动宣传企业精神和经营理念，并在国内影响较大的报刊、杂志上进行企业形象和产品品牌的宣传。企业可通过各种新闻媒体深入报道各单位涌现出来的各种先进事迹、先进人物和先进管理经验，对企业管理人员与员工爱岗敬业、无私奉献的精神进行宣传报道。企业销售、采购部门员工在同客户、供应商的日常工作交往中，应向客户、供应商解释企业的道德规范。企业应鼓励员工在发现其他单位员工有不当行为时，要及时向企业负责人汇报

措施二 与客户沟通

企业销售部门应当建立客户座谈会制度和客户走访制度，定期与客户进行座谈和走访，听取客户对销售政策的意见和建议，收集客户需求和客户对销售单位的意见，强化售后服务，并制定相应政策，解决销售工作中存在的问题。销售部门还应通过产品订货会、研讨会了解客户对产品或服务的设计以及质量方面的要求，并反馈给相关部门。同时设立专职人员处理在销售活动中的商务纠纷

措施三 与供应商沟通

分公司和子公司采购部门通过供需见面会或订货会、谈判、签订合同等形式与供应商就产品或服务的设计、质量、市场需求等问题进行沟通

措施四　与律师的信息沟通

法律事务部负责企业法律顾问的年度聘用工作，就年报起草、信息披露等事项及时与前述律师进行信息沟通。企业根据需要，聘请律师参与有关重大项目服务和法律纠纷的处理工作，并随时与律师沟通进展情况

措施五　与股东、监管者、外部审计师的沟通

企业按照《中华人民共和国公司法》（以下简称《公司法》）的规定组织召开股东年度会议和股东临时会议，保证股东权益。企业要根据《公司章程》和所在地的监管规定依法披露企业信息，通过季度、中期和年度报告等方式，让监管者、股东等外部相关方对企业经营状况有更深入的了解。董事会秘书负责同监管部门联系，组织、准备并及时递交监管部门所要的文件，接受监管部门下达的有关任务并组织完成。企业管理层不定期与外部审计师召开会议，商讨界定程序的相关事宜以及传达当前企业所做出的重要决定，以保证项目实施的有效性和高效性以及双方工作的协调性。审计委员会、审计部门、财务部门、内控部门与外部审计师进行会晤和讨论，听取外部审计师有关财务报告审计、内部控制审计方面的建议

图1–10　外部沟通的措施

第六节　运用内部监督手段

内部监督置于五要素之末，是内控管理闭环的体现。为此，内部监督也可以视为五要素之首，它是内部环境、风险评估、控制活动、信息与沟通要素持续完善的基础。

一、内部监督

内部监督是内部控制体系中不可或缺的一部分，是内部控制得到有效实施的有力保障，具有非常重要的地位。内部监督分为日常监督和专项监督。

（1）日常监督是指企业对建立与实施内部控制的情况进行常规、持续的监督检查。

（2）专项监督是指在企业发展战略、组织结构、经营活动、业务流程、关键岗位员工等发生较大调整或变化的情况下，对内部控制的某一方面或者某些方面进行有针对性的监督检查。

二、内部控制缺陷

内部控制缺陷是描述内部控制有效性的一个负向维度。企业开展内部控制评价，主要工作之一就是要找出内部控制缺陷并有针对性地进行整改。内部控制缺陷按不同的标准可分为不同的类别，具体内容如表1-14所示。

表1-14 内部控制缺陷的分类

分类标准	类别	具体说明
按照内部控制缺陷成因或来源划分	设计缺陷	设计缺陷是指企业缺少为实现控制目标所必需的控制，或现存控制设计不适当，即使正常运行也难以实现控制目标
	运行缺陷	运行缺陷是指设计有效（合理且适当）的内部控制由于运行不当（包括由不恰当的人执行、未按设计的方式运行、运行的时间或频率不当、没有得到一贯有效的运行等）而形成的内部控制缺陷
按照影响企业内部控制目标实现的严重程度划分	重大缺陷	重大缺陷是指一个或多个控制缺陷的组合，可能导致企业严重偏离控制目标。当存在任何一个或多个内部控制重大缺陷时，应当在内部控制评价报告中作出内部控制无效的结论
	重要缺陷	重要缺陷是指一个或多个控制缺陷的组合，其严重程度低于重大缺陷，但仍有可能导致企业偏离控制目标。虽然重要缺陷的严重程度低于重大缺陷，不会严重危及内部控制的整体有效性，但是也要引起董事会、经理层的充分关注
	一般缺陷	一般缺陷是指除重大缺陷、重要缺陷以外的其他控制缺陷
按照具体影响内部控制目标的具体表现形式划分	财务报告缺陷	财务报告内部控制是指针对财务报告目标而设计和实施的内部控制。财务报告缺陷是指不能及时防止或发现并纠正财务报告错报的内部控制缺陷
	非财务报告缺陷	非财务报告内部控制是指针对除财务报告目标之外的其他目标的内部控制。这些目标一般包括战略目标、资产安全、经营目标、合规目标等。非财务报告缺陷是指不能及时防止或发现并纠正的财务报告目标之外的内部控制缺陷

三、内部控制自我评价

内部控制自我评价是指企业内部为实现目标、控制风险而对内部控制系统的有效性和恰当性进行自我评价的一种方法。在企业进行内部控制自我评价的过程中，评价人员要判断内部审计流程的有效性，确定流程能否保证企业的经营顺利进行。内部控制的自我评价不仅是内部审计工作的任务，同时也是企业管理人员应该重点关注的问题，以及企业所有员工都应该关心的事情。

第二章

内部控制环境的创设

企业内部控制应建立在控制环境这一基础之上。内部控制环境是整个内部控制的基础，是推动企业发展的引擎，也是其他一切要素的核心。内部控制环境决定了其他控制要素能否发挥作用，是内部控制其他要素作用的基础。如果没有一个良好的控制环境，再好的内控制度都会流于形式，一切内控措施都是空谈。

第一节　内部控制环境要素分析

内部控制环境包括诚信和道德价值观，对员工胜任工作的能力要求，董事会和审计委员会、管理层的经营理念、经营风格和控制方法，企业的组织结构，企业内部权力与责任配置，内部审查，人力资源的政策和实务等因素。内部控制环境是企业设定内部控制的基调，影响着内部员工的控制意识，是内部控制所有要素的基础，对企业的经营活动等有着广泛的影响。

一、诚信和道德价值观

诚信和道德价值观是控制环境的重要组成部分，影响着重要业务流程的设计和运行。内部控制的有效性直接依赖于创建、管理和监控内部控制人员的诚信和道德价值观。企业是否存在道德行为规范，以及这些规范如何在企业内部得到沟通和落实，决定了企业全员的诚信和道德行为。对诚信和道德价值观的沟通与落实既包括管理层处理不诚实、非法或不道德行为的方式，也包括在企业内部通过行为规范以及高层管理人员的身体力行，对诚信和道德价值观的营造和保持。

例如，管理层在行为规范中指出，员工不允许从供货商那里获得超过一定金额的礼品，超过部分必须报告和退回。尽管该行为规范本身并不能保证员工都照此执行，但至少管理层已对此作出明示，它连同其他程序，能够构成一个有效的预防机制。

范例

道德标准

企业理念包括企业宗旨、核心价值观、战略目标、发展方针、经营理念、企业精神和企业作风等内容。其中，企业宗旨是把企业建设成一个为中国特色社会主义服务的“红色”公司；注重科技、保护环境的“绿色”公司；以及坚持与时俱进、学习创新、面向世界的“蓝色”公司。核心价值观是坚持诚信，注重合作，不断创新，积极进取，创造业绩，服务国家。企业精神包括千辛万苦、千方百计的敬业精神；逢山开路、遇水搭桥的开拓精神；自找差距、自我加压的进取精神；敢为人先、敢为人所不能的创新精神。企业作风是善开拓、讲效率、重信誉以及勤俭办事。

道德标准是企业基于企业理念确立的一系列基本原则，主要包括正直守德，公允、充分、准确、及时披露企业信息，遵纪守法，及时举报违规行为和必须禁止的行为等内容。企业员工任何违反道德标准的行为，都将受到批评甚至纪律处分。道德标准适用于企业经营管理的全部领域。企业《员工手册》对员工道德标准作出了具体规定（详见《员工手册》，略）。

1. 正直守德

企业明确要求全体员工在正直守德的价值取向上，任何时候都不能妥协。

2. 公允、充分、准确、及时披露企业信息

企业财务报告披露的内容必须真实、准确、完整和及时，即披露事项必须真实存在，并且完整、充分、无一遗漏；披露内容必须文字恰当、数字金额准确；披露时间必须符合法律规定。

企业董事长、总经理、总会计师以及财务部负责人要认真审阅季度、年度财务报告，确保其真实性和完整性并签字确认。企业的年度财务报告编制完成后，须由外部审计师进行审计，经财务部负责人审核后提交企业审计委员会和董事会审议，审议通过后由证券部向外正式发布。

3. 遵纪守法

企业明确要求无论何时何地，每个部门、每位员工都要诚实守信、遵纪守法、依章循制。

企业规章制度一经发布实施，所有员工必须严格遵守。任何人不得有违反制度、凌驾于制度之上的行为。此类行为一经发现，将按照企业规章制度严肃处理。企业《经理（厂长）经济责任审计规定》《分支机构和下属单位公司管理人员的管理办法》《员工奖惩暂行规定》《党风廉政建设责任追究办法（试行）》等制度对此作出了具体规定。企业严厉禁止任何违法行为。违法行为一经发现，将严格依照法律程序处理，绝不宽容、包庇。

4. 及时举报违规行为

企业明确要求，员工在工作中如发现违规行为，可通过以下渠道及时举报：

（1）直接或通过部门负责人向企业监察审计部或本单位监察审计室报告；

（2）向公司总经办或本单位负责信访的部门报告；

（3）通过企业设置的举报电话或举报信箱举报。

二、对员工胜任工作能力的要求

胜任能力反映员工完成个人岗位工作所需要的知识和技能。依照每项任务的完成程度，由管理层根据企业目标以及实现这一目标的需要提出能力要求，管理层需要明确特定岗位所需的胜任能力水平，并将其转化为所需的知识和技能。

三、董事会和审计委员会

董事会对一个企业负有重要的受托管理责任。在董事会里成立一个有效的审查委员

会，有利于企业保持良好的内部控制。董事会监督企业的各种经营活动，而审计委员会则监控财务报表。审计委员会除了协助董事会履行其职责外，还有助于保证董事会与企业外部及内部审查人员之间的直接沟通。如董事会工作很负责，很勤勉，那么审计人员就可以减少对企业管理和经营方式等方面的疑虑。

控制环境受董事会和审计委员会的影响，董事会和审计委员会的独立性，成员的经验、声望、参与度和对经营活动审查的程度以及其行为合理性，对控制环境有着重大影响。一个积极参与经营活动的董事会对于有效的内部控制是不可或缺的。这其中特别强调独立董事的存在并使其发挥应有的作用。

以下是某企业关于董事会、审计委员会、监事会的规定，供读者参考。

范例

董事会

董事会是公司股东大会的执行机构，对股东大会负责。董事会负责监督公司管理层建立的财务报告内部控制，监督公司管理层进行有效工作。同时，董事会还负责评估公司管理层进行财务欺诈的风险，并保证预防和及时发现公司管理层欺诈行为的控制措施得到有效实施。

一个积极有效的董事会能够提供重要的监督功能。由于管理层通常有条件凌驾于内部控制之上，因此董事会对于确保内部控制的有效性具有至关重要的意义。

1. 董事会机构设置、人员组成与议事规则

1.1 公司董事会由15人组成，其中独立董事占三分之一。董事会成员中包括电力、财务、法律、管理专家。董事会设董事长1人、副董事长1～2人，董事由股东大会选举和更换。董事必须与公司签署香港联交所要求的《董事承诺书》《董事服务合同》以及上交所要求的《董事声明及承诺书》，并按要求由上市地律师见证或公证机关公证，保存于上市地证交所。董事长及副董事长由全体董事的过半数选举和罢免。董事每届任期不超过三年，可以连选连任。《公司董事会议事规则》由董事会办公室拟订，报股东大会审议通过。

1.2 董事会设董事会秘书1人，董事会秘书为公司的高级管理人员，由董事长提名，董事会多数通过后聘任。

1.3 按照中国证监会颁布的《关于在上市公司建立独立董事制度的指导意见》，公司董事会中独立董事的人数要占董事会成员三分之一，并且均独立于公司和控股大股东。

1.4 独立董事由股东大会选举，任期不得超过三年，经股东大会通过后可以连选连任，但不得超过六年。独立董事薪酬经股东大会多数表决通过后在公司年报中披露。董事会应对公司的薪酬政策进行监督，在审议公司年报的董事会例会上，董事会须根据公司业绩的完成情况和公司的薪酬政策对公司年度工资总额计划的合理性进行审查。

1.5 董事会下设董事会办公室，作为董事会秘书履行职责的日常工作机构，负责董事会日常事务及会务工作，并根据董事要求通过网络、报刊、律师、上市地证交所等渠道收集有关资料，为董事会决策提供翔实、有效的信息。

1.6 董事会下设战略委员会、提名委员会、审计委员会、薪酬与考核委员会。根据各委员会工作细则，每一个委员会由三至七名董事组成，委员由董事长或二分之一以上独立董事，或全体董事的三分之一提名，由董事会多数表决通过后任命，其任期与董事会任期一致。除审计委员会全部由独立董事组成外，提名委员会和薪酬与考核委员会中独立董事占多数，并由独立董事担任主任委员，在赞成票与反对票相同时，主任委员有权多投一票。独立董事可以在这些委员会中提出问题，必要时也可在董事会中提出他们的意见。独立董事的独立性需满足中国证监会《关于在上市公司建立独立董事制度的指导意见》中的要求。

1.7 上述专门委员会负责制定《战略委员会工作细则》《提名委员会工作细则》《审计委员会工作细则》《薪酬与考核委员会工作细则》，报董事会批准后实施。专门委员会根据董事会、董事长的安排和总经理的提议，就相关专业性事项进行研究，提出书面意见及建议，供董事会决策参考。

2. 董事的学识和经验

2.1 公司对董事学识和经验的要求遵循证监会对上市公司的要求。公司的一贯政策是任命学识渊博、经验丰富的人士担任公司董事。公司所聘任的独立董事均应具有相关法律、行政法规及监管部门规章所要求的独立性，并且属于公司所在行业或财务、经济、法律等相关领域内的权威人士。董事自身不允许参与本公司的股票交易。

2.2 对公司董事的要求如下。

2.2.1 根据上市地法规及其他有关规定，具备担任公司董事的资格。

2.2.2 参加过证券监管机构相关培训并取得合格证书，具备上市公司运作的基本知识，熟悉相关法律、行政法规、规章及规则。没有取得监管机构颁发的培训证书的新当选董事，需参加监管机构举办的最近一期培训。

2.2.3 具有五年以上法律、经济或者公司所在行业的工作经验。

3. 董事会的职责权限

3.1 根据《公司章程》的规定，董事会的职权为：

（1）负责召集股东大会，并向股东大会报告工作；

（2）执行股东大会的决议；

（3）决定公司的经营计划和投资方案；

（4）制定公司的年度财务预算方案、决算方案；

（5）制定公司的利润分配方案和弥补亏损方案；

（6）制定公司增加或者减少注册资本的方案以及发行公司债券的方案；

（7）拟定公司合并、分立、解散或者变更公司形式的方案；

（8）设置公司内部管理机构；

（9）聘任或者解聘公司总经理，根据总经理的提名，聘任或者解聘公司副总经理、财务负责人，决定其报酬事项；

（10）制定公司的基本管理制度；

（11）制定公司章程修改方案；

（12）制定股东大会议事规则修改方案；

（13）在适用法律和公司章程的授权范围内，决定公司的对外担保事项；

（14）公司章程规定或股东大会授予的其他职权。

3.2 董事会作出前款决议事项，除第（6）、（7）、（11）、（13）项必须由三分之二以上的董事表决同意外，其余可由半数以上的董事表决同意。独立董事针对以下事项向董事会或股东大会发表独立意见：

（1）提名、任免董事；

（2）聘任或解聘高级管理人员；

（3）公司董事、高级管理人员的薪酬；

（4）独立董事认为可能损害中小股东权益的事项；

（5）公司与股东或其关联企业间发生的重大资金往来；

（6）公司对外担保事项；

（7）适用法律或公司章程规定的其他事项。

3.3 董事会战略委员会主要负责对公司长期发展战略、重大投资决策和重大技术决策等进行研究，并向董事会提出书面建议。其职责主要包括：

（1）对公司长期发展战略规划进行研究并提出书面建议；

（2）对须经董事会批准的重大投融资方案进行研究并提出书面建议；

（3）对须经董事会批准的重大生产经营决策项目进行可行性研究并提出书面建议；

（4）对其他影响公司发展的重大事项进行研究并提出书面建议；

（5）对以上事项的实施进行检查；

（6）董事会要求的其他事宜。

3.4 董事会提名委员会主要负责根据公司经营管理的需要研究公司董事候选人和高级管理人员的选择标准和程序，并向董事会提出建议。根据公司董事提名，筛选合格的董事候选人和高级管理人员候选人，并对董事候选人和高级管理人员候选人进行审查并提出书面建议。

3.5 董事会审计委员会依据设定的工作程序行使监察职能，协助公司董事会监察公司的财务及营运事务，充分且适时地获知敏感信息、违规行为，取得各项调查报告，促进公司的良性发展。审计委员会还负责公司内、外部审计的沟通、监督和核查工作。

3.6 董事会薪酬与考核委员主要负责制定公司董事及高级管理人员的考核标准，进行考核并提出书面建议。同时负责研究、审查公司董事及高级管理人员薪酬政策与方案。

3.7 四个专门委员会对董事会负责，战略委员会每年至少召开1～2次会议，薪酬与考核委员会和提名委员会根据董事会的要求召开会议，审计委员会每个季度至少举行一次会议。会议须由三分之二以上的委员出席方可召开，必要时可邀请专门委员会以外的公司董事及公司高级管理人员列席。经各委员会多数举手或投票表决通过并签订合同后，可以聘请中介机构为决策提供专业意见，聘请费用由公司支付。会议做出的决议，必须经全体委员过半数通过。会议须形成会议记录，出席会议的全部委员应在会议记录上签名，会议记录由公司董事会秘书永久保存（根据《中华人民共和国档案法》，档案保管期限分为短期、长期和永久，其中永久指保存50年以上），公司全体董事及董事会秘书有权随时查阅。会议通过的议案及表决结果，以书面形式报公司董事会，作为董事会决策的依据并同时保存于公司档案室。

4. 董事会决策程序与记录

4.1 董事会会议包括例会和临时会议，公司重大经营决策需经董事会讨论通过的，可召开临时会议。

4.1.1 董事会例会包括年度会议、半年度会议、第一季度和第三季度会议。

（1）董事会年度会议。会议应在公司会计年度结束后的120日内或董事会认为适当的其他时间召开，主要对拟提交年度股东大会审议的议案进行审议。董事会年度会议召开的时间应保证年度股东大会能够在公司会计年度结束后的6个月内顺利召开。

（2）董事会半年度会议。会议在公司会计年度的前六个月结束后的六十日内或董事会认为适当的其他时间召开，主要审议公司的半年度报告及处理其他有关事宜。

（3）董事会第一季度会议和董事会第三季度会议。会议在每年公历第二、第四季度首月召开，主要审议公司上一季度的季度报告。

4.1.2 临时董事会会议

有下列情况之一的，董事长应在七个工作日内签发召集临时董事会会议的通知：

（1）董事长认为必要时；

（2）三分之一以上董事联名提议时；

（3）监事会提议时；

（4）总经理提议时。

4.2 议案的提出

董事会议案的提出，主要依据以下情况：

（1）董事长提议的事项；

（2）三分之一或以上的董事联名提议的事项；

（3）监事会提议的事项；

（4）董事会专门委员会提议的事项；

（5）总经理提议的事项；

（6）二分之一以上的独立董事提议的事项；

（7）有关法律、行政法规和公司章程规定的其他情形。

4.3 议案的收集

董事会办公室负责收集董事会会议所议事项的提议。各有关提议及有关说明材料应在董事会会议通知发出前15日递交董事会办公室。

4.4 会议的召集和通知

4.4.1 董事会会议由董事长召集。董事长因特殊原因不能召集时，由副董事长召集，董事长和副董事长均不能召集时，由董事长指定的其他董事召集。

4.4.2 董事会会议召开前应当事先向全体董事、全体监事及其他列席人员发出会议通知。

4.4.3 董事会会议按下列要求和方式通知。

（1）董事会例会的时间和地址如有事先规定，除非因故变更，否则召开毋须另行通知。

（2）如果董事会未事先决定董事会会议举行的时间和地点，董事长应至少提前十天，至多提前三十天将董事会会议举行的时间和地点用电传、电报、传真、特快专递、挂号邮寄或经专人通知全体董事。

（3）通知应采用中文，必要时可附英文通知，并包括会议议程和议题。

4.4.4 任何董事可放弃要求获得董事会会议通知的权利。

4.4.5 董事如已出席会议，并且未在到会前或到会时提出未收到会议通知的异议，应视作已向其发出会议通知。

4.5 会前协调

董事会办公室负责董事会会议通知发出后至董事会会议召开前十日内与所有董事的沟通和联络，及时按要求补充董事对所议议案内容作出相应决策所需的资料。

4.6 会议的出席

4.6.1 董事会会议应当有二分之一以上的董事出席方可举行，如董事本人因故不能出席，可以书面委托其他董事代为出席。委托书中应载明代理人姓名、代理事项、权限和有效期限，并由委托人签名或盖章。董事未亲自出席，亦未委托代表出席会议的，视为放弃在该次会议上的投票权。

4.6.2 董事会会议由董事长主持；董事长不能主持会议的，可由副董事长主持；董事长和副董事长均不能主持的，由董事长指定的其他董事代为主持。会议可以采取现场会议、电话会议、书面议案会议等形式。

4.7 议案的审议

4.7.1 会议主持人应按董事会会议预定的时间宣布开会。

4.7.2 会议应在会议主持人的主持下进行，首先应由相关人士向董事会作议案说明。

4.7.3 董事会会议在审议有关议案或事项时，为了确保参会董事详尽了解其要点和情况，可要求公司相关部门负责人列席会议，回答相关问题。董事会要对风险投资建立严格的审查和决策程序，对于重大投资项目，董事会应聘请相应中介机构提供专业意见，作为董事会决策的重要依据。

4.8 议案的表决

4.8.1 董事会可以采用举手表决、投票表决或其他方式审议董事会会议议案，所有参会董事须发表赞成、反对或弃权意见。采用何种方式表决由董事会会议主持人决定。

4.8.2 代为出席会议的董事应当在授权范围内代表委托人行使权利。

4.8.3 董事未亲自出席董事会会议，亦未委托代表出席的，应当视作已放弃在该次会议上的投票权。

4.8.4 董事会作出决议，除了以下事项须由全体董事的三分之二以上表决通过外，其余可由全体董事的过半数表决通过。每名董事有一票表决权，当反对票和赞成票相等时，董事长有权多投一票。

（1）制定公司增加或减少注册资本的方案以及发行公司债券的方案。

（2）公司合并、分立、解散的方案。

（3）制定公司章程修改方案等事项。

（4）在适用法律和公司章程的授权范围内决定公司的对外担保事项。

4.8.5 对公司的关联交易进行表决时，有利害关系的关联董事不得参加表决，须由外部律师负责监督表决工作。

4.8.6 董事应当对董事会的决议承担责任，董事会的决议违反法律、行政法规或者公司章程，致使公司遭受严重损失的，参与决议的董事根据法律规定对公司负赔偿责任，但经证明在表决时曾表明异议并记载于会议记录的，该董事可以免除责任。

4.8.7 董事会会议记录是董事会所议事项决议的正式文件，公司董事会办公室负责董事会会议所议事项的详细记录工作，会议记录由与会全部董事签名确认。会议记录应包括以下内容：

（1）会议召开的日期、地点和主持人姓名；

（2）出席会议的董事姓名以及办理委托出席手续的委托人、代理人姓名；

（3）会议议程；

（4）董事发言要点；

（5）每一决议事项的表决方式和结果（表决结果应载明赞成、反对或弃权的票数）。

4.8.8 公司董事会办公室负责将每次董事会议的会议记录尽快提供给全体董事审阅，希望对记录作出修订补充的董事应在收到会议记录后一周内将修改意见书面报告董事长。董事会会议记录作为公司的重要档案，由公司档案室永久保存，全体董事及董事会秘书有权随时查阅。公司董事会办公室应将完整副本通过特快专递发给每一位董事。

4.8.9 董事会会议在审议有关议案或事项时，为了确保参会董事详尽了解其要点和情况，可要求公司生产、计划、财务等相关部门负责人列席会议，回答相关问题。

4.8.10 审议中发现情况不明或可行性存在问题的议题，董事会可缓议该项议题，待条件成熟后再议。

4.8.11 如有需要，可聘请相应中介机构对董事会多数通过并签订的合同提出专业意见，作为董事会决策的重要依据。

4.8.12 独立董事连续三次未亲自出席董事会会议的，由董事会向股东大会提交相应议案，股东大会通过后予以撤换。

4.8.13 其他董事连续两次未能亲自出席也不委托其他董事出席董事会会议的，视为不能履行职责，由董事会向股东大会提交相应议案，股东大会通过后予以撤换。

4.8.14 董事会所有决议、记录、纪要均由董事会秘书永久保存。

5. 董事会的日常监控

5.1 除定期和不定期会议外，董事会还应通过董事长办公会听取管理层报告，及时充分获取信息以监控管理层的目标和战略，公司的财务状况和经营成果，以及重要协议条款的履行情况。公司董事会办公室或经理工作部负责会议记录，会议记录由档案室永久保存。

5.2 董事长办公会不定期召开，由正副董事长，董事会秘书，总经理以及分管副总经理、总会计师等有关高级管理人员和计划、生产、财务等相关部门人员参加，听取公司经营状况汇报并作出相关决策。会议内容包括：

（1）讨论设立或取消开发建设项目的议案；

（2）讨论总经理关于任免和调动公司各部门经理和派出机构经理的议案；

（3）讨论重大资金使用计划；

（4）讨论设立或撤销分公司或分支机构的议案；

（5）讨论决定其他特别重大事项。

5.3 会议记录或纪要由董事会秘书永久保存。

6. 董事会决议的执行与检查

6.1 董事会作出决议后，属于总经理职责范围内或董事会授权总经理办理的事项，由总经理根据《总经理工作细则》组织贯彻实施，并将执行情况向董事会书面报告（年度董事会上提交总经理工作报告，如当年有授权事项，年底还应向董事会提交授权事项办理情况的书面报告）。董事会办公室负责向董事传送上述书面报告材料。

6.2 董事长联合副董事长不定期召开董事长办公会，以检查董事会决议的执行情况；或出席总经理主持的有关会议，以了解贯彻情况和指导工作。

6.3 董事会秘书在董事会、董事长的领导下，主动监督董事会决议的执行进展情况，并及时向董事会和董事长书面报告。

7. 董事会决议的披露

7.1 董事会必须严格执行国家有关法律、行政法规和公司股份上市交易的证券交易所关于公司信息披露的规定，及时、真实、准确、完整地披露董事会会议所议事项或决议。

7.2 公司证券部负责将独立董事的意见予以公告，当独立董事出现意见分歧无法达成一致时，要将各独立董事的意见分别披露。

范例

董事会审计委员会

1. 审计委员会的机构、人员构成与工作规则

1.1 公司董事会审计委员会（以下简称“审计委员会”）是董事会按照股东大会决议设立的专门工作机构。审计委员会根据《审计委员会工作细则》，由三至七名独立董事组成（详见“董事会”），委员由董事长或二分之一以上独立董事，或全体董事的三分之一提名，由董事会任命，其中至少一名独立董事为财务专家（公司董事会必须对其资格进行评估并确认），其他委员对财务知识基本了解，并由董事长指定一名独立董事委员担任主任委员，负责主持审计委员会工作。

1.2 董事会负责制定《公司董事会审计委员会工作细则》（以下简称《细则》），《细则》在公司网站上披露，并每年根据律师建议或视法律法规变动情况、公司实际需要进行修订。

1.3 审计委员会委员任期与董事任期一致（三年），委员任期届满，经董事会通过后可以连任。

2. 审计委员会的主要职责

根据《细则》的规定，审计委员会由董事会授权，主要履行以下几个方面的职责。

2.1 财务报表

2.1.1 审阅重大财务报告事项，包括复杂或非经常性交易、带有主观性判断的领域、监管机构或专业委员会最近发表的声明，并分析这些因素对财务报表的影响。经常性交易（常规交易）是在正常经营过程中反映在会计记录里的经常性的财务活动（比如销售、购买、现金收入、现金支出、薪金等）。非经常性交易（非常规交易）是指定期发生的活动（比如实物盘点、计算折旧支出、外币调整等）。非常规交易最显著的特征是涉及到的数据或信息不是日常流程或交易的一部分。

2.1.2 负责与管理层和外部审计师审阅审计结果，包括审计过程中遇到的任何问题。

2.1.3 审阅年度报告，判断其是否完整，是否符合审计委员会成员所了解的情况，是否符合相关的会计准则。

2.1.4 在年度财务报告发布之前，审阅并考虑其信息的完整性和准确性。

2.1.5 与管理层和外部审计师共同审阅《公认审计准则》要求的需与审计委员会进行沟通的所有事项。

2.1.6 了解管理层是如何编制中期报告的，以及内外部审计师参与报告编制的性质和范围。

2.1.7 在将中期报告提交给监管机构之前，会同管理层和外部审计师共同审阅，并判断其信息是否完整，且与委员会成员所了解的信息相一致。

2.1.8 讨论涉及管理层参与的非日常重大交易的会议记录，判断是否合理，是否考虑了舞弊风险。

2.2 内部控制

2.2.1 判断公司内部控制体系的有效性，包括信息技术安全和控制。审阅每年管理层、内部审计部门和外部审计师进行内部控制测试的方法和内容。与管理层、内部审计部门以及外部审计师就其对内部控制有效性了解的问题以及发现的问题进行讨论。监督管理层测评中对发现的控制缺陷所采取的合理、及时的反馈行动计划，了解在定期提交给监管机构的证明文件或报告中，以及未经纠正的控制缺陷将带来的影响。

2.2.2 了解内外部审计师审查的与财务报表相关的内部控制的范围，获取其关于重要发现及相关建议的报告以及管理层的反馈意见。

2.3 内部审计

2.3.1 与管理层和内审部门负责人共同审阅内审部门的职责、计划、活动、人员配置和组织结构。

2.3.2 审查并认可内审部门负责人的任免、岗级。

2.3.3 审查内审部门的有效性，包括其工作是否符合内部审计师协会的《内部审计具体准则》。

2.3.4 定期单独与内审部门负责人会晤，以讨论审计委员会或内部审计师认为应该非公开讨论的事项。

2.4 外部审计

2.4.1 审阅外部审计师建议的审计范围和方法，包括其与内部审计师的审计合作。

2.4.2 审查外部审计师的表现，并对审计师的任命和解聘行使建议权。

2.4.3 通过从审计师处获得独立性声明来审查并确认外部审计师的独立性，该声明包括对非审计服务的说明及与审计师就服务关系的讨论等。

2.4.4 定期单独与外部审计师会晤以讨论审计委员会或外部审计师认为应该非公开讨论的事项，同时还应讨论已经发现的舞弊行为，判断和评估其影响及应采取的应对措施，审计委员会的舞弊风险评估以及与外部审计师的讨论在会议纪要中留有文字记录，会议纪要由双方签字。

2.5 合规性

2.5.1 监督公司是否遵循了法律法规，对管理层调查的结果及对任何违法违规行为采取的措施（包括纪律性措施）进行审阅。

2.5.2 审阅由监管机构和其他审计监督机构在审查中发现的问题。

2.5.3 审查管理层与公司员工就行为准则进行沟通的过程，监督其合规性。

2.5.4 从管理层、公司法律顾问或外部审计机构获取合规事项的定期更新记录。

2.6 报告职责

2.6.1 定期向董事会报告审计委员会的活动、发现的问题及相关的建议。

2.6.2 为董事会、内审部门和外部审计师提供交流的渠道。

2.6.3 审计委员会对董事会负责并报告工作，审计委员会会议通过的议案及表决结果，以书面形式报公司董事会。每年向董事会汇报其年度工作，陈述审计委员会的构成、职责以及其他规定的事项，包括对非审计服务的批准等。

2.6.4 审阅公司与审计委员会职责相关事项的报告。

2.7 其他职责

2.7.1 负责与《审计委员会工作细则》相关以及董事会所安排的其他活动。

2.7.2 需要时组织和监督专项调查。

2.7.3 审阅并评估《审计委员会工作细则》的充分性，需要修改时，经董事会批准后予以修改，对法规要求披露的修改条款应予以披露。

2.7.4 确保《审计委员会工作细则》中所规定的所有职责都已履行到位。

2.7.5 审计委员会委员每年进行独立性声明，声明内容包括对存在利益冲突问题的讨论或投票弃权声明，以及登记个人商业利益等。

2.7.6 定期评估审计委员会和各位委员的表现。

2.7.7 负责监督公司对其外部审计师雇员的聘用制度，公司不得聘用两年之内给其做过核心综合审计业务的外部审计师。

2.7.8 定期审阅、讨论和审批内部审计规章制度，年度审计计划及其修改和组织报告体系。

2.7.9 评估财务部门管理人员的绩效和能力，从内审部门和外部审计师处获得反馈，并将结果报告薪酬委员会。

2.7.10 定期召开只有审计委员会委员参加的单独会议，会议议程包括对财务报告的讨论，对管理层及审计师的表现以及对其他问题的反馈。

审计委员会对董事会负责，审计委员会表决通过的提案以书面形式提交董事会审议，或由董事会根据公司章程的规定提交公司股东大会审议。议案由董事会秘书永久保存。

3. 审计委员会的决策机制

3.1 审计委员会会议分为例会和临时会议，例会每年至少召开四次，每季度召开一次，临时会议由审计委员会委员提议召开，并于会议召开前七天以电话、信件等形式通知全体委员。

3.2 审计委员会会议除必须有三分之二（含三分之二）以上的委员出席方可举行外，每次会议都必须有财务专家参加。如果财务专家不能参加现场会议，必须以电话、视频等形式参加。相关的会议讨论内容应提前交与不能参加会议的成员，任何针对会议讨论内容提出的意见和建议应该在会前提交并在会上审议。审计委员会会议由主任委员主持，主任委员不能出席时，可委托其他委员主持。会议做出的决议，必须经全体委员过半数表决通过。赞成票与反对票相等时，主任委员有权多投一票。

3.3 审计委员会可邀请公司董事及其他高级管理人员、内部和外部审计师列席会议，可就外部审计师的聘任、解聘和相关费用向董事会提出建议。

3.4 如有必要，经审计委员会多数表决通过并签订合同后，可以聘请中介机构为其决策提供专业意见，相关费用由公司支付。

3.5 审计委员会会议应形成书面会议记录，并由出席会议的委员在会议记录上签名，会议记录及议案由公司董事会秘书永久保存，全体董事、审计委员会成员和董事会秘书有权随时查阅。会议记录及议案副本分送公司董事会、审计委员会成员，也可向内部和外部审计师提供。出席会议的委员对所议事项负有保密义务，不得擅自披露有关信息。

3.6 公司为审计委员会正常履行职责提供必要的协助，包括但不限于向审计委员会成员提供履行职责所必需的工作条件和保证审计委员会成员对公司的知情权等。

3.7 审计委员会会议通过的议案及表决结果，以书面形式报公司董事会，作为其决策依据。

4. 董事会审计委员会定期与总会计师、内外部审计师及公司法律顾问进行交流与沟通

4.1 公司总会计师、财务部负责人必须列席审计委员会会议，接受审计委员会口头质询，并就公司的经营状况、重要会计政策与会计估计变更、重大诉讼、或有事项、内部审计和外部审计发现的问题等作出口头或书面答复。审计委员会可直接或通过董事会办公室要求公司总会计师、财务部负责人书面提供公司财务资料，并就公司的重大财务事项、非常规事项、异常变动等提交书面说明。

4.2 审计委员会每年至少分别与公司监察审计部、外部审计师及法律顾问单独会谈两次。

4.3 审计委员会可直接或通过董事会办公室要求监察审计部负责人列席会议，并口头或书面报告内审工作情况。《审计委员会工作细则》中应明确规定：审计委员会须定期单独与内部审计师召开会议，讨论有关舞弊及财务报表等问题。

4.4 监察审计部通过反舞弊/举报机制获悉的有关会计、内控和审计等事项的投诉，以及内审工作中发现的重大情况，可于必要时通过董事会办公室或直接向审计委员会书面汇报，并提出意见和建议。如遇重大问题，监察审计部应及时于接到举报后书面报告公司总经理和审计委员会。审计委员会可根据实际情况，决定是否采取召开临时会议，听取监察审计部的专题汇报，向董事会提出书面建议等措施。上述记录由董事会秘书永久保存。

4.5 审计委员会至少每半年与公司外部审计师就外部审计过程中发现的问题、意见分歧，以及国内与国际会计处理差异等问题交换意见。如有必要，外部审计师可通过董事会办公室向审计委员会以书面形式提出问题和建议，审计委员会委员亦可通过董事会办公室或直接向外部审计师提出质疑，或要求提供与公司审计有关的资料。

4.6 对于外部审计师的意见与建议，审计委员会可要求公司计划、生产、财务等相关部门作出合理解释，并详细记载于会议记录中。如有必要，审计委员会可提请公司董事会审议。

4.7 上述公司各部门及高管人员向审计委员会提供的材料和审计委员会会议记录，由董事会秘书永久保存，以备董事会及审计委员会随时查询。

4.8 公司董事会办公室、证券部与公司法律顾问随时通过电话、信件等形式保持联系，并将重大法律法规更新情况及时书面通知审计委员会成员。

5. 审计委员会的监督与评估机制

5.1 审计委员会接受公司董事会的监督，公司在《审计委员会工作细则》中规定了审计委员会工作评估办法，公司董事会于每年底据此对审计委员会的业绩和有效性进行评价，具体工作由董事会办公室负责。评估的内容主要包括以下几点。

5.1.1 审计委员会成员是否独立于公司管理层，是否具有合法的任职资格、适当的专业技能和经验。

5.1.2 《审计委员会工作细则》是否符合最新法律法规和管理的需要。

5.1.3 审计委员会成员是否充分理解其职责，是否与公司总会计师、财务部、察审计部以及外部审计师定期沟通，是否获得充分的信息。

5.1.4 对外部和内部审计人员提出问题的反馈等。

5.2 审计委员会每年进行一次自我评估，主要评估审计委员会和各位委员的表现是否符合内部控制要求。

5.3 审计委员会于每个会计年度结束之日起三个月内，向董事会提交一份年度工作情况汇报。

5.4 审计委员会每位委员都需要及时了解最新会计法规及要求。公司财务等相关部门及时提供必要的资料给审计委员会。

范例

监事会

根据国家现行有效的法律、行政法规和规章以及《公司章程》的规定，公司设立监事会，其向公司股东大会负责，对公司财务以及公司董事、总经理和其他高级管理人员履行职责的合法、合规性进行监督，维护公司及股东的合法权益。

1. 监事会的机构及人员构成

1.1 根据《××公司监事会议事规则》的规定，公司监事会由四名股东代表和两名公司职工代表组成，其中一人出任监事会主席，一人出任监事会副主席，外部监事应占监事会人数的二分之一以上。监事任期不超过三年，可以连选连任。监事会主席的选举或罢免，应当由三分之二以上（含三分之二）监事会成员表决通过。

1.2 《公司法》第147条规定的情形以及被中国证券监督管理委员会确定为市场禁入者，并且禁入尚未解除的，不得担任公司的监事。董事、总经理和其他高级管理人员不得兼任监事。

1.3 如因监事的辞职导致公司监事会低于法定最低人数，则该监事的辞职报告应当在继任监事填补因其辞职产生的缺额后方能生效。

1.4 监事提出辞职或者任期届满，其对公司负有的义务在其辞职报告尚未生效或者生效后的合理期间内，以及任期结束后的合理期间内并不自然解除，其对公司商业秘密保密的义务在其任职结束后仍然有效，直到该秘密成为公开信息。其他义务的持续期间应当根据公平的原则决定。

2. 监事会主席的职权

2.1 监事会主席主持监事会的工作，行使下列职权。

2.1.1 召集和主持监事会会议。

2.1.2 监督和检查监事会决议的实施情况。

2.1.3 签署有关监事会的文件。

2.1.4 代表监事会向股东大会报告监事会的工作。

2.1.5 组织制定监事会工作计划和监事会决议的实施。

2.1.6 监事会授予的其他职权。

2.2 监事会主席不能履行职责时，由监事会副主席代行其职责；监事会副主席也不能履行职责时，由监事会主席书面指定一名监事代行其职责。

3. 监事会职责及其履行

3.1 监事会向股东大会负责，并依法行使公司章程赋予的职权。

3.2 监事列席董事会会议。

3.3 公司为监事正常履行职责提供必要的协助，任何人不得干预、阻挠。监事履行职责所需的合理费用由公司承担。

3.4 监事会行使职权，必要时可以聘请律师事务所、会计师事务所等专业机构提供帮助，由此发生的合理费用由公司承担。

3.5 监事会不能代替董事会或总经理履行职责，也不能代表公司进行经营活动。监事会在履行职权时，应遵守适用法律和公司章程的规定，忠实履行监督职责，履行诚信和勤勉义务，维护和保障股东及公司的合法利益不受侵害。监事不得利用职权牟取私利，不得泄露公司的商业秘密。

4. 监事会会议

4.1 监事会每年至少召开一次会议。监事会会议由监事会主席召集。监事会会议应当由三分之二以上（含三分之二）的监事出席方可举行。如有必要，可要求董事、总经理或其他高级管理人员列席会议。当监事会主席或二分之一以上监事提议时，可召开临时监事会会议。

4.2 会议通知应当在会议召开十日前书面发出。监事会会议通知应包括举行会议的日期、地点、议题和发出通知的日期等内容。

4.3 监事会会议应当由监事本人出席，监事因故不能出席监事会会议的，可书面委托其他监事代为行使表决权。监事未出席监事会会议，也未委托代表出席的，视为放弃在该次会议上的表决权。

4.4 监事连续两次不能亲自出席也不委托其他监事出席监事会会议的，视为不能履行职责，股东大会或职工代表大会可予以撤换。

4.5 在年度股东大会召开前的监事会上，监事会应当审议有关上一年度的监事会工作报告，内容包括以下几点。

4.5.1 公司财务的检查情况。

4.5.2 董事、总经理和高级管理人员履行公司职务时的尽职情况以及其对公司章程及股东大会决议的执行情况。

4.5.3 监事会认为应当向股东大会报告的其他重大事件。

4.6 监事会会议应对所列议题逐项进行表决。讨论议题时，监事应积极发表意见，针对须作出决议的事项，采取投票或举手表决的方式，每一位监事享有一票表决权。监事会决议应由三分之二以上（含三分之二）的监事表决同意方为有效。

4.7 监事会会议有书面记录，出席会议的监事和记录人应当在会议记录上签字。监事有权要求在记录上对其在会议上的发言作出某种说明性记载。监事会会议记录作为公司重要档案永久保存。

4.8 除会议记录外，监事会会议应同时对所审议事项作出简明扼要的会议决议，决议应在会议结束前宣读，并由到会的全体监事签字。

5. 监事会决议的实施

5.1 监事会主席负责监督和检查监事会决议的实施情况。公司应该根据适用法律和公司股票上市交易的证券交易所的有关规定报送和/或公告监事会决议。

5.2 对公司经营管理提出建议或要求董事会、管理层给予答复的决议事项，监事会应安排监事专项负责与董事会、总经理沟通并落实，同时就决议事项的执行结果向监事会作出书面报告。

四、管理层的经营理念、经营风格和控制方法

管理层在建立一个有利的控制环境中起着关键性的作用。如果管理层不愿意设立适当的控制制度或不能遵守已建立的控制制度，那么控制环境将受到不利影响。

（一）管理层的经营理念、经营风格

管理层的理念和经营风格影响着其管理企业的方式，其中包括对风险的态度和接受风险的类型。管理层的理念和经营风格包括对财务报告的态度、会计政策选择和会计估计的谨慎与稳健程度，以及会计人员对会计数据进行处理的态度等。下面三项可能会极大地影响控制环境：

（1）管理层对待经营风险的态度和控制经营风险的方法；

（2）为实现预算、利润和其他财务及经营目标，企业对管理的重视程度；

（3）管理层对财务报表所持的态度和所采取的行动。

在不考虑其他控制环境因素的情况下，如果管理层受某一个人或几个人支配，那么以

上几方面的影响可能会增大。例如，管理层很想夸大会计报表中的盈余总额，则审查人员可能确定绝大多数认定的控制风险为最大值。

（二）管理控制方法

管理控制方法是管理层对其他人的授权使用情况直接控制和对整个企业的活动实行监督的方法的总称。这些方法包括：

（1）经营计划、预算、预测及利润计划；

（2）比较实际业绩与计划目标，并将比较结果通告有关层级的管理人员；

（3）调查偏离期望值的差异，并及时采取适当的纠正措施；

（4）开发或修改手工会计系统的控制政策。

对不同规模和不同复杂程度的企业，这些方法的重要性也不同。一般来说，企业规模越大且越复杂，这些方法就越重要。对一个大企业而言，正式的管理控制方法不可缺少；但是对于一个很小且由业主直接管理的组织来说，一般不需要清楚地定义控制方法。

以下为某集团公司的管理理念和经营风格，供读者参考。

范例

管理理念和经营风格

1. 管理理念

1.1 公司的管理理念

本公司根据自我发展战略和经营特点，确定了公司的管理理念。公司目前的管理理念是“坚持诚信、注重合作、不断创新、积极进取、创造业绩、服务国家”。

1.1.1 坚持诚信是企业立身之本。

无论是生产还是建设，无论是开发还是收购，无论是财务还是营销，无论是国内市场还是国际市场，无论是重要合作伙伴还是一般客户，无论是大股东还是中小投资者，总之，无论何时何地，我们都要诚实守信、遵纪守法、依章循制。

本公司以诚实、公正、敬业强内质，以诚实、守信、协作树形象，实事求是地看问题，从实际出发处理问题；对内客观地考核和评估公司所属各单位和员工个人，对外以一流的企业信誉赢得公众美誉、社会声誉。

1.1.2 注重合作是企业生存之道。

公司不但要与政府合作，还要与投资者合作，与兄弟企业合作；不但要讲外部合作，而且要讲内部合作，部门之间、员工之间都要加强合作。总之，抓住机遇靠合作，迎接挑战靠合作；完成任务靠合作，保证发展更要靠合作；对自己有利时要想到合作，对自己不利时，为了长远利益更要合作。

1.1.3 不断创新是企业核心竞争力。

只有在体制、机制、技术、管理上不断学习、不断创新、不断变革，才能在竞争的环境中生存和发展，不断壮大，长盛不衰。不但公司如此，各部门如此，各位员工也是如此。

1.1.4 积极进取是企业精神的精髓，是企业全体员工对待事务的态度。

公司各部门及每一位员工都要树立竞争意识。公司不但要倡导员工积极参与外部市场竞争，在公司内部各部门、各员工之间也要形成竞争氛围。员工要能承担适当的工作压力，倡导自找差距，自我加压，敢为人先，敢为人所不能的精神；同时发扬“逢山开路，遇水搭桥”和千方百计、千言万语、千辛万苦的“三千”精神，以积极的负责态度、高昂的精神状态开展工作。

1.1.5 创造业绩是企业的根本任务。

追求良好的经济效益是企业最根本的目标，也是企业生存与发展的基础。完成公司年度目标，创造国际一流企业，为股东带来持续、稳定、增长的回报，实现国有资产保值增值，都要求企业创造业绩。不但公司要创造业绩，公司各部门及每一位员工都要创造业绩。

1.1.6 服务国家是企业的神圣职责。

公司要服从国家经济建设大局，服务于国家整体利益和总体发展战略，在生产、基建、营销、管理各项活动中，谋求最优效益，实现国有资产保值，为国家创造财富。

管理理念的确立，展示了公司坚定的管理信念、鲜明的政治态度。管理理念对公司的经营管理和发展战略具有指导作用，是公司长期经营的行动指南和凝聚员工的精神支柱。

1.2 管理理念的确立与下达

管理理念由公司人力资源部联合监察审计部、经理工作部共同起草，管理理念草案完成后由人力资源部书面分发至公司各部门；公司各部门组织人员对管理理念的内容进行讨论，并形成书面修改建议报人力资源部；人力资源部将修订建议汇总整理后提交总办会讨论通过后，由董事长办公会批准颁布实行。

公司人力资源部政工处负责保存管理理念在制定、征求建议、审阅、签发过程中形成的各种书面资料，保存期两年以上。

1.3 管理理念的宣传与培训

公司人力资源部政工处、公司所属各单位思想政治工作部负责管理理念的宣传贯彻工作。通过反复强调、树立典型、阐释体验等方式，确保公司管理理念得到切实执行。主要措施包括以下几项。

（1）将管理理念印在内部文件上，以及在办公楼或厂房内适当区域，以加深全体员工对管理理念的理解。

（2）在各种会议上以正反面事实重申管理理念的重要性。

（3）通过局域网、刊物、厂内电子牌等媒介加强对员工的宣传贯彻。

（4）每年组织员工召开一次管理理念专题讨论会，形成会议纪要，保存期两年以上，并通过问卷形式或其他形式测试员工对管理理念的理解和接受程度，保留相关记录；公司及所属各单位人力资源部（或相关部门）负责向新员工宣传本公司管理理念，组织学习、考试并保存相关记录，保存期两年以上。

1.4 管理理念的执行及监控

公司始终坚持管理层和员工在日常工作中运用“坚持诚信、注重合作、不断创新、积极进取、创造业绩、服务国家”的理念来处理各项事务，具体措施如下所述。

1.4.1 工资总额与经济效益挂钩，促使公司管理层和员工的行为符合公司管理理念的要求，避免管理人员因无法承受不现实目标的压力而出现有悖公司管理理念的行为。公司工资总额由董事会批准，薪酬总额与业绩挂钩，遵循“效率优先、注重公平”的原则。

公司和所属各单位建立良好的信息交流渠道，明确科学的分析方法，运用民主透明的管理决策方式，掌握各单位的具体经营情况，确定可行的经营计划，尽量避免各单位管理人员承受不现实目标的压力。

1.4.2 对待供应商、顾客、投资者、债权人、保险人、竞争对手和审计师等相关各方的原则。

对于所有相关各方，如供应商、顾客、投资者、债权人、保险人、竞争企业、审计师等，公司本着“公开、公平、公正”的原则予以平等对待，并在制定规章制度时按照这一原则进行设计和审阅。公司监察审计部及审计委员会接受相关各方的投诉，以确保相关各方得到公平的待遇。

1.4.3 端正管理层对于干涉正常程序或凌驾制度行为的态度。

公司严格禁止管理层干涉正常程序和凌驾制度的行为。公司建立了内部审计和监察机制，对于管理层干涉正常程序或凌驾制度的任何行为，将及时予以查处和通报。

1.4.4 对于背离公司政策和程序或违反行为准则的行为，公司建立了适当的补救措施。对于违反政策和程序或违反行为准则的行为，负责调查的部门或联合调查组要根据调查结果，依据公司有关管理制度提出书面处理意见。处理意见经总办会批准后由相关部门执行，同时公司对于违规行为规定了适当的补救和应急措施，如监察审计部进行不定期的内部审计并形成审计报告，总办会或董事会听取人力资源部、监察审计部有关违规处理的报告等措施，并对上述制度的执行情况进行监督。

2. 经营风格

2.1 对待风险的态度

公司对风险采取较为保守的态度。

公司风险包括战略风险、经营风险、财务风险和舞弊风险四种类型。为控制风险，公司建立健全了风险管理机制。公司保守的经营风格体现于各项具体规章制度中。

例如，根据《公司章程》，公司的投资计划、年度财务决算、利润分配、弥补亏损、增减注册资本和发行债券等业务，经公司董事会讨论决定后报送股东大会批准，并由总经理负责组织实施。

根据公司《财务管理办法》，短期投资由公司财务部负责投资的可行性研究及收益性分析，并将研究、分析结果上报总办会审核批准后实施。总办会负责对短期投资实施效果进行评价考核（定期存款投资不适用）。公司所属各单位的贷款由公司本部统一谈判签约，实行统借统还、统一管理的原则。公司所属各单位不准对外提供担保。公司担保事宜，根据《公司章程》，董事会有权决定金额在公司最近一个会计年度合并财务报表净资产5%～20%的对外担保事项，董事长联合副董事长有权决定金额在公司最近一个会计年度合并财务报表净资产5%以下的对外担保事项。

根据《基建工程管理工作程序规定》，长期投资中的大中型基建项目由公司计划部负责项目的核准工作（包括项目初步可行性研究及可行性研究），并根据集团公司《基本建设投资管理规定》取得可行性研究报告审查意见，经公司批准后，向集团公司上报核准项目的申请文件。项目的后续评估工作由本集团公司委托有资质的机构执行。

2.2 关注关键业务部门的人员流动

2.2.1 公司及所属各单位的财务、监察审计、人力资源、信息等部门为关键业务部门。公司及所属各单位人力资源部每年初对关键业务部的人员流动情况进行一次统计分析，编制分析报告报送总经理或经理（厂长），并保存相关记录。公司所属各单位须将统计分析上报公司人力资源部备案。

2.2.2 公司每年从管理人员中选拔优秀员工到后备管理人员岗位，作为各主要岗位的后备力量，以保证各主要岗位有充足的人才。公司《分支机构和下属单位公司管理人员的管理办法》规定，关键业务部门负责人辞职需提前3个月向人力资源部提出申请，一般员工辞职需提前1个月向人力资源部提出申请，人力资源部审查批准后，员工方可办理离职手续，以减少员工突然离职带来的风险。现有《分支机构和下属单位公司管理人员的管理办法》《分支机构和下属单位员工录用管理办法》《分支机构和下属单位后备管理人员管理办法》等制度规定了相关事宜。

2.3 公司管理层对会计职能和数据处理的态度，以及对财务报告和资产安全可靠性的关注程度

2.3.1 公司管理层高度重视财务工作，要求财务部门充分发挥财务管理的职能。公司和公司所属各单位财务管理的主要任务是：

（1）做好财务管理基础工作，建立健全各项财务管理制度；

（2）如实反映财务状况，依法计算和缴纳国家税收；

（3）积极参加项目可行性研究，做好财务评估工作；

（4）加强工程项目的投资管理，为降低工程造价创造条件；

（5）参与设备合同谈判，合理筹集资金，确保还本付息；

（6）负责编制财务预算，实施成本控制，分析考核经营成果；

（7）参与经营决策，实行财务监督；

（8）建立并完善公司内部会计控制制度。

2.3.2 公司本部设立财务部，财务部下设会计处、资金处、资金结算中心、基建财务处、内控处、综合处，分别负责会计核算、资金管理、基建核算、内部控制以及指标管理业务；公司所属各单位设立财务部，负责本单位财务工作，每月编制财务情况分析报告，并上报总公司财务部，总公司财务部对所属各单位财务工作进行检查指导。此外，公司所属各单位还应通过电话、传真、会议等形式向总公司汇报财务工作，接受总公司财务部的工作指导。

2.3.3 公司设置审计委员会，由3～7位独立董事组成，其中一人为主任委员。公司总会计师、财务部经理必须列席审计委员会会议，接受审计委员会质询，并就公司的经营状况、重要会计政策与会计估计变更、重大诉讼、或有事项、内部审计和外部审计发现的问题等做出答复。如审计委员会认为必要，可要求公司总会计师、财务部经理提供公司财务资料，并就公司的重大财务事项、非常规事项、异常变动等提供书面合理解释。公司所属各单位财务部负责人、总会计师、经理（厂长）在季度、半年度、年度纸质财务报表上签字，对财务报表的真实性和公允性予以确认，财务报表（包括电子报表和纸质报表）按照公司财务部通知的时间上报总公司。

2.3.4 公司财务部经理、总会计师、总经理对季度、半年度、年度合并财务报表复核审阅，确认无误后签字，对财务报表的真实性和公允性负责。

2.3.5 公司所属各单位财务负责人岗位变动时，所在单位应对拟任人选的业务知识、政治素质等进行充分评估，经综合分析确认并经经理（厂长）办公会讨论通过后，向总公司请示，经总公司人力资源部会同财务部对上报人选进行审核并批复后，由各单位对财务部负责人进行任免。

2.3.6 财务部门对货币、有价证券等资产实行安全实物保存程序，防止未经授权的接触；对原始凭证、账簿做好实物保存工作，具体参见《财务管理办法》《固定资产管理办法》《关于资金实行收支两条线管理的规定》等制度。

2.3.7 公司所属各单位对实物资产进行定期（至少每年一次）盘点，并及时对盘点差异做出账务处理。

2.3.8 公司管理层重视信息系统数据处理工作，并从以下几方面对信息系统风险进行了规避：在控制环境方面，从培养员工树立诚信价值观、选拔优秀信息管理人员、经营风格、组织制度建设完善、管理职责五方面对信息系统数据处理进行了严格规定；在职责方面，公司本部、所属各单位信息化管理领导小组负责领导并组织本单位的信息化工作，同时负责管理决策、资源配置、人员安排以及资金落实等工作。

2.3.9 各级信息中心是信息化工作的归口管理部门，同时也是相应信息化管理领导小组的办事机构，负责本单位信息化管理的日常工作。各级业务部门配合信息中心进行信息化工作。

2.3.10 在程序开发方面，公司制定了启动、分析、设计等程序，新项目必须经过规划、设计、商务和技术可行性分析方可运行；项目竣工后，必须进行测试，并编制测试报告；员工使用新系统前，必须经过培训。

2.3.11 在程序更新变动方面，信息系统更新、变动前，由使用部门提出申请，信息中心进行评估，系统更新后进行测试，并安排员工培训。

2.3.12 在程序和数据访问方面，为保证公司财务信息系统等的安全，公司针对信息系统建立了密码制度、授权登陆制度以及备份制度，限制未经授权的员工接触，并按月对数据进行备份，备份盘另行保存。

2.3.13 在计算机运行方面，为保证公司信息系统良好运行，减少运行中的风险，公司成立了各级信息中心。各级信息中心负责每月或每周对本单位的信息系统进行检验，并做好日常维护管理工作，把风险控制在萌芽中，提前采取规避措施。

2.4 公司管理层适时与公司所属各单位主要经营管理人员进行交流

2.4.1 公司每年三月或四月召开年度工作会议，参加人员为公司领导、职能部门负责人、公司所属各单位的经理（厂长）等，主要议题是总结全公司上年的工作完成情况，部署工作任务及当年的生产经营任务，公司总经理与所属各单位经理（厂长）签订安全生产、经营、党风廉政三项责任书。会议资料由公司经理工作部保存，保存期三年以上。

2.4.2 公司每年七月召开年中经济活动分析会，参加人员为公司领导、职能部门负责人、公司所属各单位的经理（厂长）等，主要议题是总结全公司上半年的工作完成情况，部署下半年的工作任务。会议资料由公司经理工作部保存，保存期三年以上。

2.4.3 公司管理层与公司所属各单位管理层要不定期通过视频、电话会议，公司内部网络，专业会议等渠道和方式下达指示并听取意见反馈。公司所属各单位每年递交年度工作总结，公司经理工作部负责收集，以便公司高层管理人员随时审阅。

2.5 公司管理层对待财务报告的态度和行动

2.5.1 公司管理层对待财务报告的态度和行动包括对采取的会计处理的争议。例如，采取了保守还是激进的会计政策，是否滥用会计原则，是否披露了关键的财务信息，是否粉饰或篡改了会计记录等。

2.5.2 公司注重财务报告的真实性与公允性，会计处理遵循会计准则，选择谨慎性会计估计原则。例如，公司所属各单位对已达到预定可使用状态，但尚未进行竣工验收的更改工程项目，在完工当月暂估转作固定资产。

2.5.3 对应收款项以个别认定法为主计提坏账准备。公司聘请声誉良好的会计师事务所进行外部审计（半年度、年度），审计委员会每年至少与外部审计师单独会谈两次。公司严禁操纵、篡改会计记录的行为。公司审计委员会或其指定的职能部门负责调查财务违规行为并提出处理意见，触犯法律的移交司法机关处理。公司将处理意见以文件形式下发至各职能部门或在公司内部刊物上进行公示，以示惩戒。公司经理工作部负责保存相关记录，保存期三年以上。

2.5.4 公司监察审计部根据《内部审计工作的规定》，不定期对公司所属各单位、各职能部门进行内部审计，形成内部审计报告，在报送总办公会审批后，以审计决定及建议文件的形式下发至各相关职能部门及公司所属各单位。

2.5.5 公司所属各单位应将内部审计整改情况书面上报公司监察审计部。公司监察审计部通过后续审计对整改情况进行监控。内部审计报告、审计决定及建议文件由公司监察审计部保存，保存期三年以上。

2.5.6 根据《审计委员会工作细则》的规定，审计委员会在公司财务信息披露前对财务信息的正确性及披露财务信息的合理性进行审核。

3. 公司对管理理念和经营风格的评估及修订

每年由企业人力资源部政工处负责审阅管理理念是否符合公司现有发展目标和外部市场形势的要求，可在环境因素（如市场因素、经营策略等）变化的情况下对管理理念进行重新修订，以保证其能适应公司经营管理的需要。

五、企业的组织结构

组织结构是指企业计划、协调和控制经营活动的整体框架。设置合理的组织结构，有助于建立良好的内部控制环境。一个企业的组织结构有以下两点：

（1）确定组织单位的形式和性质，包括确认相关的管理职能和报告关系；

（2）为每个组织单位内部划分责任权限制定办法。

一个企业的组织结构通常用组织结构图来列示，此项组织结构图应准确地反映授权方式和报告关系。

良好和完善的企业治理结构，有利于企业稳定和健康发展，可以为企业内部控制的建立和有效实施提供保障。《企业内部控制基本规范》要求企业根据国家有关法律法规和企业章程，建立规范的企业治理结构。我国《公司法》以及中国证监会发布的《上市公司股东大会规则》中对企业治理结构作出了明确规定。根据这些规定，企业股东大会依法行使企业经营方针、筹资、投资、利润分配等重大事项的表决权；董事会对股东大会负责，依法行使企业的经营决策权；监事会对股东大会负责，监督企业董事、经理和其他高级管理人员依法履行职责。经理层负责组织实施股东大会、董事会决议事项，主持企业的生产经营管理工作。

《企业内部控制基本规范》根据《公司法》等相关的企业治理规定，明确了董事会、监事会以及经理层在内部控制中的职责，规定董事会负责内部控制的建立健全和有效实施，监事会对董事会建立与实施内部控制进行监督，经理层负责组织领导企业内部控制的日常运行。

由于企业董事会负责内部控制的建立与实施，《企业内部控制基本规范》进一步重申了要在董事会之下设立审计委员会，要求审计委员会在原有职责之外，还要负责对企业内部控制的审查，并对内部控制的有效实施进行监督和评价，以及协调内部控制审计及其他相关事宜。为了保证审计委员会在企业内部控制中真正发挥作用，《企业内部控制基本规范》对审计委员会负责人提出了相应的要求，即审计委员会负责人必须具备相应的独立性、良好的职业操守和专业胜任能力。

六、企业内部权力与责任配置

如果管理层明确制定了授权和分配责任的方法，那么可以大大增强组织的控制意识，比如针对可接受的经营实务、利益冲突和行为规范宣布书面政策，描述出特定的责任、报告关系和有关限制。

科学合理的职责权限配置，有助于在企业经营活动中形成各负其责、各司其职的工作机制，发挥企业内部各级管理人员和员工在经营活动中的主动性和积极性，保证各项控制措施得以落实，为内部控制有效实施创造良好的条件。关于内部机构职责权限的配置，《企业内部控制基本规范》中注明了三方面的要求，具体如图2-1所示。

要求一

企业应制定相应的议事规则，明确决策、执行、监督等方面的职责权限，形成科学有效的职责分工和制衡机制。这一要求主要是解决企业股东（大）会、董事会、监事会等机构的职责权限的配置问题

要求二

企业应结合业务特点和内部控制要求设置内部机构，明确职责权限，将权利与责任落实到各责任单位。这一要求主要是解决企业管理层下设内部机构的职责权限的配置问题

要求三

企业应编制内部管理手册，通过内部管理手册使全体员工掌握内部机构设置、岗位职责、业务流程等情况，明确权责分配，正确行使职权

图2-1　内部机构职责权限的配置要求

为了保证内部控制的建立和实施，要求企业成立专门机构或者指定适当的机构具体负责组织协调内部控制的建立实施及日常工作。

七、内部审查

内部审查是企业自我评价的一种活动，内部审查可通过协助管理层监督其他控制政策和程序的有效性，来促成良好控制环境的建立。此外，内部审查还能为改进内部控制提供建设性意见。

为了充分发挥内部审计在企业内部控制中的作用，《企业内部控制基本规范》给出如下几点要求。

（1）企业应加强内部审计工作，结合内部审计监督对内部控制的有效性进行监督检查。

（2）对于内部审计机构的工作和报告程序，如在监督检查中发现内部控制存在缺陷，应当按照企业内部审计工作程序报告；对监督检查中发现的内部控制重大缺陷，审计人员有权直接向董事会及其审计委员会、监事会报告。

（3）企业应保证内部审计机构设置、人员配备和工作的独立性。

八、人力资源的政策和实务

良好的人力资源政策能提高执行企业政策和程序相关人员的胜任能力。企业必须雇用合适的人员并给予合适的资源，使其能完成所分配的任务。这是建立适宜控制环境的基础。除胜任能力之外，雇用的员工还应该有很高的道德水准。员工的胜任能力在很大程度上取决于企业有关雇用、训练、待遇、业绩考评及晋升等政策和程序的合理程度。

一个企业的人力资源政策表明了其聘用、使用员工的基本态度，同时也在某种程度上反映出企业员工的基本状况。企业员工作为实施内部控制的基层主体，是内部环境的重要内容之一。《企业内部控制基本规范》要求企业制定和实施有利于企业可持续发展的人力资源政策，至少应当包括以下内容：

（1）员工的聘用、培训、辞退与辞职；

（2）员工的薪酬、考核、晋升与奖惩；

（3）关键岗位员工的强制休假制度和定期岗位轮换制度；

（4）掌握国家秘密或重要商业秘密的员工离岗的限制性规定；

（5）有关人力资源管理的其他政策。

以下为某集团公司的人力资源政策及程序，供读者参考。

范例

人力资源政策及程序

人力资源政策由本公司人力资源部组织或会同有关部门编写，经总办会审批后执行。适当的人力资源政策对于公司招聘并留住有能力的员工，确保公司计划正确执行并达到既定目标具有决定性的作用。

1. 聘用、培训、考核、任免、薪酬和离职政策及程序

总公司制定了完整的人力资源管理制度和流程，涉及聘用、培训、考核、任免、薪酬和离职等各个方面。

1.1 聘用

1.1.1 总公司对新员工的招聘有严格的要求，由人力资源部统一负责，编入总公司年度人力资源计划。公司所属各单位员工录用计划必须以正式文件报总公司人力资源部审批，最终聘用人选需报总公司人力资源部审核，并经公司总经理、董事长批准。

1.1.2 总公司制定了严格的招聘程序，公开发布招聘信息，明确了应聘人员任职资格要求。

1.1.3 总公司本部招聘新员工，由人力资源部组织实施，负责应聘人员的资格审查工作，通知符合招聘条件的初审合格者参加笔试，对成绩合格者，由人力资源部会同相关业务部门负责人组成面试小组进行面试。面试合格后，进入背景调查阶段，如无不良历史记录，再由人力资源部组织体检。体检合格后，由人力资源部发放录用通知并办理录用手续。对于本单位系统内部管理岗位交换人员和因工作需要特殊选调的人员，经公司领导批准，可以免予考试。

1.1.4 公司所属各单位要对关键岗位（财务、内部审计、信息、人事等）应聘人员的背景进行充分调查。调查内容包括学历、工作经历、业绩、道德品行、舞弊记录等，调查方式包括面试、查阅人事档案等。对于新毕业的大学生，可到学校或采用电话（留有记录）、信函等方式进行调查。对于招聘的社会人员，可通过审阅档案或其他方式进行背景调查。

1.1.5 总公司监察审计部负责人的任免和岗级等变化情况，须事先经过审计委员会审查并认可。

1.1.6 公司所属各单位监察审计部门负责人的招聘，由各单位研究后请示总公司，总公司人力资源部征求监察审计部意见后进行批复。公司所属各单位根据总公司批复对监察审计部门负责人进行聘任。未经总公司批准，公司所属各单位监察审计部门负责人不得随意撤换、变动。

1.1.7 对于应聘总公司本部职位和所属各单位高级管理职位的人员，总公司人力资源部派专人调查，调查内容包括个人档案记录以及被调查人员的领导、同事、下级对其的评价。另外，可通过查阅经营业绩的历史情况来综合评价高级管理职位应聘者，根据其背景调查结果与录用标准确定是否聘用。背景调查有关资料要经总公司人力资源部负责人审阅，并签署意见，相关资料由总公司人力资源部保存，保存期三年以上。

1.1.8 公司所属各单位招聘新员工，由人力资源部会同用人部门组织笔试和面试，择优拟定人选，报经理（厂长）和公司审核批准后，视具体情况同新员工签订不同期限的劳动合同。

1.1.9 在员工招聘过程中，上级对下级执行聘用政策的情况进行监督。对于违背公司招聘制度和程序，违规录用员工的行为，一经发现，由公司总办会和总经理办公室或公司所属各单位厂办会做出决定后，按照公司有关制度的规定，责成人力资源部或直接由总经理办公室追究有关人员的责任，如记过、通报批评等。

1.2 培训

1.2.1 新员工上岗前，需接受总公司及所属各单位人力资源部会同安监室等组织的安全生产、人力资源以及企业文化等常用规章制度培训，经考试合格后方可上岗，考试成绩及试卷在人力资源部存档两年以上。总公司及所属各单位员工每年都要根据工作需要，接受以管理知识、生产技能、专业技能为主，相关学历教育为辅的培训，并由本单位人力资源部做相应的培训考核。

1.2.2 根据需要，总公司及所属各单位可以安排计划外或特别的培训。为提高内控管理水平，总公司视具体情况适时对内控测评人员进行专项培训。各部门的培训计划报总公司人力资源部批准后列入总公司年度培训计划。所有部门都要参与年度培训计划的制订，培训计划的制订基于以下因素：

（1）员工的需要；

（2）政策的变化（会计政策、会计准则）；

（3）法规的变化；

（4）风险评估（如舞弊风险）；

（5）对政策法规的遵循。

总公司人力资源部应定期（每年至少一次）检查年度培训计划的落实情况，了解培训进程，检查培训效果，处理反馈意见。公司所属各单位的培训计划报经理（厂长）批准后实施，并报总公司人力资源部备案。公司所属各单位每年末向总公司人力资源部上报年度培训总结。

1.3 对员工胜任能力的关注

1.3.1 总公司及所属各单位制定《岗位工作标准》，明确规定每一具体岗位所需的能力水平和相应的知识经验，以及工作范围、职责和权限、基本技能要求、检查和考核规定等。《岗位工作标准》由总公司及所属各单位人力资源部组织各业务部门编写，报总办会或厂办会审核批准后下发执行。

1.3.2 《岗位工作标准》每年由人力资源部负责组织有关业务部门审阅，如有变动，由业务部门负责提出修订意见，经人力资源部审核后修订，修订完成报总办会或厂办会审核批准后下发执行。

1.3.3 公司经理办公室所属各单位行政部门负责将《岗位工作标准》发布于内部网站上，方便每一位员工通过内部网络随时查阅《岗位工作标准》。

1.3.4 总公司及所属各单位人力资源部应在《岗位工作标准》中显著位置标明解释部门的联系电话。

1.3.5 当员工不理解《岗位工作标准》的某些条款时，可向人力资源部人事处询问，由其负责解答。

1.3.6 总公司人力资源部对本部员工每年进行一次考核评价，考评表在总公司人力资源部存档。当本部员工不能适应当前工作或新的业务时，员工所在部门应对其进行业务能力适应性培训，使其达到胜任水平，培训时间根据新业务具体情况确定，培训后进行针对性的考核，将结果记录并保存于总公司人力资源部。

1.3.7 对培训后仍旧不能适应工作者，视情况调整到相应工作岗位。

1.3.8 总公司人力资源部将以上所述的培训、考核情况书面报告公司分管副总经理和总经理审阅签字。

1.3.9 公司所属各单位人力资源部每年对管理人员进行一次考核评价，具体要求和程序同上。

1.4 考核、任免

1.4.1 总公司有明确的管理人员管理和考核办法，考核包括年度考核、届中考核及选拔考核等几种情况。人力资源部是管理人员考核、任免工作的归口管理部门。

1.4.2 选拔考核（根据领导岗位变动、空缺情况适时安排）是对领导岗位任职人选的考核，主要是根据不同的领导岗位对人才的要求，考核任职人选的综合能力，为选拔管理人员提供依据。

1.4.3 总公司本部考核程序。

（1）个人准备阶段。各部门组织员工进行年度工作总结，并填写“员工年度考核表”。其中，部门经理、副经理还需准备述职提纲。

（2）述职、民主测评阶段。部门经理、副经理在本部门全体员工会议上述职并进行民主评议，公司分管该部门的领导参加，评议后由人力资源部组织民主测评。其他员工在本处内进行总结和评议。

（3）分管领导评鉴阶段。分管领导根据被考核者的述职及评议和测评的结果，结合平时的考核情况，提出考核意见，并填入“员工年度考核表”。部门经理、副经理的考核表由公司分管领导负责填写；其他员工的考核表由部门经理负责填写。

公司部门经理、副经理由总公司领导根据考核情况研究决定考核等次；其他员工由所在部门根据考核情况研究决定考核等次。

（4）考核意见反馈阶段。分管领导向被考核者反馈考核意见，指出其工作中的成绩、不足和今后努力的方向。

副经理及以上管理人员的考核和民主测评结果报总公司领导审阅。

（5）考核结果的使用。根据每年不同的时间安排，考核结果将作为员工奖惩、升降、交流、培训的重要依据。同时，对在考核中评定为“优秀”的员工，在总公司本部内给予表彰和奖励；对在考核中评定为“基本称职”的员工，由分管领导与本人进行谈话，以示诫免；对在考核中评定为“不称职”的员工，应安排其待岗培训，或降职使用。

（6）考核结果存档：考评结果存档于人力资源部，保存期三年以上。

1.4.4 公司所属各单位管理人员的考核程序。

公司所属各单位管理人员的考核包括年度考核和定期考核。

（1）年度考核。年度考核由各单位人力资源部具体操作，必要时总公司人力资源部派人参加。

（2）个人准备阶段。被考核者（公司管理人员）进行年度工作总结，并将主要工作、存在的问题简明扼要地写入“年度考核登记表”。

（3）述职、民主测评阶段。被考核者（公司管理人员）在民主测评会上述职并进行民主测评，民主测评会可以在每年职代会或全年工作会议期间召开，也可以专门组织一定范围内的人员参加测评，由参加测评人员按要求认真填写“领导管理人员民主测评表”。

（4）各单位党委评鉴阶段。各单位党委根据被考核者的述职及民主测评结果，结合平时的工作情况写出评鉴意见，并填入“年度考核登记表”。

（5）考核意见报告阶段。各单位于每年三月底前将公司管理人员的“年度考核登记表”以及民主测评统计结果报总公司人力资源部。

（6）考核结果的使用。考核结果将作为管理人员教育培训、调动、交流、奖惩、职务升降的重要依据，并视具体情况做如下处理。

①对各单位主要领导的考核测评结果，由总公司领导反馈，副职由本单位主要领导反馈。

②年度民主测评基本称职和不称职两项相加达到40%，或不称职率达到20%的，应进行诫勉。单位主要领导由总公司领导同其谈话，副职由本单位主要领导同其谈话，帮助其分析原因，找出不足，提出改进要求。年度民主测评不称职率达到25%，或连续两年民主测评基本称职和不称职两项相加达到40%或不称职率达到20%的，经考核分析，确属不称职的，责成其辞去职务或免去其职务，不再保留职级待遇。

（7）定期考核。定期考核每两年进行一次，由总公司人力资源部组织，各单位协助，重点了解各单位领导班子整体的工作实绩、领导水平、思想作风建设，班子成员的德、能、勤、绩、廉等情况。

（8）个人准备阶段。总公司人力资源部提前通知被考核对象准备述职报告。考核对象向考核小组汇报履行岗位职责情况，并进行自我评价，汇报存在的问题及改进措施等。

（9）评议。考核小组通过民主测评会和个别谈话等方式，广泛听取领导班子成员、中层管理人员和职工代表对考核对象的评价，并综合各方面的情况，研究对领导班子整体和每位班子成员的考核意见。

（10）考核小组全面分析考核情况，写出考核总结材料，上报公司总经理办公室。材料包括对领导班子的基本评价、主要特点、取得的主要工作成绩及存在的问题，班子成员的政治素质、思想作风、工作态度、能力、方法和魄力，后备管理人员的推荐、考核情况，改进措施或调整意见等。

（11）形成管理人员考核材料。管理人员的考核材料由考核人员撰写，主要包括德才表现、工作实绩和主要特长；主要缺点和不足；民主推荐和民意测评情况。考核材料存入管理人员档案，作为实施奖惩，职务升降、调整及培训的依据。

1.4.5 公司所属各单位管理人员的考核程序。

公司所属各单位每年对管理人员从德、能、勤、绩等四个方面进行考评（具体考核要点详见“1.4.3 总公司本部考核程序”）。重点考核管理人员履行岗位职责的情况和完成工作任务的情况，考评结果与其薪酬和任用挂钩，存档于本单位人力资源部，保存三年以上。

1.5 任免

1.5.1 任免要求。

公司选拔任用管理人员或免去管理人员的职务，必须坚持民主集中制的原则，广泛听取各方面的意见，走群众路线，按照民主推荐，公司人力资源部考核，公司总经理办公室集体讨论决定的程序办理，不能由个别成员临时提议，仓促作出任免决定。对不胜任现职的管理人员要及时调整，并作出妥善的安排。

提职人选一般应具有下一级领导岗位两年以上的工作经验，除德才表现和工作业绩特别优异，而且工作特别需要之外，一般不得越级提拔。

1.5.2 任免程序。

（1）总公司人力资源部组织考核，并提出任免建议。

（2）公司总经理办公室研究同意。

（3）办理任免手续。

公司所属各单位任免中层管理人员，须经厂领导班子集体研究决定后方可办理任免手续，并在任免后一个月内将任免文件报总公司人力资源部备案。其中，人事、财务、监察、审计部门主任（或主持工作副主任）的任免须事先征得总公司的同意。

1.6 薪酬

1.6.1 公司制定了完善的薪酬制度，建立健全了工资总额调控机制。公司遵循“效率优先、注重公平”的原则，实行工资总额与经济效益挂钩。

1.6.2 公司所属各单位各部门每月对本部门工作进行总结，对和本部门相关的部门提出考核意见，上报本单位考评小组。考评小组负责对各部门上月工作情况进行考核，人力资源部根据考核情况确定各部门当月奖金，报经理（厂长）批准后下达。

1.6.3 员工薪酬的基本原则是：按岗定薪，按绩取酬；效率优先，注重公平。工资待遇按所聘岗位确定。

1.7 离职

1.7.1 公司管理人员在任职期内辞去现任职务的，必须提前三个月正式向公司人力资源部提出书面申请，根据公司管理人员管理权限，经公司总经理办公室批准后方可办理工作交接手续及离职手续。对分支机构和下属单位行政正职任职届满或工作调动的，公司监察审计部要对其进行任期经济责任审计。

1.7.2 员工辞职，须向本单位人力资源部提出申请，经人力资源部确认，公司总经理或公司所属各单位经理（厂长）审批后，辞职人员持“离职通知单”办理工作交接，有关部门确认工作交接，处理完毕方可办理辞职手续。相关资料由人力资源部保存，保存期三年以上。

1.7.3 各单位人力资源部接到辞职申请后，要和辞职人员面谈，了解其辞职原因，对于发现的管理方面的问题，由人力资源部提出整改意见，报总办会或厂办会讨论、批准后实施。辞职人员所在部门和信息中心要及时注销辞职人员在公司管理信息系统中的使用权限。

1.7.4 有关上述人力资源政策方面的制度，每年均由总公司人力资源部负责审阅，如需修改，由人力资源部提出修改意见，提交总办会审批后方可执行。

1.8 明确员工职责和企业期望

1.8.1 员工通过入厂培训、年度培训了解其职责以及公司对其的基本要求。

1.8.2 公司通过年度专门会议以及公司所属各单位的员工大会，使员工熟知本单位年度经营目标和每个部门、每名员工所起的作用。

1.8.3 每个部门每月末对本月工作进行小结，对下月工作做出计划，将具体目标落实到人。

1.8.4 月度小结和计划由部门专责人保存，保存期两年以上。

1.9 对违背既定政策和流程行为的监督与补救措施

1.9.1 总公司人力资源部负责监督公司及所属各单位人力资源政策、流程的执行情况，公司所属各单位人力资源部负责监督本单位人力资源政策、流程的执行情况。

1.9.2 公司在《岗位工作标准》等有关制度中清楚地列明每个岗位的工作标准，明确定义了违规事件以及相应处理和补救措施。《岗位工作标准》明确标明：当员工不理解《岗位工作标准》的某些条款时，应向本单位人力资源部询问，由其负责解答疑问，并作记录。

2. 人力资源政策遵循的道德标准

2.1 公司在《员工手册》中规定了明确的道德标准，对道德的遵循和提倡做出了明确指导。公司号召广大员工团结一致，顽强拼搏，努力克服原材料价格上涨、市场竞争日趋激烈等困难，全面完成安全生产、经营管理、精神文明建设、企业文化建设等各项工作。号召广大员工积极做好本职工作，营造学习先进、赶超先进的良好氛围，为实现公司各项工作目标做出贡献。

2.2 员工提拔的标准、信息收集方式（比如业绩评估）的充分性，以及这些标准与员工行为准则的关系。

2.3 公司及所属各单位每个部门对本部门员工进行年度考核，每月末对本月工作做出小结，同时制订下月工作计划，将具体目标落实到人。年底，各业务部门结合岗位职责，根据具体经济指标的完成情况以及对各种制度、原则、行为准则的遵守情况对领导和管理人员进行考核和民主评议，对一般员工进行常规考核。公司考核和民主评议的结果作为未来员工留用和提拔的具体依据，除一般员工考核结果可由所属各单位本部门自行保存外，领导和管理人员的考核和民主评议结果须由总公司人力资源部保存，保存期三年以上。

3. 保密承诺

3.1 公司的运营情况、财务状况或重大事项在未对外公开披露之前为内幕信息，知情者（包括公司董事、监事、高级管理人员及其他涉及信息披露有关部门的涉密人员）负有保密义务，任何人不得以任何形式向外界或公司系统内任何非内幕信息知情者泄露内幕信息。

3.2 公司内幕信息知情者泄露信息或者建议他人买卖本公司证券的，责令依法处理非法获得的证券，没收非法所得，并处以违法所得1～5倍罚款。构成犯罪的，依法追究刑事责任。

4. 对人力资源部的监督

4.1 公司采取以下措施对人力资源部实施监督。

4.1.1 公司及所属各单位管理层每年终对人力资源部的工作进行考核。

4.1.2 公司及所属各单位人力资源部不定期向公司总经理或经理（厂长）汇报工作。

4.1.3 通过民主测评实施监督。公司人力资源部经理、副经理，公司所属各单位人力资源部正（副）职负责人要在本部门会议上述职并接受民主评议，部门员工负责填写“测评表”，对上述人员进行民主测评，并实施监督。

4.1.4 员工可使用信访、举报电话、举报信箱等渠道反映情况并进行监督。

4.2 每年末，公司及所属各单位人力资源部负责人要对本部门的全年工作做出总结，总结内容包括人力资源政策遵守情况、部门及员工工作绩效等，交分管领导审阅，并就当年出现的问题给出必要的书面意见和建议。

4.3 公司监察审计部、公司所属各单位监察审计室每年对人力资源部的职责履行情况进行内部审计，并出具审计意见。

九、企业文化因素

企业应建立一种适用于本企业实际情况、健康向上，尤其是重视内部控制的企业文化，以借助价值观念等软环境使自己的员工得到自律和他律，从而矫正其价值和目标，规范其行为，解决员工个体的价值、目标、行为与组织的价值、目标之间的矛盾，并使它们相一致；同时借助充分发挥人的主观能动性的工作氛围来激励员工，使其产生心甘情愿地为本企业服务的内在动力。这样做不仅有利于科学合理地制定和执行内部控制制度，还可以弥补内部控制制度的不足，使企业的内部控制始终处于有效状态。

《企业内部控制基本规范》要求企业加强文化建设，培育积极向上的价值观和社会责任感，倡导诚实守信、爱岗敬业、开拓创新和团队协作精神，树立现代管理理念，强化风险意识。由于公司董事、监事、经理层以及其他高级管理人员在企业中的特殊地位，《企业内部控制基本规范》特别强调了董事、监事、经理及其他高级管理人员应当在企业文化建设中发挥主导作用。

十、法制观念

市场经济是法治经济，企业内部控制的基本目标之一就是保证经营活动的合规合法性。企业要生存和发展，首先必须守法，遵循国家的法律法规。《企业内部控制基本规范》加强法制教育，增强包括董事、监事、高级管理人员在内的全体员工的法制观念；严格依法决策、依法办事、依法监督；建立健全法律顾问制度和重大法律纠纷案件备案制度。上述要求为实现内部控制的合规合法目标奠定了基础。

第二节　内部控制环境创设要点

一、强化领导者的控制意识

企业领导者要充分认识到，建立内部控制体系，有利于企业规范管理、防范经营风险，提升企业管理水平和形象。

（一）强化领导者控制意识的措施

作为企业领导者，应设法引导全员对内部控制持积极态度，消除消极情绪。强化领导者控制意识可以采取以下措施：

（1）保持一种不带偏见的控制观；

（2）鼓励下属参与制定标准；

（3）运用“事实控制”，而非主管的、权威的控制，并使控制具有弹性；

（4）激励员工向同一个方向努力；

（5）普及内控知识，防止因内控知识不足造成内部控制失效。

（二）建立健全内部控制体系

领导重视是关键，建立健全内部控制体系是管理当局的责任。

1. 在内控体系建设期

在内控体系建设期，企业领导要定期召开内控体系建设工作会议，听取内控体系建设工作汇报，及时协调解决内控体系建设中出现的问题。通过网络、报纸等多种渠道进行内控体系建设宣传报道，让员工充分认识到内控体系建设的重要意义。

2. 在内控体系运行期

在内控体系运行期，企业领导要定期听取内控体系运行情况汇报，对《企业风险评估报告》《内控运行自我评价》做出批示，纠正内控运行偏差，提升内部控制执行力。

二、构建合理有效的组织结构

企业应构建合理有效的组织结构，通过分解实现企业目标所需要的工作，并依据专业化分工、有效协调和精简高效的原则进行机构与部门设计，以规范企业成员的工作及其相互间联系，使企业成员能在一定的组织规范内既分工又协作地为实现企业目标而共同努力。

（一）企业需要依据自身发展阶段和所处环境来构建组织结构

组织结构是为企业目标而服务的，企业处于不同的发展阶段，有其不同的短期目标，由此组织结构也不相同，如创业期的组织结构不同于成熟期的组织结构。另外，企业所处的内外环境也会对组织结构的构建产生影响。

（二）企业构建组织结构时应当注意各部分之间的协调

各部门要做好工作分工，明确各自的职能及职责范围。这里要注意，分工在利于提高工作效率的同时，也可能会造成各自为营的局面，因此，企业应该注意各部分之间的协调沟通。

这种协调主要包括职能部门之间的协调和各层级之间的协调。各职能部门之间的工作紧密联系，存在依存关系，这客观上需要企业内部有一套工作流程标准和沟通渠道，以保证各部门工作的顺利进行；各层级之间需要有一个良好的上下级机制和权责分配制度来实现协调。

（三）建立公开、高效、互相制约的组织机构

建立公开、高效、互相制约的组织机构要注意图2-2所示的要点。

- **要点一**：在组建机构时尽量精编简政，避免机构过于冗余庞大，一些机构的职能不清或者重复多余，应把众多职能相同且过于分散的机构集中起来成立一个强有力的部门，最大限度地发挥其职能作用，提高办事效率
- **要点二**：各机构的职责要向广大员工及管理人员公开，以便员工和其他部门负责人对其进行有效的监督
- **要点三**：将企业的不相容职务相分离，严禁某个机构或者职能部门全权负责某一个业务流程的全部过程，要将一些对该部门相关的业务牵制或者约束工作统筹起来规划到其他部门

图2-2　建立公开、高效、互相制约的组织机构的要点

以下为某企业的组织结构，供读者参考。

范例

组织结构

1. 组织结构的建立

企业的组织结构是管理和控制经营活动的整体框架。设置合理的组织结构，有利于企业建立良好的内部控制环境。企业生产经营的性质决定了所属各单位地理位置相对分散的特点，因此，本企业在股东大会和董事会的领导下制定了职能部门归口管理业务的内部管理机构设置模式。集中与分散相结合的组织结构模式不仅保证了企业各职能部门的统一管理，而且保证了企业所属各单位的自主生产经营，适合企业经营管理的业务需要。

企业的组织结构既不可过于简单，缺乏对企业经营的有效监控，也不可过于复杂，以至阻塞信息的流通。按照这一原则，企业总经理根据本企业生产特点、发展战略、经营环境、管理模式等因素，拟订了企业内部管理机构的设置方案，提交企业董事会进行讨论，形成董事会会议纪要或正式文件，由董事长签发。董事会会议纪要由董事会秘书保存，保存期三年以上。

2. 组织结构框架和沟通机制

2.1 股东大会是企业的最高权力机构，依照《公司法》行使权力。董事会是企业股东大会的执行机构，对股东大会负责。董事会下设战略委员会、审计委员会、提名委员会、薪酬和考核委员会，上述各委员会对董事会负责。

2.2 企业高层管理人员包括总经理、分管相关职能部门的副总经理、总会计师等。

副总经理和总会计师协助总经理工作，对总经理负责，并与总经理一起构成企业总经理班子。企业总经理班子对董事会负责。

2.3 企业设置董事会办公室和若干职能部门，分别为经理工作部（代管信息中心）、计划发展部、工程管理部、安全及生产部（代管安全监察室）、市场营销部、燃料部、商务合同部、财务部、证券融资部、股权管理部、人力资源部（代管社保中心）、多种经营管理部和监察审计部，上述各职能部门对总经理班子负责，每年向总经理班子提交年度工作报告。监察审计部每半年或根据实际情况向审计委员会汇报工作。

2.4 总公司组织结构见下图。

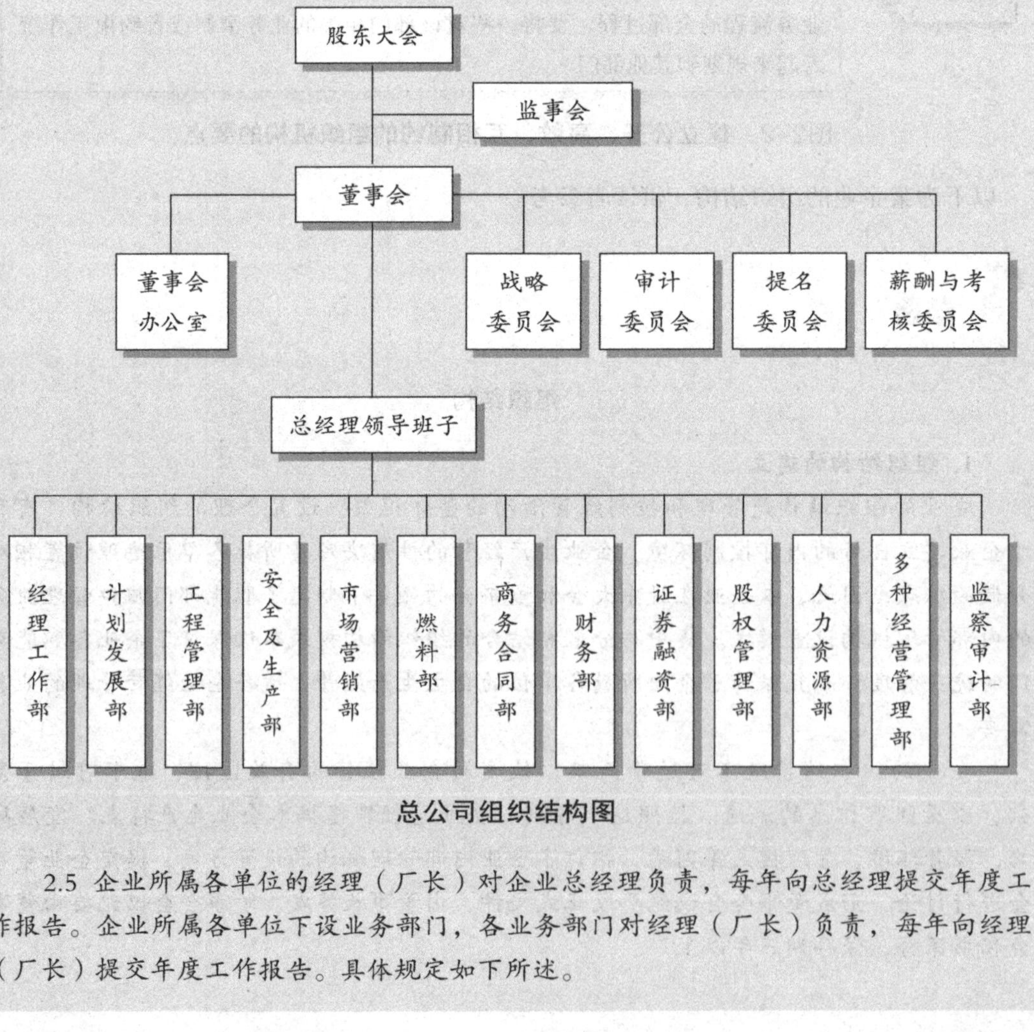

总公司组织结构图

2.5 企业所属各单位的经理（厂长）对企业总经理负责，每年向总经理提交年度工作报告。企业所属各单位下设业务部门，各业务部门对经理（厂长）负责，每年向经理（厂长）提交年度工作报告。具体规定如下所述。

2.5.1 企业所属各单位人力资源部根据本单位实际情况拟定机构设置及人员配备方案，经理（厂长）审批同意后上报企业人力资源部，企业人力资源部根据《企业定员标准》等制度或企业总办会会议决定进行审核、批复。相关批复文件由企业经理部及企业所属各单位行政部分别存档，保存期三年以上。

2.5.2 企业控股子公司人力资源部按照本企业要求，根据子公司实际情况拟定机构设置及人员配备方案，经理（厂长）审批同意后上报企业人力资源部，企业人力资源部根据《企业定员标准》等制度或企业总经理办公会会议决定进行审核、批复，再由控股子公司董事会讨论通过。相关批复文件由企业经理部与企业所属各单位行政部分别存档，保存期三年以上。

3. 组织结构职责和权利的分配

3.1 企业董事会、审计委员会、董事会办公室的职责权利详见“董事会”“董事会审计委员会”相关规定。

3.2 企业在《部门职责分工规定》中明确各职能部门具体的职责、权利。例如，规定市场营销部负责企业电力市场营销的有关业务及管理工作。经理部外事处负责企业对外合作交流管理、外国专家管理、出国人员管理等工作以及日常外事业务。企业各职能部门在做好职责范围内事务的同时，还应做好分管业务的指导和监督工作。

3.3 企业经理工作部每年组织对《部门职责分工规定》进行一次书面审阅，审阅前书面征求各职能部门意见，并根据意见和审阅情况提出书面意见上报总办会，由总办会决定是否修订。如需修订，由经理工作部提出正式修订意见，上报总办会批准后由经理工作部负责组织实行。

3.4 企业所属各单位人力资源部在《部门职责分工规定》中明确各职能部门具体的职责、权利。企业所属各单位人力资源部每年对《部门职责分工规定》进行审阅，审阅前书面征求各部门意见，并根据意见情况提出书面修订意见，上报厂长办公会，由其决定是否修订。如需修订，由人力资源部提出修订意见，报厂长办公会批准后由人力资源部负责组织实行，如涉及组织结构调整，须报企业人力资源部审核同意。

3.5 企业监察审计部在每年的内部审计中，对组织结构中的责权分配进行全面审计，主要审计范围包括部门之间、岗位之间是否存在职责重叠、职责真空和越权现象。

3.6 企业总经理每年代表总经理班子做出工作总结，内容包括高级管理层的职责分工、权限划分及实际执行情况，并将工作总结报董事会审阅。董事会就其工作报告进行询问或根据需要责成董事会办公室实地调查后，出具书面评价意见。

4. 报告关系的适当性

4.1 企业管理层、各职能部门和所属各单位之间通过定期（每月或每季）会议、视频电话会议、书面文件等形式建立良好的报告关系渠道。

4.2 企业内部汇报采用逐级汇报形式。企业所属各单位除高级管理层每年向公司高级管理层汇报以外，各业务部门定期（每月或每季）或根据工作需要随时向企业各归口业务部汇报，以确保汇报及时、准确、对口。企业本部内部汇报均以签报形式书面呈送，各类签报（除保密事项外）应通过OA系统经由企业秘书处统一送企业领导阅批，批示件由企业秘书处录入批示，经复核后转送其他领导或退回签报部门保存。各部门应于下一年度的6月份之前将保存的签报整理移交档案室归档。保密签报由签报部门在秘书处手工签报登记簿上登记后呈送企业领导，批示件由签报部门归档并保存，存档目录备份档案室。如遇紧急事项，签报部门须直接呈送企业领导的签报，事后应在秘书处手工签报登记簿上登记，批示件由签报部门保存，保存期两年以上。

5. 管理层职责定义的充分性，以及其对职责的理解程度

5.1 企业高级管理层指企业总经理班子。企业管理层指企业总经理班子、各职能部门负责人以及企业所属各单位经理（厂长）（含副职）。企业所属各单位管理层是指各单位经理（厂长）（含副职）、各职能部门负责人。

5.2 企业建立了完善的岗位职责，对管理层的职责和权限进行了明确定义。

5.2.1 企业总经理对董事会负责，具体职责为：

（1）主持企业的生产经营管理工作，组织实施董事会决议；

（2）组织实施企业年度经营计划和投资方案；

（3）拟定企业内部管理机构设置方案；

（4）拟定企业的基本规章；

（5）提请聘任或解聘企业副总经理、财务负责人；

（6）聘任或解聘除应由董事会聘任或解聘以外的管理人员；

（7）经董事长授权，代表企业行使相应的职权；

（8）企业章程和董事会授予的其他权限。

5.2.2 企业证券部经理岗位职责：

（1）负责资产收购、资本市场融资和各类资本市场运作、对外信息披露等工作；

（2）负责协调与国家有关部门、股票市场、监管机构、中介机构和企业相关部门之间的关系；

（3）负责带头并监督执行企业制定的各项规章制度；

（4）负责贯彻执行企业董事会、总办会下达的有关决议及任务等。

5.3 在每年度管理人员考核测评中，岗位职责作为一项重要考评内容以保证每位管理人员对职责的熟知理解。

5.4 企业要求管理层具备履行相关职责的知识和经验，岗位职责对管理层的任职资格、任职条件进行了明确规定，如企业证券部经理应具备如下任职条件：

（1）具有强烈的事业心和责任感，能够努力为企业工作，具有良好的精神面貌；

（2）具有较强的问题分析和解决能力，能够掌握党和政府的有关方针政策；

（3）对生产、市场和资本市场的运作具有较全面的理论知识和至少3～5年的实际经验；

（4）具有较强的组织协调能力，能够组织不同规模的国内外业务活动；

（5）具有较强的语言、文字表达能力，能起草各类报告和文件；

（6）能够熟练运用英语处理涉外业务，包括协议谈判、各类涉外活动；

（7）具有较强的总结、归纳能力，能创造性地工作。

人力资源部要对管理层的选拔聘用严格把关。

5.5 企业员工数量满足企业需求

企业职能部门及所属各单位根据现有人员配置状况及工作需要，每年以书面形式向企业人力资源部报送员工需求计划。人力资源部对需求计划进行审阅，上报企业领导批准后执行。企业及所属各单位人力资源部负责组织实施招聘，以保证人力资源工作需要。

6. 定期评估

6.1 总公司如因发展战略、经营环境、管理模式等发生变化需调整部门设置时，人力资源部提出调整方案，上报企业总经理并经总经理办公会批准后，提交企业董事会审批，批准后由人力资源部负责实施，相关记录由董事会秘书保存，保存期三年以上。

6.2 企业职能部门在工作中发现组织结构影响工作效率，或因出现新的业务、环境发生变化等原因需要增加或调整机构设置时，由职能部门向人力资源部提出书面申请，人力资源部上报企业总经理并经总经理办公会批准后，按照批准的方案进行机构调整。

三、强调“人”的作用——加强人力资源管理

内部控制一般仅针对常规业务活动而设计，即使是设计完整的内部控制，也可能因执行人员粗心大意、精力分散、判断失误以及对指令的误解而失效；或者因有关人员相互勾结、内外串通而失效；或者因执行人员滥用职权或屈从于外部压力而失效。内部控制是由人设计和执行的，加之内部控制的上述固有限制，行为主体“人”对内控的有效性特别重要。因此，企业要特别强调“人”在内部控制中的作用。人有良好品行和素质对贯彻执行内部控制有很大的帮助。

（一）建立符合企业发展的市场用人机制

1. 招聘环节

在招聘环节，企业要根据自身实际现状、未来发展趋势做好招纳贤才与人才储备工作，为企业需要的岗位谋求合适的人才，真正做到人尽其才、才尽其用、用尽其能、人适其岗。人才招聘不能搞歧视政策，不能唯学历唯关系，要着眼于个人的综合素质能力与学习能力，做到岗位与人才的适用度相匹配，使人才的发展与企业的发展实现共赢。

2. 用人环节

在用人环节，推广岗位竞聘，强调公平、公开、公正和择优任用的原则。企业在用人问题上既要坚持德才兼备、任人唯贤的基本原则，又要注重工作经验与工作业绩相结合。根据竞争岗位基本情况和竞聘人才综合能力素养，本着求贤若渴的精神，选拔和使用德才兼备的人才，坚持德与才的统一。决不能利用手中权力，任人唯上（上级）、任人唯帮

（帮派）、任人唯吹（阿谀奉承）、任人唯亲，要做到不唯学历，不唯关系，不唯资历，真正做到任人唯贤，选贤举能，唯才是举。

3. 建立灵活的人才退出机制，优化企业资源

企业应以定期的绩效考核为基础，通过定期（比如每月一次）绩效考核对员工的近期工作表现进行考评，以考核结果为参考作出相应的人事决策，如降职、降薪、调岗、退休甚至解雇，这样就可以定期检查企业中人岗匹配程度并及时做出调整，打破原有领导能上不能下的固定格局，保持企业中人员与岗位相匹配。同时，做好退休人员的保障制度，加强对退休人员的关注和关爱。

（二）实施差异化的人才激励机制

差异化的人才激励机制表现在以下三个方面，具体如图2-3所示。

机制一　差异化的薪酬制度

通过定期的绩效考核结果，使用KPI（关键绩效指标）绩效考核方法，对员工和管理层进行量化考核。对考核成绩优秀的员工实行额外的绩效工资和岗位晋升机制，激励全体员工卯足干劲，力争上游，取消平均分配制度，塑造全体员工敢于争优，勇于争优的良好氛围

机制二　差异化的奖励制度

企业不仅要从物质上给予员工奖励，而且要从精神上给予嘉奖。对优秀员工予以通报嘉奖，安排适当的外出旅游与学习机会，定期对优秀员工进行慰问和鼓励。同时，奖励对象不能仅局限于骨干员工，要向普通员工倾斜，使他们更好地发挥能动性，带动其他员工创造更好的效益

机制三　差异化的岗位晋升制度

员工干好岗位工作，一方面不仅可以实现自我价值，有一种不可言喻的成就感；另一方面还能获取他人的认同感，而岗位与职务晋升对他们来讲是对其认可的最佳方式。对于优秀员工，企业要为其提供良好的晋升发展通道，实行管理岗位与技术岗位双通道的差异化人才晋升机制。随着职位的升迁，企业对其的认可程度逐步加强，员工对企业的认同感与归属感会越发强烈，其干劲就越足，创造出的效益也就越大。因此，实行差异化的人才晋升机制，不仅可以为企业培养出优秀的人才，还可以为企业留住优秀的人才，为企业的发展储备人才

图2-3　差异化的人才激励机制

（三）建立完善的人力资源开发与培养机制

员工培训是一项收益率很高的投资，可以为企业未来创造很多无形价值，使企业收获巨大的效益。员工培训从短期来看，可能要花费一笔费用，但从长远角度来看，其实是企业人力资源开发的战略过程。员工培训不仅为员工个人提供了一定的学习发展空间，而且为企业储备了大量的知识型人才。因此，企业要加大高质量的教育培训力度，建立健全人力资源开发与培养机制。人力资源开发与培养机制建立要点如图2–4所示。

要点一　**对新入职员工进行入职前培训与安全教育培训**

对新入职员工进行入职前培训与安全教育培训，使其了解本企业的企业文化、当前现状、发展概况等基本信息；同时，企业也要通过这个环节了解新入职员工的长处、适合的岗位等。企业要让新员工了解各岗位所需要的基本技能与胜任力，使新入职员工有一个自我认识与自我规划的过程，为企业的可持续发展储备一批可用之才

要点二　**岗位准入资格培训**

新上（晋）岗、转岗、复岗员工（离岗三个月以上）必须参加岗位准入资格培训，使其了解新岗位所需要的基本素质和专业技能，让其能更加方便快捷地适应新岗位，更快地投入到新的工作中去

要点三　**鼓励员工利用闲暇时间自我学习、自我充电**

无论什么类型的企业，都无法专门为每一个员工提供合适的培训，这就要求员工在把握岗位胜任度与企业发展需求的基础上进行自我充电，以适应岗位的基本要求和企业未来发展的需求。当企业发展到一定程度时，不用担心人才链的脱节，可以随心所欲地用人，同时对于员工自身来讲也是一种机会，这就为企业的可持续发展提供了良性保障，使企业能够及时补充和更新新鲜血液，为企业的发展提供源源不断的动力

图2–4　人力资源开发与培养机制建立要点

（四）明确责任的标准，制定评价管理办法，对评价结果进行记录和报告

企业必须明确规定涉及各项业务活动责任的相应依据和标准，并进行规范检测和校正，便于考核责任人。同时应制定《内部控制运行评价管理办法》，对内部控制运行效果进行评价。企业对考核评价的结果要做好记录，形成考核档案，作为员工考核晋升的依据。考核结果要报告领导层，供领导层决策时参考。企业内部控制考核还应当与员工奖惩挂钩，以激励调动员工参与内部控制管理的积极性。

四、加强企业文化建设

企业文化能够为企业提供长久深厚的发展动力。企业要获得长久稳定的发展，就必须建立起自己的信仰体系，让员工坚定地确认企业的战略目标、经营方针、管理规范等，自觉地把自我价值与企业价值、个人命运与企业命运紧密地联系在一起。

企业文化可以从价值观、企业精神、伦理道德、管理宗旨到规章制度、员工行为、企业形象等方面，以规范严谨的方式构建自己的体系，营造企业的精神家园，为企业发展长久战略提供源源不断的精神和思想动力。

（一）企业文化培育

1. 企业文化培育的原则

（1）企业应当重视文化培育在实现发展战略中的作用，加大投入力度，健全保障机制，防止和避免形式主义。

（2）企业应当根据发展战略和自身特点，总结优良传统，挖掘文化底蕴，提炼核心价值，确定文化培育的目标和内容，形成企业文化规范，使其构成员工行为守则的重要组成部分。

（3）企业文化培育应当融入生产经营过程，切实做到文化培育与发展战略的有机结合，增强员工的责任感和使命感，促使员工自身价值在企业发展中得到充分体现。

2. 企业文化培育的方法

（1）通过召开职工大会，设置专题报栏让职工了解企业文化。

（2）通过开展各种各样生动活泼、具有积极意义的员工文化活动培育企业精神，塑造企业价值观。

（3）要塑造和维护企业的共同价值观，领导要首先成为这种价值观的化身，并通过自己的行动向全体员工灌输。

企业文化是群体文化，需要企业人员对企业目标、企业哲学、企业价值观、企业精神、企业宗旨、企业道德等进行整体确认和认同。离开整体参与，企业文化将蜕变为企业阶层文化、小团体文化。

（二）企业文化评估

企业文化评估是企业文化建设与创新的重要环节。开展企业文化评估工作，建立科学的企业文化评估体系，有助于企业认识自身的文化发展状况，查找企业文化建设中存在的问题，不断改进和完善企业文化建设，使企业文化真正融入到企业和员工的实际工作中。

1. 企业文化评估应当重点关注的内容

企业应当定期对企业文化建设工作以及取得的进展和实际效果进行检查及评估，重点关注以下内容：

（1）董事、监事、经理和其他高级管理人员在企业文化建设中的责任履行情况；

（2）全体员工对企业核心价值观的认同感；

（3）企业经营管理行为与企业文化的一致性；

（4）企业品牌的社会影响力；

（5）参与企业并购重组各方文化的融合度；

（6）员工对企业未来发展的信心。

2. 评估应把握的原则

在评估过程中，应当把握以下三原则，如图2-5所示。

原则一：全面评估与重点评估相结合，注重评估指标的导向性；突出关键指标，确保评估指标的可操作性

原则二：定性与定量相结合，注重评估方法的科学性；根据评估内容和指标功能，量身定制不同的评估标准

原则三：内部评价与外部评价相结合，注重评估结果的有效性。既要引导企业通过对照评估标准，自我改进、自我完善，不断激发企业的积极性、主动性和创造性，又要兼顾社会公众以及企业利益相关者，借助专业机构力量，提升文件评估专业水平和公信力

图2-5 评估应把握的三大原则

3. 评估结果及改进

企业应当重视企业文化的评估结果，巩固和发扬文化培育成果，针对评估过程中发现的问题，研究影响企业文化培育的不利因素，分析深层次的原因，及时采取措施加以改进。

五、实施科学的权责分配体系

企业各部门及人员要严格遵守授权审批制度，确保企业业务是在合理授权范围内产生的，并对履行授权情况进行监督、检查，发现不当行为要及时纠正。

企业应根据企业目标、经营职能和监管要求分配责任和授权，具体包括对机构和部门的职权以及对员工的职权，并强调两者的统一。具体包括以下三点。

首先，企业在进行机构和部门设置时，应针对其在企业目标实现过程中扮演的角色，本着责、权、利统一的原则，对机构和部门的责任、权限进行界定；企业还应建立对分支机构的授权体系，并检查和监督分支机构对其职责的履行情况，对分支机构的越权行为按照规定进行处罚。

其次，岗位设置应明确不同岗位的职责、权利和任职资格。

最后，企业应该每年对企业授权批准政策进行复核与更新。

企业应注意授权和所分配的责任相吻合，具体包括以下两方面：

首先，保证完成工作所需要的权力与高级管理人员参与的程度适当平衡；

其次，应授予合适级别的员工纠正问题或实施改进的权利，同时明确被授权者所需的能力水平和权力界限。

六、加强内部审计职能的发挥

内部审计是企业内部控制环境的重要组成部分，是加强企业内部控制的重要手段。从多数企业内部审计所表现出的不足来看，可以从以下几个方面加强内部审计职能。

（一）重构内部审计的组织结构定位

内部审计要能充分发挥其职能，最基本的要求是保持形式上的独立。形式上的独立主要从提高内审部门的层次和变革内审部门的设置模式两个方面重构。

1. 提高内审部门的层次

提高内审部门的层次是指国有企业应当改变内部审计部门与财务等其他职能部门平级的现状。目前，很多企业具有很强的“上下级”观念，上级差使下级理所当然，但平级之间差使则较为困难。内审部门在企业范围内开展审计活动，要求其他部门“协助”工作，但由于平级关系，其他部门职工难免“协助”不积极，阻碍审计工作。因此，提高内部审计部门在企业组织结构中的层次是内部审计工作有效开展、职能有效发挥的重要举措。

2. 变革内审部门的分管模式

基于我国企业当前的实际情况，企业内部审计部门应该更多变革采用董事会或董事会下设审计委员会分管这一模式。内部审计部门负责人的任免、内部审计工作项目等事项由董事会或董事会下设的审计委员会来决定，从而真正发挥内部审计对经理层的监管职能。

（二）提高领导者对内部审计的重视程度

内部审计查错防弊的财务监督和管理监督都需要一定的权威才能实现，这种权威在某种程度上应该由领导者赋予。如果没有企业领导者支持和重视，内部审计工作的开展势必会受到被审计部门的阻碍和不配合，使内部审计工作无法顺利开展。因此，企业应该加深领导者对内部审计的认识，提高领导者对内部审计工作的重视。

（三）拓展内部审计的职能，强化对内控能力的审计

由于内部审计起初的主要业务是进行内部财务审计，因此也就被人片面地理解为内部审计就是内部差错防弊的财务审计，因而一直得不到领导的重视。但是，内部审计的职能不仅仅在于查错防弊的财务监督职能，更可以拓展出内部审计对企业经营效益的评价职能和对企业管理提供咨询职能。

（四）改进审计方法

良好的审计方法是提高内部审计效率效果最有效的方法。改进审计方法可以从审计技术方法和审计实施方法两方面进行。

1. 改进审计技术方法

传统的审计技术方法使得内部审计只能进行事后审计，无法事前和事中审计，因此，企业可以通过构建风险预警指标来实现事前审计，以及通过搭建信息技术平台，实现计算机远程监控的事中审计等。

2. 改进审计实施方法

改进审计实施方法，主要是由原来内部审计单独实施审计转变为借鉴并协调外部审计开展内部审计工作。

（五）提高内部审计人员素质

内部审计工作的开展主要依赖内部审计人员，内部审计人员的素质高低是内部审计工效率效果的有力保障。本文中，内部审计人员的素质主要从道德素养和知识素养两个方面分析。

1. 提高内部审计人员的道德素养

内部审计人员必须客观、公正地审计评价所审计的内容，这样得出的审计结果才能为领导所需要。这就要求内部审计人员应当具备正直、诚信等道德素养，以保证在内部审计的过程中不会因为某些原因而做出有失公正的行为。

2. 提高内部审计人员的知识素养

随着社会的发展，经济业务活动越来越错综复杂，对内部审计提出的要求也越来越高，内部审计已经不再是传统简单的财务审计。因此，内部审计人员不仅要具备会计、审计相关知识，还要掌握金融、管理、计算机和法律等方面的知识。

七、建立反舞弊机制

反舞弊机制存在于内部控制环境下，作为内部控制要素之一，其能否顺利运行将影响内部控制的执行。反舞弊机制的建立与否，会影响内部控制环境的完善。建立有效的反舞弊机制，是企业防范、发现和处理舞弊行为、优化内部环境的重要制度安排，是企业建立和完善有效的内部控制制度的重要组成部分。所以，建立有效、完善的反舞弊机制将有利于内部控制的建设。离开良好的控制环境，内部控制其他要素作用的发挥也将受限制。

反舞弊机制的实施内容主要包括以下几项。

（一）反舞弊工作的宗旨

反舞弊工作的宗旨是规范企业高级管理人员、中级管理人员和普通员工的职业行为，严格遵守相关法律、行业规范和准则、职业道德及企业规章制度，树立廉洁从业和勤勉敬业的良好风气，防止损害企业及股东利益的行为发生。

（二）舞弊的主客体

舞弊的主体是指实施舞弊的自然人或团体。舞弊的客体是舞弊行为的外在客观表现，具体指舞弊行为为了达到什么目的，通过什么样的手段，在什么情况下实施舞弊行为，以及实施这种行为会造成什么后果。

（三）反舞弊的责任归属

企业管理层应对舞弊行为的发生承担责任。企业管理层负责建立健全并有效实施包括舞弊风险评估和预防舞弊在内的反舞弊程序和内部控制，并进行自我评估。

（四）舞弊的预防和控制

舞弊的预防控制是指采取适当的行动防止舞弊的发生，或在舞弊行为发生时将其危害控制在最低限度以内。建立健全组织的内部控制并使之有效实施，是企业预防舞弊的主要途径。

企业管理层的反舞弊工作主要包括：

（1）倡导诚信正直的企业文化，营造反舞弊的企业文化环境；

（2）评估舞弊风险并建立具体的控制程序和机制，以降低舞弊风险发生的机会；

（3）建立反舞弊工作常设机构，接收舞弊举报，并进行调查、报告和提出处理意见，该机构接受来自审核委员会、监事会、董事会的监督。

（五）舞弊案件的举报、调查、报告

反舞弊工作常设机构审计部负责建立职业道德问题及舞弊案件的举报热线、电子邮件信箱等，并公布举报热线号码、电子邮箱地址，作为各级员工及与企业直接或间接发生经济关系的社会各方反映、举报违反职业道德行为，或检举、揭发实际或疑似舞弊案件的渠道。

（六）反舞弊工作常设机构及职能

作为一个经常性的组织，反舞弊工作常设机构需要设置专门具备监督、检查和评价职能的工作小组，即反舞弊协调小组。小组成员由审计、纪检、监察等有关人员组成，主要负责组织协调企业的反舞弊工作，建立健全反舞弊机制，明确反舞弊的组织形式和工作程序，确保反舞弊机制的有效运行。

（七）反舞弊工作的监督

审计部应至少每年向审计委员会和董事会作一次反舞弊工作汇报。企业执委会至少每年召开一次反舞弊情况通报会，若遇有涉及企业执委会成员、企业总经理、子（分）公司经理级别人员的舞弊事件，导致企业正常生产、经营活动受到较大影响的舞弊事件，影响企业财务报告正常出具或发生错报等舞弊事件，须及时召开会议。

（八）舞弊的补救措施和处罚

企业发生舞弊案件后，在补救措施中应有评估和改进内部控制的书面报告，对违规者采取适当的措施，并将结果向内部及必要的外部第三方通报。

以下为某企业的反舞弊管理条例，供读者参考。

范例

反舞弊管理制度

1. 总则

1.1 为了防治舞弊，加强A股份有限公司（以下简称“公司”）的治理和内部控制，降低公司风险，规范经营行为，维护公司合法权益，确保公司经营目标的实现和公司持续、稳定、健康发展，保护股东合法权益，现根据公司经营目标及上市公司法律法规，证券交易市场、监管机构的规定和要求，结合公司的实际情况，特制定本条例。

1.2 本条例主要明确了反舞弊工作的宗旨、舞弊的概念及形式；反舞弊的责任归属；舞弊的预防和控制；舞弊案件的举报、调查和报告；反舞弊工作常设机构及职能；反舞弊工作的指导和监督；舞弊的补救措施和处罚；适用范围。

1.3 反舞弊工作的宗旨是规范本公司董事、高中级管理层职员和普通员工的职业行为，要求全员严格遵守相关法律、行业规范和准则、职业道德及公司规章制度，树立廉洁、勤勉敬业的良好风气，防止损害公司及股东利益的行为发生。

2. 舞弊的概念及形式

2.1 本条例所称舞弊，是指公司内、外人员采用欺骗等违法违规手段，谋取个人不正当利益，损害公司正当经济利益的行为；或谋取不当的公司经济利益，同时可能为个人带来不正当利益的行为。

2.2 损害公司正当经济利益的舞弊，是指公司内、外人员为谋取自身利益，采用欺骗等违法违规手段使公司正当经济利益、股东正当经济利益遭受损害的不正当行为。有下列情形之一者属于此类舞弊行为：

（1）收受贿赂或回扣；

（2）将正常情况 F 可以使组织获利的交易事项转移给他人；

（3）非法使用公司资产，贪污、挪用、盗窃公司资财；

（4）使公司为虚假的交易事项支付款项；

（5）故意隐瞒、错报交易事项；

（6）伪造、变造会计记录或凭证；

（7）泄露公司的商业或技术秘密；

（8）其他损害公司经济利益的舞弊行为。

2.3 谋取不当的公司经济利益的舞弊，是指组织内部人员为使公司获得不当经济利益而其自身也可能获得相关利益，采用欺骗等违法违规手段，损害国家、其他组织、个人或股东利益的不正当行为。有下列情形之一者属于此类舞弊：

（1）为达到不适当的目的而支出，如支付贿赂或回扣；

（2）出售不存在或不真实的资产；

（3）故意错报交易事项、记录虚假的交易事项，包括虚增收入和低估负债，出具错误的财务报告，从而使财务报告阅读或使用者误解而作出不适当的投融资决策；

（4）隐瞒或删除应对外披露的重要信息；

（5）从事违法违规的经济活动；

（6）伪造、变造会计记录或凭证；

（7）偷逃税款；

（8）其他谋取组织不当经济利益的舞弊行为。

3. 反舞弊工作的重点

企业至少应当将下列情形作为反舞弊工作的重点：

（1）未经授权或者采取其他不法方式侵占、挪用企业资产，牟取不当利益；

（2）在财务报告和信息披露等方面存在虚假记载、误导性陈述或者重大遗漏等；

（3）董事、监事、经理及其他高级管理人员滥用职权；

（4）相关机构或人员串通舞弊。

4. 反舞弊的责任归属

公司管理层应对舞弊行为的发生承担责任。公司管理层负责建立健全并有效实施包括舞弊风险评估和预防舞弊在内的反舞弊程序和控制，同时做好自我评估工作。审计委员会负责公司反舞弊行为的指导工作。公司建立的反舞弊工作常设机构（内审部）具体组织及执行跨部门的、公司范围内的反舞弊工作。各业务部门承担本部门的反舞弊工作。

5. 舞弊的预防和控制

5.1 公司管理层的反舞弊工作主要包括倡导诚信正直的企业文化，营造反舞弊的企业文化环境；评估舞弊风险并建立具体的控制程序和机制，严格预防舞弊行为的发生；建立反舞弊工作常设机构，接收舞弊举报，并进行调查、报告和提出处理意见，同时接受来自董事会、审计委员会的监督。

5.2 倡导诚信正直的企业文化，主要包括（但不限于）以下多种方式。

（1）最高管理层坚持以身作则，并以实际行动带头遵守公司各项制度和规范。

（2）公司的反舞弊政策和程序及有关措施应在公司内部以多种形式（通过员工手册、公司规章制度发布、宣传或者局域网等方式）进行有效沟通或培训，确保员工接受有关法律法规、职业道德规范的培训，使其明白行为准则涉及的概念；帮助员工识别合法与违法、诚信道德与非诚信道德行为。所有的员工都必须清楚公司对防止舞弊行为的严肃态度和员工自己在反舞弊方面的责任，并自觉努力提高反舞弊思想水平和技能。

（3）对新员工要进行反舞弊培训和法律法规及诚信道德教育。

（4）要求员工在日常工作和交往中遵纪守法，做事遵守诚信道德，帮助员工正确处理工作中发生的利益冲突、不当利益诱惑。公司要将倡导遵纪守法和遵守诚信道德的信息以适当形式告知与公司有直接或间接关系的社会所有利益相关方，包括外部相关方（客户、供应商、监管机构和股东）。

（5）针对不道德行为和非诚信行为，可以通过举报渠道进行实名或匿名举报。公司应制定并实施行之有效的教育和处罚政策。

5.3 公司管理层要评估舞弊风险并建立具体的控制机制，以减少舞弊发生的机会。主要手段如下所述。

（1）管理层在每年年初进行企业风险评估时，要将舞弊风险评估纳入其中。管理层要在公司层面、业务部门层面和主要账户层面进行舞弊风险识别和评估，评估包括舞弊风险的重要性和可能性。这些评估还包括虚假财务报告、公司资产的盗用和未授权或不恰当的收入或支出，同时包括对高层管理人员或董事会进行舞弊风险评估。

（2）实施控制措施以降低舞弊发生的机会。管理层要建立并采取有关确认、防止和减少虚假财务报告或者滥用公司资产的措施；公司各层级和各部门应建立反舞弊控制措施，这些措施可以是不同的形式，如批准、授权、核查、核对、权责分工、工作业绩复核以及公司资产安全的保护等。管理层要针对发生舞弊行为的高风险区域，如财务报告虚假和管理层越权，以及信息系统和技术领域，建立必要的内部控制措施。这些措施包括绘制业务流程图和制定管理制度，将业务舞弊和财务舞弊风险与控制措施相联系，从而在舞弊发生的源头建立控制机制并发挥作用。

5.4 公司对准备聘用或晋升到重要岗位的人员进行背景调查，例如教育背景、工作经历、犯罪记录等。背景调查过程应有正式的文字记录，并保存在员工档案中。

5.5 建立反舞弊工作常设机构，负责接收舞弊举报、调查、报告和提出处理意见，并接受来自审计委员会和董事会的监督。

5.6 管理层对舞弊的持续监督应融入到日常的控制活动中，包括日常的管理和监督活动。

6. 舞弊案件的举报、调查、报告

6.1 反舞弊工作常设机构内审部负责建立职业道德问题及舞弊案件的举报热线、电子邮件信箱等，并公布举报热线号码、电子邮箱地址，作为各级员工及与公司直接或间接发生经济关系的社会各方反映、举报公司及其人员违反职业道德行为，或检举、揭发实际或疑似舞弊案件的渠道。反舞弊工作常设机构应将这一工作流程化，建立书面程序及制度，规定如何接受、保留、处理指控以及员工实名或匿名、外部第三方实名或匿名举报，并留下书面记录供高级管理层、审计委员会和董事会检查。

6.2 反舞弊工作常设机构内审部对涉及一般员工的可疑的、被控但未经证实的举报，将视其轻重缓急，会同公司法律、人力资源等部门人员共同进行评估并作出是否调查的决定。若举报牵涉到公司高层管理人员，应由公司董事会、审计委员会批准后，由公司反舞弊工作常设机构人员和相关部门管理人员共同组成特别调查小组进行联合调查。在调查时，如必要可聘请外部专家参与调查；对受影响的业务单位的内部控制要进行评估并提出改进建议。对于实名举报，无论是否立项调查，内审部都需要向举报人反馈调查结果。

6.3 对举报和调查处理后的舞弊案件报告材料，公司反舞弊常设工作机构按归档工作的规定，及时立卷归档。对有关舞弊案件的调查结果及反舞弊常设工作机构的工作报告要依据报告性质按季度向公司执委会和董事会、审计委员会分别报告。

7. 反舞弊工作常设机构及职能

7.1 公司指定内审部为公司反舞弊工作常设机构，负责组织及执行公司反舞弊工作中的跨部门、公司范围内的反舞弊工作，包括协助公司执委会牵头组织管理层各部门进行年度舞弊风险评估；协助含执委会在内的管理层各部门进行年度反舞弊工作的自我评估；进行公司反舞弊工作的独立评估；协助开展公司反舞弊宣传活动；审核及评估公司进行的反舞弊控制机制的建立和实施；受理舞弊举报并进行举报登记、组织舞弊案件的调查、出具处理意见及向管理层和审计委员会、董事会报告等事项。

7.2 内审部作为审计委员会的常设工作机构，同时负责对审计委员会就公司反舞弊工作计划、开展情况等提出评估报告，及就舞弊案件的举报接收情况、调查结果及处理意见提出报告，并听取审计委员会、董事会的指导意见。

7.3 审计人员应当自觉提高反舞弊的意识和反舞弊技术能力水平，保持应有的职业谨慎，积极要求并主动接受有关国内外上市的证券交易场所和监管机构反舞弊法律法规、行业准则、知识技能的培训，主动了解公司生产经营活动发展状况及计划，会计政策和其他有关规章制度。

7.4 鉴于公司外部的有关机构，如地方政府有关机构、外部审计有关机构，也可能接到来自公司内部人员的对舞弊事件的举报，内审部应主动与其建立联系、交流，开展工作上的必要合作。

8. 反舞弊工作的指导和监督

8.1 公司管理层既要把反舞弊工作作为日常管理工作的一部分，也要积极支持反舞弊工作常设机构的日常工作，并从预算、人员配置、工作条件准备上给予充分保障。

8.2 公司执委会至少每年召开一次反舞弊情况通报会，遇有涉及公司执委会成员、总部部门负责人、子（分）公司经理以上级别人员舞弊事件，导致公司正常生产、经营活动受到较大影响的舞弊事件，影响公司财务报告正常出具或发生错报等舞弊事件等要及时召开会议。各部门负责人在通报会上向执委会汇报有关本部门反舞弊工作的开展情况，并听取执委会的有关意见及指示；内审部对公司反舞弊工作计划、开展情况等提出评估报告，以及就舞弊案件的举报接收情况、调查结果及处理意见提出报告，并听取执委会的有关意见及指示。

8.3 内审部应至少每年向审计委员会和董事会作一次反舞弊工作汇报。针对管理层及内审部开展的工作，董事会和审计委员会应进行指导、监督及必要的参与。具体表现为以下几点。

（1）带头参与、督促管理层建立公司范围内的反舞弊文化环境；监督管理层依照公司反舞弊条例开展工作。

（2）审核管理层的反舞弊程序和控制措施，包括管理层对舞弊风险的认定和反舞弊措施的实施。

（3）审核内审部每年一次的舞弊风险评估及其工作计划和报告。

（4）审核管理层跨越控制的可能性，以及其他对财务报告过程施加不适当影响的行为。

（5）了解员工举报机制，并监督其运行和有效性。

（6）收集整理管理层、内部或外部审计发现的舞弊事件的调查报告和处理意见，并与外部审计沟通公司反舞弊工作情况。

（7）查问管理层就有关已证实或疑似的舞弊或不法行为按季度报告的接收和复核情况，包括舞弊行为的性质、状态和最终处理结果。

（8）了解管理层对内部和外部审计人员提出的关于加强反舞弊控制建议的反馈情况。

（9）深入参与或指派相关人员参与重大舞弊事件或有关财务人员舞弊事件的调查。

（10）审核针对舞弊风险的内部审计计划。

（11）听取内审部对公司管理层反舞弊工作的汇报。

（12）复核管理层运用的会计准则、会计政策和会计估计的情况。

（13）复核管理层进行的重大非寻常交易、关联方交易的情况。

8.4 审计委员会和董事会进行的独立的及一起讨论的事项及所作出的指示，要留有书面记录，并将管理层针对上述机构所作询问、意见、指示的反馈意见、执行结果形成书面文件。书面记录及书面文件要妥善保管备查。

8.5 内审部在制定和执行年度审计计划时要考虑舞弊风险。内审部在公司反舞弊工作中应发挥必要的指导和监督作用，同时其工作计划和工作成果要与管理层进行必要沟通，并接受审计委员会和董事会的指导和监督。

8.6 内审部可以在公司审计委员会和董事会授权下进行独立的或与公司业务部门一起进行被举报舞弊案件的调查；也可以接受管理层委托，执行特别舞弊事项调查，并针对特别事项进行反舞弊制度及流程的专门评估。内审部所作调查报告、处理意见、评估报告应向高级管理层、董事会、审计委员会分别报告。

9. 舞弊的补救措施和处罚

9.1 公司发生舞弊案件后，在补救措施中应有评估和改进内部控制的书面报告，对违规者采取适当的措施，并将结果向内部及必要的外部第三方通报。

9.2 所有存在舞弊行为的员工，无论是否达到刑事犯罪的程度，内审部均应建议公司管理层按有关规定予以相应的内部经济和行政纪律处罚；触犯刑法的，移送司法机关依法处理。

9.3 存在舞弊行为的党员干部，移交纪检监察部门按党纪政纪处理。

10. 适用范围

本条例适用于本公司及各所属分（子）公司，各分（子）公司可参考此条例并结合本单位的具体情况制订本单位的反舞弊条例，但反舞弊的指导原则和基本方法要与本条例相一致。

11. 附则

11.1 在董事会授权下，本条例由内审部负责解释和修订。

11.2 本条例自批准之日起施行。

投诉举报热线电话号码：______

受理部门：内审部

受理人：______

电子邮箱地址：______

通信地址：______

邮政编码：______

第三章

具体业务风险与内部控制

企业的业务非常广泛，每项业务都存在一定的风险，要想把这些风险控制好，使企业朝健康健全并且有竞争力的方向发展，就有必要对其风险进行分析，并有针对性地制定内部控制措施。

第一节　组织架构设计业务风险与内部控制

组织架构是指企业按照国家有关法律法规、股东（大）会决议、企业章程，结合本企业实际，明确董事会、监事会、经理层和企业内部各层级机构设置、职责权限、人员编制、工作程序和相关要求的制度安排。

一、建立和完善组织架构的意义

一个现代企业，无论是处于新建、重组改制还是存续状态，要实现发展战略，就必须把建立和完善组织架构放在首位。否则，其他方面都无从谈起。

（1）建立和完善组织架构可以促进企业建立现代企业制度。

（2）建立和完善组织架构可以有效防范和化解各种舞弊风险。

（3）建立和完善组织架构可以为强化企业内部控制建设提供重要支撑。

二、组织架构设计和运行的主要风险

关于组织架构设计和运行的主要风险，组织架构指引从治理结构和内部机构两个层面作了描述，如表3-1所示。

表3-1　组织架构设计和运行的主要风险

层面	主要风险	具体表现
治理结构	治理结构形同虚设，缺乏科学决策、良性运行机制和执行力，可能导致企业经营失败，难以实现发展战略	（1）股东大会是否规范而有效地召开，股东是否可以通过股东大会行使自己的权利 （2）企业与控股股东是否在资产、财务、人员方面实现相互独立，企业与控股股东的关联交易是否贯彻平等、公开、自愿的原则 （3）与控股股东相关的信息是否根据规定及时完整地披露 （4）企业是否对中小股东权益采取了必要的保护措施，使中小股东能够和大股东同等条件参加股东大会，获得与大股东一致的信息，并行使相应的权利 （5）董事会是否独立于经理层和大股东，董事会及其审计委员会中是否有适当数量的独立董事存在，并且能有效发挥作用 （6）董事对于自身的权利和责任是否有明确的认知，并且有足够的知识、经验和时间来勤勉、诚信、尽责地履行职责

（续表）

层面	主要风险	具体表现
治理结构	治理结构形同虚设，缺乏科学决策、良性运行机制和执行力，可能导致企业经营失败，难以实现发展战略	（7）董事会是否能够保证企业建立并实施有效的内部控制，审批企业发展战略和重大决策并定期检查、评价其执行情况，明确设立企业可接受的风险承受度，并督促经理层对内部控制有效性进行监督和评价 （8）监事会的构成是否能够保证其独立性，监事能力是否与相关领域相匹配 （9）监事会是否能够规范而有效地运行，监督董事会、经理层是否能够正确履行职责并纠正损害企业利益的行为 （10）对经理层的权力是否存在必要的监督和约束机制
内部机构	内部机构设计不科学，权责分配不合理，可能导致机构重叠、职能交叉或缺失、推诿扯皮、运行效率低下	（1）企业内部组织机构是否考虑经营业务的性质，是否按照适当集中或分散的管理方式设置 （2）企业是否对内部组织机构设置、各职能部门的职责权限、组织的运行流程等有明确的书面说明和规定，是否存在关键职能缺位或职能交叉的现象 （3）企业内部组织机构是否支持发展战略的实施，并根据环境变化及时作出调整 （4）企业内部组织机构的设计与运行是否适应信息沟通的要求，是否有利于信息的上传、下达和在各层级、各业务活动间的传递，是否有利于为员工提供履行职权所需的信息 （5）关键岗位员工是否对自身权责有明确的认识，以及是否有足够的胜任能力去履行权责；企业是否建立了关键岗位员工轮换制度和强制休假制度 （6）企业是否对董事、监事、高级管理人员及全体员工的权限有明确的制度规定，对授权情况是否有正式的记录 （7）企业是否对岗位职责进行了恰当的描述和说明，是否存在不相容职务未分离的情况 （8）企业是否对权限的设置和履行情况进行了审核和监督，对于越权或权限缺位的行为是否及时予以纠正和处理

三、组织架构设计的内部控制

企业在设计组织架构时，必须考虑内部控制的要求，合理确定治理层及内部各部门之间的权力和责任，并建立恰当的报告关系。

（一）组织架构设计的一般原则

组织架构设计至少应当遵循以下几项原则。

（1）依据法律法规设计。治理结构的设计必须遵循《公司法》等法律法规的要求。

（2）有助于实现企业发展战略。组织架构设计应当以企业发展目标和战略规划为中心和出发点，要有利于企业形成核心竞争力。

（3）符合管理控制要求。组织架构的设计应当考虑企业内部控制的需要。

（4）能够适应内外环境变化。组织架构设计应当与企业的市场环境、行业特征、经营规模等相适应。

（二）治理结构的设计

1. 治理结构设计的一般要求

企业治理结构的设计必须符合《公司法》及其他有关法律法规的要求，一般涉及股东（大）会、董事会、监事会和经理层，如表3-2所示。

表3-2 企业治理结构设计应遵循的法规要求

序号	治理层次	具体说明
1	股东（大）会	股东（大）会是股东按照法定的方法和程序，决定投资计划、经营方针、选举和更换董事与监事并决定其报酬等重大事项的权力机构
2	董事会	董事会是企业最高决策机构，接受股东（大）会委托，负责企业发展战略和资产经营，并在必要时撤换不称职的经理人员
3	监事会	监事会是股东（大）会领导下的专司监督的机构，与董事会并立，依法监督企业董事、经理和其他高级管理人员的履职情况
4	经理层	经理层包括经理和其他高级管理人员，由董事会委任，具体负责企业生产经营管理工作

2. 上市公司治理结构设计的特殊要求

上市公司具有重大公众利益，须对投资者和社会公众负责，因此上市公司治理结构的设计应当充分反映“公众性”特点。其特殊要求主要如表3-3所示。

表3-3 上市公司治理结构设计的特殊要求

序号	特殊点	具体说明
1	独立董事制度	（1）上市公司董事会应当设立独立董事，独立董事由与聘请他的上市公司及其主要股东不存在可能妨碍其进行独立客观判断的人员担任 （2）独立董事不得在上市公司担任除独立董事外的其他任何职务 （3）独立董事对上市公司及全体股东负有诚信与勤勉义务，应当按照有关法律法规和公司章程的规定独立履行职责
2	董事会专业委员会	（1）上市公司董事会应当根据治理需要，按照股东大会的有关决议设立战略决策、审计、提名、薪酬与考核等专门委员会

（续表）

序号	特殊点	具体说明
2	董事会专业委员会	（2）董事会各专业委员会，审计委员会、薪酬与考核委员会中独立董事应当占多数并担任负责人，审计委员会中至少应有一名独立董事是会计专业人士
3	董事会秘书	（1）上市公司应当设董事会秘书，以及设立由其负责管理的信息披露事务部门（即董秘办） （2）董事会秘书为上市公司高级管理人员，对上市公司和董事会负责，由董事长提名，董事会任免

3. 国有独资公司治理结构设计的特殊要求

国有独资公司是我国在利用公司制对国有企业进行制度创新过程中产生的，是我国社会主义市场经济体制中较为独特的一类企业群体，为此，其治理结构的设计应充分反映企业自身的特色。其特殊之处主要表现在以下几方面。

（1）国有资产监督管理机构代行股东（大）会职权。国有独资公司不设股东（大）会，由国有资产监督管理机构行使股东（大）会职权。国有独资公司董事会可以根据授权部分行使股东（大）会的职权。

（2）国有独资公司董事会成员中应当包含职工代表。国有独资公司董事长、副董事长由国有资产监督管理机构从董事会成员中指定产生。

（3）国有独资公司监事会成员不得少于5人，其中职工代表的比例不得低于1/3。

（4）外部董事由国有资产监督管理机构提名推荐，由任职公司以外的人员担任。

（三）内部机构的设计

内部机构的设计是组织架构设计的重要环节，具体包括职能机构的设置、岗位职责的划分以及权限体系的分配。

1. 职能机构的设置

常见的职能机构包括规划、设计、采购、生产、销售、会计、审计、人事、法律、后勤等。一般而言，内部职能机构的设置不宜过于复杂，相同或类似的职能应该由同一机构负责，从而有利于业务的开展、信息的沟通和权力的制衡；但对于不相容职能，必须严格设置不同的内部职能机构。

2. 岗位职责的划分

企业应当对内部各职能机构的职责进行科学合理的分解，确定具体岗位的名称、职责和工作要求等，明确各个岗位的权限和相互关系。企业在确定职权和岗位分工过程中，应当着重体现不相容职务相互分离的控制要求。

3. 权限体系的分配

组织架构指引明确规定，企业应当制定组织结构图、业务流程图、岗（职）位说明书和权限指引等内部管理制度或相关文件，使员工了解和掌握组织架构设计及权责分配情况，正确履行职责。

（四）对“三重一大”的特殊考虑

“三重一大”问题，即“重大决策、重大事项、重要人事任免及大额资金支付业务”问题。组织架构指引明确要求，企业的重大决策、重大事项、重要人事任免及大额资金支付业务，必须按照规定的权限和程序实行集体决策审批或者联签制度，任何个人不得单独作出决策或者擅自改变集体决策意见。一般而言，“三重一大”应当包括表3-4所列的内容。

表3-4 “三重一大”的事项说明

序号	三重一大	事项说明
1	重大决策	（1）企业的发展方向、经营方针，中长期发展规划等重大战略管理事项 （2）资产损失核销、重大资产处置、利润分配和弥补亏损，增加和减少注册资本 （3）年度生产经营计划、企业年度工作报告，财务预算、决算，从事高风险经营以及内部机构设置、职能调整等重大生产经营管理事项 （4）企业改制重组、兼并、破产、合并、分立、解散或者变更公司，国（境）外注册公司、投资参股、重大收购或购买上市公司股票 （5）企业薪酬分配以及涉及职工重大切身利益等重大利益调配事项 （6）需要提交股东会、董事会审议决定的事项 （7）有关企业全局性、方向性、战略性的其他重大事项
2	重大事项	（1）年度投资计划和融资、担保项目 （2）计划外追加投资项目 （3）重大、关键性的设备引进和重要物资设备购置等重大招投标管理项目 （4）重大工程承发包项目以及其他重大项目的安排
3	重要人事任免	（1）对本企业中层以上经营管理人员（包括重大项目负责人和重要管理岗位人员）以及所属二级子企业领导班子成员的选聘、任免 （2）向控股、参股企业委派或更换股东代表（包括委派高级经营管理人员），推荐董事会、监事会成员；后备人才的管理 （3）涉及本企业中层以上经营管理人员以及所属二级子公司领导班子成员的重要奖惩 （4）与其他人事任免相关的重要事项
4	大额资金支付业务	（1）年度计划的大额度资金使用，以及较大额度预算外资金使用 （2）较大额度的非生产性资金使用以及重大捐赠、赞助 （3）其他大额度资金使用

四、组织架构的运行

组织架构的运行是指企业治理结构和内部机构按照既定的设计方案，行使各自权力和履行相应责任的动态过程。对组织架构运行的控制具体包括组织架构的全面梳理和组织架构的评估调整。

（一）组织架构的全面梳理

对组织架构运行的控制，首先涉及对新设企业和存续企业治理结构与内部机构的全面梳理。为此，组织架构指引明确提出，企业应当根据组织架构的设计规范，对现有治理结构和内部机构设置进行全面梳理，确保本企业治理结构、内部机构设置和运行机制等符合现代企业制度要求。

1. 治理结构的梳理

对治理结构的梳理，应当重点关注董事、监事、经理及其他高级管理人员的任职资格和履职情况，以及董事会、监事会和经理层的运行效果。

2. 内部机构的梳理

对内部机构的梳理，应当重点关注内部机构设置的合理性和运行的高效性。

内部机构设置的合理性是指企业应当从合理性角度梳理内部机构的设置情况，重点关注内部机构设置对内外部环境的适应性、与实现发展目标的一致性、内部分工的协调性，以及权责分配的对等性等方面。

内部机构运行的高效性是指企业应当从高效性角度梳理内部机构的运行情况，重点关注职责分工的效率、权力制衡的效率以及信息沟通与传递的效率。

3. 对母子公司组织架构梳理的特殊要求

组织架构指引强调：企业拥有子公司的，应当建立科学的投资管控制度，通过合法有效的形式履行出资人职责、维护出资人权益，重点关注子公司特别是异地、境外子公司的发展战略、年度财务预决算、重大投融资、重大担保、大额资金使用、主要资产处置、重要人事任免、内部控制体系建设等重要事项。

组织架构的全面梳理检查内容如表3-5所示。

表3-5 组织架构的全面梳理检查内容

项目	检查内容	检查结果
1. 治理结构层面：董事会、监事会和经理层运行效果		
董事会	（1）是否定期或不定期召集股东大会并向股东大会报告 （2）是否严格认真地执行股东大会所有决议 （3）是否合理地聘任或解聘经理及其他高管等	
监事会	（1）是否按规定对董事、高管行为进行监督 （2）发现违规或损害公司利益的行为时，是否能对相关责任人提出罢免建议或制止并纠正其行为	

（续表）

项目	检查内容	检查结果
经理层	（1）是否认真有效地组织实施董事会决议 （2）是否认真有效地组织实施年度生产经营计划和投资方案 （3）是否能完成董事会确定的生产经营计划和绩效目标等	
2. 内部机构层面：设置的合理性和运行的高效性		
设置的合理性	（1）内部机构设置和运行中存在职能交叉、缺失或运行效率低下的，是否能及时解决 （2）内部机构设置是否适应内外部环境的变化 （3）是否以发展目标为导向 （4）是否满足专业化分工和协作，有助于提高劳动生产率 （5）是否明确界定各机构和岗位的权利和责任，不存在权责交叉重叠以及只有权利而没有相对应责任和义务的情况等	
运行的高效性	（1）职责分工的效率评估：职责分工是否针对市场环境变化作出及时调整。面临重要事件或重大危机时，各机构间表现出的职责分工的协调性可较好地检验内部机构运行的效率 （2）权力制衡的效率评估：权力是否过大并存在监督漏洞，权力是否被架空，机构内部或各机构之间是否存在权力失衡的现象 （3）信息沟通与传递的效率评估：机构间沟通是否快捷，是否存在信息阻塞；及时性如何，是否存在信息滞后；是否存在信息“孤岛现象”；信息获取是否存在舍近求远、做重复劳动等现象	

（二）组织架构的评估调整

企业在对治理结构和内部机构进行全面梳理的基础上，还应当定期对组织架构设计和运行的效率与效果作出综合评价，其目的在于发现可能存在的缺陷，及时优化调整，使公司的组织架构始终处于高效运行状态。常见的组织架构调整包括以下三种形式：

（1）股权结构调整；

（2）治理结构调整；

（3）内部机构调整。

第二节 发展战略业务风险与内部控制

战略又称为“使命”“愿景”或“目的”。发展战略是企业在对现实状况和未来趋势进行综合分析和科学预测的基础上，制定并实施的中长期发展目标与战略规划。

一、为什么要制定和实施发展战略

（一）发展战略可以为企业找准市场定位

每一个主体都面临来自外部和内部的一系列风险，确定目标是有效的事项识别、风险评估和风险应对的前提。目标与主体的风险容量相协调，它决定了主体的风险容限水平。

（二）发展战略是企业执行层行动的指南

发展战略指明了企业的发展方向、目标与实施路径，描绘了企业未来经营方向和目标纲领，是企业发展的蓝图，关系着企业的长远生存与发展。企业只有制定科学合理的发展战略，执行层才有行动的指南，其在日常经营管理和决策时才不会迷失方向，才能知晓哪些是应着力做的“正确的事”，如图3-1所示。

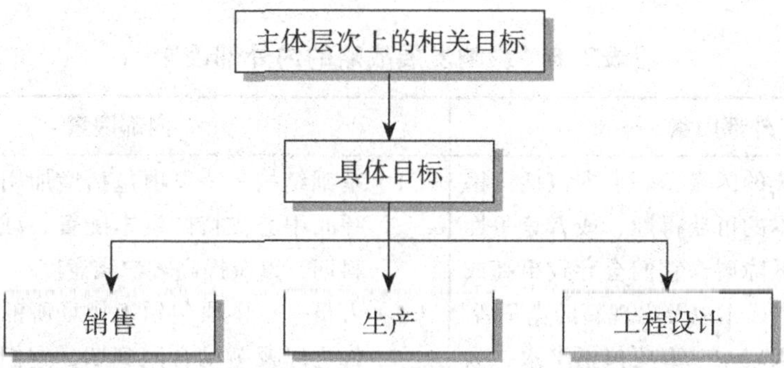

图3-1 企业执行层行动的指南

（三）发展战略为内部控制设定了最高目标

促进发展战略实现是内部控制最高层次的目标。一方面，它表明了企业内部控制最终所追求的是如何通过强化风险管控促进企业实现发展战略；另一方面，也说明实现发展战略必须通过建立健全内部控制体系提供保证。

二、制定与实施发展战略应关注的风险

企业制定与实施发展战略至少应当关注下列风险：

（1）缺乏明确的发展战略或发展战略实施不到位，可能导致企业盲目发展，难以形成竞争优势，丧失发展机遇和动力；

（2）发展战略过于激进，脱离企业实际能力或偏离主业，可能导致企业过度扩张，甚至经营失败；

（3）发展战略因主观原因频繁变动，可能导致资源浪费，甚至危及企业的生存和持续发展。

三、发展战略制定的内部控制

（一）建立健全发展战略

（1）企业应当在董事会下设立战略委员会，或指定相关机构负责发展战略管理工作，履行相应职责。

战略委员会的主要职责是对企业长期发展战略和重大投资决策进行研究并提出建议，具体包括对企业的长期发展规划、经营目标、发展方针进行研究并提出建议，对企业涉及产品战略、市场战略、营销战略、研发战略、人才战略等经营战略进行研究并提出建议，对企业重大战略性投资、融资方案进行研究并提出建议，对企业重大资本运作、资产经营项目进行研究并提出建议等。

（2）在内部机构中设置专门的部门或指定相关部门，承担战略委员会有关具体工作。

（二）综合分析评价影响发展战略的内外部因素

企业要综合分析评价影响发展战略的内外部因素，如表3–6所示。

表3–6　影响发展战略的内外部因素

外部因素	内部因素
（1）与经济有关的因素——事项包括价格变动、资本的可获得性，或者竞争性准入的较低障碍，它们会导致更高或更低的资本成本以及出现新的竞争者 （2）自然环境因素——事项包括洪水、火灾或地震，它们会导致工作场所或建筑物的损失，限制获取原材料，或者人力资本的损失 （3）政治因素——事项包括新的法律和监管等，它们会导致诸如对国外市场新的开放或限制进入，或者更高或更低的税收 （4）社会因素——事项包括人口统计、社会习俗、家庭结构、对工作和生活优先考虑的变化，以及恐怖主义活动，它们会导致对产品或服务需求的变化、新的购买场所和人力资源问题，以及生产中断 （5）技术因素——事项包括电子商务的新方式，它会导致数据可取得性的提高、基础结构成本的降低，以及对以技术为基础的服务需求的增加	（1）基础结构——事项包括增加用于防护性维护和呼叫中心支持的资本配置，减少设备的停工待料期，以及提高客户满意度 （2）人员——事项包括工作场所的意外事故、欺诈行为以及劳动合同到期，它们会导致失去可利用的人员、货币性或者声誉性的损失以及生产中断 （3）流程——事项包括没有适当变更管理规程的流程修改、流程执行错误以及对外包的客户送达服务缺乏充分的监督，它们会导致丢失市场份额、低效率以及客户的不满和丢失重复性的业务 （4）技术事项——事项包括增加资源以应对批量变动、安全故障以及潜在的系统停滞，它们会导致订货减少、出现欺诈性交易以及不能持续经营业务，无法区分风险和机会 （5）事项——具有负面影响、正面影响，或者二者兼有。具有负面影响的事项代表风险，它需要管理当局的评估和应对。相应地，风险是一个事项将会发生并对目标的实现产生负面影响的可能性。具有正面影响或者抵消风险的负面影响的事项代表机会，它是一个事项将会发生并对实现目标和创造价值产生正面影响的可能性

（三）科学编制发展战略

发展战略可以分为发展目标和战略规划两个层次。

1. 制定发展目标

发展目标通常包括盈利能力、生产效率、市场竞争地位、技术领先程度、生产规模、组织结构、人力资源、用户服务以及社会责任等。值得注意的是：发展目标应当突出主业，不能过于激进，不能盲目追逐市场热点，不能脱离企业实际，否则可能导致企业过度扩张或经营失败。

2. 编制战略规划

编制战略规划包括使用何种手段、采取何种措施、运用何种方法来达到目标。企业应严格审议和批准发展战略，具体内容包括：

（1）发展战略是否符合国家行业发展规划和产业政策；

（2）发展战略是否符合国家经济结构战略性调整方向；

（3）发展战略是否突出主业，是否有助于提升企业核心竞争力；

（4）发展战略是否具有可操作性；

（5）发展战略是否客观全面地对未来商业机会和风险进行分析预测；

（6）发展战略是否有相应的人力、财务、信息等资源保障等。

四、发展战略实施的内部控制

科学制定发展战略是一个复杂的过程，实施发展战略更是一个系统工程。企业应当加强对发展战略实施的统一领导，制订详细的年度工作计划，通过编制全面预算分解、落实年度目标，确保企业发展目标的实现。

（一）着力加强对发展战略实施的领导

企业要确保发展战略有效实施，其中加强组织领导是关键。企业应本着“统一领导、统一指挥”的原则，围绕发展战略的有效实施，卓有成效地发挥企业经理层在资源分配、内部机构优化、企业文化培育、信息沟通、考核激励相关制度建设等方面的协调、平衡和决策作用，确保发展战略的有效实施。

（二）着力将发展战略分解落实

发展战略制定后，企业经理层应着手将发展战略逐步细化，确保“文件上”的发展战略落地变为现实。具体要求有以下几项。

（1）根据战略规划制订年度工作计划。

（2）按照上下结合、分级编制、逐级汇总的原则编制全面预算，将发展目标分解并落实到产销水平、资产负债规模、收入及利润增长幅度、投资回报、风险管控、技术创新、品牌建设、人力资源建设、制度建设、企业文化、社会责任等可操作层面，确保发展战略能够真正有效地指导企业各项生产经营管理活动。

（3）进一步将年度预算细分为季度、月度预算，通过实施分期预算控制促进年度预算目标的实现。

（4）通过建立发展战略实施的激励约束机制，将各责任单位年度预算目标完成情况纳入绩效考评体系，切实做到有奖有惩、奖惩分明，以促进发展战略的有效实施。

（三）着力保障发展战略有效实施

战略实施过程是一个系统的有机整体，需要研发、生产、营销、财务、人力资源等各个职能部门间的密切配合。企业应当采取切实有效的保障措施，确保发展战略的顺利贯彻实施。

（1）培育与发展战略相匹配的企业文化。

（2）优化调整组织结构。企业必须在发展战略制定后，尽快调整企业组织结构、业务流程、权责关系等，以适应发展战略的要求。

（3）整合内外部资源。企业在战略实施过程中，只有对拥有的资源（人力、财力、物力和信息）进行优化配置，达到战略与资源的匹配，才能充分保证战略的实现。

（4）相应调整管理方式。如由粗放、层级制管理向集约、扁平化管理转变，为发展战略的有效实施提供强有力的支持。

（四）着力做好发展战略宣传培训工作

企业应当重视发展战略的宣传培训工作，为推进发展战略实施提供强有力的思想支撑和行为导向。

（1）在企业董事、监事和高级管理人员中树立战略意识和战略思维，充分发挥其在战略制定与实施过程中的模范带头作用。

（2）通过采取内部会议、培训、讲座、知识竞赛等多种行之有效的方式，把发展战略及其分解落实情况传递到内部各管理层级和全体员工，营造战略宣传的强大舆论氛围。

（3）企业高管层要加强与广大员工的沟通，使全体员工充分认清企业的发展思路、战略目标和具体举措，自觉将发展战略与自己的具体工作结合起来，促进发展战略的有效实施。

五、发展战略转型的内部控制

因经济形势、产业政策、技术进步、行业状况以及不可抗力等因素发生变化时，确需对发展战略作出调整优化甚至转型的，企业应当按照规定权限和程序调整发展战略或实现战略转型。

（一）加强对发展战略实施的监控

企业应当建立发展战略评估制度，加强对战略制定与实施的事前、事中和事后评估。从发展战略监控的角度讲，重点应当放在对实施中及实施后的评估。

1. 实施中评估

实施中评估是对实施中发展战略的效果进行评估，是战略调整的重要依据。企业应当结合战略期内每一年度工作计划和经营预算完成情况，侧重对战略执行能力和执行效果进行分析评价。

2. 实施后评估

实施后评估是对发展战略实施后效果的评估，应结合战略期末发展目标实现情况，侧重对发展战略的整体实施效果进行概括性的分析评价，总结经验教训，并为制定新一轮的发展战略提供信息、数据和经验。

（二）根据监控情况持续优化发展战略

企业在开展战略监控和评估过程中，发现下列情况之一的，应当调整、优化发展战略，以促进企业内部资源能力和外部环境条件保持动态平衡。

（1）经济形势、产业政策、技术进步、行业竞争态势以及不可抗力等因素发生较大变化，对企业发展战略实现有较大影响。

（2）企业内部经营管理发生较大变化，有必要对发展战略作出调整。发展战略调整牵一发而动全身，应当按照规定的权限和程序进行，如图3-2所示。

第一步　各战略执行单位提出各自的战略规划评估报告和修订意见

第二步　战略管理部门汇总各单位意见，并提出修订后的发展战略规划草案

第三步　战略委员会对修订后发展战略规划草案进行评估论证，向董事会提出发展战略建议方案

第四步　企业董事会严格审议战略委员会提交的发展战略建议方案。按公司章程规定，董事会审议通过的方案须报经股东（大）会批准的，必须履行相应的程序

第五步　战略管理部门将批准的新发展战略下发至各战略执行单位，各战略执行单位须遵照执行

图3-2　发展战略调整的程序

（三）抢抓机遇顺利实现战略转型

当企业外部环境尤其是所从事行业的竞争状况发生重大变化时，或当企业步入新的成

长阶段需要对生产经营与管理模式进行战略调整时，企业必须选择新的生存与发展模式，即战略转型。企业战略转型不是战略的局部调整，而是各个战略层次上的方向性改变。例如：海尔从产品制造企业向高端制造服务型企业的战略转型；吉利汽车从低端汽车产品向中端产品的战略转型等。

第三节　社会责任风险与内部控制

社会责任是指企业在经营发展过程中应当履行的社会职责和义务，主要包括安全生产、产品质量（含服务）、环境保护与资源节约、促进就业、员工权益保护、重视产学研用结合、支持慈善事业等。

一、企业为什么要履行社会责任

（1）企业创造利润或财富与履行社会责任是统一的有机整体。

（2）企业履行社会责任是提升发展质量的重要标志，也是实现可持续长期发展的根本所在。

（3）企业履行社会责任是打造和提升企业形象的重要举措。

二、企业履行社会责任面临的主要风险

（1）安全生产措施不到位，责任不落实，可能导致企业发生安全事故。

（2）产品质量低劣，侵害消费者利益，可能导致企业巨额损失、形象受损，甚至破产。

（3）环境保护投入不足，资源耗费大，造成环境污染或资源枯竭，可能导致企业巨额损失、缺乏发展后劲，甚至停业。

（4）促进就业和员工权益保护不够，可能导致员工积极性受挫，影响企业发展和社会稳定。

三、企业应当履行的社会责任

《企业内部控制应用指引第4号——社会责任》规定企业履行的社会责任包括如下内容。

（一）安全生产

社会责任指引就企业履行安全生产责任规定了以下几个方面的措施，如表3-7所示。

表3-7　履行安全生产责任的措施

序号	措施	具体说明
1	建制，建立健全安全生产管理机构	（1）企业应当依据国家有关安全生产方面的法律法规及相关规定，结合本企业生产经营的特点，建立健全安全生产方面的规章制度、操作规范和应急预案 （2）建章建制的关键是落实到位
2	不断加大安全生产投入和经常性维护管理	（1）企业一定要重视安全生产投入，将员工的生命安全视为头等大事，加大安全生产的技术更新，保证投入安全生产所需的资金、人力、财物及时和足额到位 （2）企业还应组织开展生产设备的经常性维护管理，及时排除安全隐患，切实做到安全生产
3	开展员工安全生产教育，实行特殊岗位资格认证制度	（1）加强对员工进行安全生产培训教育至关重要。通过培训教育，让员工牢固树立“安全第一、预防为主”的思想，提高他们防范灾害的技能和水平。培训教育应当经常化、制度化，做到警钟长鸣，不能有丝毫放松和懈怠 （2）对于特殊作业人员和特殊资质要求的生产岗位，因工作接触的不安全因素较多，危险性较大，容易发生事故，必须依法实行资格认证制度，持证上岗
4	建立安全生产事故应急预警和报告机制	（1）企业必须建立事故应急处理预案，并建立专门的应急指挥部门，配备专业队伍和必要的专业器材等 （2）在发生安全生产事故时做到临危不乱，按照预定程序有条不紊地处理好发生的安全生产事故，尽快消除事故产生的影响，同时按照国家有关规定及时报告，不得迟报、谎报和瞒报 （3）安全生产必须实行严格的责任追究制度

（二）产品质量

社会责任指引就企业履行产品质量责任规定以下几个方面的措施，如表3-8所示。

表3-8　履行产品质量责任的措施

序号	措施	具体说明
1	建立健全产品质量标准体系	企业应当根据国家法律法规规定，结合企业产品特点，制定完善产品质量标准体系，包括生产设备条件、生产技术水平、原料组成、产品规格、售后服务等
2	严格质量控制和检验制度	（1）从原材料进厂，一直到产品销售等各个环节和流程，都必须有严格的质量控制标准作保证 （2）企业必须加强对产品质量的检验，严禁未经检验合格的产品流入市场

（续表）

序号	措施	具体说明
3	加强产品售后服务	（1）企业应当把售后服务作为制定有效竞争策略、提高产品服务增值的重要手段，重视和加强售后服务，创新售后服务方法，力争做到件件有结果、有分析、有整改、有考核 （2）对有缺陷的产品，应当采取及时召回、实行“三包”等措施，赢得消费者对企业产品的信赖和支持，维护消费者合法权益

（三）环境保护与资源节约

为建设资源节约型、环境友好型企业，社会责任指引从表3-9所示的几个方面对企业履行环境保护与资源节约责任提出了要求。

表3-9　履行环境保护与资源节约责任的措施

序号	措施	具体说明
1	转变发展方式，实现清洁生产和循环经济	（1）企业要想在快速增长中破解资源与环境的双重约束，在市场竞争中争取主动，就必须转变发展方式，重视生态保护，调整产业结构，发展低碳经济和循环经济 （2）加大对环保工作的人力、物力、财力的投入和技术支持，不断改进工艺流程，加强节能减排，降低能耗和污染物排放水平，实现清洁生产 （3）加强对废气、废水、废渣的自行回收、利用和处置等综合治理，推动生产、流通和消费过程中对资源的减量化、再利用、资源化，以最小的资源消耗、最少的废物排放和最小的环境代价换取最大的经济效益
2	着力开发利用可再生资源	企业应不断增强自主创新能力，通过技术进步推动替代技术和发展替代产品、可再生资源，降低资源消耗和污染物排放
3	建立完善监测考核体系，强化日常监控	（1）企业应建立环境保护和资源节约监测考核体系，完善激励与约束机制，明确责任，各司其职、各尽其责，严格监督，落实岗位责任制，保证环境保护和资源节约等各项工作落到实处 （2）企业要加强日常监控，定期开展监督检查，发现问题后及时采取措施予以纠正。发生紧急、重大环境污染事件时，应当立即启动应急机制，同时根据国家法律法规规定及时上报，并依法追究相关责任人的责任

（四）促进就业

促进就业是企业社会责任的重要体现。为此，配套指引对企业促进充分就业作出了以下明确规定。

（1）企业作为就业工作的最大载体，应当以宽广的胸怀接纳各方人士，为国家和社会分担就业压力，促进充分就业。

（2）在各级政府培训提高劳动者专业技能和素质、鼓励企业扩大就业方面给予税收等优惠待遇的同时，企业应结合实际需要，转变陈旧或功利的用人观念，在满足自身发展的情况下，公开招聘、公平竞争、公正录用，为社会提供尽可能多的就业岗位。

（3）企业在录用员工时，不能因民族、种类、性别、宗教信仰不同而歧视员工，要保证劳动者依法享有平等就业和自主择业的权利。

（五）保护员工合法权益

员工是企业生存发展的内在动力。企业应当尊重员工，关爱员工，维护员工权益，促进企业与员工的和谐稳定和共同发展。为此，社会责任指引就企业履行保护员工合法权益责任规定了以下几个方面的措施，如表3-10所示。

表3-10　履行保护员工合法权益责任的措施

序号	措施	具体说明
1	建立完善科学的员工培训和晋升机制	（1）培训的目的是让员工得到尽快发展 （2）保证晋升对每个人公平、公正 （3）对不同员工进行个性化的培训，保证员工及时获得必要的知识储备，通过公平竞争和优越的机会吸引大批有能力的员工为企业服务
2	建立科学合理的员工薪酬增长机制	（1）建立科学有效的薪酬正常增长机制，最大限度地激发员工工作热情、敬业精神和工作绩效 （2）员工工资等薪酬应当及时发放，员工各类社会保险应当及时足额缴纳，不得无故拖欠和克扣 （3）重视和关注并积极缩小高管薪酬与员工的收入差距，促进企业高管人员与员工的薪酬有机协调统一
3	维护员工的身心健康	（1）关心员工身体健康，保障员工充分的休息休假权利，广泛开展娱乐休闲活动 （2）加强职工代表大会和工会组织建设，通过企业内部员工热线、信访接待、内部媒体、员工建议箱等渠道，保证员工与企业上层的信息畅通，帮助员工减压，不断提高员工的身体素质 （3）加强对职业病的预防、控制和消除，定期安排劳动者体检，建立职业健康档案等，预防、控制并有效消除职业危害，确保员工身心健康

（六）重视产学研用结合

企业应当重视产学研用结合，牢固确立企业技术创新主体地位这个核心，把产学研用结合的基点放在人才培养方面。

（1）企业要充分运用市场机制和手段，积极开展与高校和科研院所的战略合作，联合创建国家重点实验室、工程中心等研发和产业化基地，实行优势互补，激发科研机构的创新活力。

（2）企业要重视和加强与高校、科研院所的人才培养和交流，加速科技成果的转化和产业化。同时促进应用型人才的培养，确保企业发展中亟须的人才不断得到补充。

（七）支持慈善事业

社会责任指引要求企业积极支持慈善事业，扶助社会弱势群体。企业在关注自身发展的同时，应当勇于承担社会责任，积极支持慈善事业，奉献爱心和善举，扶助社会弱势群体，把参与慈善活动作为创新产品和服务的潜在市场，将慈善行为与企业发展目标有机地联系起来。

四、企业如何履行社会责任

企业重视并切实履行社会责任，既是为企业前途、命运负责，也是为社会、为国家负责。企业应当高度重视履行社会责任，积极采取措施促进社会责任的履行。

（一）企业负责人要高度重视强化企业履行社会责任

企业负责人应当高度重视这项工作，树立社会责任意识，把履行社会责任提上企业重要议事日程，经常研究和部署社会责任工作，加强社会责任全员培训和普及教育，不断创新管理理念和工作方式，努力形成履行社会责任的企业价值观和企业文化。

（二）建立和完善履行社会责任的体制和运行机制

企业要把履行社会责任融入企业发展战略，落实到生产经营的各个环节，明确归口管理部门，建立健全预算安排，逐步建立和完善企业社会责任指标统计和考核体系，为企业履行社会责任提供坚实的基础与保障。

（三）建立企业社会责任报告制度

发布企业社会责任报告，让股东、债权人、员工、客户、社会等各方面知晓本企业在社会责任领域所做的工作、所取得的成就，可以增强企业的战略管理能力，使企业由外而内地深入审视与社会的互动关系，全面提高企业服务能力和水平，提高企业的品牌形象和价值。

第四节　全面预算业务风险与内部控制

预算控制是内部控制中使用较为广泛的一种控制措施。通过预算控制，企业可以将经营目标转化为各部门、各岗位以至个人的具体行为目标，以此作为各责任单位的约束条件，从根本上保证企业经营目标的实现。

全面预算是指企业对一定期间的各项生产经营活动、投资活动、财务活动等作出的预算安排。企业全面预算一般包括经营预算、资本预算和财务预算等。

一、全面预算管理应关注的风险

企业至少应当关注全面预算管理的下列风险：

（1）缺乏预算或者预算体系不健全，可能导致企业盲目经营；

（2）预算目标不合理、预算编制不科学，可能导致企业资源浪费或发展目标难以实现；

（3）预算缺乏刚性、执行不力、考核不严，可能导致预算管理流于形式。

二、全面预算岗位分工与授权批准

企业应当建立全面预算工作岗位责任制，明确相关部门和岗位的职责、权限，确保全面预算工作中的不相容岗位相互分离、制约和监督。

（一）全面预算工作不相容岗位

全面预算工作不相容岗位一般包括：

（1）预算编制（含预算调整）与预算审批；

（2）预算审批与预算执行；

（3）预算执行与预算考核。

（二）建立全面预算工作组织领导与运行体制

企业应当建立全面预算工作组织领导与运行体制，明确企业最高权力机构、决策机构、预算管理部门及各预算执行单位的职责权限、授权批准程序和工作协调机制。

企业全面预算管理组织体系的基本架构如图3-3所示。

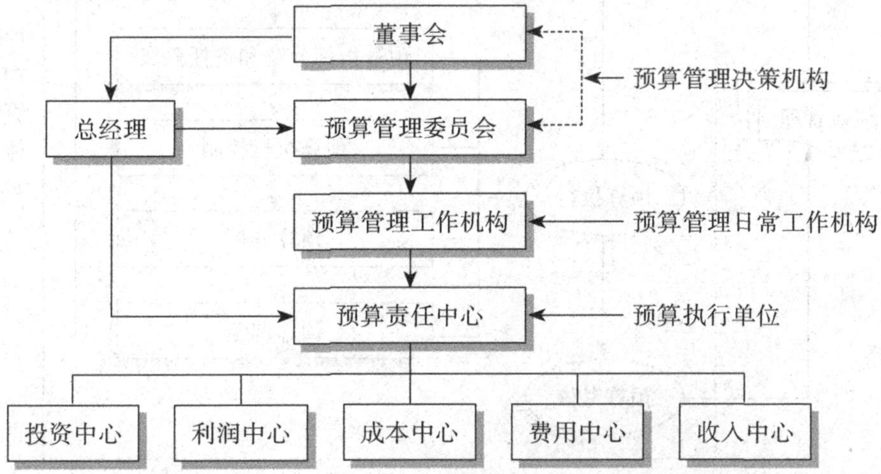

图3-3 企业全面预算管理组织体系的基本架构

（三）明确授权批准制度与程序

在建立健全全面预算管理体制的基础上，企业应当进一步梳理、制定预算管理工作流程，按照不相容职务相互分离的原则细化各部门、各岗位在预算管理体系中的职责、分工与权限，明确预算编制、执行、分析、调整、考核各环节的授权批准制度与程序。

在全面预算管理各个环节中，预算管理部门主要起决策、组织、领导、协调、平衡的作用。企业可以根据自身的组织结构、业务特点和管理需要，责成内部生产、市场、投资、技术、人力资源等各预算归口管理部门负责所归口管理预算的编制、执行监控、分析等工作，并配合预算管理部门做好企业总预算的综合平衡、执行监控、分析、考核等工作。

三、全面预算的基本业务流程

企业全面预算业务的基本流程一般包括预算编制、预算执行和预算考核三个阶段。其中，预算编制阶段包括预算拟定、预算审批、预算下达等具体环节；预算执行阶段设计预算指标分解和责任落实、预算执行控制、预算分析、预算调整等具体环节。这些业务环节相互关联、相互作用、相互衔接，周而复始地循环，从而实现对企业全面经济活动的控制。图3-4列示了企业全面预算的基本业务流程。

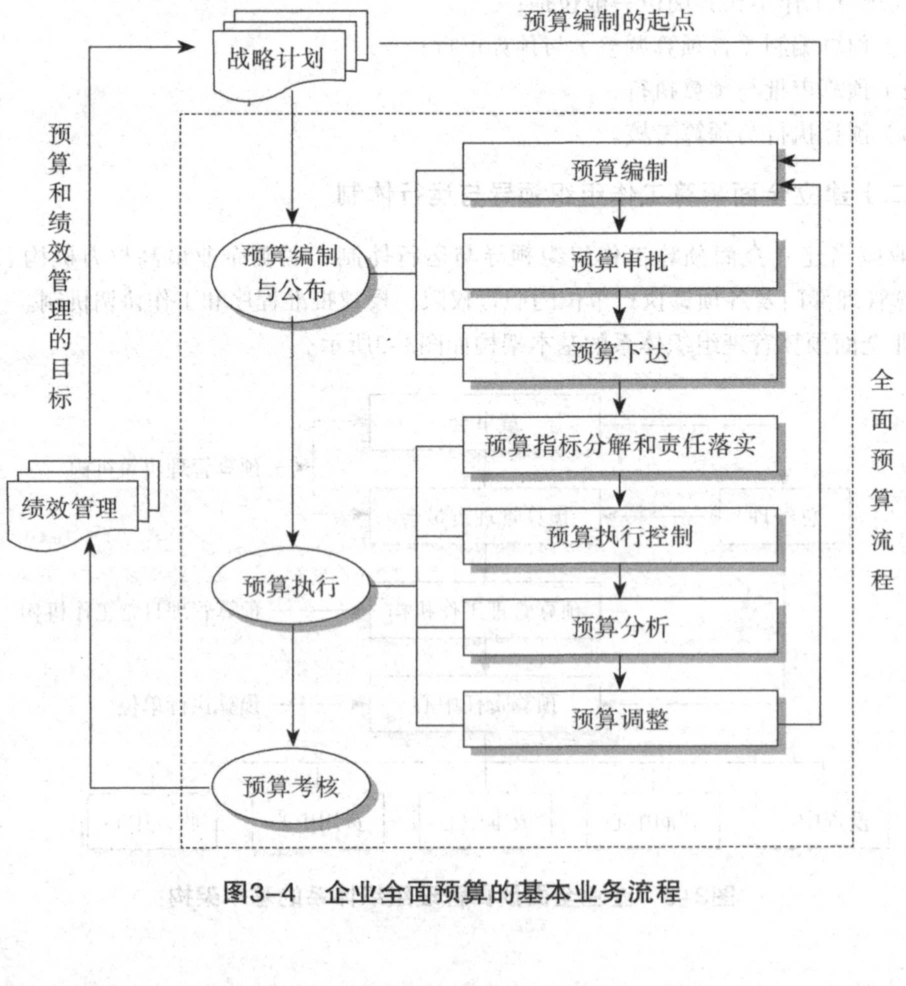

图3-4 企业全面预算的基本业务流程

四、预算流程的主要业务风险与控制措施

（一）预算编制

预算编制是企业实施全面预算管理的起点，该环节的主要风险与管控措施如表3-11所示。

表3-11 预算编制的主要风险与管控措施

<table>
<tr><td>主要风险</td><td colspan="2">（1）预算编制以财务部门为主，业务部门参与度较低，可能导致预算编制不合理，预算管理责、权、利不匹配；预算编制范围和项目不全面，各个预算之间缺乏整合，可能导致全面预算难以形成
（2）预算编制所依据的相关信息不足，可能导致预算目标与战略规划、经营计划、市场环境、企业实际等相脱离；预算编制基础数据不足，可能导致预算编制准确率降低
（3）预算编制程序不规范，横向、纵向信息沟通不畅，可能导致预算目标缺乏准确性、合理性和可行性
（4）预算编制方法选择不当，或强调采用单一的方法，可能导致预算目标缺乏科学性和可行性
（5）预算目标及指标体系设计不完整、不合理、不科学，可能导致预算管理在实现发展战略和经营目标、促进绩效考评等方面的功能难以有效发挥
（6）编制预算的时间太早或太晚，可能导致预算准确性不高，或影响预算的执行</td></tr>
<tr><td rowspan="2">管控措施</td><td>全面性控制</td><td>（1）明确企业各个部门、单位的预算编制责任，将企业各个部门、单位的业务活动全部纳入预算管理
（2）将企业经营、投资、财务等各项经济活动的各个方面、各个环节都纳入预算编制范围，形成由经营预算、投资预算、筹资预算、财务预算等一系列预算组成的相互衔接和勾稽的综合预算体系</td></tr>
<tr><td>编制依据和基础控制</td><td>（1）制定明确的战略规划，并依据战略规划制定年度经营目标和计划，作为制定预算目标的首要依据，确保预算编制真正成为战略规划和年度经营计划的年度行动方案
（2）深入开展企业外部环境的调研和预测，包括对企业预算期内客户需求、同行业发展等市场环境的调研，以及宏观经济政策等社会环境的调研，确保预算编制以市场预测为依据，与市场、社会环境相适应
（3）深入分析企业上一期间的预算执行情况，充分预测预算期内企业资源状况、生产能力、技术水平等自身环境的变化，确保预算编制符合企业生产经营活动的客观实际
（4）重视和加强预算编制基础管理工作，包括历史资料记录、定额制定与管理、标准化工作、会计核算等，确保预算编制以可靠、翔实、完整的基础数据为依据</td></tr>
</table>

（续表）

管控措施	编制程序控制	企业应当按照上下结合、分级编制、逐级汇总的程序编制年度全面预算。其基本步骤及其控制为： （1）建立系统的指标分解体系，并在与各预算责任中心进行充分沟通的基础上分解、下达初步预算目标 （2）各预算责任中心按照下达的预算目标和预算政策，结合自身特点以及预测的执行条件，认真测算并提出本责任中心的预算草案，逐级汇总上报预算管理工作机构 （3）预算管理工作机构进行充分协调、沟通，审查平衡预算草案 （4）预算管理委员会应当对预算管理工作机构在综合平衡基础上提交的预算方案进行研究论证，从企业发展全局角度提出进一步调整、修改的建议，形成企业年度全面预算草案，并提交董事会 （5）董事会审核全面预算草案，确保全面预算与企业发展战略、年度生产经营计划相协调
	编制方法控制	企业应当本着遵循经济活动规律，充分考虑符合企业自身经济业务特点、基础数据管理水平、生产经营周期和管理需要的原则，选择或综合运用固定预算、弹性预算、滚动预算等方法编制预算
	预算目标及指标体系设计控制	（1）按照“财务指标为主体、非财务指标为补充”的原则设计预算指标体系 （2）将企业的战略规划、经营目标体现在预算指标体系中 （3）将企业产、供、销、投融资等各项活动的各个环节、各个方面的内容都纳入预算指标体系 （4）将预算指标体系与绩效评价指标协调一致 （5）按照各责任中心在工作性质、权责范围、业务活动特点等方面的不同，设计不同或各有侧重的预算指标体系
	预算编制时间控制	企业可以根据自身规模大小、组织结构和产品结构的复杂性、预算编制工具和熟练程度、全面预算开展的深度和广度等因素，确定合适的全面预算编制时间，并在预算年度开始前完成全面预算草案的编制工作

（二）预算审批

预算审批的主要风险与管控措施如表3-12所示。

表3-12　预算审批的主要风险与管控措施

主要风险	全面预算未经适当审批或超越授权审批，可能导致预算权威性不够、执行不力，或可能因重大差错、舞弊而导致损失
管控措施	企业全面预算应当按照《公司法》等相关法律法规及企业章程的规定报经审议批准

（三）预算下达

预算下达的主要风险与管控措施如表3–13所示。

表3–13　预算下达的主要风险与管控措施

主要风险	全面预算下达不力，可能导致预算执行或考核无据可查
管控措施	全面预算经审议批准后应及时以文件形式下达执行

（四）预算指标分解和责任落实

预算指标分解和责任落实的主要风险与管控措施如表3–14所示。

表3–14　预算指标分解和责任落实的主要风险与管控措施

主要风险	（1）预算指标分解不够详细、具体，可能导致企业的某些岗位和环节缺乏预算执行和控制依据 （2）预算指标分解与业绩考核体系不匹配，可能导致预算执行不力 （3）预算责任体系缺失或不健全，可能导致预算责任无法落实，预算缺乏强制性与严肃性 （4）预算责任与执行单位或个人的控制能力不匹配，可能导致预算目标难以实现
管控措施	（1）企业全面预算一经批准下达，各预算执行单位应当认真组织实施，将预算指标层层分解。横向将预算指标分解为若干相互关联的因素，寻找影响预算目标的关键因素并加以控制；纵向将各项预算指标层层分解落实到最终的岗位和个人，明确责任部门和最终责任人；时间上将年度预算指标分解细化为季度、月度预算，通过实施分期预算控制实现年度预算目标 （2）建立预算执行责任制度，对照已确定的责任指标，定期或不定期地对相关部门及人员责任指标完成情况进行检查，实施考评。企业可以通过签订预算目标责任书等形式明确各预算执行部门的预算责任 （3）分解预算指标和建立预算执行责任制应当遵循定量化、全局性、可控性原则，即预算指标的分解要明确、具体，便于执行和考核；预算指标的分解要有利于企业经营总目标的实现；赋予责任部门和责任人的预算指标通过该责任部门或责任人的努力是可以达到的，责任部门或责任人以其责权范围为限，对预算指标负责

（五）预算执行控制

预算执行控制的主要风险与管控措施如表3–15所示。

表3-15　预算执行控制的主要风险与管控措施

主要风险	（1）缺乏严格的预算执行授权审批制度，可能导致预算执行随意 （2）预算审批权限及程序混乱，可能导致越权审批、重复审批，降低预算执行效率和严肃性 （3）预算执行过程中缺乏有效监控，可能导致预算执行不力，预算目标难以实现 （4）缺乏健全有效的预算反馈和报告体系，可能导致预算执行情况不能及时反馈和沟通，预算差异得不到及时分析，预算监控难以发挥作用
管控措施	（1）加强资金收付业务的预算控制，及时组织资金收入，严格控制资金支付，调节资金收付平衡，防范支付风险 （2）严格资金支付业务的审批控制，及时制止不符合预算目标的经济行为，确保各项业务和活动都在授权的范围内运行 （3）建立预算执行实时监控制度，及时发现和纠正预算执行中的偏差。确保企业办理的采购与付款、销售与收款、成本费用、工程项目、对外投融资、研究与开发、信息系统、人力资源、安全环保、资产购置与维护等各项业务和事项均符合预算要求；涉及生产过程和成本费用的，还应严格执行相关计划、定额、定率标准 （4）建立重大预算项目特别关注制度。对于工程项目、对外投融资等重大预算项目，企业应当密切跟踪其实施进度和完成情况，实行严格监控。对于重大的关键性预算指标，也要密切跟踪、检查 （5）建立预算执行情况预警机制，科学选择预警指标，合理确定预警范围，及时发出预警信号，积极采取应对措施 （6）建立健全预算执行情况内部反馈和报告制度，确保预算执行信息传输及时、畅通、有效

（六）预算分析

预算分析的主要风险与管控措施如表3-16所示。

表3-16　预算分析的主要风险与管控措施

主要风险	（1）预算分析不正确、不科学、不及时，可能削弱预算执行控制的效果，或可能导致预算考评不客观、不公平 （2）预算差异原因的解决措施不得力，可能导致预算分析形同虚设
管控措施	（1）企业预算管理工作机构和各预算执行单位应当建立预算执行情况分析制度，定期召开预算执行分析会议，通报预算执行情况，研究、解决预算执行中存在的问题，认真分析原因，提出改进措施 （2）企业应当加强对预算分析流程和方法的控制，确保预算分析结果准确、合理 （3）企业应当采取恰当措施处理预算执行偏差

（七）预算调整

预算调整的主要风险与管控措施如表3–17所示。

表3–17 预算调整的主要风险与管控措施

<table>
<tr><td>主要风险</td><td colspan="2">预算调整依据不充分、方案不合理、审批程序不严格，可能导致预算调整随意、频繁，预算失去严肃性和“硬约束”</td></tr>
<tr><td rowspan="3">管控措施</td><td>明确预算调整条件</td><td>由于市场环境、国家政策或不可抗力等客观因素，导致预算执行发生重大差异确需调整预算的，应当履行严格的审批程序。企业应当在有关预算管理制度中明确规定预算调整的条件</td></tr>
<tr><td>强化预算调整原则</td><td>（1）预算调整应当符合企业发展战略、年度经营目标和现实状况，重点放在预算执行中出现的重要的、非正常的、不符合常规的关键性差异方面
（2）预算调整方案应当客观、合理、可行，在经济上能够实现最优化
（3）预算调整应当谨慎，调整频率应予以严格控制，年度调整次数应尽量少</td></tr>
<tr><td>规范预算调整程序，严格审批</td><td>（1）调整预算一般由预算执行单位逐级向预算管理委员会提出书面申请
（2）预算管理工作机构应当对预算执行单位提交的预算调整报告进行审核分析，集中编制企业年度预算调整方案，提交预算管理委员会
（3）预算管理委员会应当对年度预算调整方案进行审议，根据预算调整事项性质或预算调整金额的不同，按照授权进行审批，或提交原预算审批机构审议批准，然后下达执行
（4）企业预算管理委员会或董事会审批预算调整方案时，应当依据预算调整条件，并遵循预算调整原则严格把关，对于不符合预算调整条件的，坚决予以否决；对于预算调整方案欠妥的，应当协调有关部门和单位研究改进方案，并责成预算管理工作机构予以修改后再履行审批程序</td></tr>
</table>

（八）预算考核

预算考核的主要风险与管控措施如表3–18所示。

表3–18 预算考核的主要风险与管控措施

主要风险	预算考核不严格、不合理、不到位，可能导致预算目标难以实现、预算管理流于形式。其中，预算考核是否合理受到考核主体和对象界定的合理性、考核指标的科学性、考核过程的公开性、考核结果的公正性、奖惩措施的公平合理性以及落实情况等因素的影响

（续表）

管控措施	建立健全预算执行考核制度	（1）建立严格的预算执行考核制度，对各预算执行单位和个人进行考核 （2）制定有关预算执行考核的制度或办法 （3）定期组织实施预算考核，预算考核的周期一般应当与年度预算细分周期相一致
	合理界定预算考核主体和考核对象	预算考核主体分为两个层次：预算管理委员会和内部各级预算责任单位。预算考核对象为企业内部各级预算责任单位和相关个人。界定预算考核主体和考核对象主要遵循以下原则： （1）上级考核下级原则，即由上级预算责任单位对下级预算责任单位实施考核 （2）逐级考核原则，即由预算执行单位的直接上级对其进行考核，间接上级不能隔级考核间接下级 （3）预算执行与预算考核相互分离原则，即预算执行单位的预算考核应由其直接上级部门来执行，而绝不能自己考核自己
	科学设计预算考核指标体系	（1）预算考核指标要以各责任中心承担的预算指标为主，同时本着相关性原则，增加一些全局性的预算指标和与其关系密切的相关责任中心的预算指标 （2）考核指标应以定量指标为主，同时根据实际情况辅之以适当的定性指标 （3）考核指标应当具有可控性、可达到性和明晰性
	按照公开、公平、公正的原则实施预算考核	（1）考核程序、标准、结果要公开。企业应当将全面预算考核程序、考核标准、奖惩办法、考核结果等及时公开 （2）考核结果要客观公正。企业预算管理委员会及其工作机构定期组织预算执行情况考核时，应当将各预算执行单位负责人签字上报的预算执行报告和已掌握的动态监控信息进行核对，确认各执行单位预算完成情况。必要时，实行预算执行情况内部审计制度 （3）奖惩措施要公平合理并得以及时落实。预算考核的结果应当与各执行单位以及员工的薪酬、职位等进行挂钩，实施预算奖惩

第五节　人力资源业务风险与内部控制

人力资源是指由企业董事、监事、高级管理人员和全体员工组成的整体团队的总称。人力资源是影响企业内部环境的关键因素，它所包括的雇用、培训、评价、考核、晋升、奖惩这些业务向员工传达着有关诚信、道德行为和胜任能力的期望水平等方面的信息。这些业务都与企业员工密切相关，而员工正是企业中执行内部控制的主体。

良好的人力资源管理，能够有效地促进内部控制在企业中的顺利实施，并保证其实施的质量。企业应当制定和实施有利于企业可持续发展的人力资源政策。

一、人力资源管理应关注的主要风险与控制

（一）人力资源的重要风险

人力资源指引按照优化人力资源的要求，明确指出了人力资源管理至少应当关注的几项重要风险，如图3-5所示。

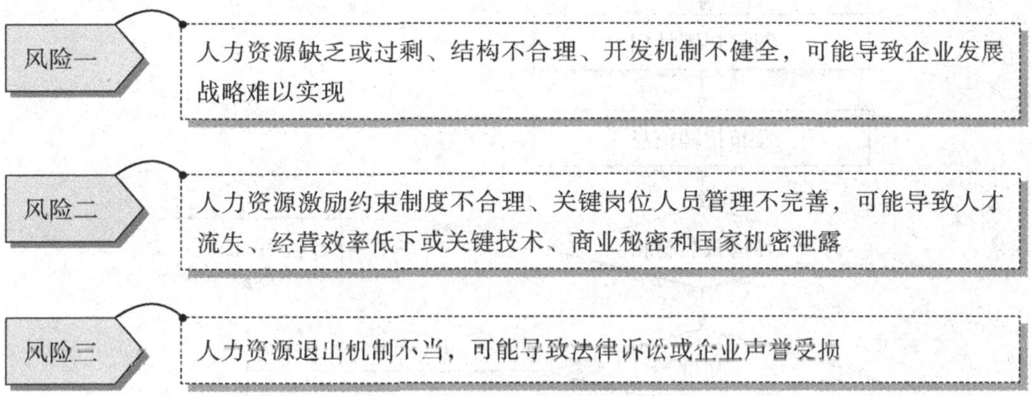

图3-5　人力资源的重要风险

（二）人力资源主要风险的控制

企业在建立与实施人力资源政策内部控制中，至少应强化对下列关键事项或者关键环节的控制，以有效防范上述重要风险。

（1）岗位职责和任职要求明确规范，人力资源需求计划科学合理。

（2）招聘及离职程序规范，人员聘用引入竞争机制，培训工作能够提高员工道德素养和专业胜任能力。

（3）人力资源考核制度科学合理，能够引导员工实现企业目标。

（4）薪酬制度能保持和吸引优秀人才，并符合国家有关法律法规的要求，薪酬发放标准和程序科学规范。

二、人力资源的引进与开发控制

无论是新设立企业还是存续企业，为实现其发展目标，都会遇到人力资源引进和开发

问题。人力资源引进与开发的对象是高管人员、专业技术人员和一般员工。

（一）人力资源的引进

1. 高管人员的引进

企业高管人员主要通过公开选拔、竞争上岗和组织选拔以及综合上述方式的推荐、测评、票决等方式引进，其中公开选拔、竞争上岗这两种方式由于引入竞争机制，体现了“公开、平等、竞争、择优”的原则，能拓宽用人的视野，有利于优秀人才脱颖而出，是目前最主要的两种引进方式。其中，公开选拔主要面向社会进行，竞争上岗适用于本单位或本系统内的选拔。高管人员引进的流程如图3-6所示。

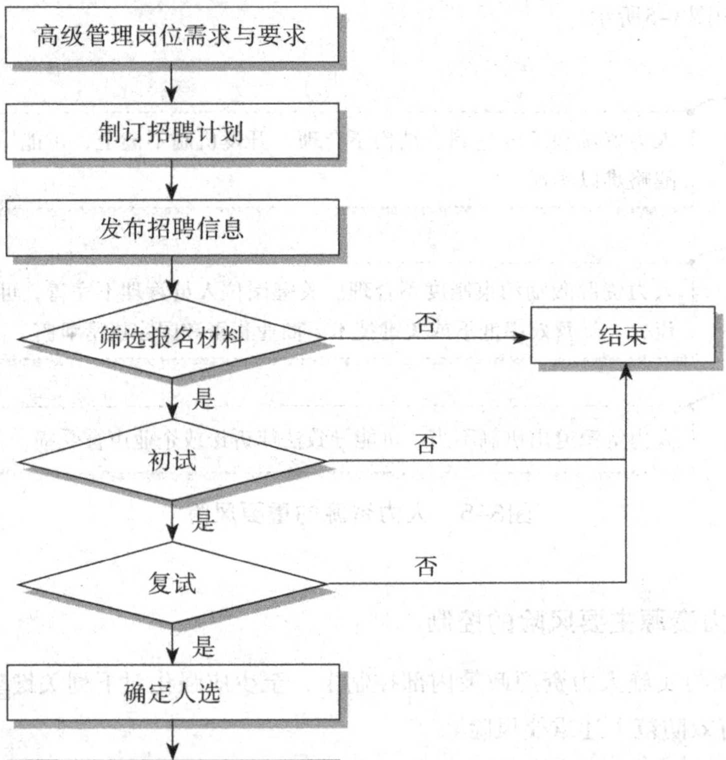

图3-6 高管人员引进的流程

2. 专业技术人员的引进

专业技术人员引进主要采取外部招聘方式进行。外部招聘的主要形式有发布广告、借助中介机构、上门招聘、熟人推荐以及网络招聘等。专业技术人员引进的一般流程如图3-7所示。

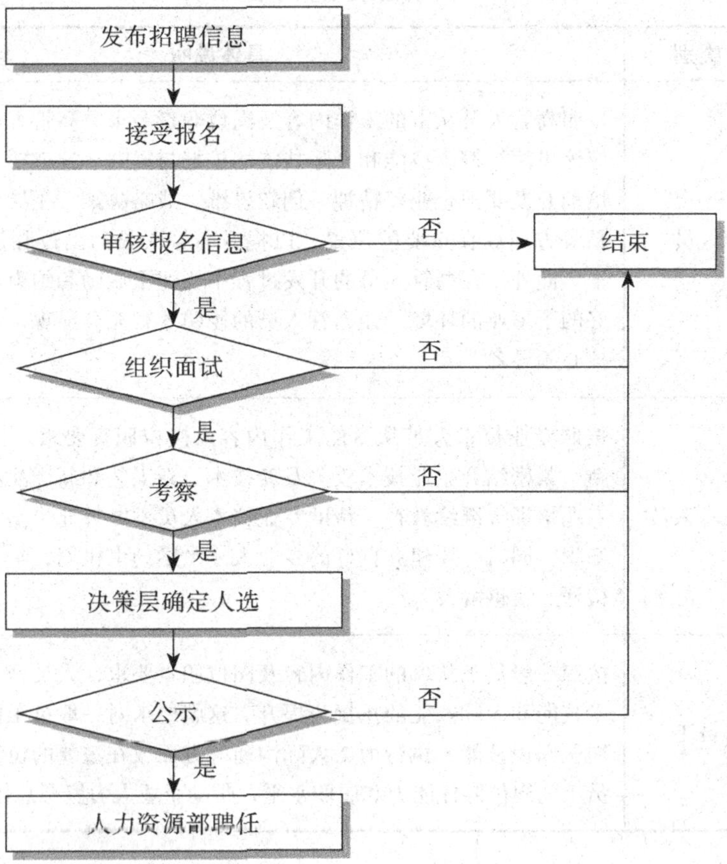

图3-7　专业技术人员引进的一般流程

3. 一般员工的引进

一般员工占据企业人力资源的大部分，主要任职于企业生产经营的一线，是企业年度人力资源引进工作的重要内容。一般员工通常具有高流动性、更多关注短期物质激励、群体效应等特点。

一般员工引进的主要方式是外部招聘，其主要形式有发布广告、借助中介法、网络招聘法等。一般员工的引进流程与专业技术人员引进的流程基本一致。

（二）人力资源的开发

人力资源开发的内容主要包括开发职业技能，开发职业品质和发掘员工潜能，促使其自我实现三个方面。现代企业人力资源开发的重点是开发员工的职业技能，即员工的专业知识技能。

人力资源开发根据不同层次、不同职务，主要形式有岗前开发培训、在岗开发培训、离岗开发培训、员工业余自学等，具体内容如表3-19所示。

表3-19　不同类别人才的培训与开发

序号	人才类别	具体说明
1	高管人员	按照高管人员从事的工作内容及岗位职责要求，高管人员的培训与开发应该更注重概念技能和人际技能的挖掘与提升。这就要求对高管人员的培训开发要把企业家精神、创新思维、战略决策、领导能力以及公共关系等方面放在重要的位置，以提升高管人员的岗位胜任能力和履职水平。此外，在高管人员的开发过程中要注重激励和约束相结合，创造良好的干事业的环境，让高管人员的聪明才智充分显现，真正成为企业的核心领导者
2	专业技术人员	按照专业技术人员从事的工作内容及岗位职责要求，注重知识持续更新，紧密结合企业技术攻关及新技术、新工艺和新产品开发来开展各种专题培训等继续教育，帮助专业技术人员不断补充、拓宽、深化和更新知识。同时，要建立良好的专业人才激励约束机制，努力做到以事业、待遇、情感留人
3	一般员工	按照一般员工从事的工作内容及岗位职责要求，人员开发应该更注重技术技能和人际技能的挖掘与提升。这就要求对一般员工的培训开发要把岗位知识技能、执行力、人际沟通等方面放在重要的位置，以提升一般员工的岗位胜任能力和履职水平，带动企业人力资源总体素质的提升

三、人力资源的使用与退出控制

人力资源的使用与退出是人力资源管理的重要组成部分。

（一）人力资源的使用

（1）企业应当设置科学的业绩考核指标体系，对各级管理人员和全体员工进行严格考核与评价，以此作为确定员工薪酬、职级调整和解除劳动合同等的重要依据。

（2）为了充分发挥人才的作用，企业要创新激励保障机制，激发人才干事创业的积极性，同时建立以绩效为核心的分配激励制度。

（3）在人才的使用过程中，还要注意策略，通过对人才压担子、给路子、搭梯子，促进人才的快速成长。

（4）企业要尊重人才成长规律，善于克服人力资源管理的“疲劳效应”。在人才发展最好时，要适时地调整岗位和职位，使之始终处于亢奋期和临战状态。

（二）人力资源的退出

建立企业人力资源退出机制是实现企业发展战略的必然要求。人力资源的退出必须以科学的绩效考核机制为前提，同时还需要相关的环境支撑。

（1）从在观念上将人员退出机制纳入人力资源管理系统和企业文化之中，使人力资源退出从计划到操作成为可能，同时获得员工的理解与支持。

（2）要建立科学合理的人力资源退出标准，使人力资源退出机制程序化、公开化，有效消除人力资源退出可能造成的不良影响。

（3）人力资源退出一定要建立在遵守法律法规的基础上，严格按照法律规定进行操作。一方面，退出办法要根据相关法律的规定制定，要有书面材料记录员工相关行为，使员工退出证据充分；另一方面，在实施退出时，要做好与人力资源管理部门的沟通工作，按《劳动法》的相关规定给予退出员工相应的补偿。

第六节　研发业务风险与内部控制

研发是指企业为获取新产品、新技术、新工艺等所开展的各种研究与开发活动。研发活动具有投入大、周期长、不确定性高的特点，其对企业经营会产生较大的影响， 同时也存在一定的风险。因此，研发业务的内部控制在企业整体内部控制中处于重要地位。

一、研发业务应关注的风险

企业开展研发业务至少应当关注图3-8所示的几项风险。

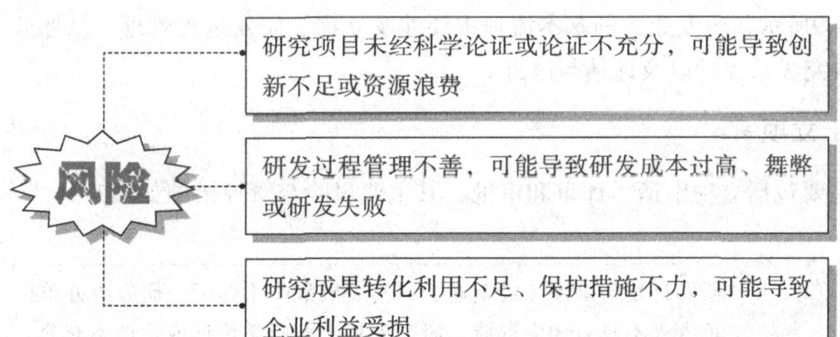

图3-8　研发业务应关注的风险

二、研发业务的管理流程

企业研发业务不仅要注重研发项目的目标与结果，还要对中间的研发过程实施有效的管理。一个具有流程化、结构化的研发业务，其工作流程中应该包含对过程的层层控制以及有效的反馈，以逐步达到最终目标。建立规范的研发业务管理流程，不仅可以指导和帮助团队成员研发实践，还可以降低研发风险，保证研发质量，极大提高研发工作的效率和效益。一般生产企业研发业务管理的基本流程如图3-9所示。

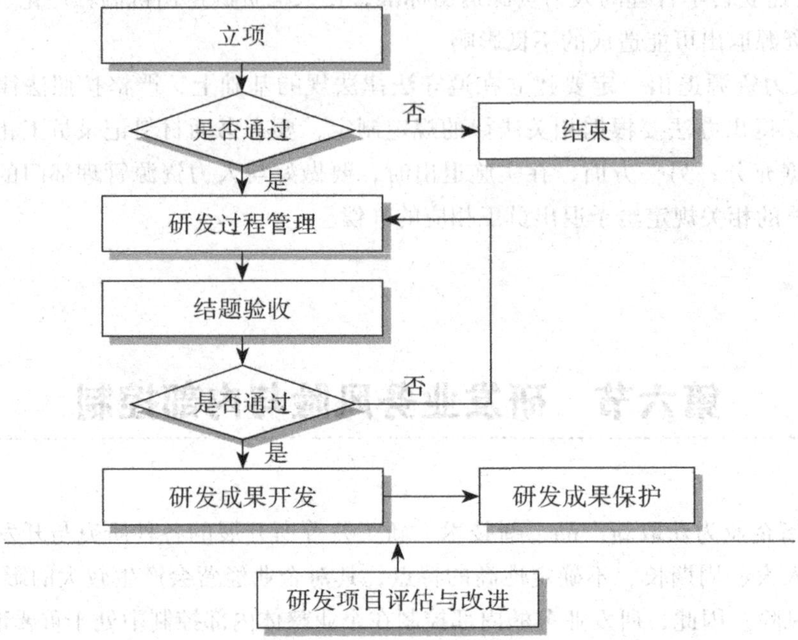

图3-9　一般生产企业研发业务的管理流程

三、研发业务的主要风险与管控措施

如图3-9所示，研发业务的基本流程主要涉及立项、研发过程管理、结题验收、研究成果开发、研究成果保护以及评估与改进。

（一）立项

立项主要包括立项申请、评审和审批，其主要风险与管控措施如图3-10所示。

主要风险：研发计划与国家（或企业）科技发展战略不匹配，研发承办单位或专题负责人不具有相应资质，研究项目未经科学论证或论证不充分，评审和审批环节把关不严，可能导致创新不足或资源浪费

管控措施：

（1）建立完善的立项、审批制度，确定研发计划，制定原则和审批人，审查承办单位或专题负责人的资质条件，评估、审批流程等

（2）结合企业发展战略、市场及技术现状制订研究项目开发计划

（3）企业应当根据实际需要，结合研发计划提出研究项目立项申请，开展可行性研究并编制可行性研究报告。企业可以组织独立于申请及立项审批之外的专业机构和人员进行评估论证，出具评估意见

管控措施

（4）研究项目应当按照规定的权限和程序进行审批，重大研究项目须报经董事会或类似权力机构集体审议决策。审批过程中，要重点关注研究项目促进企业发展的必要性、技术的先进性以及成果转化的可行性

（5）制定开题计划和报告。开题计划经科研管理部门负责人审批，开题报告应对市场需求与效益、国内外在该方向的研究现状、主要技术路线、研究开发目标与进度、已有条件与基础、经费等进行充分论证、分析，保证项目符合企业需求

图3-10　立项的主要风险与管控措施

（二）研发过程管理

研发过程是研发的核心环节。实务中，研发通常分为自主研发、委托研发和合作研发。

1. 自主研发

自主研发是指企业依靠自身的科研力量，独立完成项目，包括原始创新、集成创新和在引进消化基础上的再创新三种类型，其主要风险与管控措施如图3-11所示。

主要风险

（1）研究人员配备不合理，导致研发成本过高、舞弊或研发失败

（2）研发过程管理不善，费用失控或科技收入形成账外资产，影响研发效率，提高研发成本甚至造成资产流失

（3）多个项目同时进行时，相互争夺资源，出现资源的短期局部缺乏，可能造成研发效率下降

（4）研究过程中未能及时发现错误，提高了修正成本

（5）科研合同管理不善，导致权属不清，知识产权存在争议

管控措施

（1）建立研发项目管理制度和技术标准，建立信息反馈制度和研发项目重大事项报告制度，严格落实岗位责任制

（2）合理制订项目实施进度计划和设计组织结构，跟踪项目进展，建立良好的工作机制，保证项目顺利实施

（3）精确预计工作量和所需资源，提高资源使用效率

（4）建立科技开发费用报销制度，明确费用支付标准及审批权限，遵循不相容岗位牵制原则，完善科技经费入账管理程序，按项目正确划分资本性支出和费用性支出，准确开展会计核算，建立科技收入管理制度

（5）开展项目中期评审，及时纠偏调整；优化研发项目管理的任务分配方式

图3-11　自主研发的主要风险与管控措施

2. 研发外包

研发外包根据外包程度可以分为委托研发和合作研发两种形式。

委托研发是指企业委托具有研发能力的企业、科研机构等开展新技术研究开发工作，研发所需经费由委托人全额承担，受托人交付研发成果。合作研发是指企业与其他企业、科研机构、高等院校之间的联合研发行为，合作各方共同参与、共同出资、共享效益、共担风险、共同研发完成同一科技研发项目。

（1）研发外包的主要风险较多，如表3-20所示。

表3-20　研发外包的主要风险

序号	风险类别	具体说明
1	外包单位选择的风险	（1）外包单位选择不恰当会导致中途更换伙伴，从而给企业带来损失 （2）外包单位职业道德缺失引起的提供虚假信息、不履行承诺、泄露机密等会给企业带来损失
2	沟通风险	（1）企业与外包单位之间的文化差异可能会导致双方产生较多的摩擦与冲突 （2）既合作又竞争的关系容易使伙伴之间产生信任危机 （3）外包单位之间沟通的不及时或协调失败会加大风险发生的概率
3	外包方案的设计风险	（1）外包内容与形式、外包任务等计划安排失误也会诱发风险 （2）权、责、利、险分配不合理会导致伙伴终止合作而给企业带来损失 （3）资源整合不当会提高企业运作成本，无法快速响应市场变化
4	知识产权风险	知识产权风险是指在研发外包中，由伙伴之间的合作和知识共享机制产生的，给所有人对其知识产权的所有权或者基于知识产权的当前或潜在收益带来负面影响的事件及其可能性
5	壮大竞争对手的力量	由于研发外包双方从事的业务相同或者相似（或具有上下游关系），在本企业通过研发外包获得某种技术成就的同时，合作者很可能也因此获得了技术上的关键性突破。或者说，在本企业的资源和能力得到互补之际，竞争对手的资源和能力也因此获得了互补，甚至互补效应大于本企业

（2）研发外包主要风险的管控措施如表3-21所示。

表3-21　研发外包主要风险的管控措施

序号	措施类别	具体说明
1	严格甄选合作伙伴	（1）企业在选择外包单位的过程中，应遵循技术互补性、相容一致性，以及成本最低、讲诚信、均衡等原则 （2）企业应该选择和自身研发实力相当的外包单位，以免被对方占据主导优势，以及对企业在合作研发过程中吸收、学习外包单位的技术知识产生不利影响
2	认真审核、签订技术合作合同	（1）严格按照《中华人民共和国合同法》（以下简称《合同法》）签订有关合同

（续表）

序号	措施类别	具体说明
2	认真审核、签订技术合作合同	（2）合同的条文要完整准确，特别是承担的义务、技术指标、经费落实、知识产权归属、研发信息和成果的保密性条款、赔偿条款以及纠纷处理条款等要界定明确，用词准确 （3）合同签字前，要严把审核关，对合同的合法性、合理性、可能性要逐条逐句地进行分析 （4）合同一旦签订，就要严格按质、按量、按期履行
3	加强合作过程管理监督	包括进度监督、质量监督、成本监督、效率监督和人员监督几个方面，并严格验收研发成果
4	建立相互信任的外包关系	包括树立双赢的企业合作理念、有效的反馈机制、高效的信息沟通渠道和采取公平合理的激励措施
5	应用法律手段保护企业的合法权益	（1）要重视知识产权法律法规知识的普及宣传，增强知识产权保护意识，学习运用法律手段进行自我保护 （2）一旦发现合作方有侵权行为，要敢于和善于应用法律手段保护企业的合法权益 （3）对于专利申请权纠纷，可以请求专利管理机关调处，也可以向人民法院起诉，还可以向国家知识产权局提出无效专利宣告请求

（三）结题验收

结题验收是对研究过程形成的交付物进行质量验收。结题验收有检测鉴定、专家评审、专题会议三种方式。该环节的主要风险与管控措施如图3-12所示。

主要风险

受验收人员的技术、能力、独立性等条件的影响，造成验收成果与事实不符；由于测试与鉴定投入不足，导致测试与鉴定得不充分，不能有效地降低技术失败的风险

管控措施

（1）建立健全技术验收制度，严格执行测试程序

（2）对验收过程中发现的异常情况，应重新进行验收申请或补充研发，直至研发项目达到研发标准为止

（3）落实技术主管部门验收责任，由独立的、具备专业胜任能力的测试人员进行鉴定试验，并按计划做出正式、系统、严格的评审

（4）加大企业在测试和鉴定阶段的投入，对重要的研究项目可以组织外部专家参加鉴定

图3-12　结题验收的主要风险与管控措施

（四）研究成果开发

成果开发是指研究成果经过开发过程转换为企业的产品。该环节的主要风险与管控措施如图3-13所示。

主要风险

研究成果转化应用不足，导致资源闲置；新产品未经充分测试，导致大批量生产不成熟或成本过高；营销策略与市场需求不符，导致营销失败

管控措施

（1）建立健全研究成果开发制度，促进成果及时有效转化

（2）科学鉴定大批量生产的技术成熟度，力求降低产品成本

（3）坚持开展以市场为导向的新产品开发消费者测试

（4）建立研发项目档案，推进有关信息资源的共享和应用

图3-13　研究成果开发的主要风险与管控措施

（五）研究成果保护

研究成果保护是企业研发管理工作的有机组成部分。有效的研发成果保护，可保护研发企业的合法权益。

企业的研发成果一般表现为知识产权。国家知识产权制度为知识产权的保护提供了一整套法律方法和措施，是企业研发成果保护的重要依据和途径。企业应当充分利用国家的知识产权保护制度保护自身的研发成果。除此之外，企业还应当通过内部控制制度的建立与国家知识产权保护制度相衔接，对研发成果实施全方位保护。有条件的企业还应当制定自己的知识产权战略，将知识产权提升到企业战略的高度，加强知识产权管理和保护。

（1）研究成果保护的主要风险如表3-22所示。

表3-22　研究成果保护的主要风险

序号	风险类别	具体说明
1	研发立项时的风险	在研发立项论证时未进行专利信息的详细检索，自主开发获得的研发成果不能使用
2	研发过程中的风险	由于核心研发人员泄密、离职等原因，造成竞争对手获取了企业研发过程中的阶段性成果
3	研发完成后的风险	（1）开发出的新技术或产品未进行有效保护，导致被限制使用。有些企业对开发的新产品未及时申请专利保护，只作为技术秘密予以保护，未对外公开。如果竞争对手抢先将此技术先申请专利保护，将使企业处于极端被动的处境，巨额研发投资项目必须停产，否则涉及专利侵权，唯一的退路就是寻求对手的和解，争取专利许可

（续表）

序号	风险类别	具体说明
3	研发完成后的风险	（2）合作中企业的知识产权权属未能得到明确规范，导致企业自树竞争对手。由于研发合同中未对知识产权权属和风险进行明确，导致已形成的知识产权归属和使用范围等都存在风险，甚至演变成恶性竞争

（2）研究成果保护主要风险的管控措施如表3-23所示。

表3-23　研究成果保护主要风险的管控措施

序号	措施类别	具体说明
1	进行知识产权评审	（1）知识产权评审包括研发项目立项阶段对相关的技术信息，特别是专利的检索和分析评判 （2）研发完成后对成果的保护形式进行评审，确定采取专利或技术秘密等不同保护方式 （3）评判生产阶段工艺路线，利用专利文献选择较好的工艺路线 （4）在采购阶段，对供应商知识产权状况进行评价 （5）在产品销售阶段，对营销方案、广告用语的知识产权进行调查，查询预注册商标等
2	建立知识产权档案	（1）企业建立的知识产权档案包括商标注册、专利申请的相关资料和文件，以及研发活动的研发记录，知识产权评审资料等。一般而言，企业知识产权档案中的专利内容应包括技术研发、试制、申请专利的原始文件，修改过程文件，专利申请受理通知书，专利证书，专利年费交费票据，专利变更文件等；商标内容应包括商标设计文件、注册商标申请文件、商标注册公告、注册商标证书、商标许可合同等 （2）完备的企业知识产权档案，应根据企业知识产权的活动过程和特点进行整理和归纳，这样才能确保发挥原始的、直接的、完整的法律证据作用，作为防卫侵权诉讼的“盾牌”
3	依靠法律保护企业合法权益	在权益保护的过程中，企业要配合监管部门积极参与调查、取证、依法投诉，严厉打击侵犯本企业知识产权的非法行为
4	严格界定研究成果的归属	（1）雇用关系下研究成果的归属。雇用关系下研究成果的归属分两种情况，即职务技术成果的归属和非职务技术成果的归属。职务技术成果属于单位，由单位拥有并行使技术成果的使用权、转让权。如果技术成果与员工的工作任务和责任范围没有直接关系，而且不是利用本单位的物质技术条件完成的，就属于非职务技术成果。非职务技术成果属于员工个人，其使用权、转让权由完成技术成果个人拥有和行使

（续表）

序号	措施类别	具体说明
4	严格界定研究成果的归属	（2）委托开发关系下研究成果的归属。委托开发关系下研究成果的归属由当事人自行约定，也就是说当事人可以约定委托关系下完成的技术成果属于委托人，也可约定属于被委托人。但是，被委托人在向委托人交付研究成果之前，不得转让给第三人。另外，除当事人另有约定以外，委托开发中完成的研究成果专利申请权属于被委托人 （3）合作开发关系下研究成果的归属。合作开发关系下研究成果的归属由当事人自行约定，如果没有约定或约定不明，归全体合作人共同拥有，共同行使使用权、转让权和专利申请权

（六）研发项目评估

研发项目评估是指在研发项目通过评审验收后，由各方面具备资格的代表对研发项目应用效果所做的正式的、全面的、系统的检查。针对项目成果的应用效果进行评价，以及客观评估研发成果对企业发展的贡献，可以为全面衡量企业研发项目的研发价值，有效监督研发项目执行的规范度，以及提升后续研发项目申报质量提供科学可靠的依据。

（1）该环节的主要风险如表3-24所示。

表3-24　研发项目评估的主要风险

序号	风险类别	具体说明
1	对评估的认识风险	评估是需要投入成本的，而一些企业管理者片面地认为投入经费用于项目评估是不值得的，产生的作用很难量化，因此他们会认为研发成果投入市场就意味着项目的结束，没必要再进行评估
2	评估人员风险	考虑到不同项目自身的特点，要想准确、客观地评价项目，就必须对不同项目的评价指标进行个性化处理。这就需要充分发挥项目评价人员的主观能动性和聪明才智，因此，项目评估工作对相关部门、人员的素质也提出了高要求
3	评估指标选取风险	一个项目成功与否，需要综合多方面因素来评价，如果片面地以某一方面指标的优劣来评价整个项目，可能会造成评估失败

（2）该环节的主要管控措施如表3-25所示。

表3-25　研发项目评估主要风险的管控措施

序号	措施类别	具体说明
1	增强高层管理者对评估作用的认可	高层管理者必须认识到研发评估不单是收集、处理、传播知识，而是围绕企业进行研发投资管理，因此评估不是独立于企业研发部门之外的工作

（续表）

序号	措施类别	具体说明
2	从流程和制度上保证研发评估工作顺利开展	研发活动的评估需要规范的制度和操作流程。企业要从机构设置上、职责分工上、项目评估的内容与运作模式上加以明确，保证研发工作的顺利开展
3	保证人员和经费	（1）从岗位设置上保证从事评估工作的人员配置 （2）明确评估的资金来源，或者通过设立专项资金，或者在项目立项的经费预算中列入评估费用 （3）加强对评估人员的选拔和培训，提高他们的专业素质
4	构建评估的指标体系	考虑不同项目自身的特点，准确、客观地评价项目，对不同项目的评价指标进行个性化的处理

四、核心研发人员的内控管理

一个研发项目组，通常由学术、技术、制造、市场、采购、财务等不同领域的人员组成。参与人员按职责分工分为项目评审人员、技术顾问、咨询专家、项目负责人、主要研发骨干、项目一般参与人员等。

研发项目的核心研发人员一般包括产品开发团队负责人、主要研究骨干和在测试、制造、成本控制等方面承担主要责任的业务人员。核心研发人员是掌握企业核心技术的人物，是企业研究开发正常运行的关键，因此加强并不断完善企业的核心研发人员管理制度，是企业研究与开发活动的重要环节。

（一）与核心研发人员相关的主要风险

与核心研发人员相关的主要风险如表3-26所示。

表3-26　与核心研发人员相关的主要风险

序号	风险类别	具体说明
1	职业道德风险	（1）若研发人员对企业存有抵触情绪，消极对待研发工作，会导致研发活动不能达到预期目标 （2）核心研发人员有可能泄露企业核心技术，给企业造成巨大的经济损失
2	离职风险	（1）核心研发人员掌握了企业的核心技术，其离职可能会造成研发活动中断，甚至终止，导致巨额研发投入的损失 （2）核心研发人员离职后组建或加入竞争对手的企业，也将会给企业带来难以弥补的损失

（二）与核心研发人员相关的主要风险的管控措施

与核心研发人员相关的主要风险的管理措施如表3-27所示。

表3-27　与核心研发人员相关的主要风险的管控措施

序号	措施类别	具体说明
1	实施合理有效的研发绩效管理	（1）在确定研发人员的考核指标和标准时，人力资源部首先应明确界定核心研发人员的范围和名册清单，与研发部门的主管以及核心研发人员共同讨论，获取他们的认同，对核心研究人员制定有针对性的考核指标 （2）将核心人员个人业绩与团队贡献相结合。企业应强调核心研发人员的团队贡献、定期对研发团队或个人进行评选，激励核心技术的共享，降低企业对核心技术人员的过度依赖性 （3）小组责任制的研发管理方式。由于核心岗位人员的离职往往会给项目带来很大风险，因此每个研发任务应由2～3名研发人员共同负责，最大化地减少人员离职带来的风险
2	建立知识分享管理体系	通过技术手册等手段把个人知识转化为企业知识，把个人技术发展成为企业的共享成果，建立A、B角制度，促进岗位的互换，以避免“人与技术一同流失”
3	制定科学的核心研发人员激励体系	采用股权分享的方法实现对研发人员的持续激励，使研发人员的智力资本同物质资本一样参与企业利润分配，同时企业可以通过合理设置期权、股票等行权的权限和时间，增加研发技术员工离职的机会成本，提高研发人员离职的经济门槛
4	加强对核心研发人员的纪律约束	企业与核心研发人员签订劳动合同时，应该在合同里注明竞业限制条款、泄露企业商业秘密的违约条款
5	利用劳动法规减少人才流失	虽然国家从劳动法律法规方面保障了劳动者自由择业的权利，但也有相应的规定可以避免劳动者的随意流动给企业造成损害
6	设计员工职业发展通道	为核心研发人员设计完善的职业发展通道，为研发人员的成长和晋升开辟绿色通道

第七节　合同管理业务风险与内部控制

企业应当建立合同管理制度，明确合同签署与履行过程中的主要风险点，采取相应措施实施有效控制。

一、合同管理应关注的风险

企业合同管理至少应关注下列风险：

（1）未订立合同、合同内容存在重大疏漏，可能导致企业合法权益受到侵害；

（2）合同履行不力或监控不当，可能导致诉讼失败，经济利益受损；

（3）合同纠纷处理不当，可能损害企业信誉和形象。

二、合同管理的总体要求

企业需要建立一系列制度体系和机制保障措施，促进合同管理的作用得到有效发挥。合同管理的总体要求如表3-28所示。

表3-28　合同管理的总体要求

序号	制度或机制	具体要求
1	建立分级授权管理制度	企业应当根据经济业务性质、组织机构设置和管理层级安排，建立合同分级管理制度： （1）属于上级管理权限的合同，下级单位不得签署 （2）对于重大投资类、融资类、担保类、知识产权类、不动产类合同上级部门应加强管理 （3）上级单位应当加强对下级单位合同订立、履行情况的监督检查 （4）下级单位认为确有需要签署涉及上级管理权限的合同，应当提出申请，并经上级合同管理机构批准后办理
2	实行统一归口管理	企业可以根据实际情况指定法律部门等作为合同归口管理部门，对合同实施统一规范管理，具体负责制定合同管理制度，审核合同条款的权利义务对等性，管理合同标准文本，管理合同专用章，定期检查和评价合同管理中的薄弱环节，采取相应控制措施，促进合同的有效履行等
3	明确职责分工	（1）企业各业务部门作为合同的承办部门负责在职责范围内承办相关合同，并履行合同调查、谈判、订立、履行和终结责任 （2）企业财务部门侧重于履行对合同的财务监督职责
4	健全考核与责任追究制度	企业应当健全合同管理考核与责任追究制度，开展合同后评估，对合同订立、履行过程中出现的违法违规行为，追究有关机构或人员的责任

三、合同管理的流程

合同管理从大的方面可以划分为合同订立阶段和合同履行阶段。合同订立阶段包括合同调查、合同谈判、合同文本拟定、合同审批、合同签署等环节；合同履行阶段涉及合同履行、合同补充和变更、合同解除、合同结算、合同登记等环节。图3-14列示的合同管理流程具有一定通用性。

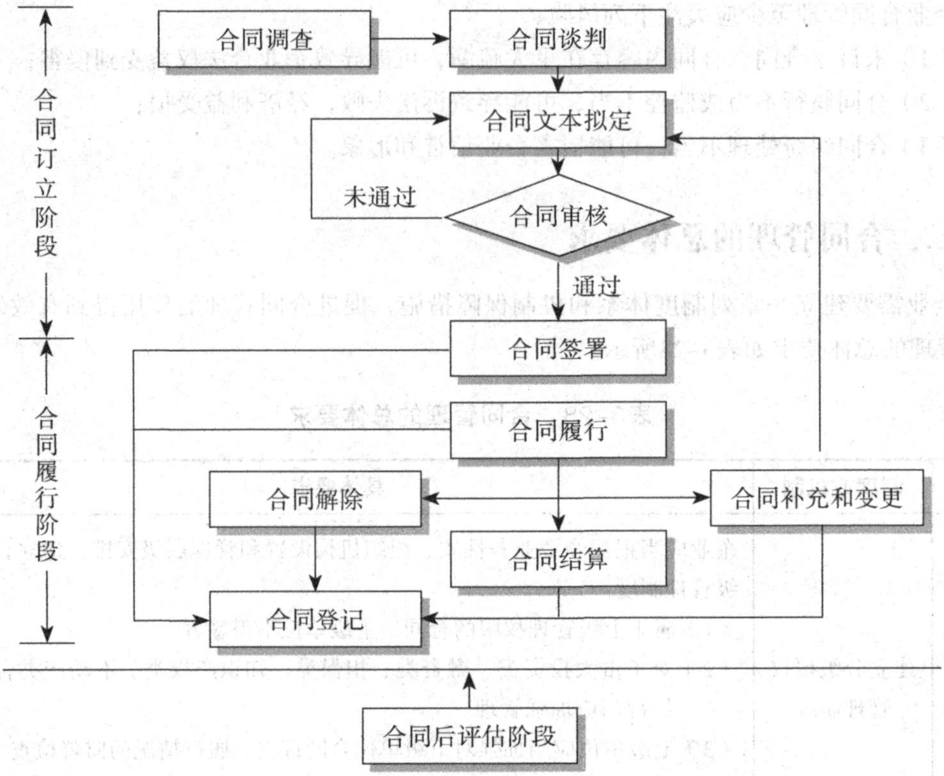

图3-14 合同管理流程

四、合同管理的主要风险点及管控措施

（一）合同调查

合同订立前，企业应当进行合同调查，充分了解合同对方的主体资格、信用状况等有关情况，确保对方当事人具备履约能力。该环节的主要风险与管控措施如表3-29所示。

表3-29 合同调查的主要风险与管控措施

主要风险	（1）忽视被调查对象的主体资格审查，准合同对象不具有相应民事权利能力和民事行为能力或不具备特定资质，与不具备代理权或越权代理的主体签订合同，导致合同无效，或引发潜在风险 （2）在合同签订前错误判断被调查对象的信用状况，或在合同履行过程中没有持续关注对方的资信变化，致使企业蒙受损失 （3）对被调查对象的履约能力给出不当评价，将不具备履约能力的对象确定为准合同对象，或将具有履约能力的对象排除在准合同对象之外

（续表）

管控措施	（1）审查被调查对象的身份证件、法人登记证书、资质证明、授权委托书等证明原件；必要时，可通过发证机关查询证书的真实性和合法性，关注授权代理人的行为是否在其被授权范围内，在充分收集相关证据的基础上评价主体资格是否恰当 （2）获取调查对象经审计的财务报告、以往交易记录等财务和非财务信息，分析其获利能力、偿债能力和营运能力，评估其财务风险和信用状况，并在合同履行过程中持续关注其资信变化，建立和及时更新合同对方的商业信用档案 （3）对被调查对象进行现场调查，实地了解和全面评估其生产能力、技术水平、产品类别和质量等生产经营情况，分析其合同履约能力 （4）与被调查对象的主要供应商、客户、开户银行、主管税务机关和工商管理部门等沟通，了解其生产经营、商业信誉、履约能力等情况

（二）合同谈判

初步确定准合同对象后，企业内部的合同承办部门将在授权范围内与对方进行合同谈判，按照自愿、公平原则，磋商合同内容和条款，明确双方的权利义务和违约责任。该环节的主要风险与管控措施如表3-30所示。

表3-30　合同谈判的主要风险与管控措施

主要风险	（1）忽略合同重大问题或在重大问题上做出不当让步 （2）谈判经验不足，缺乏技术、法律和财务知识的支撑，导致企业利益损失 （3）泄露本企业谈判策略，导致企业在谈判中处于不利地位
管控措施	（1）收集谈判对手资料，充分熟悉谈判对手情况，做到知己知彼；研究国家相关法律法规、行业监管、产业政策、同类产品或服务价格等与谈判内容相关的信息，正确制定本企业谈判策略 （2）关注合同核心内容、条款和关键细节，具体包括合同标的的数量、质量或技术标准，合同价格的确定方式与支付方式，履约期限和方式，违约责任和争议的解决方法、合同变更或解除条件等 （3）对于影响重大、涉及较高专业技术或法律关系复杂的合同，组织法律、技术、财务等专业人员参与谈判，充分发挥团队智慧，及时总结谈判过程中的得失，研究确定下一步谈判策略 （4）必要时可聘请外部专家参与相关工作，并充分了解外部专家的专业资质、胜任能力和职业道德情况 （5）加强保密工作，严格履行责任追究制度 （6）对谈判过程中的重要事项和参与谈判人员的主要意见，予以记录并妥善保存，作为避免合同舞弊的重要手段和责任追究的依据

（三）合同文本拟定

企业在合同谈判后，根据协商谈判结果拟定合同文本。该环节的主要风险与管控措施如表3-31所示。

表3-31　合同文本拟定的主要风险与管控措施

主要风险	（1）选择不恰当的合同形式 （2）合同与国家法律法规、行业产业政策、企业总体战略目标或特定业务经营目标发生冲突 （3）合同内容和条款不完整、表述不严谨准确，或存在重大疏漏和欺诈，导致企业合法利益受损 （4）有意拆分合同，规避合同管理规定等 （5）对于合同文本须报经国家有关主管部门审查或备案的，未履行相应程序
管控措施	（1）企业对外发生经济行为，除即时结清方式外，应当订立书面合同 （2）严格审核合同需求与国家法律法规、产业政策、企业整体战略目标的关系，保证其协调一致；考察合同是否以生产经营计划、项目立项书等为依据，确保完成具体业务经营目标 （3）合同文本一般由业务承办部门起草，法律部门审核；重大合同或法律关系复杂的特殊合同应当由法律部门参与起草。国家或行业有合同示范文本的，可以优先选用，但对涉及权利义务关系的条款应当进行认真审查，并根据实际情况作出适当修改。各部门应当各司其职，保证合同内容和条款的完整准确 （4）通过统一归口管理和授权审批制度，严格管理合同，防止通过化整为零等方式故意规避招标的做法和越权行为 （5）由签约对方起草的合同，企业应当认真审查，确保合同内容准确反映企业诉求和谈判达成的一致意见，特别留意“其他约定事项”等需要补充填写的栏目，如不存在其他约定事项时注明“此处空白”或“无其他约定”，防止合同后续被篡改 （6）合同文本须报经国家有关主管部门审查或备案的，应当履行相应程序

（四）合同审核

合同文本拟定完成后，企业应进行严格审核。该环节的主要风险与管控措施如表3-32所示。

表3-32　合同审核的主要风险与管控措施

主要风险	（1）合同审核人员因专业素质或工作态度原因未能发现合同文本中的不当内容和条款 （2）通过审核，虽然审核人员发现了问题，但未提出恰当的修订意见 （3）合同起草人员没有根据审核人员的改进意见修改合同，导致合同中的不当内容和条款未被纠正
管控措施	（1）审核人员应当对合同文本的合法性、经济性、可行性和严密性进行重点审核，关注合同的主体、内容和形式是否合法，合同内容是否符合企业的经济利益，对方当事人是否具有履约能力，合同权利和义务、违约责任和争议解决条款是否明确等

（续表）

管控措施	（2）建立会审制度，对影响重大或法律关系复杂的合同文本，组织财务部门、内部审计部、法律部、业务关联的相关部门进行审核，内部相关部门须认真履行职责 （3）慎重对待审核意见，认真分析研究，对审核意见准确无误地加以记录，必要时对合同条款作出修改并再次提交审核

（五）合同签署

企业经审核同意签订的合同，应当与对方当事人正式签署并加盖企业合同专用章。该环节的主要风险与管控措施如表3-33所示。

表3-33　合同签署的主要风险与管控措施

主要风险	超越权限签订合同，合同印章管理不当，签署后的合同被篡改，因手续不全导致合同无效等
管控措施	（1）按照规定的权限和程序与对方当事人签署合同。对外正式订立的合同应当由企业法定代表人或由其授权的代理人签名或加盖有关印章。授权签署合同的，应当签署授权委托书 （2）严格履行合同专用章保管制度，合同经编号、审批及企业法定代表人或由其授权的代理人签署后，方可加盖合同专用章。用印后保管人应当立即收回，并按要求妥善保管，以防止他人滥用。保管人应当记录合同专用章使用情况以备查，如果发生合同专用章遗失或被盗现象，应当立即报告企业负责人并采取妥善措施，如向公安机关报案、登报声明作废等，最大限度消除可能带来的负面影响 （3）采取恰当措施，防止已签署的合同被篡改，如在合同各页码之间加盖骑缝章、使用防伪印记、使用不可编辑的电子文档格式等 （4）按照国家有关法律、行政法规规定，须办理批准、登记等手续之后方可生效的合同，企业应当及时按规定办理相关手续

（六）合同履行

合同订立后，企业应当与合同对方当事人一起遵循诚实信用原则，根据合同的性质、目的和交易习惯履行通知、协助、保密等义务。该环节的主要风险与管控措施如表3-34所示。

表3-34　合同履行的主要风险与管控措施

主要风险	（1）本企业或合同对方当事人没有恰当地履行合同中约定的义务 （2）合同生效后，对合同条款未明确约定的事项没有及时协议补充，导致合同无法正常履行

（续表）

主要风险	（3）在合同履行过程中，未能及时发现已经或可能导致企业利益受损情况，或未能采取有效措施 （4）合同纠纷处理不当，导致企业遭受外部处罚、诉讼失败，损害企业利益、信誉和形象等
管控措施	（1）强化对合同履行情况及效果的检查、分析和验收，全面适当执行本企业义务，敦促对方积极执行合同，确保合同全面有效履行 （2）对合同对方的合同履行情况实施有效监控，一旦发现有违约可能或违约行为，应当及时提示风险，并立即采取相应措施将合同损失降到最低 （3）根据需要及时补充、变更甚至解除合同 ①对于合同没有约定或约定不明确的内容，通过双方协商一致对原有合同进行补充；无法达成补充协议的，按照国家相关法律法规、合同有关条款或者交易习惯确定 ②对于显失公平、条款有误或存在欺诈行为的合同，以及因政策调整、市场变化等客观因素已经或可能导致企业利益受损的合同，按规定程序及时报告，并经双方协商一致，按照规定权限和程序办理合同变更或解除事宜 ③对方当事人提出中止、转让、解除合同，造成企业经济损失的，应向对方当事人书面提出索赔 （4）加强合同纠纷管理。在履行合同过程中发生纠纷的，应当依据国家相关法律法规，在规定时效内与对方当事人协商并按规定权限和程序及时报告。合同纠纷经协商一致的，双方应当签订书面协议；合同纠纷经协商无法解决的，根据合同约定选择仲裁或诉讼方式解决。企业内部授权处理合同纠纷，应当签署授权委托书。纠纷处理过程中，未经授权批准，相关经办人员不得向对方当事人作出实质性答复或承诺

（七）合同结算

合同结算是合同执行的重要环节，它既是对合同签订的审查，也是对合同执行的监督，一般由财务部门负责办理。该环节的主要风险与管控措施如表3-35所示。

表3-35 合同结算的主要风险与管控措施

主要风险	（1）违反合同条款，未按合同规定期限、金额或方式付款 （2）疏于管理，未能及时催收到期合同款项 （3）在没有合同依据的情况下盲目付款等
管控措施	（1）财务部门应当在审核合同条款后办理结算业务，按照合同规定付款，及时催收到期欠款 （2）未按合同条款履约或应签订书面合同而未签订的，财务部门有权拒绝付款，并及时向企业有关负责人报告

（八）合同登记

合同登记管理制度体现合同的全过程封闭管理，合同的签署、履行、结算、补充或变更、解除等都需要进行合同登记。该环节的主要风险与管控措施如表3-36所示。

表3-36　合同登记的主要风险与管控措施

主要风险	合同档案不全、合同泄密、合同滥用等
管控措施	（1）合同管理部门应当加强合同登记管理，充分利用信息化手段，定期对合同进行统计、分类和归档，详细登记合同的订立、履行和变更、终结等情况，合同终结应及时办理销号和归档手续，以实行合同的全过程封闭管理 （2）建立合同文本统一分类和连续编号制度，以防止或及早发现合同文本的遗失 （3）加强合同信息安全保密工作，未经批准，任何人不得以任何形式泄露合同订立与履行过程中涉及的国家或商业秘密 （4）规范合同管理人员职责，明确合同流转、借阅和归还的职责权限和审批程序等

五、合同管理的后评估控制

合同作为企业承担独立民事责任、履行权利义务的重要依据，是企业管理活动的重要痕迹，也是企业风险管理的主要载体，为此，合同管理内部控制指引强调企业应当建立合同管理的后评估制度。企业应当建立合同履行情况评估制度，至少于每年年末对合同履行的总体情况和重大合同履行的具体情况进行分析评估，对发现的合同履行中存在的不足，应当及时改进。

第八节　工程项目业务风险与内部控制

工程项目是指企业自行或者委托其他单位所进行的建造、安装活动，包括企业自行建造房屋、建筑物、各种设施以及大型机器设备的安装工程、固定资产建筑工程、安装工程、技术改造工程、大修理工程等。

一、企业至少应当关注的工程项目风险

工程项目内部控制对于企业实现工程项目管理目标，提高单位资金使用效率具有重要的意义。因此，企业至少应当关注工程项目的下列风险：

（1）缺乏科学论证，盲目上马，可能导致工程失败；

（2）存在商业贿赂舞弊行为，可能导致工程质量低劣和安全隐患；

（3）项目资金不到位，可能导致建设项目延期或中断。

二、工程项目内控的职责分工与授权批准控制

企业在建立与实施工程项目内部控制中，职责分工、权限范围和审批程序应当明确规范，机构设置和人员配备应当科学合理。

（一）设置不相容岗位

企业应当建立工程项目业务的岗位责任制，明确相关部门和岗位的职责权限，确保办理工程项目业务的不相容岗位相互分离、制约和监督。工程项目业务不相容岗位一般包括：

（1）项目建议、可行性研究与项目决策；

（2）概预算编制与审核；

（3）项目决策与项目实施；

（4）项目实施与价款支付；

（5）项目实施与项目验收；

（6）竣工决算与竣工决算审计。

（二）配备合格的人员

企业应当根据工程项目的特点，配备合格的人员办理工程项目业务。办理工程项目业务的人员应当具备良好的业务素质和职业道德。企业应当配备专门的会计人员办理工程项目会计核算业务，办理工程项目会计业务的人员应当熟悉国家法律法规及工程项目管理方面的专业知识。对于重大项目，企业应当考虑聘请具备规定资质和胜任能力的中介机构（如招标代理、工程监理、财务监理等）和专业人士（如工程造价专家、质量控制专家等），协助企业进行工程项目业务的实施和管理。企业应建立适当的程序对所聘请的中介机构和专业人士的工作进行必要的督导。

（三）建立工程项目授权制度和审核批准制度

企业应当建立工程项目授权制度和审核批准制度，并按照规定的权限和程序办理工程项目业务。完善的授权批准制度包括：

（1）企业的资本性预算只有经过董事会等高层治理机构批准方可生效；

（2）所有工程项目的立项和建造均须经企业管理者的书面认可。

（四）制定工程项目业务流程

企业应当制定工程项目业务流程，明确项目决策、概预算编制、价款支付、竣工决算等环节的控制要求，并设置相应的记录或凭证，如实记载工程项目各环节业务的开展情况，确保工程项目全过程得到有效控制。除在建工程总账外，企业还必须设置在建工程明

细分类账和工程项目登记卡，按工程项目类别和每项工程项目进行明细分类核算。对投入的工程物资等，要及时、准确地进行记录和核算。

三、工程立项的内部控制

工程立项属于项目决策过程，是对拟建项目的必要性和可行性进行技术经济论证，对不同建设方案进行技术经济比较并作出判断和决定的过程。立项决策正确与否，直接关系到项目建设成败。

（一）工程立项流程

工程立项阶段的主要工作包括编制项目建议书、可行性研究、项目评估和决策，具体流程如图3-15所示。

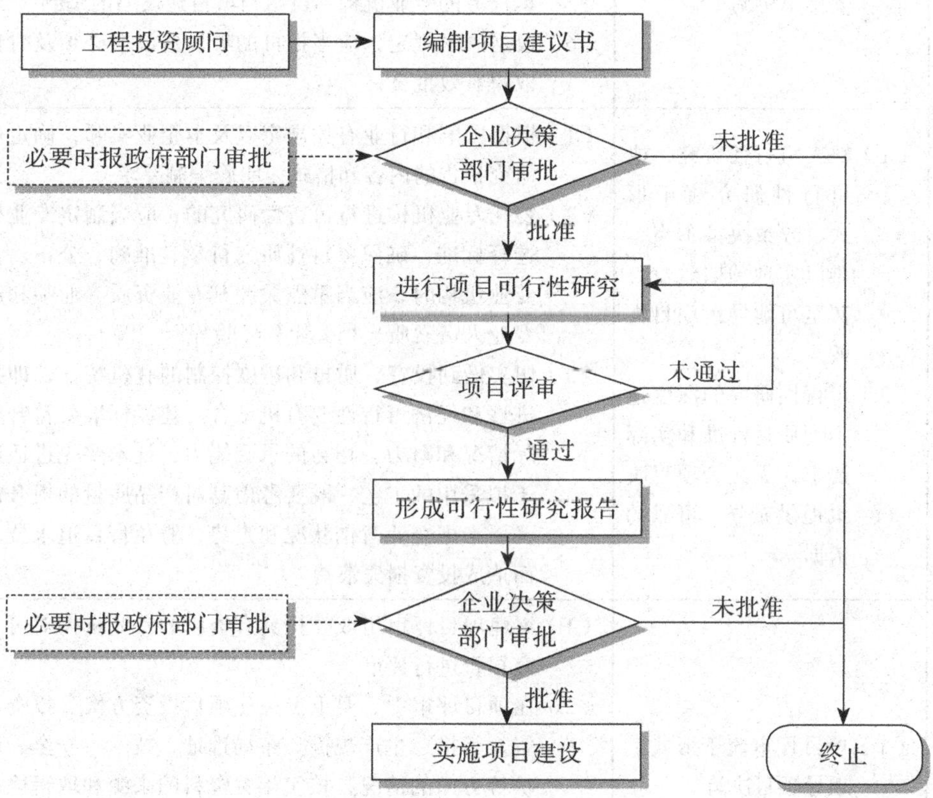

图3-15　工程立项流程

（二）工程立项环节的主要风险及管控措施

工程立项环节的主要风险及管控措施如表3-37所示。

表3-37 工程立项环节的主要风险及管控措施

环节	主要风险	管控措施
编制项目建议书	（1）投资意向与国家产业政策和企业发展战略脱节 （2）项目建议书内容不合规、不完整，项目性质、用途模糊，拟建规模、标准不明确，项目投资估算和进度安排不协调	（1）明确投资分析、编制和评审项目建议书的职责分工 （2）全面了解所处行业和地区的相关政策规定，以法律法规和政策规定为依据，结合实际建设条件和经济环境变化趋势，客观分析投资机会，确定工程投资意向 （3）根据国家和行业有关要求，结合本企业实际，规定项目建议书的主要内容和格式，明确编制要求 （4）对于专业性较强和较为复杂的工程项目，可以委托专业机构进行工程投资分析，编制项目建议书 （5）企业决策机构应当对项目建议书进行集体审议，必要时，可以成立专家组或委托专业机构进行评审；承担评审任务的专业机构不得参与项目建议书的编制 （6）根据国家规定，应当报批的项目建议书必须及时报批并取得有效批文
可行性研究	（1）缺乏可行性研究，或可行性研究流于形式，导致决策不当，难以实现预期效益，甚至可能导致项目失败 （2）可行性研究的深度达不到质量标准和实际要求，无法为项目决策提供充分、可靠的依据	（1）根据国家和行业有关规定以及本企业实际，确定可行性研究报告的内容和格式，明确编制要求 （2）委托专业机构进行可行性研究的，应当制定专业机构的选择标准，确保可行性研究科学、准确、公正。在选择专业机构时，应当重点关注其专业资质、业绩和声誉、专业人员素质、相关业务经验等 （3）切实做到投资、质量和进度控制的有机统一，即技术先进性和经济可行性要有机结合。建设标准要符合企业实际情况和财力、物力的承受能力，技术要先进适用，对于拟采用的工艺，既要考虑其对产品质量的提升作用，又要考虑企业营销状况和走势，避免盲目追求技术先进而造成投资损失浪费
项目评审与决策	（1）项目评审流于形式，误导项目决策 （2）权限配置不合理，或者决策程序不规范，导致决策失误，给企业带来巨大经济损失	（1）组建项目评审组或委托具有资质的专业机构对可行性研究报告进行评审 （2）在项目评审中，要重点关注项目投资方案、投资规模、资金筹措、生产规模、布局选址、技术、安全、环境保护等方面的情况，核实相关资料的来源和取得途径是否真实、可靠，特别要对经济技术可行性进行深入分析和全面论证 （3）按照规定的权限和程序对工程项目进行决策，决策过程必须有完整的书面记录，并实行决策责任追究制度。重大工程项目，应当报经董事会或者类似决策机构集体审议批准，任何个人不得单独决策或者擅自改变集体决策意见

四、工程设计的内部控制

（一）工程设计流程

项目立项后，能否保证工程质量，加快建设进度，节省工程投资，设计工作十分重要。根据国家规定，一般工业项目设计可按初步设计和施工图设计两个阶段进行；对于技术上复杂、在设计时有一定难度的工程，可以按初步设计、技术设计和施工图设计三个阶段进行。对于大型建设项目，如大型矿区、油田等的设计，除按上述规定分为三个阶段外，还应进行总体规划设计或总体设计；对于小型工程项目，可以简化为施工图设计一个阶段。本文主要介绍初步设计和施工图设计。

（二）工程设计环节的主要风险与管控措施

工程设计环节的主要风险与管控措施如表3–38所示。

表3–38 工程设计环节的主要风险与管控措施

环节	主要风险	管控措施
初步设计	（1）设计单位不符合项目资质要求 （2）初步设计未进行多方案比选 （3）设计人员对相关资料研究不透彻，初步设计出现较大疏漏 （4）设计深度不足，造成施工组织不周密、工程质量存在隐患、投资失控以及投产后运行成本过高等	（1）建设单位应当引入竞争机制，尽量采用招标方式确定设计单位，根据项目特点选择具有相应资质和经验的设计单位 （2）在工程设计合同中，要细化设计单位的权利和义务，特别是一个项目由几个单位共同设计时，要指定一个设计单位为主体设计单位，主体设计单位对建设项目设计的合理性和整体性负责 （3）建设单位应当向设计单位提供开展设计所需的详细的基础资料，并进行有效的技术经济交流，避免因资料不完整造成设计保守、投资失控等问题 （4）建立严格的初步设计审查和批准制度，通过严格的复核、专家评议等制度层层把关，确保评审工作质量
施工图设计	（1）概预算严重脱离实际，导致项目投资失控 （2）工程设计与后续施工未有效衔接或过早衔接，导致技术方案未得到有效落实，影响工程质量，或造成工程变更，发生重大经济损失	（1）建立严格的概预算编制与审核制度。建设单位应当组织工程、技术、财务等部门的相关专业人员或委托具有相应资质的中介机构对编制的概算进行审核，重点审查编制依据、项目内容、工程量的计算、定额套用等是否真实、完整和准确，如发现施工图预算超过初步设计批复的投资概算规模，应对项目概算进行修正，并报经审批 （2）建立严格的施工图设计管理制度和交底制度 （3）制定严格的设计变更管理制度 （4）建设单位应当严格按照国家法律法规和本单位管理要求执行各项设计报批要求，上一环节尚未批准的，不得进入下一环节，杜绝出现边勘察、边设计、边施工的“三边”现象 （5）引入设计监理，提高设计质量

五、工程招标的内部控制

工程招标一般包括招标、投标、开标、评标和定标五个主要环节，如图3-16所示。

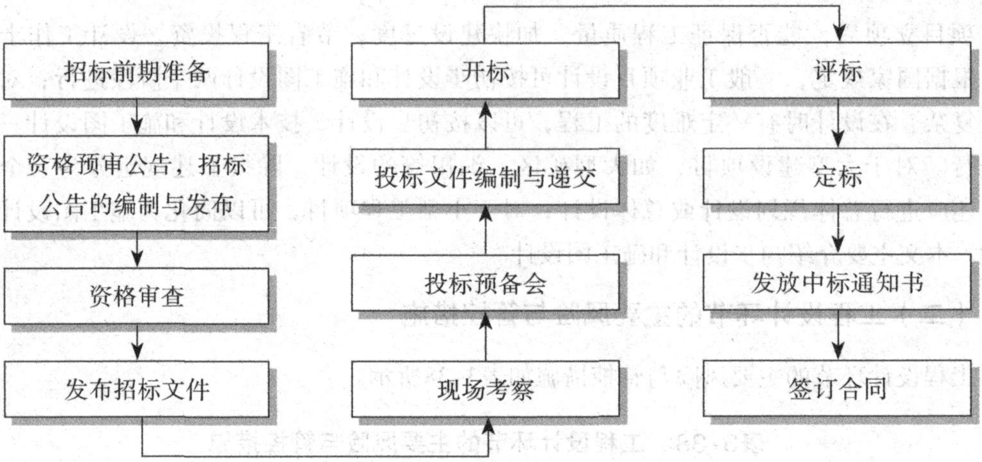

图3-16　工程招标的主要环节

（一）招标

招标的主要风险与管控措施如表3-39所示。

表3-39　招标的主要风险与管控措施

主要风险	（1）招标人肢解建设项目，致使招标项目不完整，或逃避公开招标 （2）投标资格条件因人而设，未做到公平、合理，可能导致中标人并非最优选择 （3）相关人员违法违纪泄露标底，存在舞弊行为
管控措施	（1）建设单位应当按照《中华人民共和国招标投标法》《工程建设施工招标投标管理办法》等相关法律法规，结合本单位实际情况，本着公开、公正、公平等竞争原则，建立健全本单位的招投标管理制度，明确招标工程项目的范围、招标方式、招标程序，以及投标、开标、评标、定标等各环节的管理要求 （2）工程立项后，对于是否采用招标，以及招标方式、标段划分等，应由建设单位工程管理部门牵头提出方案，报经建设单位招标决策机构集体审议通过后执行 （3）建设单位确需划分标段组织招标的，应当进行科学分析和评估，提出专业意见；划分标段时，应当考虑项目的专业要求、管理要求、对工程投资的影响以及各项工作的衔接，不得违背工程施工组织设计和招标设计方案，将应当由一个承包单位完成的工程项目肢解成若干部分发包给几个承包单位 （4）招标公告的编制要公开、透明，严格根据项目特点确定投标人的资格要求，不得根据“意向中标人”的实际情况确定投标人资格要求。建设单位不具备自行招标能力的，应当委托具有相应资质的招标机构代理招标 （5）建设单位应当根据项目特点决定是否编制标底；需要编制标底的，标底编制过程和标底要严格保密

（二）投标

投标的主要风险与管控措施如表3-40所示。

表3-40　投标的主要风险与管控措施

主要风险	（1）招标人与投标人串通投标，存在舞弊行为 （2）投标人的资质条件不符合要求或挂靠、冒用他人名义投标，可能导致工程质量难以达到规定标准等
管控措施	（1）对投标人的信息采取严格的保密措施，防止投标人之间串通舞弊 （2）科学编制招标公告，合理确定投标人资格要求，尽量扩大潜在投标人的范围，增强市场竞争性 （3）严格按照招标公告或资格预审文件中确定的投标人资格条件对投标人进行实质审查 （4）建设单位应当履行完备的标书签收、登记和保管手续

（三）开标、评标和定标

开标、评标和定标的主要风险与管控措施如表3-41所示。

表3-41　开标、评标和定标的主要风险与管控措施

主要风险	（1）开标不公开、不透明，损害投标人利益 （2）评标委员会成员缺乏专业水平，或者建设单位向评标委员会施加影响，致使评标流于形式 （3）评标委员会成员与投标人串通作弊，损害招标人利益
管控措施	（1）开标过程应邀请所有投标人或其代表出席，并委托公证机构进行检查和公证 （2）依法组建评标委员会，确保其成员具有较高的职业道德水平，并具备招标项目专业知识和丰富经验。评标委员会成员名单在中标结果确定前应当严格保密。评标委员会成员和参与评标的有关工作人员不得私下接触投标人，不得收受投标人任何形式的商业贿赂 （3）建设单位应当为保证评标委员会独立、客观地进行评标工作创造良好条件，不得向评标委员会成员施加影响，干扰其客观评判 （4）评标委员会应当在评标报告中详细说明每位成员的评价意见以及集体评审结果，对于中标候选人和落标人要分别陈述具体理由。每位成员应对其出具的评审意见承担个人责任 （5）中标候选人是1个以上时，招标人应当按照规定的程序和权限，由决策机构审议决定中标人

（四）签订合同

中标人确定后，建设单位应当在规定期限内同中标人订立书面合同，双方不得另行订

立背离招标文件实质性内容的其他协议。在工程项目的合同管理方面，除应当遵循《企业内部控制应用指引第16号——合同管理》的统一要求外，还应特别注意以下几个方面。

（1）建设单位应当制定工程合同管理制度，明确各部门在工程合同管理和履行中的职责，严格按照合同行使权利和履行义务。

（2）建设工程施工合同、各类分包合同、工程项目施工内部承包合同应当按照国家或本建设单位制定的示范文本的内容填写，清楚列明质量、进度、资金、安全等各项具体标准。施工图纸是合同的重要附件，与合同具有同等法律效力。

（3）建设单位应当建立合同履行执行情况台账，记录合同的实际履约情况，并随时督促对方当事人及时履行其义务，建设单位的履约情况也应及时做好记录并经对方确认。

六、工程建设的内部控制

工程建设是指工程建设实施，即施工阶段。建设成本、进度和质量的具体控制主要就在这一阶段。基本流程如图3-17所示。

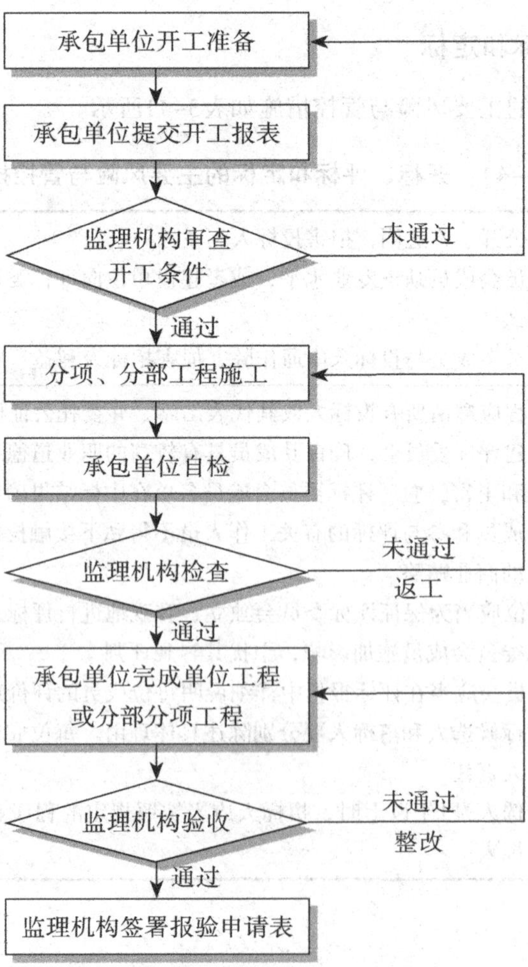

图3-17　工程建设的基本流程

在工程建设阶段，有几项重要工作穿插在施工过程中，包括工程监理、工程物资采购和工程价款结算等。下面将侧重介绍工程施工过程中的质量、进度、安全控制，物资采购控制，以及工程价款结算控制和工程变更控制等。

（一）施工质量、进度和安全的主要风险与管控措施

建设单位和承包单位（施工单位）应按设计和开工前签订的合同所确定的工期、进度计划等相关要求进行施工建设，并采用科学规范的管理方式保证施工质量、进度和安全。

施工质量、进度和安全的主要风险与管控措施如表3-42所示。

表3-42　施工质量、进度和安全的主要风险与管控措施

<table>
<tr><td>主要风险</td><td colspan="2">（1）盲目赶进度，牺牲质量、费用目标，导致质量低劣，费用超支
（2）质量、安全监管不到位，存在质量隐患</td></tr>
<tr><td rowspan="4">管控措施</td><td>工程进度管控</td><td>（1）监理单位应当建立监理进度控制体系，明确相关程序、要求和责任
（2）承包单位应按合同规定的工程进度编制详细的分阶段或分项进度计划，报送监理机构审批后，严格按照进度计划开展工作
（3）承包单位至少应按月对完成投资情况进行统计、分析和对比，工程的实际进度与批准的合同进度计划不符时，承包单位应提交修订合同进度计划的申请报告，并附原因分析和相关措施，报监理机构审批</td></tr>
<tr><td>工程质量管控</td><td>（1）承包单位应当建立全面的质量控制制度，按照国家相关法律法规和本单位质量控制体系进行建设，并在施工前列出重要的质量控制点，报经监理机构同意后，在此基础上实施质量预控
（2）承包单位应按合同约定对材料、工程设备以及工程的所有部位及其施工工艺进行全过程的质量检查和检验，定期编制工程质量报表，报送监理机构审查。关键工序作业人员必须持证上岗
（3）监理机构有权对工程的所有部位及其施工工艺进行检查验收，发现工程质量不符合要求的，应当要求承包单位立即返工修改，直至符合验收标准为止。对于主要工序作业，只有经过监理机构审验后，才能进行下道工序</td></tr>
<tr><td>安全建设管控</td><td>（1）建设单位应当加强对施工单位的安全检查，并授权监理机构按合同约定的安全工作内容监督、检查承包单位安全工作的实施
（2）工程监理单位和监理工程师应当按照法律、法规和工程建设强制性标准实施监理，并对建设工程安全生产承担监理责任
（3）承包单位应当设立安全生产管理机构，配备专职安全生产管理人员，依法建立安全生产、文明施工管理制度，细化各项安全防范措施。承包单位应当对所承担的建设工程进行定期和专项安全检查，并做好安全检查记录</td></tr>
<tr><td>造价控制</td><td>施工过程中的造价控制主要体现在编制资金使用计划和工程款结算方面，可参见“工程价款结算”部分</td></tr>
</table>

（二）工程物资采购的主要风险与管控措施

工程物资包括材料和设备。为了保证项目顺利进行，企业应按照施工进度及时购置材料和设备。材料和设备采购一般占到工程总造价的60%以上，对工程投资、进度、质量等

具有重大影响。

工程物资采购的主要风险与管控措施如表3-43所示。

表3-43　工程物资采购的主要风险与管控措施

主要风险	工程物资采购过程控制不力，材料和设备质次价高，不符合设计标准和合同要求，影响工程质量和进度
管控措施	在工程物资采购管理方面，除应当遵循《企业内部控制应用指引第7号——采购业务》的统一要求外，还应当特别关注以下方面： （1）重大设备和大宗材料的采购应当采用招标方式 （2）对于由承包单位购买的工程物资，建设单位应当采取必要措施，确保工程物资符合设计标准和合同要求

（三）工程价款结算的主要风险与管控措施

建设单位与承包单位之间的工程价款结算是建设期间的一项重要内容。实际工作中，工程进度款大部分按月结算，年终或工程竣工后进行清算。工程进度款结算程序如图3-18所示。

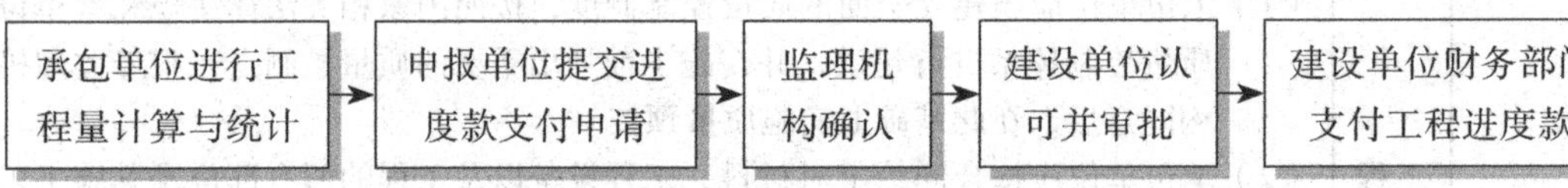

图3-18　工程进度款结算程序

工程价款结算的主要风险与管控措施如表3-44所示。

表3-44　工程价款结算的主要风险与管控措施

主要风险	建设资金使用管理混乱，项目资金不落实，导致工程进度延迟或中断
管控措施	（1）建设单位应当建立完善的工程价款结算制度，明确工作流程和职责权限划分，并切实遵照执行。财务部门应当安排专职的工程财务人员，认真开展工程项目核算与财务管理工作 （2）资金筹集和使用应与工程进度协调一致，建设单位应当根据项目组成（分部、分项工程）结合时间进度编制资金使用计划，作为资产管控和工程价款结算的重要依据。这方面的管控措施同时可参照《企业内部控制应用指引第6号——资金活动》 （3）建设单位财务部门应当加强与承包单位和监理机构的沟通，准确掌握工程进度，确保财务报表能够准确、全面地反映资产价值，并根据施工合同约定，按照规定的审批权限和程序办理工程价款结算。建设单位财务部门应认真审核相关凭证，严格按合同规定的付款方式付款，既不应违规预支，也不得无故拖欠 （4）施工过程中，如果工程的实际成本突破了工程项目预算，建设单位应当及时分析原因，按照规定的程序处理

（四）工程变更的主要风险与管控措施

工程变更包括工程量变更、项目内容变更、进度计划变更、施工条件变更等，但最终往往表现为设计变更。以设计变更为例，基本流程如图3-19所示。

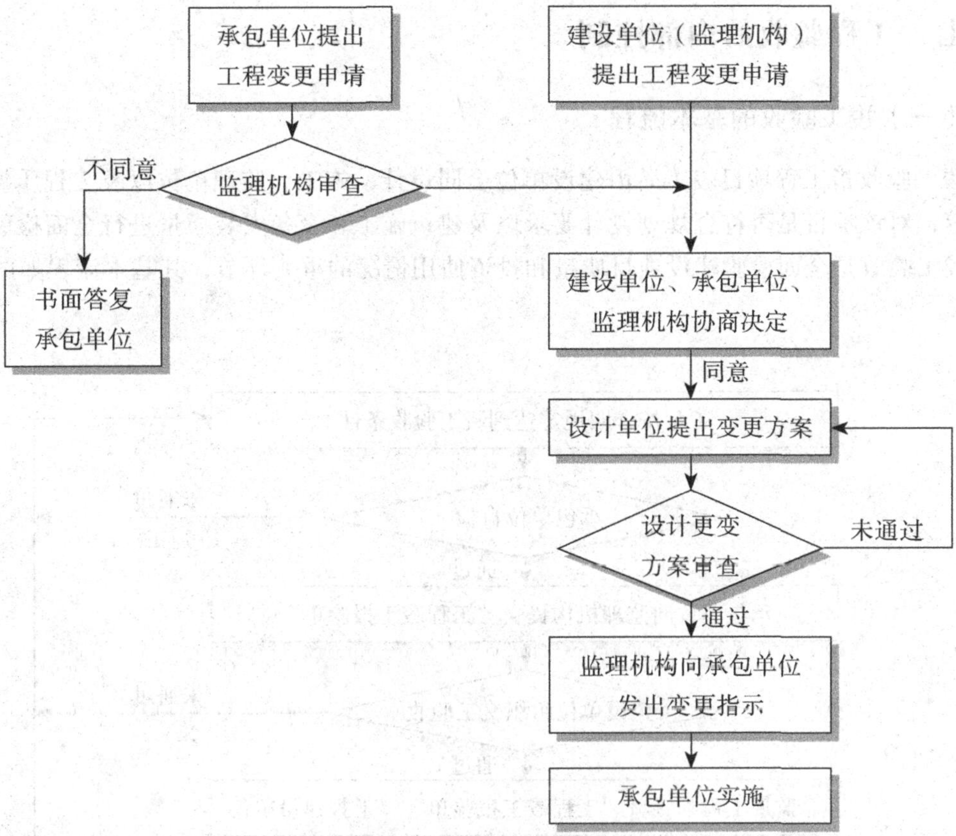

图3-19　工程变更的基本流程

工程变更的主要风险与管控措施如表3-45所示。

表3-45　工程变更的主要风险与管控措施

主要风险	现场控制不当，工程变更频繁，导致费用超支、工期延误
管控措施	（1）建设单位要建立严格的工程变更审批制度，严格控制工程变更；确需变更的，要按照规定程序尽快办理变更手续，减少经济损失。对于重大的变更事项，必须经建设单位、监理机构和承包单位集体商议，同时严加审核文件，提高审批层级；依法需报有关政府部门审批的，必须取得同意变更的批复文件 （2）工程变更获得批准后，应尽快落实变更设计和施工，承包单位应在规定期限内全面落实变更指令 （3）因人为原因引发的工程变更，如设计失误、施工缺陷等，应当追究当事单位和人员的责任

（续表）

管控措施	（4）对工程变更价款的支付实施更为严格的审批制度，变更文件必须齐备，变更工程量的计算必须经过监理机构复核并签字确认，防止承包单位虚列工程费用

七、工程验收的内部控制

（一）竣工验收的基本流程

竣工验收指工程项目竣工后由建设单位会同设计、施工、监理单位以及工程质量监督部门等，对该项目是否符合规划设计要求以及建筑施工和设备安装质量进行全面检验的过程。竣工验收是全面检验建设项目质量和投资使用情况的重要环节，其基本流程如图3-20所示。

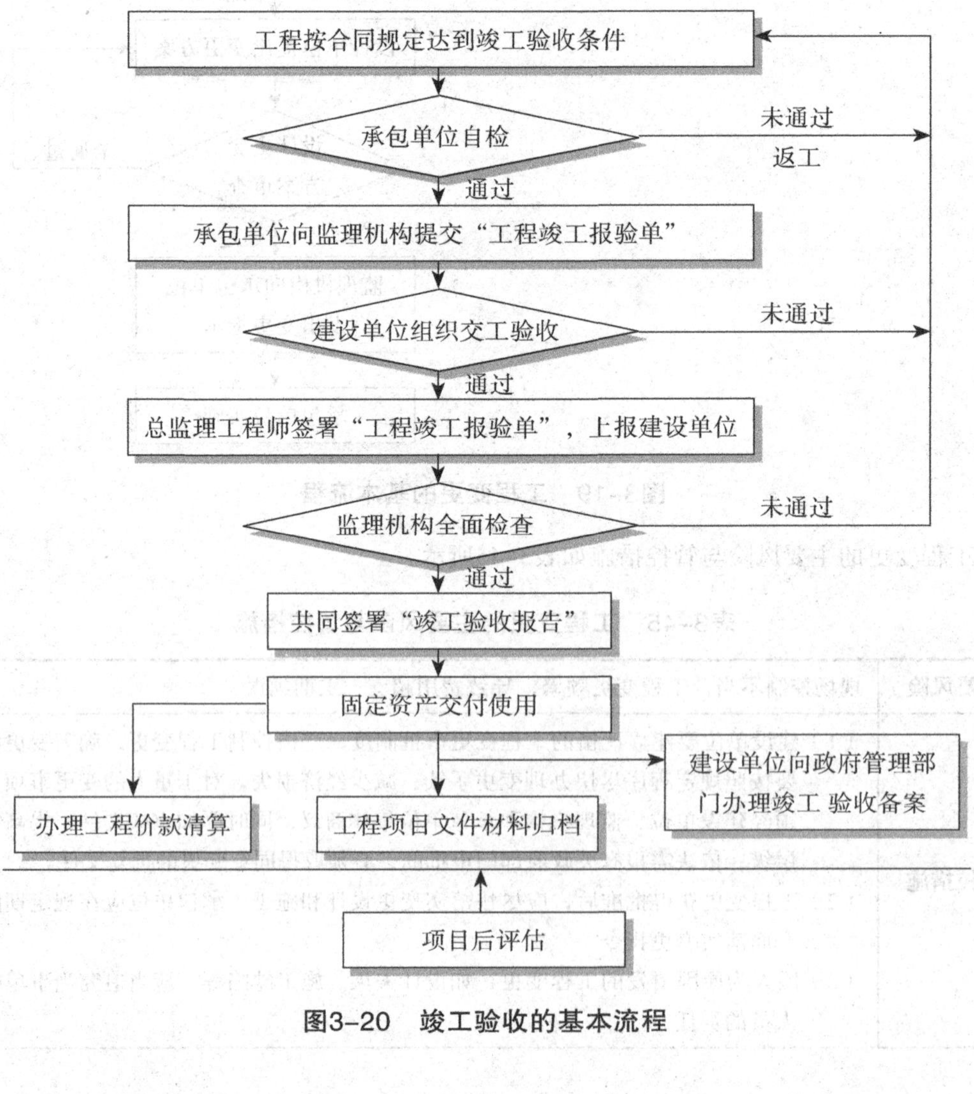

图3-20　竣工验收的基本流程

（二）竣工验收环节的主要风险与管控措施

在竣工验收环节，除对工程质量进行验收，还有竣工结算和竣工决算两项重要工作。竣工验收环节的主要风险与管控措施如表4-46所示。

表3-46　竣工验收环节的主要风险与管控措施

主要风险	（1）竣工验收不规范，质量检验把关不严，可能导致工程存在重大质量隐患 （2）虚报项目投资完成额、虚列建设成本或者隐匿结余资金，竣工决算失真 （3）固定资产达到预定可使用状态后，未及时估价、结转
管控措施	（1）建设单位应当健全竣工验收各项管理制度，明确竣工验收的条件、标准、程序、组织管理和责任追究等 （2）竣工验收必须履行规定的程序，至少应经过承包单位初检、监理机构审核、正式竣工验收三个程序 （3）初检后，确定固定资产达到预定可使用状态的，承包单位应及时通知建设单位，建设单位会同监理单位初验后再及时对项目价值进行暂估，转入固定资产核算。建设单位财务部门应定期根据所掌握的工程项目进度核对项目固定资产暂估记录 （4）建设单位应当加强对工程竣工决算的审核，应先自行审核，再委托具有相应资质的中介机构实施审计；未经审计的，不得办理竣工验收手续 （5）建设单位要加强对完工后剩余物资的管理。工程竣工后，建设单位要清理核实各种节约的材料、设备以及施工机械工具等，并妥善处理 （6）建设单位应当按照国家有关档案管理的规定，及时收集、整理工程建设各环节的文件资料，建立工程项目档案。须报政府有关部门备案的，应当及时备案

（三）工程项目后评估

工程项目后评估是指在建设项目已经完成并运行一段时间后，对项目的目的、执行过程、效益、作用和影响进行系统的、客观的分析和总结，是一种技术经济活动。

1. 评估的时间

项目后评估通常安排在工程项目竣工验收后6个月或1年后，多为效益后评价和过程后评价。

2. 评估控制措施

工程项目后评估本身就是一项重要的管控措施，建设单位要予以重视并认真用好。

（1）建设单位应当建立健全完工项目的后评估制度，对完工工程项目预期目标的实现情况和项目投资效益等进行综合分析与评价，总结经验教训，为未来项目的决策和提高投资决策管理水平提出建议。

（2）建设单位应当采取切实有效措施，保证项目后评估的公开、客观和公正。原则上，凡是承担项目可行性研究报告编制、立项决策、设计、监理、施工等业务的机构不得从事该项目的后评估工作，以保证后评估的独立性。

（3）企业要严格落实工程项目决策及执行相关环节责任追究制度，项目后评估结果应当作为绩效考核和责任追究的依据。

第九节　采购管理业务风险与内部控制

《企业内部控制应用指引第7号——采购业务》中所称采购，是指企业购买物资（或接受劳务）及支付款项等相关活动。其中，物资主要包括企业的原材料、商品、工程物资、固定资产等。

一、采购业务内部控制的目标

（1）促进企业合理采购，满足企业经营需要，规范采购行为，防范采购风险。

（2）确保采购活动以及供应商的管理方法和程序符合国家法律法规和企业内部规章制度的要求。

（3）保证供应商的资料数据保存完整，记录真实、准确，易于管理，便于追踪，同时合理设置供应商审核程序与审核权限，提高企业的决策效益与效率。

（4）维护和发展良好的、长期且稳定的供应商合作关系，开发有潜质的供应商，促进企业的长远发展战略。

（5）确保授权合理，与采购相关的关键岗位、职责相分离，保证采购资料及数据记录的真实性、准确性与完整性。

（6）加快资金周转，降低采购成本，防止资金占用，提高经营效率。

二、采购业务中重要的职务分离

采购业务内部控制的一项主要工作就是对一些重要业务的处理进行职务分离，如表3-47所示。

表3-47　采购业务中重要的职务分离

序号	业务环节	职务分离
1	请购与审批	企业物品采购应由使用部门根据需要提出申请，并经分管采购工作的负责人审批
2	供应商的选择与审批	采购部门和相关部门共同参与询价并确定供应商，但是决定供应商的人员不能同时负责审批
3	采购合同协议的拟订、审核与审批	采购部门负责下订单或起草购货合同，并经授权部门或人员审核、审批后执行

（续表）

序号	业务环节	职务分离
4	采购、验收与相关记录	企业采购、验收与会计记录工作应当相分离，以保证采购数量的真实性，采购价格、质量的合规性，采购记录和会计核算的正确性
5	付款的申请、审批与执行	企业付款审批人与执行人的职务应当相分离，付款方式不恰当、执行有偏差，可能导致企业资金损失或信用受损

三、采购业务的流程

采购业务的流程主要涉及编制需求计划和采购计划、请购、选择供应商、确定采购价格、订立框架协议或采购合同、管理供应过程、验收、退货、付款、会计控制等环节，具体如图3-21所示。该图列示的采购流程适用于各类企业的一般采购业务，具有通用性。企业在实际开展采购业务时，可以参照此流程，并结合自身情况予以扩充和具体化。

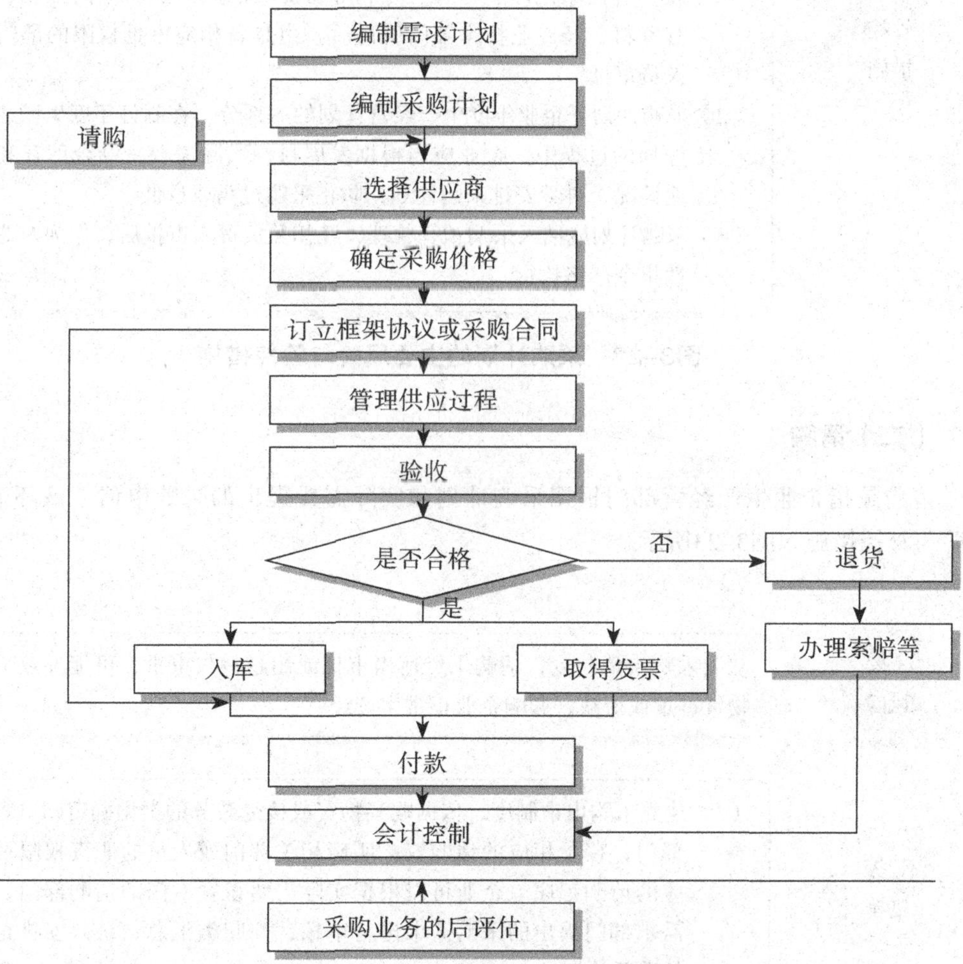

图3-21　采购业务的流程

四、采购业务各环节的风险点及管控措施

（一）编制需求计划和采购计划

采购业务从计划（或预算）开始，包括需求计划和采购计划。企业实务中，需求部门一般根据生产经营需要向采购部门提出物资需求计划，采购部门根据该需求计划归类汇总平衡现有库存物资后，统筹安排采购计划，并按规定的权限和程序审批后执行。

该环节的主要风险与管控措施如图3-22所示。

主要风险

需求或采购计划不合理、不按实际需求安排采购或随意超计划采购，甚至与企业生产经营计划不协调等

管控措施

（1）生产、经营、项目建设等部门应当根据实际需求准确、及时编制需求计划。需求部门提出需求计划时，不能指定或变相指定供应商。对独家代理、专有、专利等特殊产品应提供相应的独家、专有资料，经专业技术部门研讨后，由具备相应审批权限的部门或人员审批

（2）采购计划是企业年度生产经营计划的一部分，在制订年度生产经营计划的过程中，企业应当根据发展目标实际需要，结合库存和在途情况，科学安排采购计划，防止采购过高或过低

（3）采购计划应纳入采购预算管理，经相关负责人审批后，作为企业刚性指令严格执行

图3-22　采购计划的主要风险与管控措施

（二）请购

请购是指企业生产经营部门根据采购计划和实际需要提出的采购申请。该环节的主要风险与管控措施如图3-23所示。

主要风险

缺乏采购申请制度，请购未经适当审批或超越授权审批，可能导致采购物资过量或短缺，影响企业正常生产经营

管控措施

（1）建立采购申请制度，依据购买物资或接受劳务的类型确定归口管理部门，授予相应的请购权，明确相关部门或人员的职责权限及相应的请购程序。企业可以根据实际需要设置专门的请购部门，对需求部门提出的采购需求进行审核，并归类汇总，统筹安排企业的采购计划

管控措施

（2）具有请购权的部门对于预算内采购项目，应当严格按照预算执行进度办理请购手续，并根据市场变化提出合理采购申请。对于超预算和预算外采购项目，应先履行预算调整程序，由具备相应审批权限的部门或人员审批后，再行办理请购手续

（3）具备相应审批权限的部门或人员审批采购申请时，应重点关注采购申请内容是否准确、完整，是否符合生产经营需要，是否符合采购计划，是否在采购预算范围内等。对不符合规定的采购申请，应要求请购部门调整请购内容或拒绝批准

图3-23　请购的主要风险与管控措施

（三）选择供应商

选择供应商也就是确定采购渠道。它是企业采购业务流程中非常重要的环节。该环节的主要风险与管控措施如图3-24所示。

主要风险

供应商选择不当，可能导致采购物资质次价高，甚至出现舞弊行为

管控措施

（1）建立科学的供应商评估和准入制度，对供应商资质信誉情况的真实性和合法性进行审查，确定合格的供应商清单，健全企业统一的供应商网络。企业新增供应商的市场准入、供应商新增服务关系以及调整供应商物资目录，都要由采购部门根据需要提出申请，并按规定的权限和程序审核批准后，纳入供应商网络。企业可委托具有相应资质的中介机构对供应商进行资信调查

（2）采购部门应当按照公平、公正和竞争的原则，择优确定供应商，在切实防范舞弊风险的基础上，与供应商签订质量保证协议

（3）建立供应商管理信息系统和供应商淘汰制度，对供应商提供物资或劳务的质量、价格、交货及时性、供货条件及其资信、经营状况等进行实时管理和考核评价。企业应根据考核评价结果，提出供应商淘汰和更换名单，经审批后对供应商进行合理选择和调整，并在供应商管理系统中作出相应记录

图3-24　选择供应商的主要风险与管控措施

（四）确定采购价格

如何以最优"性价比"采购到符合需求的物资，是采购部门永恒的主题。该环节的主要风险与管控措施如图3-25所示。

主要风险

采购定价机制不科学，采购定价方式选择不当，缺乏对重要物资品种价格的跟踪监控，引起采购价格不合理，可能造成企业资金损失

管控措施

（1）健全采购定价机制，采取协议采购、招标采购、询比价采购、动态竞价采购等多种方式，科学合理地确定采购价格。对标准化程度高、需求计划性强、价格相对稳定的物资，通过招标、联合谈判等公开、竞争方式签订框架协议

（2）采购部门应当定期研究大宗通用重要物资的成本构成与市场价格变动趋势，确定重要物资品种的采购执行价格或参考价格。建立采购价格数据库，定期开展重要物资的市场供求形势及价格走势商情分析并合理利用

图3-25　确定采购价格的主要风险与管控措施

（五）订立框架协议或采购合同

框架协议是企业与供应商之间为建立长期物资购销关系而作出的一种约定。采购合同是指企业根据采购需要、确定的供应商、采购方式、采购价格等情况与供应商签订的具有法律约束力的协议。该协议对双方的权利、义务和违约责任等情况作出了明确规定（企业向供应商支付合同规定的金额、结算方式，供应商按照约定时间、期限、数量与质量、规格交付物资给采购方）。该环节的主要风险与管控措施如图3-26所示。

主要风险

框架协议签订不当，可能导致物资采购不顺畅；未经授权对外订立采购合同，合同对方主体资格、履约能力等未达要求，合同内容存在重大疏漏和欺诈，可能导致企业合法权益受到侵害

管控措施

（1）对拟签订框架协议的供应商的主体资格、信用状况等进行风险评估；框架协议的签订应引入竞争机制，确保供应商具备履约能力

（2）根据确定的供应商、采购方式、采购价格等情况，拟订采购合同，准确描述合同条款，明确双方权利、义务和违约责任，按照规定权限签署采购合同。对于影响重大、涉及较高专业技术或法律关系复杂的合同，应当组织法律、技术、财务等专业人员参与谈判，必要时可聘请外部专家参与相关工作

（3）对重要物资验收量与合同量之间允许的差异，应当作出统一规定

图3-26　订立框架协议或采购合同的主要风险与管控措施

（六）管理供应过程

管理供应过程主要是指企业建立严格的采购合同跟踪制度，科学评价供应商的供货情况，并根据合理选择的运输工具和运输方式，办理运输、投保等事宜，实时掌握物资采购供应过程的情况。该环节的主要风险与管控措施如图3-27所示。

主要风险

缺乏对采购合同履行情况的有效跟踪，运输方式选择不合理，忽视运输过程保险风险，可能导致采购物资损失或无法保证供应

管控措施

（1）依据采购合同中确定的主要条款跟踪合同履行情况，对有可能影响生产或工程进度的异常情况，应出具书面报告并及时提出解决方案，采取必要措施，保证需求物资的及时供应

（2）对重要物资建立并执行合同履约过程中的巡视、点检和监造制度。对需要监造的物资，择优确定监造单位，签订监造合同，落实监造责任人，审核确认监造大纲，审定监造报告，并及时向技术等部门通报

（3）根据生产建设进度和采购物资特性等因素，选择合理的运输工具和运输方式，办理运输、投保等事宜

（4）实行全过程的采购登记制度或信息化管理，确保采购过程的可追溯性

图3-27 管理供应过程的主要风险与管控措施

（七）验收

验收是指企业对采购物资和劳务的检验接收，以确保其符合合同相关规定或产品质量要求。该环节的主要风险与管控措施如图3-28所示。

主要风险

验收标准不明确、验收程序不规范、对验收中存在的异常情况不作处理，可能造成账实不符、采购物资损失

管控措施

（1）制定明确的采购验收标准，结合物资特性确定必检物资目录，规定此类物资出具质量检验报告后方可入库

（2）验收机构或人员应当根据采购合同及质量检验部门出具的质量检验证明，重点关注采购合同、发票等原始单据与采购物资的数量、质量、规格型号等是否核对一致

（3）对验收合格的物资，填制入库凭证，加盖物资“收讫章”，登记实物账，及时将入库凭证传递给财务部门

（4）物资入库前，采购部门须检查质量保证书、商检证书或合格证等证明文件

管控措施

（5）验收时涉及技术性强的、大宗的和新、特物资，还应进行专业测试，必要时可委托具有检验资质的机构或聘请外部专家协助验收

（6）对于验收过程中发现的异常情况，比如无采购合同或大额超采购合同的物资、超采购预算及毁损的物资等，验收机构或人员应当立即向企业有权管理的相关机构报告，相关机构应当查明原因并及时处理

（7）对于不合格物资，采购部门依据检验结果办理让步接收、退货、索赔等事宜

（8）对延迟交货造成生产建设损失的，采购部门要按照合同约定索赔

图3-28　验收的主要风险与管控措施

（八）付款

付款是指企业在对采购预算、合同、相关单据凭证、审批程序等内容审核无误后，按照采购合同规定及时向供应商办理支付款项的过程。该环节的主要风险与管控措施如图3-29所示。

主要风险

付款审核不严格、付款方式不恰当、付款金额控制不严，可能导致企业资金损失或信用受损

管控措施

企业应当加强采购付款的管理，完善付款流程，明确付款审核人的责任和权力，严格审核采购预算、合同、相关单据凭证、审批程序等相关内容，审核无误后按照合同规定，合理选择付款方式，及时办理付款。企业要着力关注以下方面：

（1）严格审查采购发票等票据的真实性、合法性和有效性，判断采购款项是否应予支付。如审查发票填制的内容是否与发票种类相符合、发票加盖的印章是否与票据的种类相符合等。企业应当重视采购付款的过程控制和跟踪管理，如果发现异常情况，应当拒绝向供应商付款，避免出现资金损失和信用受损

（2）根据国家有关支付结算的相关规定和企业生产经营的实际，合理选择付款方式，并严格遵循合同规定，防范付款方式不当带来的法律风险，保证资金安全。除了不足转账起点金额的采购可以支付现金外，采购价款应通过银行办理转账

（3）加强预付账款和定金的管理，涉及大额或长期的预付款项，应当定期追踪核查，综合分析预付账款的期限、占用款项的合理性、不可收回风险等情况；发现有疑问的预付款项时，要及时采取措施，尽快收回款项

图3-29　付款的主要风险与管控措施

（九）会计控制

会计控制主要指采购业务会计系统控制。该环节的主要风险与管控措施如图3-30所示。

主要风险

缺乏有效的采购会计系统控制，未能全面真实地记录和反映企业采购各环节的资金流和实物流情况，相关会计记录与相关采购记录、仓储记录不一致，可能导致企业采购业务未能如实反映，以及采购物资和资金受损

管控措施

（1）加强对购买、验收、付款业务的会计系统控制，详细记录供应商情况、采购申请、采购合同、采购通知、验收证明、入库凭证、退货情况、商业票据、款项支付等情况，做好采购业务各环节的记录，确保会计记录、采购记录与仓储记录核对一致

（2）指定专人通过函证等方式，定期向供应商寄发对账函，核对应付账款、应付票据、预付账款等往来款项，对供应商提出的异议应及时查明原因，报有权管理的部门或人员批准后，做出相应调整

图3-30　会计控制的主要风险与管控措施

五、采购业务的后评估控制

由于采购业务对企业生存与发展具有重要影响，《企业内部控制应用指引第7号——采购业务》强调企业应当建立采购业务后评估制度。这说明，企业应当定期对物资需求计划、采购计划、采购渠道、采购价格、采购质量、采购成本、协调或合同签约与履行情况等物资采购供应活动进行专项评估和综合分析，及时发现采购业务薄弱环节，优化采购流程；同时，将物资需求计划管理、供应商管理、储备管理等方面的关键指标纳入业绩考核体系，促进物资采购与生产、销售等环节的有效衔接，不断防范采购风险，全面提升采购效能。

第十节　销售业务主要风险与内部控制

企业的销售业务并不是简单的交易过程，而是分步骤的交易行为：从收到对方的订单、洽谈交易事宜，到货物的交接，再到货款的支付，甚至还有退货和折让的发生。这些业务都需要加以控制。

一、销售业务的流程

企业强化销售业务管理，应当对现行销售业务流程进行全面梳理，查找管理漏洞，及时采取切实措施加以改正；与此同时，还应当注重健全相关管理制度，明确以风险为导向的、符合成本效益原则的销售管控措施，实现与生产、资产、资金等方面管理的衔接，落实责任制，有效防范和化解经营风险。

以下综合不同类型企业形成的销售业务流程（见图3-31），具有普适性。企业在实际操作中，应当充分结合自身业务特点和管理要求，构建和优化销售业务流程。

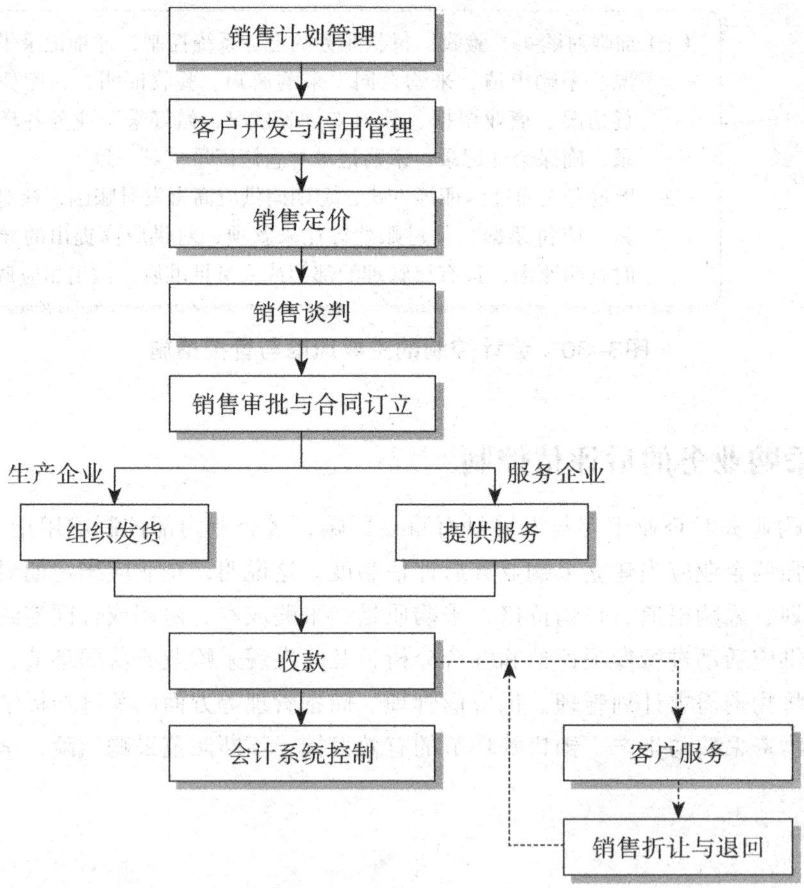

图3-31　销售业务的流程

二、销售业务各环节的主要风险与管控措施

企业销售业务流程主要包括销售计划管理、客户开发与信用管理、销售定价、订立销售合同、发货、收款、客户服务和会计系统控制等环节。

（一）销售计划管理

销售计划是指在销售预测的基础上，结合企业生产能力，设定总体目标额及不同产品的销售目标额，进而设定具体营销方案和实施计划，以支持未来一定期间内销售额的实现，其主要风险与管控措施如图3-32所示。

主要风险

销售计划缺乏或不合理，或未经授权审批，导致产品结构和生产安排不合理，难以实现企业生产经营的良性循环

管控措施

（1）企业应当根据发展战略和年度生产经营计划，结合企业实际情况，制订年度销售计划。在此基础上，结合客户订单情况，制定月度销售计划，并按规定的权限和程序审批后下达执行

（2）定期对各产品（商品）的区域销售额、进销差价、销售计划与实际销售情况等进行分析，结合生产现状，及时调整销售计划，调整后的销售计划须履行相应的审批程序

图3-32　销售计划管理的主要风险与管控措施

（二）客户开发与信用管理

企业应当积极开拓市场份额，加强现有客户维护，开发潜在目标客户，对有销售意向的客户进行资信评估，根据企业自身风险接受程度确定具体的信用等级，其主要风险与管控措施如图3-33所示。

主要风险

（1）现有客户管理不足、潜在市场需求开发不够，可能导致客户丢失或市场拓展不利

（2）客户档案不健全，缺乏合理的资信评估，可能导致客户选择不当，销售款项不能收回或遭受欺诈，从而影响企业的资金流转和正常经营

管控措施

（1）企业应当在进行充分市场调查的基础上，合理细分市场并确定目标市场；根据不同目标群体的具体需求，确定定价机制和信用方式，灵活运用销售折扣、销售折让、信用销售、代销和广告宣传等多种策略和营销方式，促进销售目标实现，不断提高市场占有率

（2）建立和不断更新维护客户信用动态档案，由与销售部门相对独立的信用管理部门对客户付款情况进行持续跟踪和监控，提出划分、调整客户信用等级的方案；根据客户信用等级和企业信用政策，拟定客户赊销限额和时限，经销售、财务等部门具有相关权限的人员审批；对于境外客户和新开发客户，应当建立严格的信用保证制度

图3-33　客户开发与信用管理的主要风险与管控措施

（三）销售定价

销售定价是指商品价格的确定、调整及相应审批，其主要风险与管控措施如图3-34所示。

主要风险

（1）定价或调价不符合价格政策，未能结合市场供需状况、盈利测算等进行适时调整，造成价格过高或过低、销售受损

（2）商品销售价格未经恰当审批，或存在舞弊，可能导致损害企业经济利益或者企业形象

管控措施

（1）应根据有关价格政策，综合考虑企业财务目标、营销目标、产品成本、市场状况及竞争对手情况等多方面因素，确定产品基准定价。定期评价产品基准价格的合理性，定价或调价需经具有相应权限人员的审核批准

（2）在执行基准定价的基础上，针对某些商品可以授予销售部门一定限度的价格浮动权，销售部门可结合产品市场特点，将价格浮动权向下实行逐级递减分配，同时明确权限执行人。价格浮动权限执行人必须严格遵守规定的价格浮动范围，不得擅自突破

（3）销售折扣、销售折让等政策的制定应由具有相应权限人员的审核批准。销售折扣、销售折让授予的实际金额、数量、原因及对象应予以记录，并归档备查

图3-34 销售定价的主要风险与管控措施

（四）订立销售合同

企业与客户订立销售合同，明确双方权利和义务，以此作为开展销售活动的基本依据，其主要风险与管控措施如图3-35所示。

主要风险

（1）合同内容存在重大疏漏和欺诈，未经授权对外订立销售合同，可能导致企业合法权益受到侵害

（2）销售价格、收款期限等违背企业销售政策，可能导致企业经济利益受损

管控措施

（1）订立销售合同前，企业应当指定专门人员与客户进行业务洽谈、磋商或谈判，关注客户信用状况，明确销售定价、结算方式、权利与义务条款等相关内容。重大的销售业务谈判还应当吸收财务、法律等专业人员参加，并形成完整的书面记录

管控措施

（2）企业应当建立健全销售合同订立及审批管理制度，明确必须签订合同的范围，规范合同的订立程序，确定具体的审核、审批程序和所涉及的部门人员及相应权责。审核、审批应当重点关注销售合同草案中提出的销售价格、信用政策、发货及收款方式等。重要的销售合同，应当征询法律专业人员的意见

（3）销售合同草案经审批同意后，企业应授权有关人员与客户签订正式销售合同

图3-35　订立销售合同的风险与管控措施

（五）发货

发货是根据销售合同的约定向客户提供商品的环节，其主要风险与管控措施如图3-36所示。

主要风险

未经授权发货或发货不符合合同约定，可能导致货物损失或客户与企业的销售争议、销售款项不能收回

管控措施

（1）销售部门应当按照经审核后的销售合同开具相关的销售通知交仓储部门和财务部门

（2）仓储部门应当落实出库、计量、运输等环节的岗位责任，对销售通知进行审核，严格按照所列的发货品种和规格、发货数量、发货时间、发货方式、接货地点等组织发货，形成相应的发货单据，并对单据连续编号

（3）以运输合同或条款等形式明确运输方式、商品短缺、毁损或变质的责任、到货验收方式、运输费用承担、保险等内容，货物交接环节应做好装卸和检验工作，确保货物的安全发运，由客户验收确认

（4）做好发货各环节的记录工作，填制相应的凭证，设置销售台账，实现全过程的销售登记制度

图3-36　发货的主要风险与管控措施

（六）收款

收款指企业经授权发货后与客户结算的环节。按照发货时是否收到货款，收款可分为现销和赊销，其主要风险与管控措施如图3-37所示。

主要风险

企业信用管理不到位，结算方式选择不当，票据管理不善，账款回收不力，导致销售款项不能收回或遭受欺诈；收款过程中存在舞弊，使企业经济利益受损

管控措施

（1）结合公司销售政策，选择恰当的结算方式，加快款项回收，提高资金的使用效率。对于商业票据，企业要结合销售政策和信用政策，明确应收票据的受理范围和管理措施

（2）建立票据管理制度，特别是加强商业汇票的管理

①对票据的取得、贴现、背书、保管等活动予以明确规定

②严格审查票据的真实性和合法性，防止票据欺诈

③由专人保管应收票据，对即将到期的应收票据，及时办理托收，定期核对盘点

④票据贴现、背书应经恰当审批

（3）加强赊销管理

①需要赊销的商品，应由信用管理部门按照客户信用等级审核，并经具有相应权限的人员审批

②赊销商品一般应取得客户的书面确认，必要时，要求客户办理资产抵押、担保等收款保证手续

③完善应收款项管理制度，落实责任、严格考核、实行奖惩。销售部门负责应收款项的催收工作，并妥善保存催收记录（包括往来函电）

（4）加强代销业务款项管理，及时与代销商结算款项

（5）收取的现金、银行本票、汇票等应及时缴存银行并登记入账。防止由销售人员直接收取款项，如必须由销售人员收取，应由财务部门加强监控

图3-37　收款的主要风险与管控措施

（七）客户服务

客户服务是在企业与客户之间建立信息沟通机制，对客户提出的问题予以及时解答或反馈、处理，不断改进商品质量和服务水平，以提升客户满意度和忠诚度。客户服务包括产品维修、销售退回、维护升级等，其主要风险与管控措施如图3-38所示。

主要风险

客户服务水平低，消费者满意度不高，影响企业品牌形象，造成客户流失

管控措施

（1）结合竞争对手客户服务水平，建立和完善客户服务制度，包括客户服务内容、标准、方式等

（2）设专人或部门进行客户服务和跟踪。有条件的企业可以按产品线或地理区域建立客户服务中心。加强售前、售中和售后技术服务，将客户服务人员的薪酬与客户满意度挂钩

（3）建立产品质量管理制度，加强销售、生产、研发、质量检验等相关部门之间的沟通协调

管控措施

（4）做好客户回访工作，定期或不定期开展客户满意度调查；建立客户投诉制度，记录所有的客户投诉，并分析产生原因及解决措施

（5）加强销售退回控制。销售退回需经具有相应权限的人员审批后方可执行；销售退回的商品应当参照物资采购入库管理

图3-38　客户服务的主要风险与管控措施

（八）会计系统控制

会计系统控制是指利用记账、核对、岗位职责落实和相互分离、档案管理、工作交接程序等会计控制方法，确保企业会计信息真实、准确、完整。会计系统控制包括销售收入的确认、应收款项的管理、坏账准备的计提和冲销、销售退回的处理等内容，其主要风险与管控措施如图3-39所示。

主要风险

缺乏有效的销售业务会计系统控制，可能导致企业账实不符、账证不符、账账不符或者账表不符，影响销售收入、销售成本、应收款项等会计核算的真实性和可靠性

管控措施

（1）加强对销售、发货、收款业务的会计系统控制，详细记录销售客户、销售合同、销售通知、发运凭证、商业票据、款项收回等情况，确保会计记录、销售记录与仓储记录核对一致。具体要求为：财务部门开具发票时，应当依据相关单据（计量单、出库单、货款结算单、销售通知单等）并经相关岗位审核。销售发票应遵循有关发票管理规定，严禁开具虚假发票。财务部门对销售报表等原始凭证，要审核销售价格、数量等的准确性，并根据国家统一的会计准则制度确认销售收入，登记入账。财务部门与相关部门月末核对当月销售数量，保证各部门销售数量的一致性

（2）建立应收账款清收核查制度，销售部门应定期与客户对账，并取得书面对账凭证，财务部门负责办理资金结算并监督款项回收

（3）及时收集应收账款相关凭证资料并妥善保管；及时要求客户提供担保；对未按时还款的客户，采取申请支付令、申请诉前保全和起诉等方式及时清收欠款。收回的非货币性资产须经评估和恰当审批

（4）企业对于可能成为坏账的应收账款，应当按照国家统一的会计准则规定计提坏账准备，并按照权限范围和审批程序进行审批。对确定发生的各项坏账，应当查明原因，明确责任，并在履行规定的审批程序后作出会计处理。企业核销的坏账应当进行备查登记，做到账销案存。已核销的坏账又收回时应当及时入账，防止形成账外资金

图3-39　会计系统控制的主要风险与管控措施

三、销售和收款业务关键控制点

销售和收款业务关键控制点汇总如表3-48所示。

表3-48 销售和收款业务关键控制点汇总

序号	控制目标	关键控制点	相关账户	有关认定
1	销售收入被完整记录	（1）与适当的销售人员核对经审批的订单 （2）定期核对销售合同管理系统中的合同范围与销售订单范围的一致性 （3）将船（装）运单和销售发票预先编制号码并记录 （4）监控客户对错误发票或报表的投诉次数 （5）定期抽查核对销售记录、产品出库计量、销售会计记录、产品实物记录	销售收入/应收账款/应收票据	发生/完整性
2	销售收入被及时入账	（1）企业接受的船（装）运单为清洁提单或符合合同约定的条款 （2）对于非标准的航运方式或合同条款，应与负责应收账款的财务人员进行必要的沟通 （3）财务人员在开具发票之前确认发货条件或合同条款 （4）开票时有符合授权的审批签认并被检查 （5）发票开具或附和销售收入确认条件成立后是否及时入账 （6）根据已发运货物和已开票货物编制调节表	销售收入/应收账款/应收票据/银行存款	存在/截止
3	销售退回、销售折让被正确处理	（1）所有的销售退回或折扣都有符合授权的审批签字 （2）有关的销售退回和折扣都及时录入明细账 （3）每一单销售退回都有库房收货单 （4）每一单销售退回或涉及质量的折扣都有质检单 （5）销售退回并不是经常事项或大额年初事项 （6）销售退回或折让是否有跟客户沟通的记录	销售收入/银行存款	发生/涉及舞弊风险
4	应收账款完整和安全	（1）每月财务部门提供未收款明细、账龄分析等内部管理报表 （2）坏账发生审批手续是否齐备 （3）坏账发生记录是否及时入账 （4）坏账准备估计是否申报审批 （5）坏账发生是否与员工绩效挂钩	应收账款	存在/权利和义务/涉及舞弊风险

（续表）

序号	控制目标	关键控制点	相关账户	有关认定
5	企业的销售信用政策得到严格执行	（1）是否建立客户台账并定期对信用情况进行更新 （2）信用授权或更改条件是否有符合授权的审批签字 （3）超信用授权的例外事项发生时是否有符合授权的审批签认 （4）是否对需要重新信用授权的客户进行前期调查	应收账款	权利和义务
6	控制应收票据的贴现和背书	（1）有专人负责银行票据、商业票据的保管和记录 （2）定期盘点有价票据 （3）银行票据、商业票据的入账有相关的销售记录、销售合同及发货记录 （4）银行票据的贴现有符合授权的批准签认 （5）商业票据的背书转让有符合授权的批准签认 （6）对新收到的商业票据设置专门的审核人员复核票据的合法性	银行存款/应收票据	完整性/截止

第十一节　资金管理业务风险与内部控制

《企业内部控制应用指引第6号——资金活动》分为四章，共二十一条，对企业开展资金筹集、投放和营运等活动的业务流程、主要风险类型和风险控制措施作出了具体规定；同时，明确指出发布资金活动指引的目的是维护资金的安全与完整、防范资金活动风险、提高资金效益，促进企业健康发展。

一、货币资金的内部控制目标

货币资金的内部控制应该达到以下目标，如图3-40所示。

1 货币资金的安全性：通过良好的内部控制，确保企业库存现金安全，预防被盗窃、诈骗和挪用

2 货币资金的完整性：检查企业收到的货币是否已全部入账，预防私设“小金库”等侵占企业收入的违法行为出现

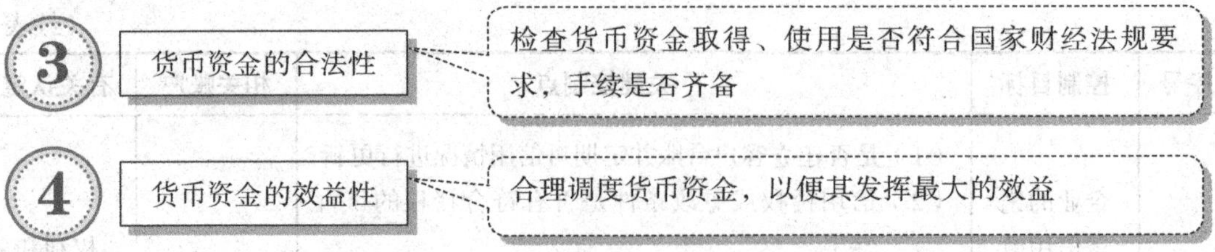

图3-40　货币资金的内部控制目标

二、货币资金的内部控制环境

货币资金的内部控制环境是对企业货币资金内部控制的建立和实施产生重大影响的因素的统称。货币资金内部控制环境的好坏直接决定着企业内部控制能否实施或实施的效果，影响着内部控制的有效性。影响货币资金内部控制环境的主要因素有以下三个方面，如表3-49所示。

表3-49　影响货币资金内部控制环境的主要因素

序号	主要因素	具体说明
1	管理决策者	管理决策者是货币资金内部控制环境中的决定性因素，特别是在推行企业领导个人负责制的情况下，管理决策者的领导风格、管理方式、知识水平、法制意识、道德观念等都直接影响货币资金内部控制执行的效果。因此，管理决策者本人应加强自身约束，同时通过民主集中制、党政联席会等制度加强对其监督
2	员工的职业道德和业务素质	在内部控制每个环节中，各岗位都处于相互牵制和制约之中，如果任何岗位的工作出现疏忽大意，均会导致某项控制失效。例如，空白支票、印章应分别由不同的人保管，如果保管印章的会计警惕性不高，出门不关抽屉，可能会使保管空白支票的出纳有机可乘，造成出纳携款潜逃的案件
3	内部审计	内部审计是企业自我评价的一种活动，内部审计可协助管理层监督控制措施和程序的有效性，及时发现内部控制的漏洞和薄弱环节。内部审计力度的强弱同样影响货币资金内部控制的效果

三、资金管理涉及的主要风险

（一）资金管理涉及的主要风险

（1）筹资与发展战略严重背离，企业盲目扩张，引发流动性不足，可能导致资金链条断裂，比如当前的房地产的资金链问题。

（2）投资决策失误或资金配置不合理，可能导致投资损失或效益低下；资金无法收回或支付，可能导致企业陷入财务困境或债务危机。

（3）资金管控不严，可能出现舞弊、欺诈，导致资金被挪用、抽逃。

（二）资金管理的风险表现

（1）资金管理违反国家法律法规，可能遭受外部处罚、经济损失和信誉损失。

（2）资金管理未经适当审批或超越授权审批，可能因重大差错、舞弊、欺诈而导致损失。

（3）银行账户的开立、审批、使用、核对和清理不符合国家有关法律法规要求，可能导致受到处罚，造成资金损失。

（4）资金记录不准确、不完整，可能造成账实不符或财务报表信息失真。

（5）有关票据的遗失、变造、伪造、被盗用以及非法使用印章，可能导致资产损失。

四、筹资活动的内部控制

筹资活动是企业资金活动的起点，也是企业整个经营活动的基础。企业应当根据经营和发展战略的资金需要，确定融资战略目标和规划，结合年度经营计划和预算安排，拟定筹资方案，明确筹资用途、规模、结构和方式等相关内容，对筹资成本和潜在风险作出充分估计。如果是境外筹资，还必须考虑所在地的政治、经济、法律和市场等因素。

（一）筹资活动应重点关注的风险

（1）筹资活动违反国家法律法规，可能遭受外部处罚、经济损失和信誉损失。

（2）筹资活动未经适当审批或超越授权审批，可能因重大差错、舞弊、欺诈而遭受损失。

（3）筹资决策失误，可能造成企业资金不足、冗余或债务结构不合理。

（4）债务过高和资金调度不当，可能导致企业不能按期偿付债务。

（5）筹资记录错误或会计处理不正确，可能造成债务和筹资成本信息不真实。

（二）岗位分工与授权批准

企业应当建立筹资业务的岗位责任制，明确有关部门和岗位的职责、权限，确保办理筹资业务的不相容岗位相互分离、制约和监督。同一部门或个人不得办理筹资业务的全过程。

筹资业务的不相容岗位至少包括：

（1）筹资方案的拟订与决策；

（2）筹资合同或协议的审批与订立；

（3）与筹资有关的各种款项偿付的审批与执行；

（4）筹资业务的执行与相关会计记录。

企业应当配备合格的人员办理筹资业务。办理筹资业务的人员应具备必要的筹资业务专业知识和良好的职业道德，熟悉国家有关法律法规、相关国际惯例及金融业务。

企业应当对筹资业务建立严格的授权批准制度，明确授权批准方式、程序和相关控制措施，规定审批人的权限、责任以及经办人的职责范围和工作要求。

（三）筹资活动的业务流程及关键控制点

企业筹资活动的内部控制应该根据筹资活动的业务流程区分不同筹资方式，按照业务流程中不同环节体现出来的风险，结合资金成本与资金使用效益情况，采用不同措施进行控制。设计筹资活动的内部控制制度，必须先深入分析筹资业务流程。通常情况下，筹资活动的业务流程如图3-41所示。

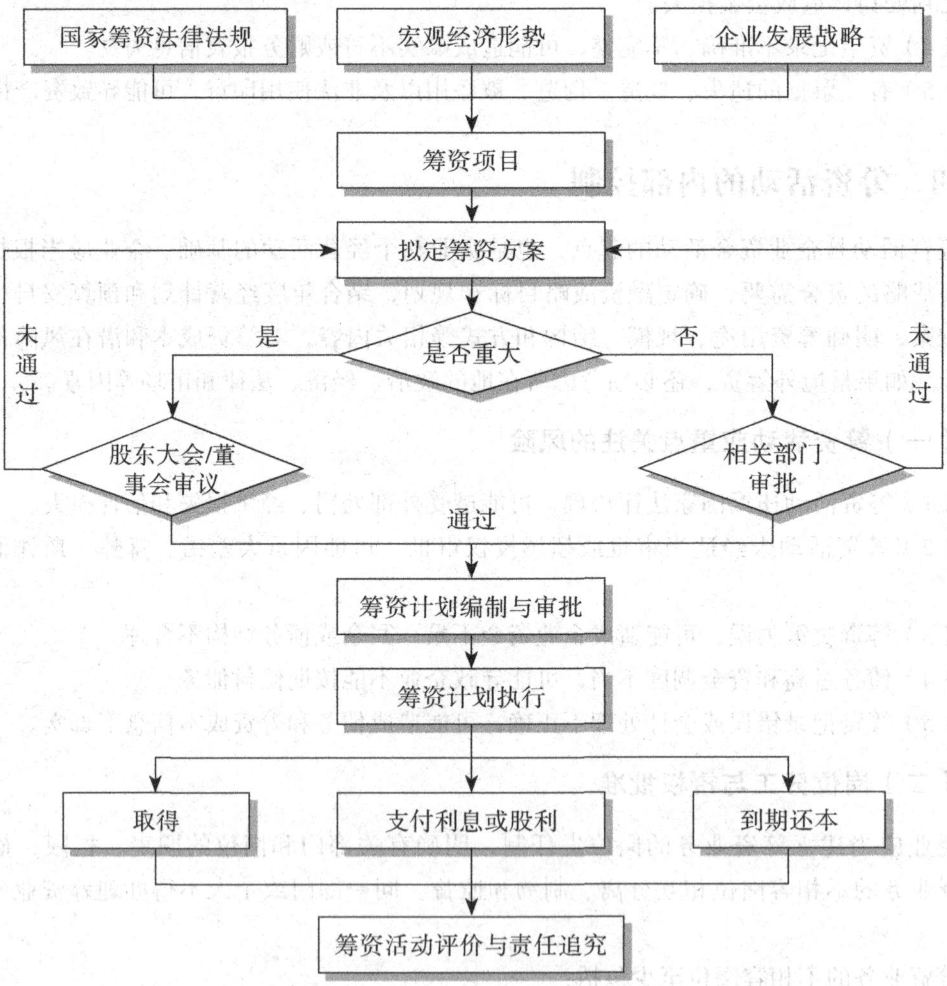

图3-41　筹资活动的业务流程

根据筹资业务流程，找出其中的关键风险控制点进行风险控制，可以提高风险管控的效率，具体内容如表3-50所示。

表3–50 筹资内部控制的关键控制点、控制目标与控制措施

关键控制点	控制目标	控制措施
提出筹资方案	进行筹资方案可行性论证	（1）进行筹资方案的战略性评估，包括是否与企业发展战略相符，筹资规模是否适当 （2）进行筹资方案的经济性评估，如筹资成本是否最低，资本结构是否恰当，筹资成本与资金收益是否匹配 （3）进行筹资方案的风险性评估，如筹资方案面临哪些风险，风险大小是否适当、可控，是否与收益相匹配
筹资方案审批	选择批准最优筹资方案	（1）根据分级授权审批制度，按照规定程序严格审批经过可行性论证的筹资方案 （2）审批中应实行集体审议或联签制度，保证决策的科学性
制订筹资计划	制订切实可行的具体筹资计划，科学规划筹资活动，保证低成本、高效率筹资	（1）根据筹资方案，结合当时经济金融形势，分析不同筹资方式的资金成本，正确选择筹资方式和不同方式的筹资数量，财务部门或资金管理部门制订具体筹资计划 （2）根据授权审批制度报有关部门批准
实施筹资	保证筹资活动正确、合法、有效进行	（1）根据筹资计划进行筹资 （2）签订筹资协议，明确权利义务 （3）按照岗位分离与授权审批制度，各环节和各责任人正确履行审批监督责任，实施严密的筹资程序控制和岗位分离控制 （4）做好严密的筹资记录，发挥会计控制的作用
筹资活动评价与责任追究	保证筹集资金的正确有效使用，维护筹资信用	（1）促成各部门严格按照确定的用途使用资金 （2）监督检查，督促各环节严密保管未发行的股票、证券 （3）监督检查，督促正确计提、支付利息 （4）加强债务偿还和股利支付环节的监督管理 （5）评价筹资活动过程，追究违规人员责任

（四）筹资业务的会计控制

对于筹资业务，企业还应设置记录筹资业务的会计凭证和账簿，按照国家统一会计准则和制度，正确核算和监督资金筹集、本息偿还、股利支付等相关情况，妥善保管筹资合同或协议、收款凭证、入库凭证等资料，定期与资金提供方进行账务核对，确保筹资活动符合筹资方案的要求。具体可从图3-42所示的几个方面入手。

要点一：对筹资业务进行准确的账务处理。财务部门应通过相应的账户准确进行筹集资金核算、本息偿付、股利支付等工作

要点二：对筹资合同、收款凭证、入库凭证等应妥善保管。与筹资活动相关的重要文件，如合同、协议、凭证等，企业的财务部门须登记造册、妥善保管，以备查用

要点三：企业财务部门应做好具体资金管理工作，随时掌握资金情况。财务部门应编制贷款申请表、内部资金调拨审批表等，严格管理筹资程序；通过编制借款存量表、借款还款计划表等，掌握贷款资金的动向；与资金提供者定期对账，保证资金及时到位与资金安全

要点四：财务部门还应协调好企业筹资的利率结构、期限结构等，力争最大限度地降低企业的资金成本

图3-42　筹资业务的会计控制要点

五、投资活动的内部控制

企业投资活动是筹资活动的延续，也是筹资的重要目的之一。企业应根据自身发展战略和规划，结合企业资金状况以及筹资可能性拟定投资目标，制订投资计划，谨慎投资。

（一）投资活动应关注的风险

企业至少应当关注涉及长期股权投资业务的下列风险：

（1）投资行为违反国家法律法规，可能遭受外部处罚、经济损失和信誉损失；

（2）投资业务未经适当审批或越权审批，可能因差错、舞弊、欺诈而导致损失；

（3）投资项目未经科学、严密的评估和论证，可能因决策失误导致重大损失；

（4）投资项目执行缺乏有效管理，可能因不能保障投资安全和投资收益而导致损失；

（5）投资项目处置的决策与执行不当，可能导致权益受损。

（二）职责分工与授权批准控制

职责分工与授权批准控制的具体控制政策和措施包括以下几点。

（1）建立投资业务的岗位责任制，确保办理投资业务的不相容岗位相互分离、制约和监督。投资业务不相容岗位至少应当包括投资项目的可行性研究与评估，投资的决策与执行，投资处置的审批与执行，投资绩效评估与执行。

（2）配备合格的人员办理对外投资业务。办理对外投资业务的人员应当具备良好的职

业道德，掌握金融、投资、财务、法律等方面的专业知识。

（3）建立投资授权制度和审核批准制度，并按照规定权限和程序办理投资业务；根据投资类型制定业务流程，明确主要业务环节的责任人员、风险点和控制措施等。

（4）设置相应的记录或凭证，如实记载投资业务的开展情况；明确与投资业务相关文件资料的取得、归档、保管、调阅等各个环节的管理规定及相关人员的职责权限。

（三）投资活动业务流程及风险控制点

企业投资活动的内部控制，应该根据不同投资类型的业务流程，以及流程中各个环节体现出来的风险，采用不同的措施进行投资活动的内部控制。投资活动的业务流程如图3-43所示。

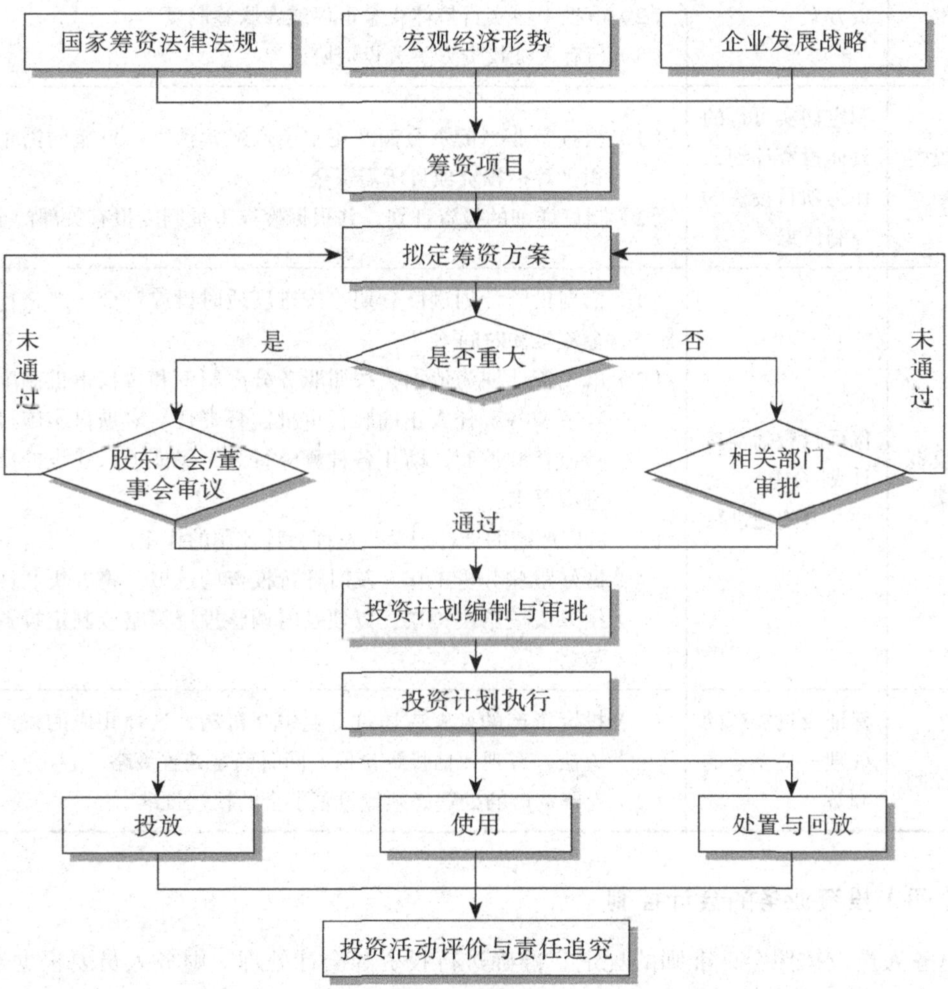

图3-43　投资活动的业务流程

投资业务的关键风险控制点、控制目标和对应的控制措施如表3-51所示。

表3-51　投资业务的关键风险控制点、控制目标和控制措施

关键风险控制点	控制目标	控制措施
提出投资方案	进行投资方案可行性论证	（1）进行投资方案的战略性评估，包括是否与企业发展战略相符合 （2）投资规模、方向和时机是否适当 （3）对投资方案进行技术、市场、财务可行性研究，深入分析项目的技术可行性与先进性、市场容量与前景，以及项目预计现金流量、风险与报酬，比较或评价不同项目的可行性
投资方案审批	选择批准最优投资方案	（1）明确审批人对投资业务的授权批准方式、权限、程序和责任，不得越权 （2）审批中应实行集体决策审议或者联签制度 （3）与有关被投资方签署投资协议
编制投资计划	制定切实可行的具体投资计划，作为项目投资的控制依据	（1）核查企业当前资金额及正常生产经营预算对资金的需求量，积极筹措投资项目所需资金 （2）制订详细的投资计划，并根据授权审批制度报有关部门审批
实施投资方案	保证投资活动按计划合法、有序、有效地进行	（1）根据投资计划进度分期、按进度适时投放资金，严格控制资金流量和时间 （2）以投资计划为依据，按照职务分离制度和授权审批制度，各环节和各责任人正确履行审批监督责任，对项目实施过程进行监督和控制，防止各种舞弊行为，保证项目建设的质量和进度要求 （3）做好严密的会计记录，发挥会计控制的作用 （4）做好跟踪分析工作，及时评价投资的进展，将分析和评价的结果反馈给决策层，以便及时调整投资策略或制定投资退出策略
投资资产处置控制	保证投资资产的处理符合企业的利益	（1）投资资产的处置应通过专业中介机构，选择相应的资产评估方法，客观评估投资价值，同时确定处置策略 （2）投资资产的处置必须经过董事会的授权批准

（四）投资业务的会计控制

财务人员应按照会计准则的规定，准确进行投资的会计处理。财务人员要根据对被投资方的影响程度，合理确定投资业务适用的会计政策，建立投资管理台账，详细记录投资对象、金额、期限、收益等事项，妥善保管投资合同或协议、出资证明等资料。被投资方出现财务状况恶化、市价当期大幅下跌等情形的，企业财务部门应当根据国家统一的会计准则和制度规定，合理计提减值准备、确认减值损失。具体内容如图3-44所示。

要点一 按照会计准则的要求对投资项目进行准确地会计核算、记录与报告，确定合理的会计政策，准确反映企业投资的真实状况

要点二 妥善保管投资合同、协议、备忘录、出资证明等重要的法律文书

要点三 建立投资管理台账，详细记录投资对象、金额、期限等情况，作为企业重要的档案资料以备查用

要点四 密切关注投资项目的营运情况，一旦出现财务状况恶化、市价大幅下跌等情形，必须按会计准则的要求，合理计提减值准备。企业必须准确合理地对减值情况进行估计，而不应滥用会计估计，把减值准备作为调节利润的手段

图3-44 投资业务的会计控制要点

六、资金营运活动内部控制

（一）资金营运内部控制的主要目标

企业资金营运内部控制的主要目标如图3-45所示。

目标一 **保持生产经营各环节资金供求的动态平衡**

企业应当将资金合理安排到采购、生产、销售等各环节，做到实物流和资金流相互协调，资金收支在数量上及时间上相互协调

目标二 **促进资金合理循环和周转，提高资金使用效率**

资金只有在不断流动的过程中才能带来价值增值。加强资金营运的内部控制，就是要努力促使资金达到正常周转率，为短期资金寻找适当的投资机会，避免出现资金闲置和沉淀等低效现象

目标三 **确保资金安全**

企业的资金营运活动大多与流动资金尤其是货币资金相关，这些资金由于流动性很强，出现错弊的可能性更大，因此保护资金安全的要求更为迫切

图3-45 资金营运内部控制的主要目标

（二）职责分工与授权批准

企业应当建立资金业务的岗位责任制，明确相关部门和岗位的职责权限，确保办理资金业务的不相容岗位相互分离、制约和监督。

1. 资金业务的不相容岗位

（1）资金支付的审批与执行。

（2）资金的保管、记录与盘点清查。

（3）资金的会计记录与审计监督。

（4）出纳人员不得兼任稽核、会计档案保管和收入、支出、费用、债权债务账目的登记工作；不得由一人办理货币资金业务的全过程。

2. 定期安排岗位轮换

（1）企业应当配备合格的人员办理资金业务，并结合企业实际情况，定期安排办理资金业务的人员进行岗位轮换。

（2）企业关键财务岗位，可以实行强制休假制度，并在最长不超过五年的时间内安排岗位轮换。实行岗位轮换的关键财务岗位，由企业根据实际情况确定并在内部公布。

（3）办理货币资金业务的人员具备良好的职业道德，忠于职守，廉洁奉公，遵纪守法，客观公正，不断提高会计业务素质和职业道德水平。

3. 建立严格的授权批准制度

企业应对货币资金业务建立严格的授权批准制度，明确审批人对货币资金业务的授权批准方式、权限、程序、责任和相关控制措施，规定经办人办理货币资金业务的职责范围和工作要求。审批人根据货币资金授权批准制度的规定，在授权范围内进行审批，不得超越审批权限。经办人在职责范围内，按照审批人的批准意见办理货币资金业务。对于审批人超越授权范围审批的货币资金业务，经办人员有权拒绝办理，并及时向审批人的上级授权部门报告。

（三）资金营运活动的业务流程

企业资金营运活动是一种价值运动，为保证资金价值运动的安全、完整、有效，企业资金营运活动应按照设计严密的流程进行控制，具体内容如图3-46所示。

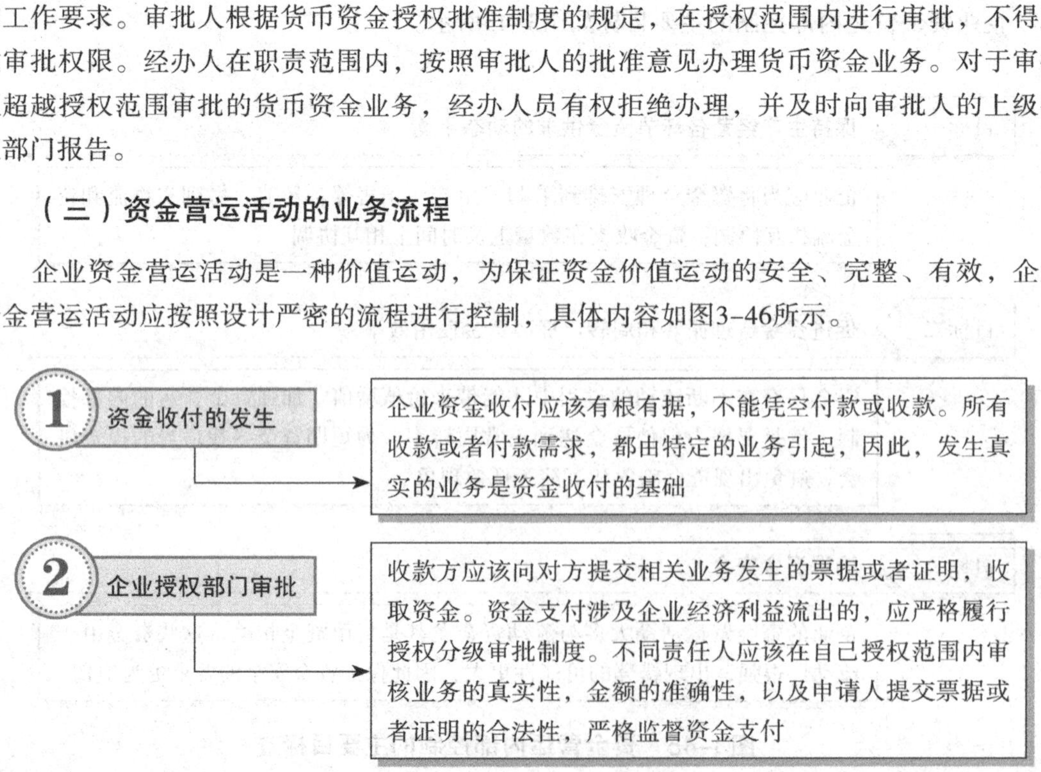

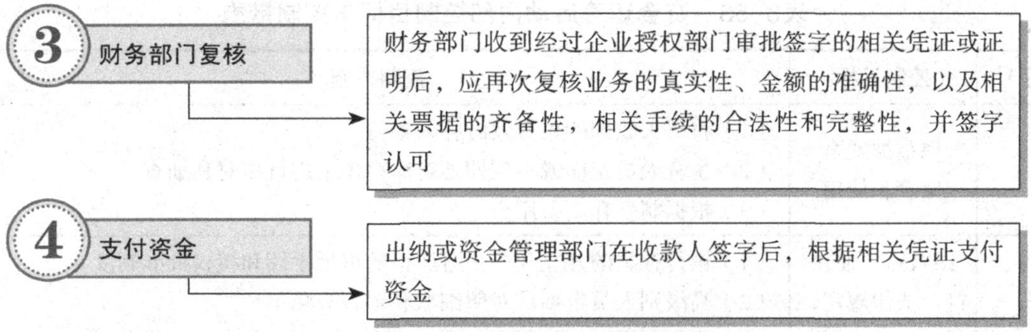

图3-46　资金营运活动的业务流程

资金营运活动内部控制的关键控制点及内容如表3-52所示。

表3-52　资金营运活动内部控制的关键控制点及内容

序号	关键控制点	具体内容
1	审批	制定资金的限制接近措施，经办人员进行业务活动时应该得到授权审批，任何未经授权的人员不得办理资金收支业务；使用资金的部门应提出用款申请，记载用途、金额、时间等事项；经办人员在原始凭证上签章；经办部门负责人、主管总经理和财务部门负责人审批并签章
2	复核	资金营运活动会计主管审查原始凭证反映的收支业务是否真实合法，经审核通过并签字盖章后才能填制原始凭证；凭证上的主管、审核、出纳和制单等印章是否齐全
3	收付	出纳人员按照审核后的原始凭证收付款，对已完成收付的凭证加盖戳记，并登记日记账；主管会计人员及时准确地将资金收支业务记录在相关账簿中，定期与出纳人员的日记账核对
4	记账	出纳人员根据资金收付凭证登记日记账，会计人员根据相关凭证登记有关明细分类账；主管会计登记总分类账
5	对账	账证核对、账账核对、账表核对、账实核对等
6	银行账户管理	财务部门应当严格按照《支付结算办法》等国家有关规定，加强银行账户的管理，严格按规定开立账户，办理存款、取款和结算业务
7	票据与印章管理	印章是明确责任、表明业务执行及完成情况的标记。印章的保管要贯彻不相容职务分离的原则，严禁将办理资金支付业务的相关印章和票据集中一人保管，印章要与空白票据分管，财务专用章要与企业法人章分管

（四）资金运营活动内部控制目标与措施

综上所述，资金运营活动涉及收付款业务，以及各种票据、证章的管理，表3-53为资金运营活动内部控制目标与控制措施。

表3-53　资金运营活动内部控制目标与控制措施

序号	控制目标	控制措施
1	现金被安全保管和使用	（1）将每天收到的现金及时存入银行 （2）主管人员定期或不定期地对库存现金进行核对和抽查 （3）根据制度存放备用金
2	银行账户使用符合法律规定，并且银行存款是安全的	（1）银行存款的开立和终止有严格的审批手续和授权批准制度 （2）高级别人员定期核对明细账和银行对账单 （3）银行间资金划转须报经授权人审核批准，并登记入账 （4）对账户的管理严格执行《人民币银行结算账户管理办法》的相关规定
3	支票管理	（1）支票签署严格按照银行支票管理制度执行，如采用会签制度，须经过指定的支票签署者审批后签发 （2）出纳人员必须做好所有支票和其他票据的收支备查记录，作废支票应当及时注销或者顺号保存 （3）已签署的支票应当由支票签署人保管，直至支票由签署人或其授权的其他职员寄出或递交给收票人为止 （4）支票签章人应当经董事会授权（索取授权书及支票签章样式）
4	银行票据的安全	（1）对有价证券进行盘点 （2）限制在收到的票据上背书 （3）银行票据与有关印章保管的职务相分离 （4）定期或不定期进行盘点核对
5	空白票证的保管	（1）该等凭证是否由专人保管 （2）对空白凭证编号管理并定期盘点 （3）银行空白票据需要设置专用登记簿并顺号登记，定期销号 （4）空白凭证的领用有适当的审批制度
6	货币资金记录完整	（1）货币资金保管和记录的岗位相分离 （2）由不接触现金收支或保管的人员负责编制银行调节表，由主管人员或独立稽查人员对银行余额调节表进行复核 （3）出纳人员连同原始凭证送交会计人员复核，由会计人员据以填制记账凭单 （4）出纳人员每日逐笔登记“现金日记账”，每日下班之前结出现金余额，与实存现金进行核对相符后，据以编制“库存现金日报表” （5）收到现金时，出纳人员应当给缴款人员出具正式收据或发票
7	收入被完整记录	（1）在处理现金收入过程中，应限制收款人员接触应收账款文档和相关文件 （2）将收款清单与应收账款贷方和银行存款进行对比 （3）与付款人联系确认付款金额与发票金额不一致的原因，并定期与客户核对收款清单的明细 （4）对期末未收回的应收账款及客户的投诉进行独立调查

（续表）

序号	控制目标	控制措施
7	收入被完整记录	（5）定期对收到的货币资金与开具的发票收据金额进行核对，确保收到的货币资金全部入账
8	完整记录现金支付情况	（1）定期核对支付记录与应付账款未付发票 （2）将支票事先编号并登记 （3）安排独立于应付账款和现金支付职能的人员调查长期未达的支票及银行账项 （4）支付现金时，有适当的授权批准并由出纳在付款的原始凭证上加盖"付讫"戳记
9	经过审批的采购支付业务是合理的	（1）检查经审批的文件，关注审批付款人员是否独立于采购收货和应付账款等职能 （2）经批准付款的支持文件要立即存档或标注，以防用来再次付款
10	及时准确地向卖主或其他相关人员付款	（1）授权批准人比较原始文件和支付金额，在验证相关支持文件的准确性后确认支付 （2）有关计算经过高级别人员复核 （3）对于延迟付款而产生的损失有相关的处罚措施
11	企业印鉴管理	（1）新刻印章应履行相应审批程序 （2）建立印章管理卡，专人领取和归还印章的情况要在卡上予以记录 （3）财务专用章和财务负责人名章分开保管

总之，强化企业资金管理、控制资金风险、保障资金安全、发挥资金规模效益，有利于企业宏观掌握和控制资金筹措、运用及综合平衡，促进企业可持续健康发展。

第十二节　资产管理业务风险与内部控制

一、资产管理应关注的风险

《企业内部控制应用指引第8号——资产管理》针对当前企业资产管理实务中存在的实际问题，要求企业着力关注与存货、固定资产和无形资产相关的下列主要风险：

（1）存货积压或短缺，可能导致流动资金占用过量、存货价值贬损或生产中断；

（2）固定资产更新改造不够、使用效能低下、维护不当、产能过剩，可能导致企业缺乏竞争力、资产价值贬损、安全事故频发或资源浪费；

（3）无形资产缺乏核心技术、权属不清、技术落后、存在重大技术安全隐患，可能引发企业法律纠纷，使企业缺乏可持续发展能力。

企业应当在全面梳理资产管理流程的基础上，着重围绕上述三个方面的主要风险，结合企业实际进行细化，全面查找资产管理漏洞，确保资产管理不断处于优化状态。

二、存货的内部控制

存货主要包括原材料、在产品、产成品、半成品、商品及周转材料等；企业代销、代管、代修、受托加工的存货，虽不归企业所有，也应纳入企业存货管理范畴。

存货所涉及的主要业务活动一般会涉及生产计划部门、仓库、生产部门、销售部门和会计部门。

（一）存货业务的分工与授权批准

企业的职责分工、权限范围和审批程序应当明确规范，机构设置和人员配备应当科学合理。企业应当建立存货业务的岗位责任制，明确内部相关部门和岗位的职责、权限，确保办理存货业务的不相容岗位相互分离、制约和监督。

企业应当对存货业务建立严格的授权批准制度，明确审批人对存货业务的授权批准方式、权限、程序、责任和相关控制措施，规定经办人办理存货业务的职责范围和工作要求。

企业内部除存货管理部门及仓储人员外，其余部门和人员接触存货时，应由相关部门特别授权。对于属于贵重物品、危险品或需保密物品的存货，应当规定更严格的接触限制条件，必要时，存货管理部门内部也要执行授权接触。

（二）存货业务流程

不同类型的企业有不同的存货业务特征和管理模式；即使同一企业，不同类型存货的业务流程和管控方式也不尽相同。企业建立和完善存货内部控制制度，必须结合本企业的生产经营特点，针对业务流程中主要风险点和关键环节，制定有效的控制措施；同时，充分利用计算机信息管理系统，强化会计、出入库等相关记录，确保存货管理全过程的风险得到有效控制。

生产企业的存货业务流程一般可分为取得、验收、仓储保管、生产加工、盘点处置等阶段，历经取得存货、验收入库、仓储保管、领用发出、原料加工、装配包装、盘点清查、销售处置等主要环节，如图3-47所示。具体到某个特定生产企业，存货业务流程可能较为复杂，不仅涉及上述所有环节，甚至有更多、更细的流程，且存货在企业内部要经历多次循环。例如，原材料要经历验收入库、领用加工，形成半成品后又入库保存或现场保管、领用半成品继续加工，加工完成为产成品后再入库保存，直至发出销售等过程。也有部分生产企业的生产经营活动较为简单，其存货业务流程可能只涉及上述阶段中的某几个环节。

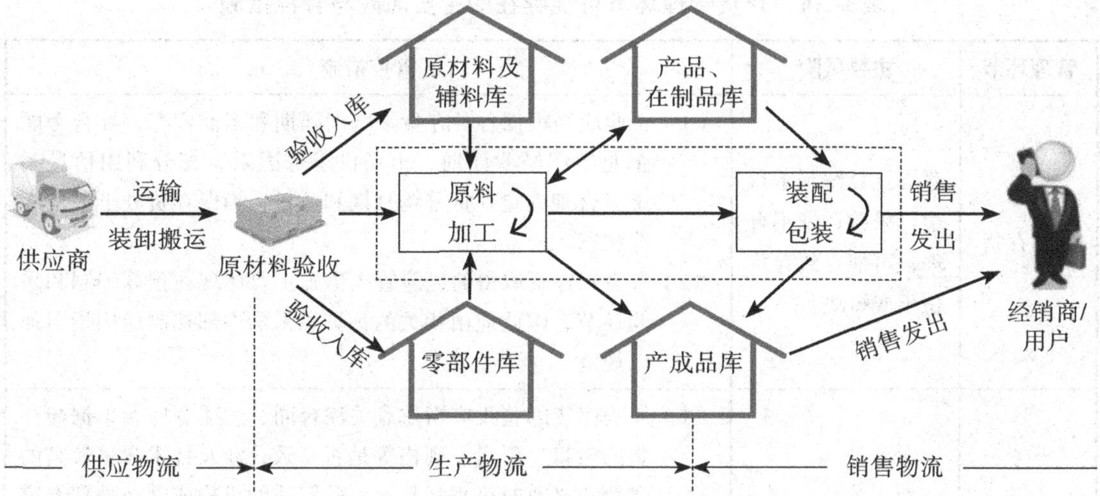

注：→为物流，↻为内部小物流，⌂为仓储，□为作业操作

图3-47 生产企业的存货业务流程

商品流通企业批发商的存货，通常经过取得、验收入库、仓储保管和销售发出等主要环节；零售商从生产企业或批发商（经销商）那里取得商品，经验收后入库保管或者直接放置在经营场所对外销售，如图3-48所示。例如，仓储式超市货架里摆放的商品就是超市的存货，商品仓储与销售过程紧密联系在一起。

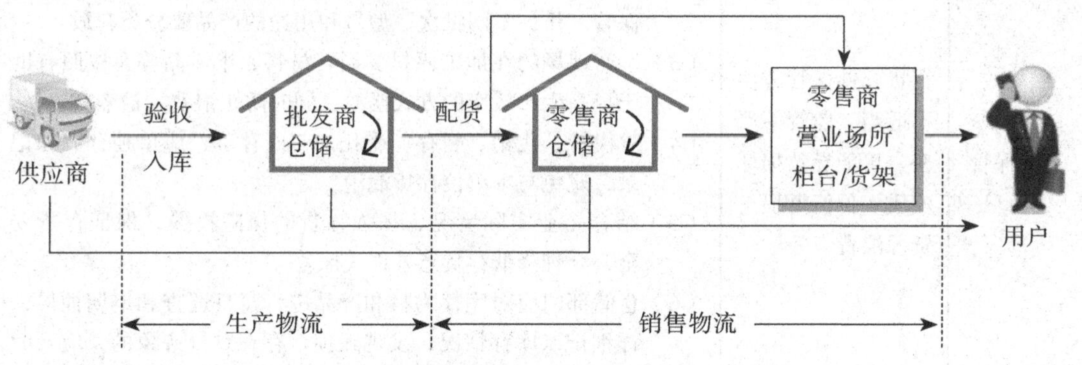

图3-48 商品流通企业的存货业务流程

总而言之，无论是生产企业，还是商品流通企业，存货取得、验收入库、仓储保管、领用发出、盘点清查、销售处置等是其共有的环节。表3-54对这些环节可能存在的主要风险与管控措施进行了阐述。

表3–54　存货管理环节可能存在的主要风险与管控措施

管理环节	主要风险	管控措施
取得存货	存货预算编制不科学、采购计划不合理，可能导致存货积压或短缺	（1）企业应当根据各种存货采购间隔期和当前库存，综合考虑企业生产经营计划、市场供求等因素，充分利用信息系统，合理确定存货采购日期和数量，确保存货处于最佳库存状态 （2）考虑到存货取得的风险管控措施主要体现在预算编制和采购环节，因此应由相关的预算和采购内部控制应用指引加以规范
验收入库	验收程序不规范、标准不明确，可能导致数量克扣、以次充好、账实不符	（1）外购存货的验收应当重点关注合同、发票等原始单据与存货的数量、质量、规格等是否一致，涉及技术含量较高的货物，必要时可委托具有检验资质的机构或聘请外部专家协助验收 （2）自制存货的验收，应当重点关注产品质量，通过检验合格的半成品、产成品才能办理入库手续，不合格品应及时查明原因、落实责任、报告处理 （3）其他方式取得存货的验收，应当重点关注存货来源、质量状况、实际价值是否符合有关合同或协议的约定
仓储保管	存货仓储保管方法不适当、监管不严密，可能导致损坏变质、价值贬损、资源浪费	（1）存货在不同仓库之间流动时，应当办理出入库手续 （2）存货仓储期间要按照仓储物资所要求的储存条件妥善贮存，做好防火、防洪、防盗、防潮、防病虫害、防变质等保管工作，不同批次、型号和用途的产品要分类存放 （3）生产现场的在加工原料、周转材料、半成品等要按照有助于提高生产效率的方式摆放，同时防止浪费、被盗和流失 （4）对代管、代销、暂存、受托加工的存货，应单独存放和记录，避免与本单位存货混淆 （5）结合企业实际情况，加强存货的保险投保，保证存货安全，合理降低存货意外损失风险 （6）仓储部门应对库存物料和产品进行每日巡查和定期抽检，详细记录库存情况；发现毁损、存在跌价迹象的，应及时与生产、采购、财务等相关部门沟通；对于进入仓库的人员应办理进出登记手续，未经授权人员不得接触存货
领用发出	存货领用发出审核不严格、手续不完备，可能导致货物流失	（1）企业根据自身的业务特点，确定适用的存货发出管理模式，制定严格的存货准出制度，明确存货发出和领用的审批权限，健全存货出库手续，加强存货领用记录 （2）无论是何种企业，对于大批存货、贵重商品或危险品的发出，均应当实行特别授权；仓储部门应当根据经审批的销售（出库）通知单发出货物

（续表）

管理环节	主要风险	管控措施
盘点清查	存货盘点清查制度不完善、计划不可行，可能导致工作流于形式、无法查清存货真实状况	（1）企业应当建立存货盘点清查工作规程，结合本企业实际情况确定盘点周期、盘点流程、盘点方法等，定期盘点和不定期抽查相结合 （2）盘点清查时，应拟定详细的盘点计划，合理安排相关人员使用科学的盘点方法，保持盘点记录的完整，保证盘点的真实性和有效性 （3）针对盘点清查结果，财务人员要及时编制盘点表，形成书面报告。对盘点清查中发现的问题，应及时查明原因，落实责任，按照规定权限报经批准后处理 （4）多部门人员共同盘点，应当充分体现相互制衡性，严格按照盘点计划执行，认真记录盘点情况 （5）企业至少应于每年年度终结开展一次全面的存货盘点清查，及时发现存货减值迹象，将盘点清查结果形成书面报告
存货处置	存货报废处置责任不明确、审批不到位，可能导致企业利益受损	企业应定期对存货进行检查，及时、充分了解存货的存储状态，对于存货变质、毁损、报废或流失的处理要分清责任、分析原因

三、固定资产的内部控制

固定资产主要包括房屋、建筑物、机器、机械、运输工具，以及其他与生产经营活动有关的设备、器具、工具等。

（一）建立固定资产业务的岗位责任制

企业应当建立固定资产业务的岗位责任制，明确相关部门和岗位的职责、权限，确保办理固定资产业务的不相容岗位相互分离、制约和监督。同一部门或个人不得办理固定资产业务的全过程。

固定资产的主要业务包括编制资本预算、购置固定资产、验收固定资产，以及固定资产保养和维修、折旧、盘点、报废与清理。为了加强控制，固定资产各项业务必须有明确的职责分工。

（1）固定资产的需求应由使用部门提出。采购部门、企业内部的建筑或建设部门一般无权提出采购或承建要求。

（2）资产请购或建造的审批人应与请购或建造要求提出者分离。

（3）资本预算的复核审批人应独立于资本预算的编制人。

（4）固定资产的验收人应同采购或承建人、款项支付人职务分离。

（5）资产使用或保管人不能同时担任资产的记账工作。

（6）资产盘查工作不能只有使用、保管人员或只有负责记账的人员参与，应有独立于这些人员的第三者共同参加。

（7）资产报废的审批人不能同时是资产报废通知单的编制人。

（二）固定资产的业务流程与控制措施

企业应当根据固定资产特点分析、归纳、设计合理的业务流程，查找管理的薄弱环节，健全风险管控措施，保证固定资产安全、完整、高效运行。固定资产业务流程通常可以分为资产取得、投保、日常维护、更新改造和报废淘汰等五个环节，如图3-49所示。

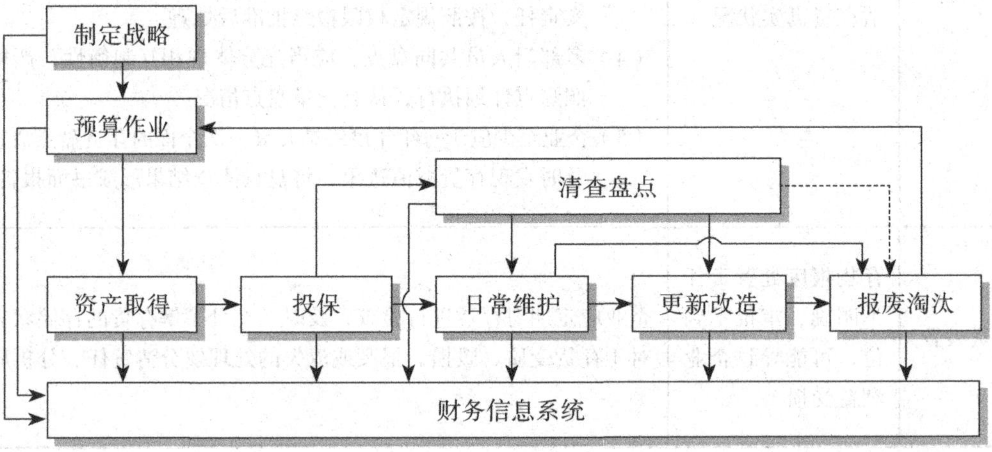

图3-49　固定资产的业务流程

表3-55对固定资产各环节可能存在的主要风险与管控措施进行了阐述。

表3-55　固定资产环节可能存在的主要风险与管控措施

管理环节	主要风险	管控措施
固定资产取得	1. 新增固定资产验收程序不规范，可能导致资产质量不符合要求，进而影响资产运行	建立严格的固定资产交付使用验收制度 （1）企业外购固定资产应当根据合同、供应商发货单等对所购固定资产的品种、规格、数量、质量、技术要求及其他内容进行验收，出具验收单，编制验收报告 （2）企业自行建造的固定资产，应由建造部门、固定资产管理部门、使用部门共同填制固定资产移交使用验收单，验收合格后移交使用部门投入使用 （3）未通过验收的不合格资产，不得接收，必须按照合同等有关规定办理退换货或采取其他弥补措施 （4）具有权属证明的资产，取得时必须有合法的权属证书

（续表）

管理环节	主要风险	管控措施
固定资产取得	2. 固定资产投保制度不健全，可能导致应投保资产未投保、索赔不力，不能有效防范资产损失风险	重视和加强固定资产的投保工作 （1）企业应当通盘考虑固定资产状况，根据其性质和特点，确定和严格执行固定资产的投保范围和政策。投保金额与投保项目力求适当，对应投保的固定资产项目按规定程序进行审批，办理投保手续，规范投保行为，应对固定资产损失风险 （2）对于重大固定资产项目的投保，应当考虑采取招标方式确定保险人，防范固定资产投保舞弊 （3）已投保的固定资产发生损失的，及时调查原因及受损金额，向保险公司办理相关的索赔手续
资产登记造册	固定资产登记内容不完整，可能导致资产流失、资产信息失真、账实不符	（1）制定适合本企业的固定资产目录，列明固定资产编号、名称、种类、所在地点、使用部门、责任人、数量、账面价值、使用年限、损耗等内容 （2）按照单项资产建立固定资产卡片，资产卡片应在资产编号上与固定资产目录保持对应关系，详细记录各项固定资产的来源、验收、使用地点、责任单位和责任人、运转、维修、改造、折旧、盘点等相关内容，便于固定资产的有效识别。固定资产目录和卡片均应定期或不定期复核，保证信息的真实性和完整性
固定资产运行维护	固定资产操作不当、失修或维护过剩，可能造成资产使用效率低下、产品残次率高、造成资源浪费，甚至引发生产事故	（1）固定资产使用部门会同资产管理部门负责固定资产的日常维修、保养工作，将资产日常维护流程体制化、程序化、标准化，定期检查，及时消除风险，提高固定资产的使用效率，切实消除安全隐患 （2）固定资产使用部门及管理部门建立固定资产运行管理档案，并制订合理的日常维修和大修理计划，经主管领导审批后执行 （3）固定资产实物管理部门审核施工单位资质和资信，并建立管理档案；修理项目应分类，明确需要招投标项目。修理完成，由施工单位出具交工验收报告，经资产使用和实物管理部门核对工程量并审批。重大项目应专项审计 （4）操作人员上岗前应由具有资质的技术人员对其进行充分的岗前培训，特殊设备实行岗位许可制度，须持证上岗，并对资产运转执行实时监控，保证资产使用流程与既定操作流程相符，确保安全运行，提高使用效率
固定资产升级改造	固定资产更新改造不够，可能造成企业产品线老化、缺乏市场竞争力	（1）定期评估固定资产技术的先进性。结合盈利能力和企业发展可持续性，资产使用部门根据需要提出技改方案，与财务部门一起进行预算可行性分析，经管理部门审核批准后执行 （2）管理部门要对技改方案实施过程适时监控、加强管理，有条件的企业应建立技改专项资金并定期或不定期审计

（续表）

管理环节	主要风险	管控措施
资产清查	固定资产丢失、毁损等造成账实不符、或资产贬值严重	（1）财务部门组织固定资产使用部门和管理部门定期进行清查，明确资产权属，确保实物与卡、财务账表相符。在清查作业实施之前，财务部门应编制清查方案，经过管理部门审核后再执行相关的清查作业 （2）清查结束后，清查人员需要编制清查报告，管理部门要对清查报告进行审核，确保清查报告的真实性和可靠性 （3）对清查过程中发现的盘盈（盘亏），应分析原因，追究责任，妥善处理。固定资产盘盈（盘亏）要在报告审核通过后及时调整固定资产账面价值，确保账实相符，并上报备案
抵押、质押	固定资产抵押制度不完善，可能导致抵押资产价值被低估和资产流失	（1）加强固定资产抵押、质押的管理，明晰固定资产抵押、质押流程，规定固定资产抵押、质押的程序和审批权限等，确保固定资产抵押、质押经过授权审批及适当程序。同时，应做好相应记录，保障企业资产安全 （2）财务部门办理资产抵押时，如需要委托专业中介机构鉴定评估固定资产的实际价值，应当会同金融机构有关人员、固定资产管理部门、固定资产使用部门现场勘验抵押品，对抵押资产的价值进行评估。对于抵押资产，应编制专门的抵押资产目录
固定资产处置	固定资产处置方式不合理，可能造成企业经济损失	企业应当建立健全固定资产处置的相关制度，区分固定资产不同的处置方式，采取相应控制措施确定固定资产处置的范围、标准、程序和审批权限，保证固定资产处置的科学性，使企业的资源得到有效的运用 （1）对使用期满、正常报废的固定资产，应由固定资产使用部门或管理部门填制固定资产报废单，经企业授权部门或人员批准后对该固定资产进行报废清理 （2）对使用期限未满、非正常报废的固定资产，应由固定资产使用部门提出报废申请，注明报废理由、估计清理费用和可回收残值、预计处置价格等。企业应组织有关部门作出技术鉴定，按规定程序审批后进行报废清理 （3）对拟出售或投资转出及非货币交换的固定资产，应由有关部门或人员提出处置申请，对固定资产价值进行评估，并出具资产评估报告，报经企业授权部门或人员批准后予以出售或转让。企业应特别关注固定资产处置中的关联交易和处置定价，固定资产的处置应由独立于固定资产管理部门和使用部门的相关授权人员办理，固定资产处置价格应报经企业授权部门或人员审批后确定。对于重大固定资产处置，应当考虑聘请具有资质的中介机构进行资产评估，采取集体审议或联签制度。涉及产权变更的，应及时办理产权变更手续

（续表）

管理环节	主要风险	管控措施
固定资产处置	固定资产处置方式不合理，可能造成企业经济损失	（4）对出租的固定资产，应由相关管理部门提出出租或出借申请，写明申请的理由和原因，并由相关授权人员和部门进行审核。审核通过后应签订出租或出借合同，包括合同双方的具体情况，出租的原因和期限等内容

四、无形资产的内部控制

无形资产是企业拥有或控制的没有实物形态的可辨认非货币性资产，通常包括专利权、非专利技术、商标权、著作权、特许权、土地使用权等。企业应当加强对无形资产的管理，建立健全无形资产分类管理制度，保护无形资产的安全，提高无形资产的使用效率，充分发挥无形资产对提升企业创新能力和核心竞争力的作用。

（一）无形资产管理的基本流程

无形资产管理的基本流程包括无形资产的取得、组织验收并落实权属关系、使用与保全、定期评估、技术升级与更新换代、处置与转移等环节，具体如图3-50所示。

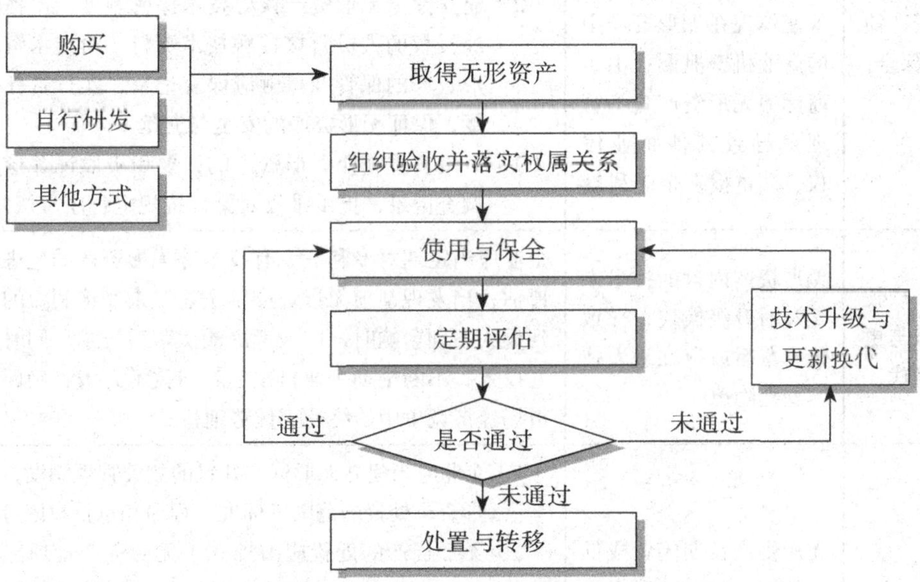

图3-50 无形资产管理的基本流程

（二）无形资产管理的主要风险与管控措施

企业应当在对无形资产取得、验收、使用、保护、评估、技术升级、处置等环节进行全面梳理的基础上，明确无形资产业务流程中的主要风险，并采用适当的控制措施实施无形资产内部控制，具体内容如表3-56所示。

表3-56 无形资产管理的主要风险与管控措施

管理环节	主要风险	管控措施
无形资产取得与验收	取得的无形资产不具先进性，或权属不清，可能导致企业资源浪费或引发法律诉讼	（1）企业应当建立严格的无形资产交付使用验收制度，明确无形资产的权属关系，及时办理产权登记手续 （2）企业外购无形资产，必须仔细审核有关合同协议等法律文件，及时取得无形资产所有权的有效证明文件，同时特别关注外购无形资产的技术先进性 （3）企业自行开发的无形资产，应由研发部门、无形资产管理部门、使用部门共同填制无形资产移交使用验收单，移交使用部门使用 （4）企业购入或者以支付土地出让金的方式取得的土地使用权，必须取得土地使用权的有效证明文件 （5）当无形资产权属关系发生变动时，应当按照规定及时办理权证转移手续
无形资产使用与保全	无形资产使用效率低下，效能发挥不到位；缺乏严格的保密制度，致使体现在无形资产中的商业机密泄漏；由于商标等无形资产疏于管理，导致其他企业侵权，严重损害企业利益	（1）企业应当强化无形资产使用过程的风险管控，充分发挥无形资产对提升企业产品质量和市场影响力的重要作用 （2）建立健全无形资产核心技术保密制度，严格限制未经授权的人员直接接触技术资料。对技术资料等无形资产的保管及接触应保有记录，实行责任追究制度，保证无形资产的安全与完整 （3）对侵害本企业无形资产的，要积极取证并形成书面调查记录，提出维权对策，按规定程序审核并上报
无形资产技术升级与更新换代	无形资产内含的技术未能及时升级换代，导致技术落后或存在重大技术安全隐患	企业应当定期对专利、专有技术等无形资产的先进性进行评估，当发现某项无形资产给企业带来经济利益的能力受到重大不利影响时，应当考虑淘汰落后技术，同时加大研发投入，不断推动企业自主创新与技术升级，确保企业在市场经济竞争中始终处于优势地位
无形资产处置	无形资产长期闲置或低效使用，就会逐渐失去其使用价值；无形资产处置不当，往往造成企业资产流失	（1）企业应当建立无形资产处置的相关管理制度，明确无形资产处置的范围、标准、程序和审批权限等要求 （2）无形资产的处置应由独立于无形资产管理部门和使用部门的其他部门或人员，按照规定的权限和程序办理 （3）应当选择合理的方式确定处置价格，并报经企业授权部门或人员审批 （4）重大的无形资产处置，应当委托具有资质的中介机构进行资产评估

第十三节　担保业务风险与内部控制

担保是指企业依据《中华人民共和国担保法》和担保合同或者协议，按照公平、自愿、互利的原则向被担保人提供一定方式的担保并依法承担相应法律责任的行为，不包含担保公司的担保业务及按揭销售中涉及的担保等具有日常经营性质的担保行为。

建立健全担保内部控制制度，是规范担保行为、降低担保风险的有效途径，而在各控制关键点建立一套相互牵制、相互稽查、相互监督的内部控制体系，是企业内部控制制度的中心环节，其根本目的在于规范担保行为、防范担保风险、促进企业资金良性循环。

一、担保业务应关注的风险

（1）担保违反国家法律法规，可能遭受外部处罚、经济损失和信誉损失。

（2）担保业务未经适当审批或超越授权审批，企业可能因重大差错、舞弊、欺诈而遭受损失。

（3）担保评估不适当，企业可能因诉讼、代偿等遭受损失。

（4）担保执行监控不当，可能导致企业经营效率低下或资产遭受损失。

二、担保业务的职责分工与授权批准

企业应当建立担保业务的岗位责任制，明确相关部门和岗位的职责权限，确保办理担保业务的不相容岗位相互分离、制约和监督。

（一）担保业务不相容岗位

担保业务不相容岗位至少包括：

（1）担保业务的评估与审批；

（2）担保业务的审批与执行；

（3）担保业务的执行与核对；

（4）担保业务相关财产保管与担保业务记录。

（二）建立担保授权制度和审核批准制度

企业应明确审批人对担保业务的授权批准方式、权限、程序、责任和相关控制措施。

（三）制定担保政策

企业应当制定担保政策，明确担保的对象、范围、方式、条件、程序、担保限额和禁止担保的事项，定期检查担保政策的执行情况及效果。

（四）制定担保业务流程

企业应当制定担保业务流程，明确担保业务的评估、审批、执行等。企业内设机构和分支机构不得对外提供担保。

（五）建立担保业务责任追究制度

企业应当建立担保业务责任追究制度，对在担保中出现重大决策失误、未履行集体审批程序或不按规定执行担保业务的部门及人员，应当严格追究责任人的责任。

三、担保业务的一般流程

企业办理担保业务，一般包括受理申请、调查评估、审批、签订担保合同、进行日常监控等流程，具体如图3-51所示。该图列示的担保流程适用于各类企业的一般担保业务，具有通用性。企业在开展担保业务时，可以参照此流程并结合自身情况予以扩充和细化。

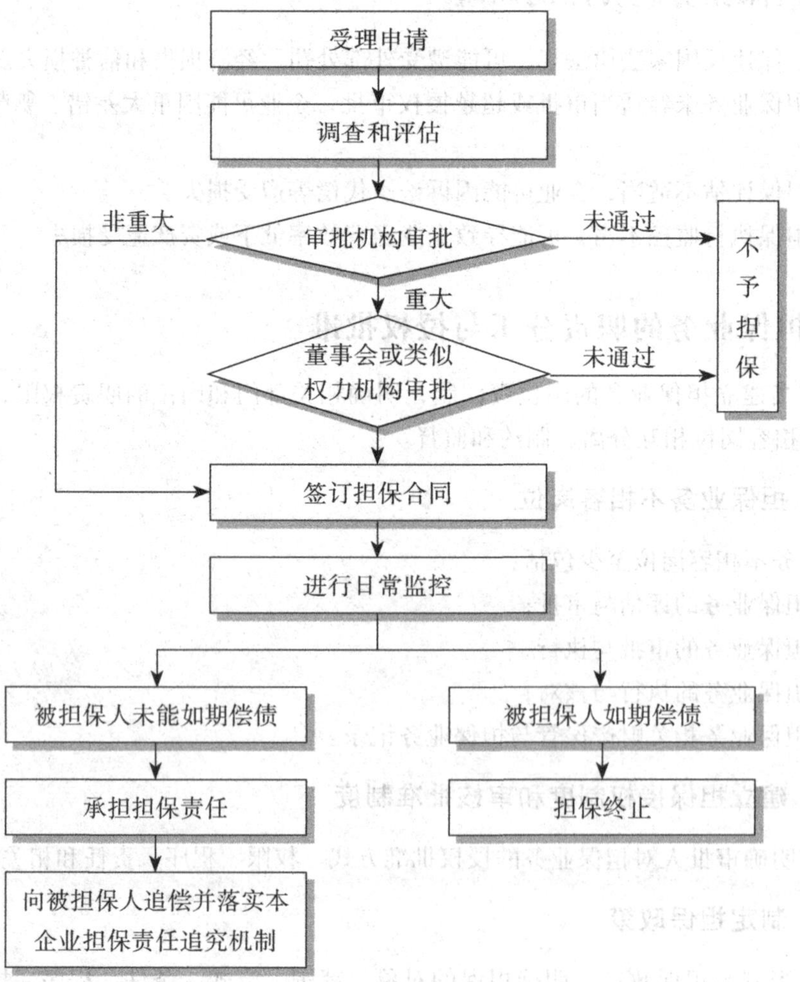

图3-51　担保业务的一般流程

四、担保业务的关键控制点和主要管控措施

（一）受理申请

受理申请是企业办理担保业务的第一道关口，其主要风险与管控措施如表3-57所示。

表3-57　受理申请的主要风险与管控措施

主要风险	（1）企业担保政策和相关管理制度不健全，导致难以对担保申请人提出的担保申请进行初步评价和审核 （2）对担保申请人提出的担保申请审查把关不严，导致申请受理流于形式
管控措施	（1）依法制定和完善本企业的担保政策和相关管理制度，明确担保的对象、范围、方式、条件、程序、担保限额和禁止担保事项等 （2）严格按照担保政策和相关管理制度对担保申请人提出的担保申请进行审核。例如，担保申请人是否属于可以提供担保的对象。一般而言，对于与本企业存在密切业务关系需要互保的企业、与本企业有潜在重要业务关系的企业、本企业的子公司及具有控制关系的其他企业等，可以考虑提供担保；反之，则必须十分慎重。又如，对担保申请人整体实力、经营状况、信用水平的了解情况。如果担保申请人实力较强、经营良好、恪守信用，可以考虑接受申请；反之，则不应受理。再如，担保申请人申请资料的完备情况，如果资料完备、情况翔实，可予受理；反之，则不予受理

（二）调查和评估

企业在受理担保申请后对担保申请人进行的资信调查和风险评估，是办理担保业务中不可或缺的重要环节。它在相当程度上影响甚至决定担保业务的未来走向。这一环节的主要风险与管控措施如表3-58所示。

表3-58　调查和评估的主要风险与管控措施

主要风险	对担保申请人的资信调查不深入、不透彻，对担保项目的风险评估不全面、不科学，导致企业担保决策失误或遭受欺诈，为担保业务埋下巨大隐患
管控措施	（1）委派具备胜任能力的专业人员开展调查和评估。调查评估人员与担保业务审批人员应当分离。担保申请人为企业关联方的，与关联方存在经济利益或近亲属关系的有关人员不得参与调查评估。企业可以自行对担保申请人进行资信调查和风险评估，也可以委托中介机构承担这一工作，同时应加强对中介机构工作情况的监控 （2）对担保申请人资信状况和有关情况进行全面、客观的调查评估。在调查和评估中，应当重点关注以下事项： ①担保业务是否符合国家法律法规和本企业担保政策的要求，凡与国家法律法规和本企业担保政策相抵触的业务，一律不得提供担保

（续表）

管控措施	②担保申请人的资信状况，包括基本情况、资产质量、财务状况、经营情况、信用程度以及行业前景等 ③担保申请人用于担保和第三方担保的资产状况及其权利归属 ④企业要求担保申请人提供反担保的，还应对与反担保有关的资产状况进行评估。 企业应当综合运用各种行之有效的方式方法，对担保申请人的资信状况进行调查了解，务求真实准确。例如，在对担保申请人财务状况进行调查时，要深入分析其短期偿债能力、长期偿债能力、盈利能力、资产管理能力和可持续发展能力等核心指标，从而做到胸有成竹、防患于未然。涉及对境外企业提供担保的，还应特别关注担保申请人所在国家和地区的政治、经济、法律等因素，并评估外汇政策、汇率变动等可能对担保业务造成的影响 （3）对担保项目经营前景和盈利能力进行合理预测。企业整体的资信状况和担保项目的预期运营情况，构成判断担保申请人偿债能力的两大重要因素，应当予以重视 （4）划定不予担保的"红线"，并结合调查评估情况作出判断。《企业内部控制应用指引第12号——担保》明确规定了以下五类不予担保的情形： ①担保项目不符合国家法律法规和本企业担保政策的 ②担保申请人已进入重组、托管、兼并或破产清算程序的 ③担保申请人财务状况恶化、资不抵债、管理混乱、经营风险较大的 ④担保申请人与其他企业存在较大经济纠纷，面临法律诉讼且可能承担较大赔偿责任的 ⑤担保申请人与本企业发生过担保纠纷且仍未妥善解决的，或不能及时足额交纳担保费用的 各企业应当将上述五类情形作为办理担保业务的"高压线"，严格遵守、不得突破；同时，可以结合企业自身的实际情况，进一步充实、完善有关管理要求，切实防范为"带病"企业提供担保 （5）形成书面评估报告，全面反映调查评估情况，为担保决策提供第一手资料。企业应当规范评估报告的形式和内容，妥善保管评估报告，并将其作为日后追究有关人员担保责任的重要依据

（三）审批

审批环节在担保业务中具有承上启下的作用，既是对调查评估结果的判断和认定，也是担保业务能否进入实际执行阶段的必经之路。这一环节的主要风险与管控措施如表3–59所示。

表3–59　审批的主要风险与管控措施

主要风险	（1）授权审批制度不健全，导致对担保业务的审批不规范 （2）审批不严格或者越权审批，导致担保决策出现重大疏漏，可能引发严重后果 （3）审批过程存在舞弊行为，可能导致经办审批等相关人员涉案或企业利益受损

（续表）

管控措施	（1）建立和完善担保授权审批制度，明确授权批准的方式、权限、程序、责任和相关控制措施，规定各层级人员应当在授权范围内进行审批，不得超越权限审批。企业内设机构不得以企业名义对外提供担保。企业应当加大分公司对外担保的管控力度，严格限制分公司担保行为，避免因分公司违规担保为本企业带来不利后果 （2）建立和完善重大担保业务的集体决策审批制度。企业应当根据《公司法》等国家法律法规，结合企业章程和有关管理制度，明确重大担保业务的判断标准、审批权限和程序。上市公司的重大对外担保，应取得董事会全体成员2/3以上签署同意或者经股东大会批准，未经董事会或者类似权力机构批准，不得对外提供重大担保 （3）认真审查担保申请人的调查评估报告，在充分了解掌握有关情况的基础上，权衡比较本企业净资产状况、担保限额与担保申请人提出的担保金额，确保将担保金额控制在企业设定的担保限额之内 （4）从严办理担保变更审批。被担保人要求变更担保事项的，企业应当重新履行调查评估程序，根据新的调查评估报告重新履行审批手续

（四）签订担保合同

担保合同是审批机构同意办理担保业务的直接体现，也是约定担保双方权利义务的基础载体。这一环节的主要风险与管控措施如表3-60所示。

表3-60　签订担保合同的主要风险与管控措施

主要风险	未经授权对外订立担保合同，或者担保合同内容存在重大疏漏和欺诈，可能导致企业诉讼失败、权利追索被动、经济利益和形象信誉受损
管控措施	（1）严格按照经审核批准的担保业务订立担保合同。合同订立经办人员应当在职责范围内，按照审批人员的批准意见拟订合同条款 （2）认真审核合同条款，确保内容完整、表述严谨准确、相关手续齐备。在担保合同中应明确被担保人的权利、义务、违约责任等相关内容，并要求被担保人定期提供财务报告和有关资料，及时通报担保事项的实施情况。如果担保申请人同时向多方申请担保，那么企业应当在担保合同中明确约定本企业的担保份额和相应的责任 （3）实行担保合同会审联签。除担保业务经办部门之外，鼓励和倡导企业法律部门、财务部门、内审部门等参与担保合同会审联签，增强担保合同的合法性、规范性、完备性，有效避免权利义务约定、合同文本表述等方面的疏漏 （4）加强对有关身份证明和印章的管理。例如，在担保合同签订过程中，依照法律规定和企业内部管理制度，往往需要提供、使用企业法定代表人的身份证明、个人印章和担保合同专用章等。因此，企业必须加强对身份证明和印章的管理，保证担保合同用章用印符合当事人真实意愿 （5）规范担保合同记录、传递和保管，确保担保合同运转轨迹清晰完整、有案可查

（五）日常监控

担保合同的签订，标志着企业的担保权利和担保责任进入法律意义上的实际履行阶段。企业应切实加强对担保合同执行情况的日常监控，通过及时、准确、全面地了解及掌握被担保人的经营状况、财务状况和担保项目运行情况，最大限度地实现企业的担保权益，最大限度地降低企业的担保责任。这一环节的主要风险与管控措施如表3-61所示。

表3-61　日常监控的主要风险与管控措施

主要风险	"重合同签订，轻后续管理"，对担保合同履行情况疏于监控或监控不当，导致企业不能及时发现和妥善应对被担保人的异常情况，可能延误处置时机，加剧担保风险，加重经济损失
管控措施	（1）指定专人定期监测被担保人的经营情况和财务状况，对被担保人进行跟踪和监督，了解担保项目的执行、资金使用、贷款归还、财务运行及风险等情况，促进担保合同有效履行。企业财务部门要及时（最好是按月或者按季）收集、分析被担保人担保期内的财务报告等相关资料，持续关注被担保人的财务状况、经营成果、现金流量以及担保合同的履行情况，积极配合担保经办部门防范担保业务风险 （2）及时报告被担保人异常情况和重要信息。企业有关部门和人员在实施日常监控过程中发现被担保人经营困难、债务沉重，或者存在违反担保合同的其他各种情况，应当按照《企业内部控制应用指引第17号——内部信息传递》的要求，在第一时间向企业有关管理人员作出报告，以便及时采取有针对性的应对措施

（六）会计控制

担保业务直接涉及担保财产、费用收取、财务分析、债务承担、会计处理和相关信息披露等，决定了会计控制在担保业务经办中具有举足轻重的作用。这一环节的主要风险与管控措施如表3-62所示。

表3-62　会计控制的主要风险与管控措施

主要风险	会计系统控制不力，可能导致担保业务记录残缺不全，日常监控难以奏效，或者担保会计处理和信息披露不符合有关监管要求，可能引发行政处罚
管控措施	（1）健全担保业务经办部门与财务部门的信息沟通机制，促进担保信息及时有效的沟通 （2）建立担保事项台账，详细记录担保对象、金额、期限、用于抵押和质押的物品或权利，以及其他有关事项；同时，及时足额收取担保费用，维护企业担保权益 （3）严格按照国家统一的会计准则制度进行担保会计处理，发现被担保人出现财务状况恶化、资不抵债、破产清算等情形的，应当合理确认预计负债和损失。涉及上市公司的，还应当区别不同情况依法予以公告 （4）切实加强对反担保财产的管理，妥善保管被担保人用于反担保的权利凭证，定期核实财产的存续状况和价值，发现问题及时处理，确保反担保财产安全完整

（续表）

管控措施	（5）夯实担保合同基础管理，妥善保管担保合同、与担保合同相关的主合同、反担保函或反担保合同，以及抵押、质押的权利凭证和有关原始资料，做到担保业务档案完整无缺。当担保合同到期时，企业要全面清查用于担保的财产、权利凭证，按照合同约定及时终止担保关系

（七）代为清偿和权利追索

被担保人在担保期间如果顺利履行了对银行等债权人的偿债义务，且向担保企业及时足额支付了担保费用，担保合同一般应予终止，担保双方可以解除担保权利责任。但在实践中，由于各方面因素的影响，部分被担保人无法偿还到期债务，"连累"担保企业不得不按照担保合同约定承担清偿债务的责任。因此，在代为清偿后依法主张对被担保人的追赔偿权，成为担保企业降低担保损失的最后一道屏障。这一环节的主要风险与管控措施如表3-63所示。

表3-63　代为清偿和权利追索的主要风险与管控措施

主要风险	（1）违背担保合同约定不履行代为清偿义务，可能被银行等债权人诉诸法律成为连带被告，影响企业形象和声誉 （2）承担代为清偿义务后向被担保人追索赔偿不力，可能造成较大经济损失
管控措施	（1）强化法制意识和责任观念，在被担保人确实无力偿付债务或履行相关合同义务时，自觉按照担保合同承担代偿义务，维护企业诚实守信的市场形象 （2）运用法律武器向被担保人追索赔偿权利。在此过程中，企业担保业务经办部门、财务部门、法律部门等应当通力合作，做到在司法程序中举证有力；同时，依法处置被担保人的反担保财产，尽力减少企业经济损失 （3）启动担保业务后评估工作，严格落实担保业务责任追究制度，对在担保中出现重大决策失误、未履行集体审批程序或不按规定管理担保业务的部门及人员，严格追究其行政责任和经济责任，并深入开展总结分析，举一反三，不断完善担保业务内控制度，严控担保风险，促进企业稳健发展

第十四节　业务外包风险与内部控制

《企业内部控制应用指引第13号——业务外包》所称的业务外包，是指企业利用专业化分工优势，将日常经营中的部分业务委托给本企业以外的专业服务机构或经济组织（以下简称"承包方"）完成的经营行为，通常包括研发、资信调查、可行性研究、委托加工、物业管理、客户服务和IT服务等。

一、业务外包应关注的风险

企业的业务外包至少应当关注下列风险：

（1）外包范围确定不合理、承包方选择不当，可能导致企业遭受损失；

（2）外包业务监控不严、服务质量低劣，可能导致企业难以发挥业务外包的优势；

（3）业务外包存在商业贿赂等舞弊行为，可能导致企业相关人员涉案。

二、业务外包的基本流程

业务外包的基本流程包括制定业务外包实施方案、选择承包方、审核批准、签订业务外包合同、组织实施业务外包、业务外包过程管理、验收、会计控制等环节。图3-52列示的业务外包流程适用于各类企业的一般业务外包，具有通用性。企业在实际开展业务外包时，可以参照此流程，并结合自身情况予以扩充和具体化。

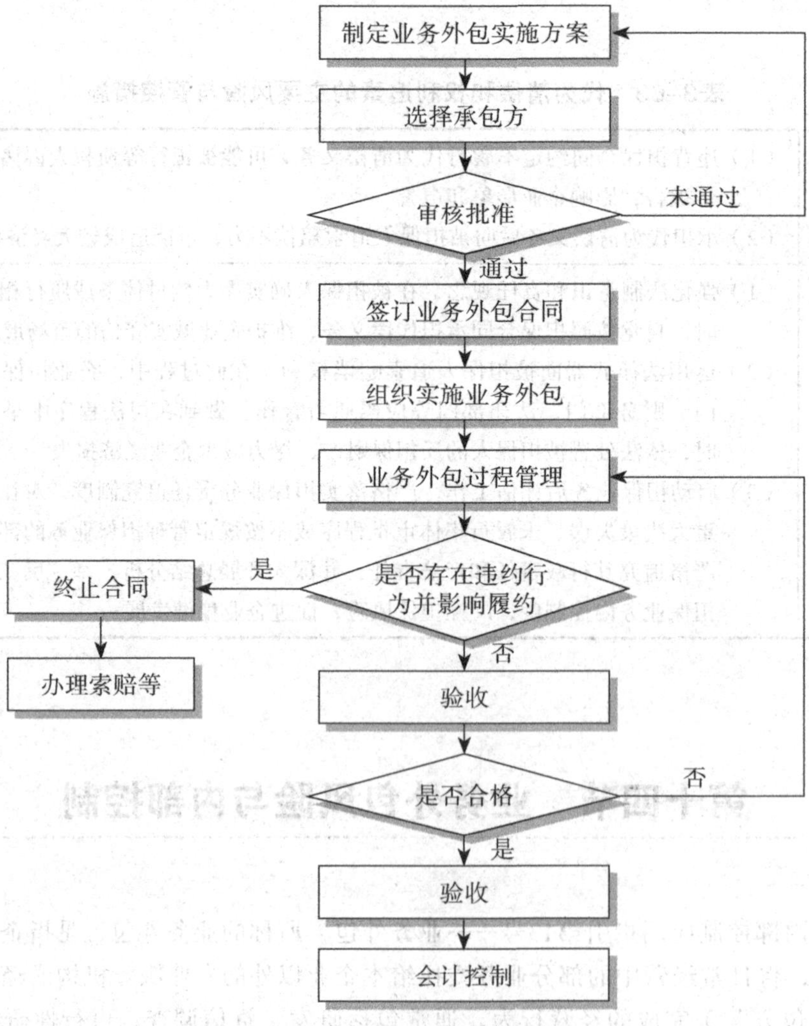

图3-52　业务外包基本流程

三、业务外包的主要风险点与管控措施

（一）制定业务外包实施方案

制定业务外包实施方案是指企业根据年度生产经营计划和业务外包管理制度，结合确定的业务外包范围制定实施方案。该环节的主要风险与管控措施如表3-64所示。

表3-64 制定业务外包实施方案的主要风险与管控措施

主要风险	（1）企业缺乏业务外包管理制度，导致制定实施方案无据可依 （2）业务外包管理制度未明确业务外包范围，可能导致有关部门在制定实施方案时，将不宜外包的核心业务外包出去 （3）实施方案不合理、不符合企业生产经营特点，或内容不完整，可能导致业务外包失败
管控措施	（1）建立和完善业务外包管理制度，根据各类业务与核心主业的关联度、对外包业务的控制程度以及外部市场成熟度等标准，合理确定业务外包的范围，并根据是否对企业生产经营有重大影响对外包业务实施分类管理，以突出管控重点，同时明确规定业务外包的方式、条件、程序和实施要点等相关内容 （2）严格按照业务外包管理制度规定的业务外包范围、方式、条件、程序和实施要点等内容制定实施方案，避免将核心业务外包，同时确保方案的完整性 （3）根据企业年度预算以及生产经营计划，对实施方案的重要内容进行深入评估以及复核，包括承包方的选择方案、外包业务的成本效益及风险、外包合同期限、外包方式、员工培训计划等，确保方案的可行性 （4）认真听取外部专业人员对业务外包的意见，并根据其合理化建议完善实施方案

（二）审核批准

审核批准是指企业应当按照规定的权限和程序审核批准业务外包实施方案。该环节的主要风险与管控措施如表3-65所示。

表3-65 审核批准环节的主要风险与管控措施

主要风险	（1）审批制度不健全，导致业务外包审批流程不规范 （2）审批不严格或者越权审批，导致业务外包决策出现重大疏漏，可能引发严重后果 （3）未能对业务外包实施方案是否符合成本效益原则进行合理审核，以及作出恰当判断，导致业务外包不经济
管控措施	（1）建立和完善业务外包审核批准制度。明确授权批准的方式、权限、程序、责任和相关控制措施，规定各层级人员应当在授权范围内进行审批，不得超越权限审批。同时加大对分公司重大业务外包的管控力度，避免因分公司越权业务外包给企业带来不利后果

（续表）

管控措施	（2）在对业务外包实施方案进行审查和评价时，应当着重对比分析该业务项目在自营与外包情况下的风险和收益，确定外包的合理性和可行性 （3）总会计师或企业分管会计工作的负责人应当参与重大业务外包的决策，对业务外包的经济效益做出合理评价 （4）对于重大业务外包方案，应当提交董事会或类似权力机构审批

（三）选择承包方

选择承包方是指企业要按照批准的业务外包实施方案选择承包方。该环节的主要风险与管控措施如表3-66所示。

表3-66　选择承包方的主要风险与管控措施

主要风险	（1）承包方不是合法设立的法人主体，缺乏应有的专业资质，从业人员不具备专业技术资格，缺乏从事相关项目的经验，导致企业遭受损失甚至陷入法律纠纷 （2）外包价格不合理，业务外包成本过高导致难以发挥业务外包的优势 （3）存在接受商业贿赂的舞弊行为，导致相关人员涉案
管控措施	（1）充分调查候选承包方的合法性，即是否为依法成立、合法经营的专业服务机构或经济组织，是否具有相应的经营范围和固定的办公场所 （2）调查候选承包方的专业资质、技术实力及其从业人员的履历和专业技能 （3）考察候选承包方从事类似项目的成功案例、业界评价和口碑 （4）综合考虑企业内外部因素，对业务外包的人工成本、营销成本、业务收入、人力资源等指标进行测算分析，合理确定外包价格，严格控制业务外包成本 （5）引入竞争机制，按照有关法律法规，遵循公开、公平、公正的原则，采用招标方式等择优选择承包方 （6）按照规定的程序和权限在候选承包方中作出选择，并建立严格的回避制度和监督处罚制度，避免相关人员在选择承包方的过程中出现受贿和舞弊行为

（四）签订业务外包合同

确定承包方后，企业应当及时与选定的承包方签订业务外包合同，约定业务外包的内容和范围，双方权利和义务，服务和质量标准，保密事项，费用结算标准和违约责任等事项。该环节的主要风险与管控措施如表3-67所示。

表3-67　签订业务外包合同的主要风险与管控措施

主要风险	（1）合同条款未能针对业务外包风险做出明确的约定，对承办方的违约责任界定不够清晰，导致企业陷入合同纠纷和诉讼 （2）合同约定的业务外包价格不合理或成本费用过高，导致企业遭受损失

（续表）

管控措施	（1）在订立外包合同前，充分考虑业务外包方案中识别出的重要风险因素，并通过合同条款予以有效规避或降低 （2）在合同规定的内容和范围方面，注明承包方提供的服务类型、数量、成本，以及明确界定服务的环节、作业方式、作业时间、服务费用等细节 （3）在合同规定的服务和质量标准方面，规定外包商最低的服务水平以及未能满足标准实施的补救措施 （4）在合同规定的权利和义务方面，明确企业有权督促承包方改进服务流程和方法，承包方有责任按照合同协议规定的方式和频率，将外包实施的进度和现状告知企业，并对存在的问题进行有效沟通 （5）在合同的保密事项方面，应具体约定对于涉及本企业机密的业务和事项，承包方有责任履行保密义务 （6）在费用结算标准方面，综合考虑内外部因素，合理确定外包价格，严格控制业务外包成本 （7）在违约责任方面，制定既具原则性又体现一定灵活性的合同条款，以适应环境、技术和企业自身业务的变化

（五）组织实施业务外包

组织实施业务外包是指企业严格按照业务外包制度、工作流程和相关要求，组织业务外包过程中人、财、物等方面的资源分配，建立与承包方的合作机制。该环节的主要风险与管控措施如表3-68所示。

表3-68　实施业务外包的主要风险与管控措施

主要风险	组织实施业务外包的工作不充分或未落实到位，影响下一环节业务外包过程管理的有效实施，导致难以实现业务外包目标
管控措施	（1）按照业务外包制度、工作流程和相关要求，制定业务外包实施全过程的管控措施，包括落实与承包方之间的资产管理、信息资料管理、人力资源管理、安全保密管理等机制，确保承包方在履行外包业务合同时有章可循 （2）做好与承包方的对接工作，通过培训等方式确保承包方充分了解企业的工作流程和质量要求，从价值链的起点开始控制业务质量 （3）与承包方建立并保持畅通的沟通协调机制，以便及时发现并有效解决业务外包过程中存在的问题 （4）梳理有关工作流程，提出每个环节上的岗位职责分工、运营模式、管理机制、质量水平等方面的要求，并建立对应的即时监控机制，及时检查、收集和反馈业务外包实施过程的相关信息

（六）业务外包过程管理

根据业务外包合同的约定，承包方会采取在特定时点向企业一次性交付产品或在一定期间内持续提供服务的方式交付业务外包成果。由于承包方交付成果的方式不同，业务外包过程也有所不同，前者的业务外包过程是指承包方对产品的设计制造过程，后者的业务外包过程是指承包方持续提供服务的整个过程。该环节的主要风险与管控措施如表3-69所示。

表3-69　业务外包过程管理的主要风险与管控措施

主要风险	（1）承包方在合同期内因市场变化等原因不能保持履约能力，无法继续按照合同约定履行义务，导致业务外包失败，本企业生产经营活动中断 （2）承包方出现未按照业务外包合同约定的质量要求持续提供合格的产品或服务等违约行为，导致企业难以发挥业务外包优势，甚至遭受重大损失 （3）管控不力，导致商业秘密泄漏
管控措施	（1）在承包方提供服务或制造产品的过程中，密切关注重大业务外包承包方的履约能力，采取承包方动态管理方式，对承包方开展日常绩效评价和定期考核 （2）对承包方的履约能力进行持续评估，包括承包方对该项目的投入是否能够支持其产品或服务质量达到企业预期目标，承包方自身的财务状况、生产能力、技术创新能力等综合能力是否满足该项目的要求 （3）建立即时监控机制，一旦发现偏离合同目标等情况，应及时要求承包方调整改进 （4）对重大业务外包的各种意外情况做出充分预计，建立相应的应急机制，制定临时替代方案，避免业务外包失败造成企业生产经营活动中断 （5）有确凿证据表明承包方存在重大违约行为，并导致业务外包合同无法履行的，应当及时终止合同，并指定有关部门按照法律程序向承包方索赔 （6）切实加强对业务外包过程中形成的商业信息资料的管理

（七）验收

在业务外包合同执行完成后需要验收的，企业应当组织相关部门或人员对完成的业务外包合同进行验收。该环节的主要风险与管控措施如表3-70所示。

表3-70　验收的主要风险与管控措施

主要风险	验收方式与业务外包成果交付方式不匹配，验收标准不明确，验收程序不规范，使验收工作流于形式，不能及时发现业务外包质量低劣等情况，可能导致企业遭受损失
管控措施	（1）根据承包方业务外包成果交付方式的特点，制定不同的验收方式。一般而言，可以对最终产品或服务进行一次性验收，也可以在整个外包过程中分阶段验收 （2）根据业务外包合同的约定，结合在日常绩效评价基础上对外包业务质量是否达到预期目标进行基本评价，确定验收标准

（续表）

管控措施	（3）组织有关职能部门、财务部门、质量控制部门等相关人员严格按照验收标准对承包方交付的产品或服务进行审查和全面测试，确保产品或服务符合需求，并出具验收证明 （4）验收过程中发现异常情况的，应当立即报告，查明原因，视问题的严重性与承包方协商采取恰当的补救措施，并依法索赔 （5）根据验收结果对业务外包是否达到预期目标作出总体评价，据此对业务外包管理制度和流程进行改进和优化

（八）会计控制

会计控制是指企业根据国家统一的会计准则制度，加强对外包业务的核算与监督，并做好外包费用结算工作。该环节的主要风险与管控措施如表3-71所示。

表3-71　会计控制的主要风险与管控措施

主要风险	（1）缺乏有效的业务外包会计系统控制，未能全面真实地记录和反映企业业务外包各环节的资金流和实物流情况，可能导致企业资产流失或贬损 （2）业务外包相关会计处理不当，可能导致财务报告信息失真 （3）结算审核不严格、支付方式不恰当、金额控制不严，可能导致企业资金损失或信用受损
管控措施	（1）企业财务部门应当根据国家统一的会计准则制度，对业务外包过程中交由承包方使用的资产、涉及资产负债变动的事项以及外包合同诉讼等加强核算与监督 （2）根据企业会计准则制度的规定，结合外包业务特点和企业管理机制，建立完善外包成本的会计核算方法，进行有关会计处理，并在财务报告中作出必要、充分的披露 （3）在向承包方结算费用时，应当依据验收证明，严格按照合同约定的结算条件、方式和标准办理支付

第十五节　财务报告业务风险与内部控制

财务报告是指企业对外提供的反映企业某一特定日期财务状况和某一会计期间经营成果、现金流量等会计信息的文件。

财务报告是综合反映企业经营效果和效率的文件，是其他内部控制制度是否有效运行的综合体现。财务报表的编制和披露内控制度是会计信息准确、有用、及时、完整的重要保证，同时也是企业风险控制的重要依据。财务报告不真实、不完整往往是企业的重要风险之源。

一、财务报告内部控制的目标

企业编制财务报告内部控制的目标如图3-53所示。

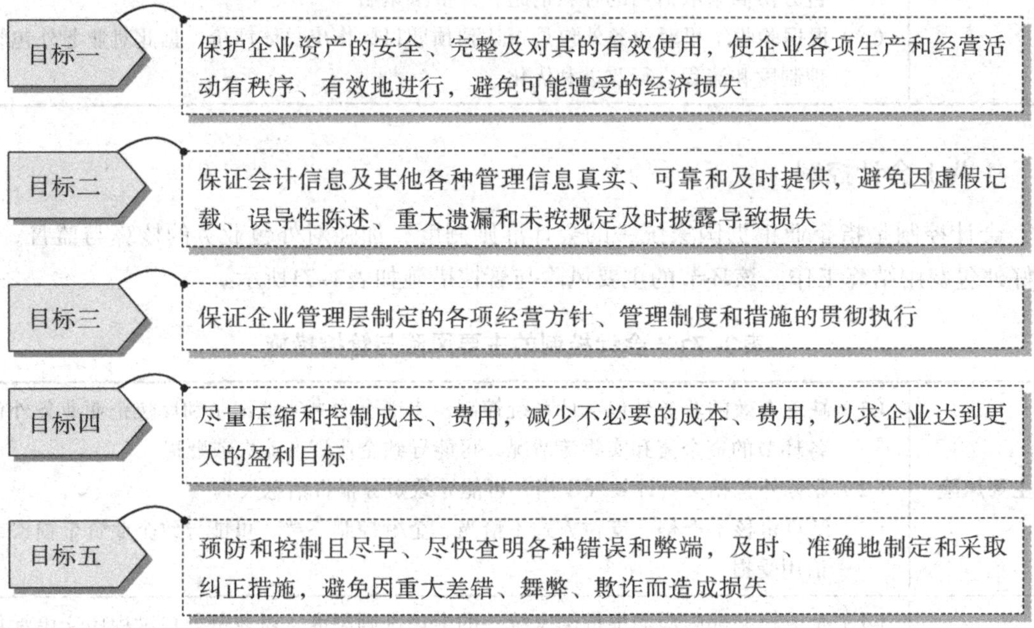

图3-53　财务报告内部控制的目标

二、财务报告应关注的风险

企业编制、对外提供和分析利用财务报告，至少应当关注下列风险：

（1）财务报告编制违反会计法律法规和国家统一的会计准则制度，可能导致企业承担法律责任、遭受损失以及声誉受损；

（2）对外提供的财务报告审核不严或审计不当，出现报告虚假和重大遗漏，可能误导投资人等报告使用者，造成决策失误，干扰市场秩序；

（3）财务报告未能充分利用，信息资源浪费，不利于揭示经营管理中的问题，可能导致企业财务和经营风险失控。

三、财务报告的编制流程

企业在实际操作中，应当充分结合自身业务特点和管理要求，构建和优化财务报告编制流程。财务报告的通用编制流程如图3-54所示。

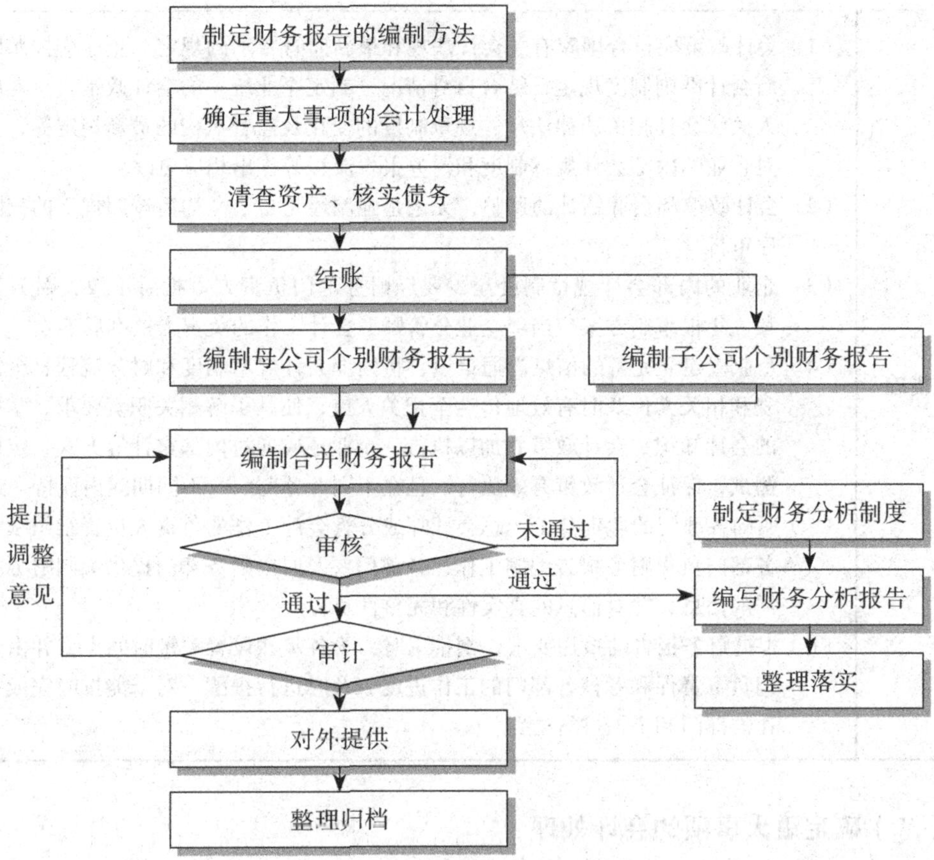

图3-54 财务报告编制流程

四、财务报告编制阶段的主要风险点与管控措施

（一）制定财务报告的编制方案

企业财务部门应在编制财务报告前制定财务报告编制方案，并由财务部门负责人审核。财务报告编制方案应明确财务报告编制方法（包括会计政策和会计估计，合并方法、范围与原则等）、财务报告编制程序、职责分工（包括牵头部门与相关配合部门的分工与责任等）、编报时间安排等相关内容。该环节的主要风险与管控措施如表3-72所示。

表3-72 制定财务报告编制方案的主要风险与管控措施

主要风险	（1）会计政策未能有效更新，不符合有关法律法规 （2）重要会计政策、会计估计变更未经审批，导致会计政策使用不当 （3）会计政策未能有效贯彻、执行 （4）各部门职责、分工不清，导致数据传递出现差错、遗漏、格式不一致等 （5）各步骤时间安排不明确，导致整体编制进度延后，违反相关报送要求

（续表）

管控措施	（1）会计政策应符合国家有关会计法规和最新监管要求的规定。企业应按照国家最新会计准则制度规定，结合自身情况，制定企业统一的会计政策。企业应有专人关注会计相关法律法规、规章制度的变化及监管机构的最新规定等，并及时对企业的内部会计规章制度和财务报告流程等作出相应更改 （2）会计政策和会计估计的调整，无论是强制还是自愿，均需按照规定的权限和程序审批 （3）企业的内部会计规章制度至少要经财务部门负责人审批后生效，财务报告流程、年报编制方案应当经企业分管财务会计工作的负责人核准后签发 （4）企业应建立完备的信息沟通渠道，将内部会计规章制度和财务流程、会计科目表和相关文件及时有效地传达至相关人员，使其了解相关职责要求、掌握适当的会计知识、会计政策并加以执行。企业还应通过内部审计等方式，定期进行测试，保证会计政策有效执行，且在不同业务部门、不同期间内保持一致性 （5）明确各部门的职责分工，总会计师或分管会计工作的负责人负责组织领导；财务部门负责财务报告编制工作；各部门要及时向财务部门提供编制财务报告所需的信息，并对信息的真实性和完整性负责 （6）根据财务报告的报送要求，倒排工时，为各步骤设置关键时间点，并由财务部门负责督促和考核各部门的工作进度，及时进行提醒，对未能按时完成相关工作的部门和个人进行处罚

（二）确定重大事项的会计处理

在编制财务报告前，企业应当确认对当期有重大影响的主要事项，并确定重大事项的会计处理。该环节的主要风险与管控措施如表3-73所示。

表3-73　确定重大事项的会计处理的主要风险与管控措施

主要风险	重大事项，如债务重组、非货币性交易、公允价值计量、收购兼并、资产减值等的会计处理不合理，导致会计信息扭曲，无法如实反映企业实际情况
管控措施	（1）企业应对重大事项予以关注，通常包括以前年度审计调整以及相关事项对当期的影响、会计准则制度的变化及对财务报告的影响、新增业务和其他新发生的事项及对财务报告的影响、年度内合并（汇总）报告范围的变化及对财务报告的影响等。企业应建立重大事项处理流程，并报适当管理层审批后予以执行 （2）及时沟通需要专业判断的重大会计事项并确定相应的会计处理。企业应规定下属各部门、各单位人员及时将重大事项信息报告至同级财务部门。财务部门定期研究、分析并与相关部门组织沟通重大事项的会计处理，逐级报请总会计师或分管会计工作的负责人审批后下达各相关单位执行，特别是资产减值损失、公允价值计量等涉及重大判断和估计时，财务部门应定期与资产管理部门沟通

（三）清查资产、核实债务

企业应在编制财务报告前，组织财务和相关部门进行资产清查、减值测试和债权债务核实工作。该环节的主要风险与管控措施如表3-74所示。

表3-74 清查资产、核实债务的主要风险与管控措施

主要风险	（1）资产、负债账实不符，虚增或虚减资产、负债 （2）资产计价方法随意变更 （3）提前、推迟甚至不确认资产、负债等
管控措施	（1）确定具体可行的资产清查、负债核实计划，安排合理的时间和工作进度，配备足够的人员、确定实物资产盘点的具体方法和过程，同时做好业务准备工作 （2）做好各项资产、负债的清查、核实工作 （3）分析清查过程中发现的差异产生的原因，提出处理意见，取得合法证据，并按照规定权限报经审批，将清查、核实的结果及其处理办法向企业董事会或者相应机构报告，同时根据国家统一的会计准则制度的规定作出会计处理

（四）结账

企业在编制年度财务报告前，应在日常定期核对信息的基础上完成对账、调账、差错更正等业务，然后实施关账操作。该环节的主要风险与管控措施如表3-75所示。

表3-75 结账的主要风险与管控措施

主要风险	（1）账务处理存在错误，导致账证、账账不符 （2）虚列或隐瞒收入，推迟或提前确认收入 （3）随意改变费用、成本的确认标准或计量方法，虚列、多列、不列或者少列费用、成本 （4）结账的时间、程序不符合相关规定 （5）关账后又随意打开已关闭的会计期间等
管控措施	（1）核对各会计账簿记录与会计凭证的内容、金额等是否一致，记账方向是否相符 （2）检查相关账务处理是否符合国家统一的会计准则制度和企业制定的核算方法 （3）调整有关账项，合理确定本期应计的收入和应计的费用。例如，计提固定资产折旧、计提坏账准备等；各项待摊费用按规定摊配并分别记入本期有关科目；属于本期的应计收益应确认计入本期收入等 （4）检查是否存在因会计差错、会计政策变更等原因需要调整前期或者本期相关项目。对于调整项目，需取得和保留审批文件，以保证调整有据可依 （5）不得为了赶编财务报告而提前结账，或把本期发生的经济业务事项延至下期登账，也不得先编财务报告后结账，应在当期所有交易或事项处理完毕并经财务部门负责人审核签字确认后，实施关账和结账操作 （6）如果在关账之后需要重新打开已关闭的会计期间，须填写相应的申请表，经总会计师或分管会计工作的负责人审批后执行

（五）编制个别财务报告

企业应当按照国家统一的会计准则制度规定的财务报告格式和内容，根据登记完整、核对无误的会计账簿记录和其他有关资料编制财务报告，做到内容完整、数字真实、计算准确，不得漏报或者任意取舍。该环节的主要风险与管控措施如表3-76所示。

表3-76　编制个别财务报告的主要风险与管控措施

主要风险	（1）提供虚假财务报告，误导财务报告使用者，造成决策失误，干扰市场秩序 （2）报告数据不完整、不准确 （3）报告种类不完整，附注内容不完整等
管控措施	（1）企业财务报告列示的资产、负债、所有者权益金额应当真实可靠 （2）企业财务报告应当如实列示当期收入、费用和利润 （3）企业财务报告列示的各种现金流量由经营活动、投资活动和筹资活动的现金流量构成，应当按照规定划清各类交易和事项现金流量的界限 （4）按照岗位分工和规定的程序编制财务报告。一是财务部门制定本单位财务报告编制分工表，并由财务部门负责人审核，确保报告编制范围完整；二是财务部门报告编制岗位按照登记完整、核对无误的会计账簿记录和其他有关资料对相关信息进行汇总编制，确保财务报告项目与相关账户对应关系正确，计算公式无误；三是进行校验审核工作，包括期初数核对、财务报告内有关项目的对应关系审核、报表前后勾稽关系审核、期末数与试算平衡表和工作底稿核对、财务报告主表与附表之间的平衡及勾稽关系校验等 （5）按照国家统一的会计准则制度编制附注。检查担保、诉讼、未决事项、资产重组等重大或有事项是否在附注中得到反映和披露 （6）财务部门负责人要审核报表内容和种类的真实、完整性，通过后予以上报

（六）编制合并财务报告

企业集团应当编制合并财务报告，分级收集合并范围内分公司及内部核算单位的财务报告并审核，进而合并全资及控股公司财务报告，如实反映企业集团的财务状况、经营成果和现金流量。该环节的主要风险与管控措施如表3-77所示。

表3-77　编制合并财务报告的主要风险与管控措施

主要风险	（1）合并范围不完整 （2）合并内部交易和事项不完整 （3）合并抵销分录不准确
管控措施	（1）编报单位财务部门应依据经同级法律事务部门确认的产权（股权）结构图，并考虑所有相关情况以确定合并范围符合国家统一的会计准则，由财务部门负责人审核、确认合并范围是否完整

（续表）

管控措施	（2）财务部门收集、审核下级单位财务报告，并汇总出本级次的财务报告，报经汇总单位财务部门负责人审核 （3）财务部门制定内部交易和事项核对表及填制要求，报财务部门负责人审批后下发至纳入合并范围内的各单位。财务部门核对本单位及纳入合并范围内各单位之间内部交易的事项和金额，如有差异，应及时查明原因并进行调整。相关人员应编制内部交易表及内部往来表交财务部门负责人审核 （4）合并抵销分录应有相应的标准文件和证据作为支持，由财务部门负责人审核 （5）对合并抵销分录实行交叉复核制度，具体编制人完成调整分录后即提交相应复核人进行审核，审核通过后才可录入试算平衡表。通过交叉复核，保证合并抵销分录的真实性与完整性

五、财务报告对外提供阶段的主要风险点与管控措施

（一）财务报告对外提供前的审核

财务报告对外提供前须按规定程序审核，主要包括财务部门负责人审核财务报告的准确性，并签名盖章；总会计师或分管会计工作的负责人审核财务报告的真实性、完整性、合法合规性，并签名盖章；企业负责人审核财务报告整体的合法合规性，并签名盖章。

该环节的主要风险与管控措施如表3-78所示。

表3-78　财务报告对外提供前审核的主要风险与管控措施

主要风险	在财务报告对外提供前未按规定程序审核，对内容的真实性、完整性以及格式的合规性等审核不充分
管控措施	（1）严格按照规定的财务报告编制中的审批程序，由各级负责人逐级把关，对财务报告内容的真实性、完整性以及格式的合规性等予以审核 （2）保留审核记录，建立责任追究制度 （3）财务报告在对外提供前应当装订成册，加盖公章，并由企业负责人、总会计师或分管会计工作的负责人、财务部门负责人签名并盖章

（二）财务报告对外提供前的审计

《公司法》等法律法规规定了企业应编制的年度财务报告须依法经会计师事务所审计，审计报告应随同财务报告一并对外提供。企业须按规定在财务报告对外提供前，选择具有相关业务资格的会计师事务所进行审计。该环节的主要风险与管控措施如表3-79所示。

表3-79　财务报告对外提供前审计的主要风险与管控措施

主要风险	财务报告对外提供前未经审计，审计机构不符合相关法律法规的规定，审计机构与企业串通舞弊
管控措施	（1）根据相关法律法规的规定，选择符合资质的会计师事务所对财务报告进行审计 （2）不得干扰审计人员的正常工作，并对审计意见予以落实 （3）注册会计师及其所在的事务所出具的审计报告，应随财务报告一并提供

（三）财务报告的对外提供

一般企业的财务报告经完整审核并签名盖章后即可对外提供。上市公司还须经董事会和监事会审批通过后方能对外提供。财务报告应与审计报告一同向投资者、债权人、政府监管部门等报送。该环节的主要风险与管控措施如表3-80所示。

表3-80　财务报告对外提供的主要风险与管控措施

主要风险	（1）对外提供未遵循相关法律法规的规定，导致承担相应的法律责任 （2）对外提供的财务报告的编制基础、编制依据、编制原则和方法不一致，影响各方对企业情况的判断和作出经济决策 （3）未能及时对外报送财务报告，导致财务报告信息的使用价值降低，同时也违反有关法律法规 （4）财务报告在对外提供前提前泄露或使不应知晓的对象获悉，导致发生内幕交易等，使投资者或企业本身蒙受损失
管控措施	（1）企业应根据相关法律法规的要求，在企业相关制度中明确负责财务报告对外提供的对象，并由企业负责人监督，如：国有企业应当依法定期向监事会提供财务报告，至少每年一次向本企业职工代表大会公布财务报告。上市公司的财务报告须经董事会、监事会审核通过后向全社会提供 （2）企业应严格按照规定的财务报告编制中的审批程序，由财务部门负责人、总会计师或分管会计工作的负责人、企业负责人逐级把关，对财务报告内容的真实性、完整性，格式的合规性等予以审核，确保提供给投资者、债权人、政府监管部门、社会公众等各方面的财务报告的编制基础、编制依据、编制原则和方法完全一致 （3）企业应严格遵守相关法律法规和国家统一的会计准则制度对报送时间的要求，在财务报告的编制、审核、报送流程中的每一步骤设置时间点，对未能按时完成的相关人员进行处罚 （4）企业应设置严格的保密制度，对能够接触财务报告信息的人员进行权限设置，保证将财务报告信息在对外提供前控制在适当的范围，并对财务报告信息的访问情况予以记录，以便了解情况，及时发现可能的泄密行为；即使泄密，也易于找到相应的责任人 （5）企业对外提供的财务报告应当及时整理归档，并按有关规定妥善保存

六、财务报告分析利用阶段的主要风险点与管控措施

（一）制定财务分析制度

企业财务部门应在对企业基本情况进行分析研究的基础上，提出财务报告分析制度草案，并报经财务部门负责人、总会计师或分管会计工作的负责人和企业负责人检查、修改与审批。该环节的主要风险与管控措施如表3-81所示。

表3-81 制定财务分析制度的主要风险与管控措施

主要风险	财务分析制度不符合企业实际情况，财务分析制度未充分利用企业现有资源，财务分析的流程、要求不明确，财务分析制度未经审批等
管控措施	（1）相关人员进行基本情况分析时，应当重点了解企业的发展背景，包括企业的发展史、企业组织机构、产品销售及财务资产变动情况等，熟悉企业业务流程，分析研究企业的资产及财务管理活动 （2）企业在制定财务报告分析制度时，应重点关注财务报告分析的时间、组织形式、参加的部门和人员；财务报告分析的内容、分析的步骤、分析方法和指标体系；财务报告分析报告的编写要求等 （3）财务报告分析制度草案经由财务部门负责人、总会计师或分管会计工作的负责人和企业负责人检查、修改与审批后，根据制度设计的要求进行试行，发现问题及时总结上报 （4）财务部门根据试行情况进行修正，确定最终的财务报告分析制度文稿，并报经财务部门负责人、总会计师或分管会计工作的负责人、企业负责人最终审批

（二）编写财务分析报告

财务部门应按照财务分析制度定期编写财务分析报告，并通过定期召开财务分析会议等形式对分析报告的内容予以完善，以充分利用财务报告反映的综合信息，全面分析企业的经营管理状况和存在的问题，不断提高企业经营管理水平。该环节的主要风险与管控措施如表3-82所示。

表3-82 编写财务分析报告的主要风险与管控措施

主要风险	（1）财务分析报告的目的不正确或者不明确，财务分析方法不正确 （2）财务分析报告的内容不完整，未对本期生产经营活动中发生的重大事项作出专门分析 （3）财务分析局限于财务部门，未充分利用相关部门的资源，影响了报告的质量和可用性 （4）财务分析报告未经审核等
管控措施	（1）编写时要明确分析的目的，运用正确的财务分析方法，并充分、灵活地运用各项资料

（续表）

管控措施	（2）总会计师或分管会计工作的负责人应当在财务分析和利用工作中发挥主导作用 （3）企业财务分析会议应吸收有关部门负责人参加，对各部门提出的意见，财务部门应充分沟通、分析，进而修改完善财务分析报告 （4）修订后的分析报告应及时报送企业负责人，企业负责人负责审批分析报告，并据此作出决策，对于存在的问题及时采取措施

（三）整改落实

财务部门应将经过企业负责人审批的报告及时报送各部门负责人，各部门负责人根据分析结果作出决策和整改落实。该环节的主要风险与管控措施如表3-83所示。

表3-83　整改落实的主要风险与管控措施

主要风险	（1）财务分析报告的内容传递不畅，未能及时使相关部门获悉 （2）相关部门对财务分析报告不够重视，未对其中的意见进行整改落实
管控措施	（1）定期的财务分析报告应构成内部报告的组成部分，并充分利用信息技术和现有内部报告体系在各个层级上进行沟通 （2）根据分析报告的意见，明确各部门职责。责任部门按要求落实改正，财务部门负责监督、跟踪责任部门的落实情况，并及时向有关负责人反馈落实情况

第十六节　内部信息传递风险与内部控制

信息在企业内部进行有目的的传递，对贯彻落实企业发展战略、执行企业全面预算、识别企业生产经营活动中的内外部风险具有重要作用。因此，企业应当制定内部报告制度。所谓内部报告，是指企业内部层级之间传递内部经营管理信息的过程。

一、内部信息传递应关注的风险

企业内部信息传递至少应当关注下列风险：

（1）内部报告系统不健全，内容不完整，可能对整个生产经营管理造成负面影响；

（2）内部信息传递不及时、不通畅，可能导致决策失误、相关政策措施难以落实；

（3）内部信息传递中泄露商业秘密，可能削弱企业核心竞争力。

二、内部信息传递的总体要求

企业内部信息有来自业务第一线人员根据市场或业务工作整理的信息，也有来自管理人员根据相关内部信息对所负责部门形成的指示或情况通报。尽管有关信息的来源、内容、提供者、传递方式和渠道等各不相同，但收集和传递相关信息一般应遵循图3-55所列的三大原则。

1 真实准确性

虚假或不准确的信息会严重误导信息使用者，导致决策失误，造成巨大的经济损失。内部报告的信息应当与所要表达的现象和状况保持一致，若不能真实反映所计量的经济事项，就不具有可靠性

2 及时有效性

信息未能及时提供，或者及时提供的信息不具有相关性，或者提供的相关信息未被有效利用，都可能导致企业决策延误，经营风险增加，甚至使企业较高层次的管理陷入困境，不利于对实际情况进行及时有效的控制和矫正，同时也将大大降低内部报告的决策相关性。只有那些切合具体任务和实际工作，并且符合信息使用单位需求的信息才是具有使用价值的

3 遵守保密原则

企业内部的运营情况、技术水平、财务状况以及有关重大事项等通常涉及商业秘密，内幕信息知情者（包括董事会成员、监事、高级管理人员及其他涉及信息披露有关部门的涉密人员）负有保密义务。这些内部信息一旦泄露，极有可能导致企业的商业秘密被竞争对手获知，使企业处于被动境地，甚至造成重大损失

图3-55　内部信息传递的三大原则

三、内部信息传递的流程

企业应当加强内部报告管理制度，全面梳理内部信息传递过程中的薄弱环节，建立科学的内部信息传递机制，明确内部信息传递具体要求，关注内部报告的有效性、及时性和安全性，促进内部报告的有效利用，充分发挥内部报告的作用。

图3-56列示的内部信息传递流程具有普适性。企业在实际操作中，应当充分结合自身业务特点和管理要求，构建和优化内部信息传递流程。

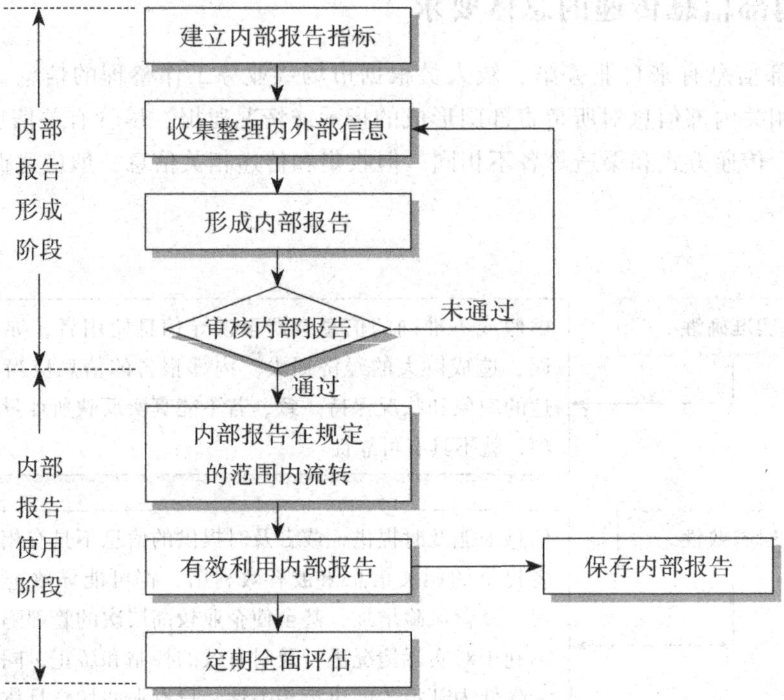

图3-56　内部信息传递的流程

四、内部信息传递的主要风险点与管控措施

（一）建立内部报告指标体系

企业应当根据自身的发展战略、风险控制和业绩考核特点，系统、科学地规范不同级次内部报告的指标体系，合理设置关键信息指标和辅助信息指标。在设计内部报告指标体系时，企业应当根据内部各信息用户的需求选择信息指标，以满足其经营决策、业绩考核、企业价值与风险评估的需要。该环节的主要风险与管控措施如表3-84所示。

表3-84　建立内部报告指标体系的主要风险与管控措施

主要风险	指标体系的设计未能结合企业的发展战略，指标体系级次混乱，与全面预算管理要求相脱节，并且一旦设定后未能根据环境和业务变化有所调整
管控措施	（1）企业应认真研究企业的发展战略、风险控制要求和业绩考核标准，根据各管理层级对信息的需求和详略程度，建立一套级次分明的内部报告指标体系。企业明确的战略目标和具体的战略规划为内部报告控制目标的确定提供了依据 （2）企业内部报告指标确定后，应进行细化，层层分解，使企业各责任中心及其各相关职能部门都有自己明确的目标，以利于控制风险并进行业绩考核

（续表）

管控措施	（3）内部报告需要依据全面预算的标准进行信息反馈，将预算控制的过程和结果向企业内部管理层报告，以有效控制预算执行情况、明确相关责任、科学考核业绩，并根据新的环境和业务调整决策部署，更好地规划和控制企业的资产和收益，实现资源最有效配置和管理的协同效应

（二）收集内外部信息

企业应当完善内外部重要信息的收集机制和传递机制，使重要信息能够及时获得并向上级呈报。企业可以通过行业协会组织、社会中介机构、业务往来单位、市场调查、来信来访、网络媒体以及有关监管部门等渠道获取外部信息，并通过财务会计资料、经营管理资料、调研报告、专项信息、内部刊物、办公网络等渠道获取内部信息。该环节的主要风险与管控措施如表3-85所示。

表3-85 收集内外部信息的主要风险与管控措施

主要风险	（1）收集的内外部信息过于散乱，不能突出重点 （2）内容准确性差，据此信息作出的决策容易误导经营活动 （3）获取内外部信息的成本过高，违反了成本效益原则
管控措施	（1）根据特定服务对象的需求，选择信息收集过程中重点关注的信息类型和内容，根据信息需求者要求按照一定的标准对信息进行分类汇总 （2）对信息进行审核和鉴别，对已经筛选的资料作进一步检查，确定其真实性和合理性。企业应当检查信息在事实与时间上有无差错，是否合乎逻辑，其来源单位、资料份数、指标等是否完整 （3）企业应当在收集信息的过程中考虑获取信息的便利性及其获取成本的高低，如果需要较大代价获取信息，则应当权衡其成本与信息的使用价值，确保所获取的信息符合成本效益原则

（三）编制及审核内部报告

企业各职能部门应将收集的有关资料进行筛选、抽取、分析，形成内部报告并按权限进行审核。该环节的主要风险与管控措施如表3-86所示。

表3-86 编制及审核内部报告的主要风险与管控措施

主要风险	内部报告未能根据各内部使用单位的需求进行编制，内容不完整，编制不及时，未经审核即向有关部门传递
管控措施	（1）企业内部报告的编制单位应紧紧围绕内部报告使用者的信息需求，以内部报告指标体系为基础，编制内容全面、简洁明了、通俗易懂的内部报告，便于企业各管理层级和全体员工掌握相关信息，正确履行职责

（续表）

管控措施	（2）企业应合理设计内部报告编制程序，提高编制效率，保证将内部报告第一时间提供给相关管理部门。对于重大突发事件，应以速度优先，及时编制内部报告并向董事会汇报 （3）企业应当建立内部报告审核制度，设定审核权限，确保内部报告信息质量。企业必须对岗位与职责分工进行控制，内部报告的起草与审核岗位应相分离，内部报告在传递前必须经签发部门负责人审核。对于重要信息，企业应当委派专门人员对其传递过程进行复核，确保信息正确的传递给使用者

（四）构建内部报告流转体系及渠道

企业应当制定严密的内部报告传递流程，充分利用信息技术，强化内部报告信息集成和共享，将内部报告纳入企业统一信息平台，构建科学的内部报告网络体系。企业内部各管理层级均应指定专人负责内部报告工作。企业应当拓宽内部报告渠道，通过落实奖励措施等多种有效方式，广泛收集合理化建议。该环节的主要风险与管控措施如表3-87所示。

表3-87 构建内部报告流转体系及渠道的主要风险与管控措施

主要风险	缺乏内部报告传递流程，内部报告未按流程传递流转，导致流转不及时
管控措施	（1）制定内部报告传递制度。企业可根据信息的重要性、内容等特征确定不同的流转环节 （2）严格按设定的传递流程流转。企业各管理层对内部报告的流转应做好记录，对于未按照流转制度进行操作的事件，应当调查原因，并做相应处理 （3）及时更新信息系统，确保内部报告有效安全的传递。对于重要紧急的信息，可以越级向董事会、监事会或经理层直接报告，便于相关负责人迅速作出决策

（五）内部报告有效使用及保密要求

企业应当有效利用内部报告进行风险评估，准确识别和系统分析企业生产经营活动中的内外部风险，确定风险应对策略，实现对风险的有效控制。企业对于内部报告反映出的问题，应当及时解决。企业要制定严格的内部报告保密制度，明确保密内容、保密措施、密级程度和传递范围，防止泄露商业秘密。该环节的主要风险与管控措施如表3-88所示。

表3-88 内部报告有效使用及保密要求的主要风险与管控措施

主要风险	企业管理层在决策时并没有使用内部报告提供的信息，内部报告未能用于风险识别和控制，商业秘密通过企业内部报告被泄露
管控措施	（1）企业在预算控制、生产经营管理决策和业绩考核时充分使用内部报告提供的信息

（续表）

管控措施	（2）企业管理层应通过内部报告提供的信息对企业生产经营管理中存在的风险进行评估，准确识别和系统分析企业生产经营活动中的内外部风险，涉及突出问题和重大风险的，应当启动应急预案 （3）企业应从内部信息传递的时间、空间、节点、流程等方面建立控制措施，通过职责分离、授权接触、监督和检查等手段防止商业秘密泄露

（六）内部报告的保管

企业应制定内部报告的保管制度，明确保管人员、保管场所、保管要求，从而对内部报告加以管理。该环节的主要风险与管控措施如表3-89所示。

表3-89　内部报告保管的主要风险与管控措施

主要风险	企业缺少内部报告保管制度，内部报告的保管存放杂乱无序，对重要资料的保管期限过短，保密措施不严
管控措施	（1）建立内部报告保管制度，各部门应当指定专人按类别保管相应的内部报告 （2）为了便于内部报告的查阅、对比分析，改善内部报告的格式，提高内部报告的有用性，企业应按类别保管内部报告，对影响较大、金额较高的，一般要严格保管，如企业重大重组方案、债券发行方案等 （3）企业对不同类别的报告应按其影响程度规定保管年限，只有超过保管年限的内部报告方可予以销毁。对影响重大的内部报告，应当永久保管，如公司章程及相应的修改文件、公司股东登记表等。有条件的企业应当建立电子内部报告保管库，分性质，按照类别、时间、保管年限、影响程序及保密要求等分门别类地储存电子内部报告 （4）制定严格的内部报告保密制度，明确保密内容、保密措施、密级程度和传递范围，防止泄露商业秘密。有关企业商业秘密的重要文件要由企业较高级别的管理人员负责，至少由两人共同管理，放置在专用保险箱内。查阅保密文件，必须该高层管理人员同意，由两人分别开启相应的锁具方可打开查阅

（七）内部报告评估

由于内部报告传递对企业具有重要影响，内部信息传递强调企业应当建立内部报告评价制度。该环节的主要风险与管控措施如表3-90所示。

表3-90　内部报告评估的主要风险与管控措施

主要风险	企业缺乏完善的内部报告评价体系，对各信息传递环节和传递方式控制不严，针对传递不及时、信息不准确的内部报告缺乏相应的惩戒机制

（续表）

管控措施	（1）建立并完善企业对内部报告的评估制度，严格按照评估制度对内部报告进行合理评估，考核内部报告在企业生产经营活动中所起的真实作用 （2）为保证信息传递及时准确，企业必须执行奖惩机制。对经常不能及时或准确传递信息的相关人员，应当进行批评和教育，并与绩效考核体系挂钩

五、反舞弊

（一）舞弊存在的领域

舞弊是指以故意行为获得不公平或者非法的收益，其存在的领域如图3-57所示。

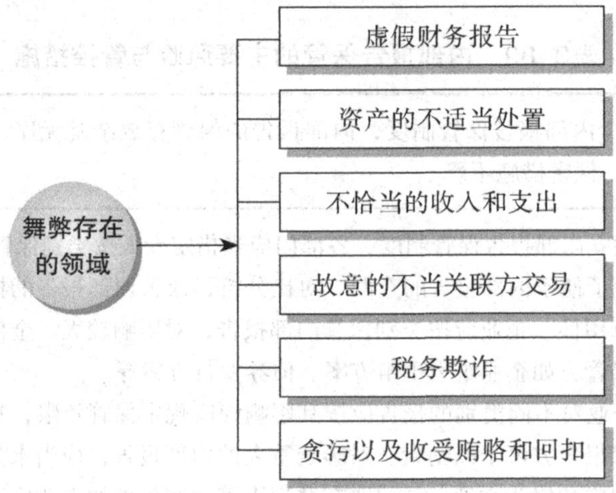

图3-57　舞弊存在的领域

（二）反舞弊的主要风险与管控措施

有效的反舞弊机制，是企业防范、发现和处理舞弊行为、优化内部环境的重要制度。有效的信息沟通是反舞弊程序和控制成功的关键。如果信息交流机制不畅通，就会产生信息不对称的问题，舞弊行为产生的机会就会增大。

企业应当建立反舞弊机制，坚持惩防并举、重在预防的原则，明确反舞弊工作的重点领域、关键环节和有关机构在反舞弊工作中的职责权限，规范舞弊案件的举报、调查、处理、报告和补救程序。该环节的主要风险与管控措施如表3-91所示。

表3-91　反舞弊的主要风险与管控措施

主要风险	忽视了对员工道德准则体系的培训，内部审计监察不严，内部人员未经授权或者采取其他不法方式侵占、挪用企业资产，在财务会计报告和信息披露等方面存在虚假记录、误导性陈述或者重大遗漏等，董事、监事、经理及其他高管人员滥用职权，相关机构或人员串通舞弊，企业对举报人的保护力度小，信访事务处理不及时，缺乏相应的舞弊风险评估机制

（续表）

管控措施	（1）重视和加强反舞弊机制建设，对员工进行道德准则培训，通过设立员工信箱、投诉热线等方式，鼓励员工及企业利益相关方举报和投诉企业内部的违法违规、舞弊和其他有损企业形象的行为 （2）通过审计委员会对信访、内部审计、监察、接受举报过程中收集的信息进行复查，监督管理层对财务报告施加不当影响的行为、管理层进行的重大不寻常交易以及企业各管理层级的批准、授权、认证程序等，防止企业资产侵占、资金挪用、虚假财务报告、滥用职权等现象的发生 （3）建立反舞弊情况通报制度。企业应定期召开反舞弊情况通报会，由审计部门通报反舞弊工作情况，分析反舞弊形势，评价现有的反舞弊控制措施和程序
	（4）建立举报人保护制度，设立举报责任主体、举报程序，明确举报投诉处理流程，并做好投诉记录的保存工作。切实落实举报人保护制度是举报投诉制度有效运行的关键。企业应结合实际情况，明确举报人该向谁举报，以何种方式举报，举报内容的界定等；确定举报责任主体接到投诉报告后的调查流程、办理时限、办结要求及将调查结论提交董事会处理的程序等

第十七节　信息系统业务风险与内部控制

信息系统内部控制的目标是促进企业有效实施内部控制，提高企业现代化管理水平，减少人为操纵因素；同时，企业要增强信息系统的安全性、可靠性和合理性，以及相关信息的保密性、完整性和可用性，为建立有效的信息与沟通机制提供支持保障。信息系统内部控制的主要对象是信息系统，由计算机硬件、软件、人员、信息流和运行规程等要素组成。

一、信息系统内控应关注的风险

现代企业的运营越来越依赖于信息系统。例如：航空公司的网上订票系统、银行的资金实时结算系统、旅行网的客户服务系统等。没有信息系统的支撑，业务开展就举步维艰、难以为继，企业经营则很可能陷入瘫痪状态。还有一些新兴产业和新兴企业，其商业模式完全依赖信息系统。例如，各种网络公司（新浪、网易、百度）、各种电子商务公司（比如阿里巴巴），若没有信息系统，这些企业可能失去生存之基。

同时应当看到，企业信息系统内部控制以及利用信息系统实施内部控制也面临诸多风险。企业至少应当关注下列风险：

（1）缺乏信息系统建设整体规划或规划不当，可能导致重复建设，形成信息“孤岛”，影响企业发展目标的实现；

（2）开发不合理或不符合内部控制要求，可能导致无法利用信息系统实施有效控制；

（3）授权管理不当，可能导致非法操作和舞弊；

（4）安全维护措施不当，可能导致信息泄漏或毁损，系统无法正常运行。

二、信息系统内控的岗位分工与授权审批

（一）建立计算机信息系统岗位责任制

企业应当建立计算机信息系统岗位责任制，具体内容如表3-92所示。

表3-92　计算机信息系统岗位职责

序号	岗位	职责
1	系统分析	分析用户的信息需求，并据此制定设计或修改程序的方案
2	编程	编写计算机程序，执行系统分析岗位的设计或修改方案
3	测试	设计测试方案，对计算机程序是否满足设计或修改方案进行测试，根据反馈安排编程岗位修改程序，以最终满足测试方案
4	程序管理	保障并监控应用程序正常运行
5	数据库管理	对信息系统中的数据进行存储、处理、管理，维护组织数据资源
6	数据控制	维护计算机路径代码的注册，确保原始数据经过正确授权，监控信息系统工作流程，协调输入和输出，将输入的错误数据反馈到输入部门并跟踪监控其纠正过程，将输出信息分发给经过授权的用户
7	终端操作	终端用户负责记录交易内容，授权处理数据，并合理利用系统输出的结果

（二）不相容岗位

（1）系统开发和变更过程中不相容岗位（或职责）一般包括开发（或变更）立项、审批、编程和测试。

（2）系统访问过程中不相容岗位（或职责）一般包括申请、审批、操作、监控，即这几个职位是不能由同一人兼任的。

（三）授权批准与管理

（1）企业计算机信息系统战略规划、重要信息系统政策等重大事项应当经董事会（或者企业章程所规定的经理、厂长办公会等类似的决策、治理机构）审批通过后，方可实施。

（2）信息系统战略规划应当与企业业务目标保持一致。信息系统使用部门应该参与信息系统战略规划、重要信息系统政策等的制定工作。

（3）企业可以指定相关部门（或岗位，下称归口管理部门）对计算机信息系统实施归口管理，负责信息系统开发、变更、运行及维护等工作。

三、信息系统开发的内部控制

（一）制定信息系统开发的战略规划

信息系统开发的战略规划是信息化建设的起点，是以企业发展战略为依据制定的企业信息化建设的全局性、长期性规划。该环节的主要风险与管控措施如表3-93所示。

表3-93　信息系统开发战略规划的主要风险与管控措施

主要风险	（1）缺乏战略规划或规划不合理，可能造成信息“孤岛”或重复建设，导致企业经营管理效率低下 （2）没有将信息化与企业业务需求相结合，降低了信息系统的应用价值
管控措施	（1）企业必须制定信息系统开发的战略规划和中长期发展计划，并在每年制定经营计划的同时制定年度信息系统建设计划，促进经营管理活动与信息系统的协调统一 （2）企业在制定信息化战略过程中，要充分调动和发挥信息系统归口管理部门与业务部门的积极性，使各部门广泛参与，充分沟通，提高战略规划的科学性、前瞻性和适应性 （3）信息系统战略规划要与企业的组织架构、业务范围、地域分布、技术能力等相匹配，避免相互脱节

（二）选择适当的信息系统开发方式

信息系统的开发建设是信息系统生命周期中技术难度最大的环节。开发建设主要有自行开发、外购调试、业务外包等方式，如表3-94所示。各种开发方式有各自的优缺点和适用条件，企业应根据自身实际情况合理选择。

表3-94　信息系统开发方式的优缺点和适用条件

开发方式		优点	缺点	适用范围
自行开发	企业依托自身力量完成整个开发过程	开发人员熟悉企业情况，可以较好地满足本企业需求，尤其是具有特殊性的业务需求。通过自行开发，还可以培养锻炼企业自己的开发队伍，便于后期的运行和维护	开发周期较长、技术水平和规范程度较难保证，成功率相对较低	适用条件通常是企业自身技术力量雄厚，而且市场上没有能够满足企业需求的成熟的商品化软件和解决方案，例如，百度的搜索引擎系统就偏重于自行开发

（续表）

开发方式		优点	缺点	适用范围
外购调试	企业购买成熟的商品化软件，通过参数配置和二次开发满足企业需求	开发建设周期短，成功率较高；成熟的商品化软件质量稳定，可靠性高；专业的软件提供商实施经验丰富	难以满足企业的特殊需求；系统的后期升级进度受制于商品化软件供应商产品更新换代的速度，企业自主权不强，较为被动	企业的特殊需求较少，市场上已有成熟的商品化软件和系统实施方案。例如，大部分企业的财务管理系统、ERP系统、人力资源管理系统等多采用外购调试方式
业务外包	企业将信息系统开发项目外包出去，由专业公司或科研机构负责开发、安装实施，企业可直接使用	企业可以充分利用专业公司的专业优势，量体裁衣，构建全面、高效满足企业需求的个性化系统；企业不必培养、维持庞大的开发队伍，相对节约了人力资源成本	沟通成本高，系统开发方难以深刻理解企业需求，可能导致开发出的信息系统与企业的期望产生较大偏差；同时，由于外包信息系统与系统开发方的专业技能、职业道德和敬业精神存在密切关系，也要求企业必须加大对外包项目的监督力度	市场上没有能够满足企业需求的成熟的商品化软件和解决方案，企业自身技术力量薄弱或出于成本效益原则考虑不愿意维持庞大的开发队伍

（三）自行开发方式的主要风险与控制措施

虽然信息系统的开发方式有自行开发、外购调试、业务外包等，但基本流程大体相似，通常包含项目计划、需求分析、系统设计、编程和测试、上线等环节，具体内容如表3–95所示。

表3–95　自行开发方式的主要风险与控制措施

关键环节	主要风险	控制措施
项目计划	信息系统建设缺乏项目计划或者计划不当，导致项目进度滞后、费用超支、质量低下	（1）企业应当根据信息系统建设整体规划提出分阶段项目的建设方案，明确建设目标、人员配备、职责分工、经费保障和进度安排等相关内容，按照规定的权限和程序审批后实施 （2）企业可以采用标准的项目管理软件（比如Office Project）制订项目计划，并加以跟踪。在关键环节进行阶段性评审，以保证过程可控 （3）项目关键环节编制的文档应参照GB8567—88《计算机软件产品开发文件编制指南》等相关国家标准和行业标准进行，以提高项目计划的编制水平

（续表）

关键环节	主要风险	控制措施
需求分析	（1）需求本身不合理，对信息系统提出的功能、性能、安全性等方面的要求不符合业务处理和控制的需要 （2）技术上不可行、经济上成本效益倒挂，或与国家有关法规制度存在冲突 （3）需求文档表述不准确、不完整，未能真实全面地表达企业需求，存在表述缺失、表述不一致甚至表述错误等问题	（1）信息系统归口管理部门应当组织企业内部各有关部门提出开发需求，加强系统分析人员和有关部门管理人员、业务人员的交流，经综合分析提炼后形成合理的需求 （2）编制表述清晰、表达准确的需求文档。需求文档是业务人员和技术人员共同理解信息系统的桥梁，必须准确表述系统建设的目标、功能和要求。企业应当采用标准建模语言，例如：UML Unified Modeling Language，综合运用多种建模工具和表现手段，参照GB8567—88《计算机软件产品开发文件编制指南》等相关标准，提高系统需求说明书的编写质量 （3）企业应当建立健全需求评审和需求变更控制流程。依据需求文档进行设计（含需求变更设计）前评审其可行性，由需求提出人和编制人签字确认，并经业务部门与信息系统归口管理部门负责人审批
系统设计	（1）设计方案不能完全满足用户需求，不能实现需求文档规定的目标 （2）设计方案未能有效控制建设开发成本，不能保证建设质量和进度 （3）设计方案不全面，导致后续变更频繁 （4）设计方案没有考虑信息系统建成后对企业内部控制的影响，导致系统运行后衍生新的风险	（1）系统设计负责部门应当就总体设计方案与业务部门进行沟通和讨论，说明方案对用户需求的覆盖情况；存在备选方案的，应当详细说明各方案在成本、建设时间和用户需求响应上的差异；信息系统归口管理部门和业务部门应当对选定的设计方案予以书面确认 （2）企业应参照GB8567—88《计算机软件产品开发文件编制指南》等相关国家标准和行业标准，提高系统设计说明书的编写质量 （3）企业应建立设计评审制度和设计变更控制流程 （4）在系统设计时要充分考虑信息系统建成后的控制环境，将生产经营管理业务流程、关键控制点和处理规程嵌入系统程序，实现手工环境下难以实现的控制功能。例如：对于某一财务软件，当输入支出凭证时，可以让计算机自动检查银行存款余额，防止透支 （5）充分考虑信息系统环境下的新的控制风险。例如，通过信息系统中的权限管理功能控制用户的操作权限，避免将不相容职务的处理权限授予同一用户 （6）针对不同的数据输入方式，强化进入系统数据的检查和校验功能。例如，凭证的自动平衡校对

（续表）

关键环节	主要风险	控制措施
系统设计		（7）考虑在信息系统中设置操作日志功能，确保操作的可审计性。对异常或者违背内部控制要求的交易和数据，应当设计系统自动报告以及跟踪处理机制 （8）预留必要的后台操作通道，加强后台操作，建立规范的操作流程，确保足够的日志记录，保证对后台操作的可监控性
编程和测试	（1）编程结果与设计不符 （2）各程序员编程风格差异大，程序可读性差，导致后期维护困难，维护成本高 （3）缺乏有效的程序版本控制，导致重复修改或修改不一致 （4）测试不充分。单个模块正常运行但多个模块集成运行时出错，开发环境下测试正常而生产环境下运行出错，开发人员自测正常而业务部门用户使用时出错，导致系统上线后出现严重问题	（1）项目组建立并执行严格的代码复查评审制度 （2）项目组建立并执行统一的编程规范，在标识符命名、程序注释等方面统一风格 （3）使用版本控制软件系统，比如CVS（Concurrent Version System），保证所有开发人员基于相同的组件环境开展项目工作，协调开发人员对程序进行修改 （4）区分单元测试、组装测试（集成测试）、系统测试、验收测试等不同测试类型，建立严格的测试工作流程，提高最终用户在测试工作中的参与程度，改进测试用例的编写质量，加强测试分析，尽量采用自动测试工具提高测试工作的质量和效率。具备条件的企业，应当组织独立于开发建设项目组的专业机构对开发完成的信息系统进行验收测试，确保在功能、性能、控制要求和安全性等方面符合开发需求
上线	（1）缺乏完整可行的上线计划，导致系统上线混乱无序 （2）人员培训不足，不能正确使用系统，导致业务处理错误，或者未能充分利用系统功能，导致开发成本浪费 （3）初始数据准备设置不合格，导致新旧系统数据不一致、业务处理错误	（1）制定信息系统上线计划，并经归口管理部门和用户部门审核批准。上线计划一般包括人员培训、数据准备、进度安排、应急预案等内容 （2）系统上线涉及新旧系统切换的，企业应当在上线计划中明确应急预案，保证新系统失效时能够顺利切换回旧系统 （3）系统上线涉及数据迁移的，企业应当制订详细的数据迁移计划，并对迁移结果进行测试。用户部门应当参与数据迁移过程，对迁移前后的数据予以书面确认

（四）其他开发方式（业务外包、外购调试）的主要风险与控制措施

在业务外包、外购调试方式下，企业对系统设计、编程、测试环节的参与程度明显低

于自行开发方式，因此可以适当简化相应的风险控制措施。但同时也因开发方式的差异产生了一些新的风险，所以需要采取有针对性的控制措施。

1. 业务外包

业务外包方式的主要风险与控制措施如表3-96所示。

表3-96　业务外包方式的主要风险与控制措施

关键控制点	主要风险	控制措施
选择外包服务商	由于企业与外包服务商之间本质上是一种委托—代理关系,合作双方的信息不对称容易诱发道德风险，外包服务商可能会实施损害企业利益的自利行为,如偷工减料、放松管理、信息泄密等	（1）企业在选择外包服务商时要充分考虑服务商的市场信誉、资质条件、财务状况、服务能力、对本企业业务的熟悉程度、既往承包服务成功案例等因素,对外包服务商进行严格筛选 （2）企业可以借助外包业界基准判断外包服务商的综合实力 （3）企业要严格执行外包服务审批及管控流程,对信息系统外包业务，原则上应采用公开招标等形式选择外包服务商，并实行集体决策审批
签订外包合同	由于合同条款不准确、不完善，可能导致企业的正当权益无法得到有效保障	（1）企业在与外包服务商签约之前,应针对外包可能出现的各种风险损失,恰当拟定合同条款,对涉及的工作目标、合作范畴、责任划分、所有权归属、付款方式、违约赔偿及合约期限等问题做出详细说明,并由法律部门或法律顾问审查把关 （2）开发过程中涉及商业秘密、敏感数据的，企业应当与外包服务商签订详细的“保密协定”，以保证数据安全 （3）在合同中约定付款事宜时,应当选择分期付款方式，尾款需在系统运行一段时间并经评估验收后再支付 （4）在合同条款中明确要求外包服务商应保持专业技术服务团队的稳定性
持续跟踪评价外包服务商的服务过程	企业缺乏外包服务跟踪评价机制或跟踪评价不到位，可能导致外包服务质量水平不能满足企业信息系统开发需求	（1）规范外包服务评价工作流程，明确相关部门的职责权限，建立外包服务质量考核评价指标体系，定期对外包服务商进行考评，并公布服务周期的评估结果，实现外包服务水平的跟踪评价 （2）必要时，可以引入监理机制，降低外包服务风险

2. 外购调试

在外购调试方式下，一方面，企业面临与委托开发方式类似的问题，企业要选择软件产品的供应商和服务供应商并签订合约、跟踪服务质量，因此，企业可采用与委托开发方式类似的控制措施；另一方面，外购调试方式也有其特殊之处，企业需要有针对性地强化某些控制措施。

外购调试方式的关键控制点主要风险与控制措施如表3–97所示。

表3–97　外购调试方式的关键控制点、主要风险与和控制措施

关键控制点	主要风险	控制措施
软件产品选型和供应商选择	（1）软件产品选型不当，产品在功能、性能、易用性等方面无法满足企业需求 （2）软件供应商选择不当，产品的支持服务能力不足，产品的后续升级缺乏保障	（1）企业应明确自身需求，对比分析市场上的成熟软件产品，合理选择软件产品的模块组合和版本 （2）企业在软件产品选型时应广泛听取行业专家的意见 （3）企业在选择软件产品和服务供应商时，不仅要评价其现有产品的功能、性能，还要考察其服务支持能力和后续产品的升级能力
服务提供商选择	服务提供商选择不当，削弱了外购软件产品的功能发挥，导致无法有效满足用户需求	在选择服务提供商时，不仅要考核其对软件产品的熟悉、理解程度，也要考核其是否深刻理解企业所处行业的特点、是否理解企业的个性化需求、是否有过相同或相近的成功案例

四、信息系统运行与维护的内部控制

信息系统的运行与维护主要包含四方面的内容：日常运行维护、系统变更、安全管理和系统终结。

（一）日常运行维护

日常运行维护的目标是保证系统正常运转，主要工作内容包括系统的日常操作、日常巡检和维修、系统运行状态监控、异常事件的报告和处理等。该环节的主要风险与管控措施如表3–98所示。

表3–98　日常运行维护的主要风险与管控措施

主要风险	（1）没有建立规范的信息系统日常运行管理规范，计算机软硬件的内在隐患易于爆发，可能导致企业信息系统出错 （2）没有执行例行检查，导致一些人为恶意攻击长期隐藏在系统中，从而造成严重损失 （3）企业信息系统数据未能定期备份，可能导致损坏后无法恢复，从而造成重大损失
管控措施	（1）企业应制定信息系统使用操作程序、信息管理制度以及各模块子系统的具体操作规范，及时跟踪、发现和解决系统运行中存在的问题，确保信息系统按照规定的程序、制度和操作规范持续稳定地运行 （2）切实做好系统运行记录，尤其是对于系统运行不正常或无法运行的情况，应将异常现象、发生时间和可能的原因记录详细

（续表）

管控措施	（3）企业要重视系统运行的日常维护，在硬件方面，日常维护主要包括各种设备的保养与安全管理、故障的诊断与排除、易耗品的更换与安装等，这些工作应由专人负责 （4）配备专业人员负责处理信息系统运行中的突发事件，必要时会同系统开发人员或软硬件供应商共同解决

（二）系统变更

系统变更主要包括硬件的升级扩容、软件的修改与升级等。系统变更是为了更好地满足企业需求，但同时应加强对变更申请、变更成本与进度的控制。该环节的主要风险与管控措施如表3-99所示。

表3-99　系统变更的主要风险与管控措施

主要风险	（1）企业没有建立严格的变更申请、审批、执行、测试流程，导致系统随意变更 （2）系统变更后的效果达不到预期目标
管控措施	（1）建立标准流程实施和记录系统变更，保证变更过程得到适当的授权与管理层的批准，并对变更进行测试 （2）系统变更程序（如软件升级）需要遵循与新系统开发项目同样的验证和测试程序，必要时还应当进行额外测试 （3）加强紧急变更的控制管理 （4）加强对将变更移植到生产环境中的控制管理，包括系统访问授权控制、数据转换控制和用户培训等

（三）安全管理

安全管理的目标是保障信息系统安全。信息系统安全是指信息系统包含的所有硬件、软件和数据受到保护，不因偶然和恶意的原因而遭到破坏、更改和泄漏，信息系统能够连续正常运行。该环节的主要风险与管控措施如表3-100所示。

表3-100　安全管理的主要风险与管控措施

主要风险	（1）硬件设备分布物理范围广，设备种类繁多，安全管理难度大，可能导致设备生命周期短 （2）业务部门信息安全意识薄弱，对系统和信息安全缺乏有效的监管手段。少数员工可能恶意或非恶意滥用系统资源，造成系统运行效率降低 （3）对系统程序的缺陷或漏洞安全防护不够，导致遭受黑客攻击，造成信息泄露 （4）对各种计算机病毒防范清理不力，导致系统运行不稳定，甚至瘫痪 （5）缺乏对信息系统操作人员的严密监控，可能导致舞弊和利用计算机犯罪

（续表）

管控措施	（1）企业应在健全设备管理制度的基础上，建立专门的电子设备管控制度，对于关键信息设备（比如银行的核心数据库服务器），未经授权不得接触 （2）成立专门的信息系统安全管理机构，由企业主要领导总负责，对企业的信息安全作出总体规划和全方位严格管理，由企业的信息主管部门负责具体实施 （3）按照国家相关法律法规以及信息安全技术标准制定信息系统安全实施细则 （4）有效利用IT技术手段，对硬件配置调整、软件参数修改严加控制 （5）委托专业机构进行系统运行与维护管理的，要严格审查其资质条件、市场声誉和信用状况等，并与其签订正式的服务合同和保密协议 （6）采取安装安全软件等措施防范信息系统受到病毒等恶意软件的感染和破坏 （7）建立系统数据定期备份制度，明确备份范围、频度、方法、责任人、存放地点、有效性检查等内容 （8）建立信息系统开发、运行与维护等环节的岗位责任制度和不相容职务分离制度，防范利用计算机舞弊和犯罪 （9）积极开展信息系统风险评估工作，定期对信息系统进行安全评估，及时发现系统安全问题并加以整改

（四）系统终结

系统终结是信息系统生命周期的最后一个阶段，在该阶段，信息系统将停止运行。停止运行的原因通常有企业破产或被兼并、原有信息系统被新的信息系统代替。该环节的主要风险与管控措施如表3-101所示。

表3-101 系统终结的主要风险与管控措施

主要风险	（1）因经营条件发生剧变，数据可能泄密 （2）信息档案的保管期限不够长
管控措施	（1）做好善后工作，不管因何种情况导致系统停止运行，都应将废弃系统中有价值或者涉密的信息进行销毁、转移 （2）严格按照国家有关法规制度和对电子档案的管理规定（比如审计准则对审计证据保管年限的要求）妥善保管相关信息档案

第四章

业务流程层面内部控制

业务流程是企业运营的重要部分，关系到企业战略的制定与改变，营运风险、财务风险、授权风险、信息技术风险和廉正风险都是业务流程中的潜在风险。企业管理通过流程运作实现经营战略，经营战略和战略目标的调整需要业务流程的配合，因此，企业应该梳理业务流程并据此建立内部控制。

第一节　内部控制和业务流程重组的关系分析

企业业务流程重组涉及企业管理活动的各个层面，在考虑流程优化方案时，必须考虑控制流程风险，提出流程重组的解决方案。企业在制定流程重组解决方案时，需要更多地关注流程以外的东西，比如内部控制方案等。科学的业务流程不仅仅能增值作业的先后顺序，同时也能规范业务操作的控制过程。

业务流程重组工作涉及分工、流程设计和信息技术三个方面，而内部控制也贯穿于这三个方面，这就令流程重组和内部控制紧密地联系起来，有利于增强企业的核心竞争力以及企业抵御风险的能力。

一、分工

在分工方面，为使业务流程合理运作，流程启动必须有专人审批；为了维护企业资产的安全完整，必须安排专人保管资产；为保证财务信息的真实性，必须安排专人对信息实施某种程度的控制。这种分工的目的是为了有效地实现牵制，保护资产安全，保证企业健康发展。《会计法》指出，各单位应当建立健全本单位的内部会计监督制度，单位内部会计监督制度要符合下列要求：记账人员与经济业务事项和会计事项的审批人员、经办人员、财务保管人员的职责权限应明确，并相互分离，相互制约；重大对外投资，资产处置，资金调度和其他重要的经济业务事项的决策和执行的相互监督、相互制约程序应明确。财产清查的范围、期限和组织程序应明确；对会计资料定期进行内部审计的办法和程序应明确。可见，内部控制能够实现分工的合理性，保证流程有效运作。

二、流程设计

在流程设计方面，业务流程重组是对工作先后顺序的重新安排。事实上，工作的不断重复会形成一个业务循环，内部控制一般是根据业务循环进行设置的，而在各个业务循环节点之间，资源的转移一定要有相应的控制，也就是各个作业处要遵循相应的内部控制规则。业务循环过程主要分为资源移交前和资源移交时：

（1）资源移交前，主要是对契约等移交合同手续的控制；

（2）资源移交时是内部控制的核心，要关注资源的转移是否合法合规。

保证资源的安全完整是内部控制的目的，流程中引入内部控制才能更好地实现资源的优化配置，增强企业竞争力，控制企业风险。

三、信息技术

在信息技术方面，IT技术的应用对企业流程以及内部控制的影响是革命性的。它致使企业内部控制结构的组织方式转为扁平化、网络化和民主化，同时转变为以流程为导向，这与以往以职能为导向完全不同。

内部控制的重要构成要素是信息和沟通，在技术环境下的信息传递往往要通过网络，信息若能仅从源处获得，那么对于维持保证信息在传递过程中不至于出现手工环境下的改动现象是非常有效的。内部控制运用IT信息技术，将所要涉及到的各个业务循环以工作流的方式认定，使得业务循环运作的效率大大提高，然后将整个业务循环以工作流的形式分解成各项活动，把工作流各个子节点的活动以一定的形式记录下来，并进行事后监督，以维持企业运作的合法性。IT技术的应用有利于流程重组的合理运作。

综上所述，内部控制在分工、流程设计和信息技术等方面的巨大作用，使得其与业务流程重组工作的关系更为密切。在进行业务重组时，企业必须考虑内部控制制度，而内部控制制度的设计也应该从业务流程出发，分析业务流程中的各种潜在风险，制定相应措施，共同防范企业风险。

第二节　流程风险分析

企业流程风险主要包括营运风险、财务风险、授权风险、信息技术风险和廉正风险五个方面。

一、营运风险

营运风险不易控制，因为它更多的涉及人为的因素，不确定性较大。例如，客户满意度问题，一旦客户服务做得不到位，容易造成营业额下降；人力资源问题，岗位人员资格及能力是否达到要求；产品开发问题，新产品无法被市场接受，对企业营运将产生很大影响，等等。营运风险还包括企业效率、能力、运作水平、业务中断、商品定价合理性等其他要素，涉及企业内、外部多种因素。

二、财务风险

财务风险是指资金运动过程中的风险，货币汇率的波动、利率波动都会影响企业的业绩，资金变现能力差，现金回笼速度慢可能使企业陷入财务危机，企业资金在两国市场上运作，很可能由于两个市场结算时间不同给企业的现金流带来影响，一项高投资项目结束后是否还有获得相同回报的投资机会，以及客户信用，都会对企业流程顺利运作产生影响。

三、授权风险

授权风险涉及管理职权分配，如管理职权范围及限制；也涉及管理者能力的展现，包括其领导能力、对工作的热情度以及与员工的内部合作关系。

四、信息技术风险

信息技术风险是业务流程中运用IT技术所引发的风险，企业信息的使用权限设置不够安全，会造成机密泄漏，企业中两个实体使用的系统不同，又会造成企业中的数据不具整合性，给管理造成困难。信息风险也是流程重组中必须重视的风险。

五、廉正风险

廉正风险是现代企业越来越突出的大问题，世界几家大企业相继爆出丑闻后，引起了社会的广泛关注。廉正风险有以下四个方面的内容，如图4-1所示。

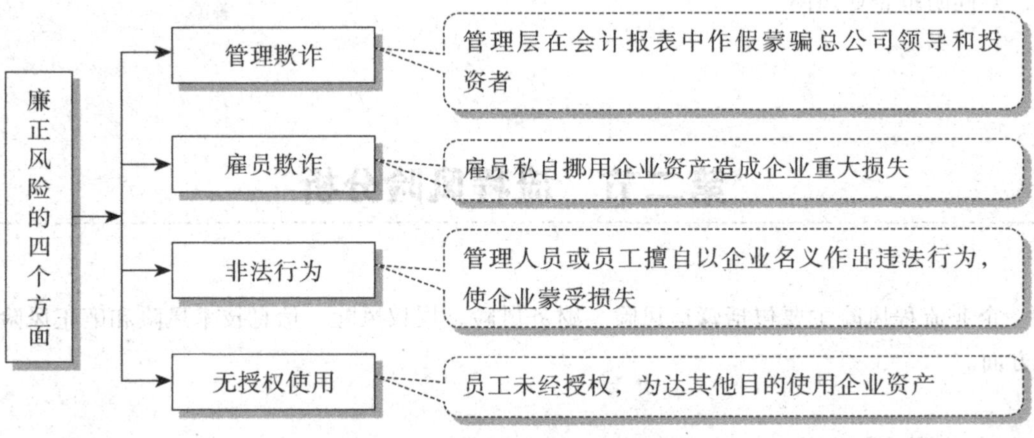

图4-1　廉正风险的四个方面

廉正风险在企业流程重组中不容忽视。对付严重流程风险的第一道防线就应该是严格的内控机制和风险管理。真正健全、有效的内部控制制度是企业稳健运营和发展的基础，并能够规避绝大多数流程风险的发生。

第三节　流程结构设计

一、建立流程结构图

建立流程结构图的目的是描述清楚各级流程和相联关系。没有建立流程结构图的流程管理是不系统的。建立流程结构图时，企业必须理顺各个流程之间的逻辑关系。图4-2是某企业流程管理总览，以供参考。

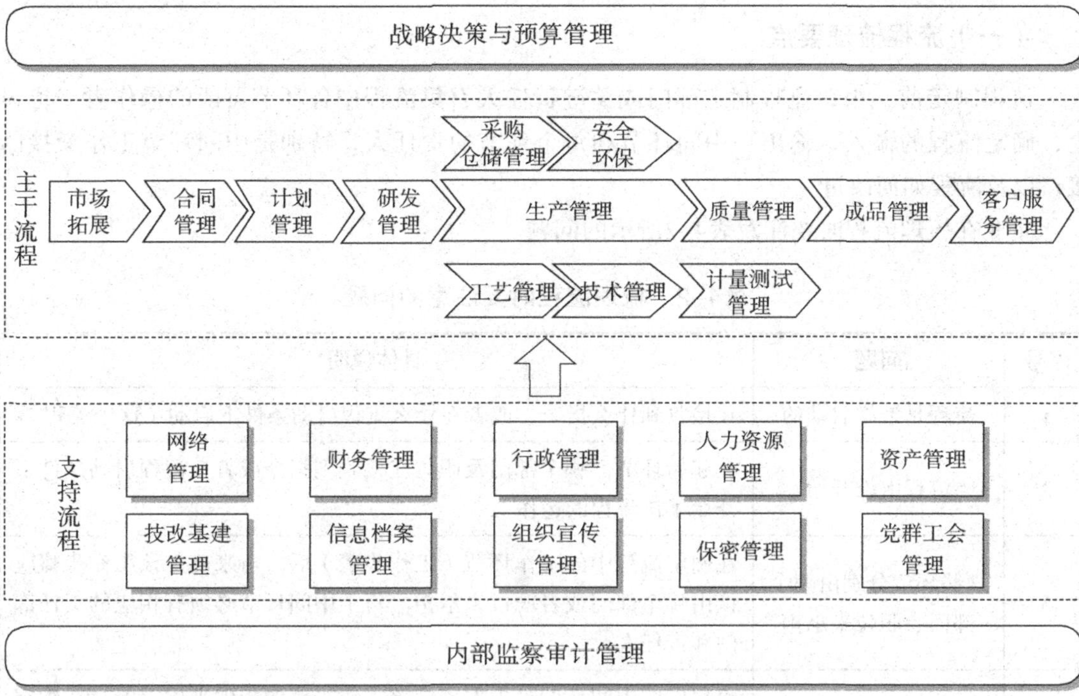

图4-2　某企业流程管理总览

建立流程结构图的步骤如表4-1所示。

表4-1　建立流程结构图的步骤

序号	步骤	具体说明
1	流程收集和人员访谈	通过现有流程的收集，并与相关人员讨论，确定涉及的流程节点；同时讨论业务发展中主要的改进领域和改进方向，确定需要改进和完善的流程
2	设计流程结构图初稿	根据收到的资料和人员访谈，设计初步的企业流程结构图，明晰各流程之间的内在逻辑关系，并交给企业管理层审阅
3	流程结构图讨论与完善	召集相关部门负责人，讲解流程结构图设计的思路和原因，听取反馈意见，并进行必要的修改和改善
4	流程结构图审定	将修改完善的流程图交公司管理层审定
5	流程结构图任务分配	根据审定的流程结构图，将其中所涉及的流程分给相应部门，由相应部门完成初稿

二、具体流程的梳理

企业在梳理流程结构图时，要先确保各个流程的要素完整。

（一）流程梳理要点

流程制定前，由该流程制定部门或关键责任人召集流程中各环节可能的操作者一道讨论，确定流程的输入、输出、中间环节和每个环节的责任人，特别是中间环节工作交接的接口以及流程如何改进。

企业在梳理流程时要注意表4-2所示的问题。

表4-2　梳理流程时要注意的问题

序号	问题	具体说明
1	流程是怎样启动的	在接收到什么指令，或者在什么流程启动条件下启动了这个流程
2	流程由谁开始	在起始环节，哪个部门及职位在接收到指令或者在流程启动条件下开始了该流程的运作
3	这些环节分别由哪个部门、职位来承担	在确定流程中的工作环节（工作步骤）后，再来确定该工作步骤应该由哪个部门或者职位来承担。每个中间环节必须有相应的责任部门和责任人
4	流程中一共有多少个中间环节，各自是什么	流程中的中间环节是根据完成该工作需要的步骤来确定的。在确定工作步骤时，首先不考虑完成人，而是根据工作本身的要求来确定工作步骤。判断某个工作环节或步骤是否有必要，主要看该环节或步骤对于整个工作是否增值，如果增值很小或者不增值，就需要考虑是否取消该工作环节或步骤。如果是连续的相同责任人，工作步骤可以尽量合并
5	流程中必须设置哪些审核环节，谁来审核	流程中的审核环节原则上要少到不能少，避免设置过多的重复性审核工作环节。审核人设定一定要是那些能够承担工作审核的人，避免将问题上交
6	流程中哪些环节是自动生成的	明确哪些工作属于重复性的、周期性的、机械性的事务工作，尽量将它们通过系统工具自动生成，而不是花大量人力去完成
7	流程在哪些环节会出现多种路径？分别怎样形成闭环	在流程运行过程中，可能出现多种不同条件下的不同路径选择，在流程设计时必须充分考虑，并确保每种选择路径都形成自己的最终结果。特别是在不同路径选择时，要充分考虑该流程与其他流程的交汇和协调
8	流程中哪些环节容易形成断点？如何预防	流程断点就是流程中没有规定的情况出现时发现流程无法运行的情况，以及流程缺少必要的中间环节导致流程中出现不连续情况。在流程标示过程中，要组织流程操作者代表讨论，明确界定流程中必不可少的中间环节和工作交接口，确保流程完整，没有断点

（续表）

序号	问题	具体说明
9	流程最终输出的结果是什么？由谁来实现	设计流程最终输出的结果，必须考虑该流程的设计目的，确保流程输出结果时能够圆满解决流程中的问题

（二）流程确定表

企业在进行具体流程的梳理过程中，可以设计规范化的流程确定表，示例如表4-3所示。

表4-3　流程确定表示例

<table>
<tr><td colspan="2">部门/区域：</td><td>日期：</td></tr>
<tr><td colspan="2">制定人员：</td><td>审核：</td></tr>
<tr><td>简述过程，过程的活动或作业是什么（过程的顺序）
过程：
主要活动：
1.
2.
3.
4.</td><td colspan="2">流程图</td></tr>
<tr><td colspan="3">■过程的输入要求和内容（什么时候开始？涉及的资源、信息、材料等）
（1）
（2）
（3）</td></tr>
<tr><td colspan="3">过程的支持性活动是什么？</td></tr>
<tr><td>■使用什么方式（材料、设备）
（1）
（2）
（3）</td><td colspan="2">■如何做（方法/程序/技术）
（1）
（2）
（3）</td></tr>
<tr><td>■谁进行（能力/技能/培训）
（1）
（2）
（3）</td><td colspan="2">■使用的关键准则是什么（测量/评估）
（1）
（2）
（3）</td></tr>
<tr><td colspan="3">■过程的输出要求是什么？（信息、产品、可交付的产品等）什么时候完成或结束？改进时机
（1）
（2）
（3）</td></tr>
</table>

三、绘制流程图

流程图是一种工具，可用来了解、分析和归档企业的流程和活动，帮助确定改善流程设计。

一张流程图显示了将特定输入转化为所需输出结果的一系列步骤，如图4-3所示。

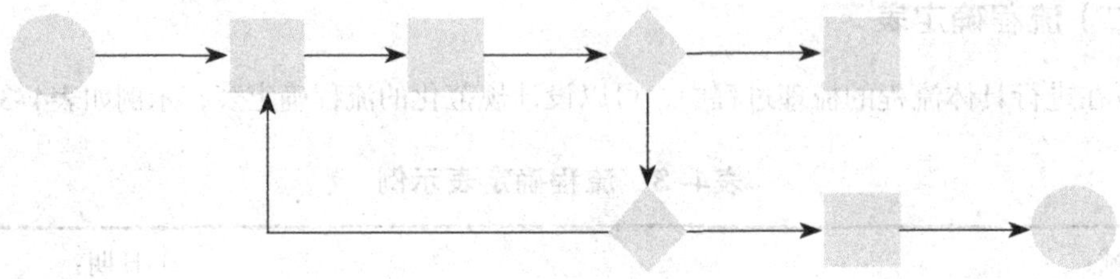

图4-3　流程图示例

（一）绘制流程图所需考虑的要素信息

流程图必须有明确定义的开端和结束，有输入必有输出，并且在所在的组织/部门中“流动”。所以，绘制流程图应充分考虑表4-4所示的要素信息。

表4-4　绘制流程图所需考虑的要素信息

序号	要素	描述
1	客户	每一行为输出的接受者（内部和外部）
2	输入	每一行为的主要输入来源
3	输出	每一行为的关键交付成果（阶段/结束成果）
4	行为/活动	在流程中的关键行为
5	责任/结构	流程中的关键责任
6	时间/成本	每一行为所需的时间/成本

（二）流程的标识符号及说明

流程的标识符号及说明如表4-5所示。

表4-5　流程的标识符号及说明

图形符号	名称	定义
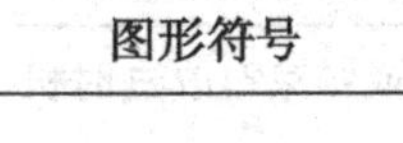	开始框	表示流程的开始

（续表）

图形符号	名称	定义
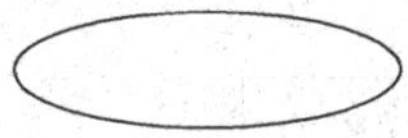	结束框	表示流程的结束
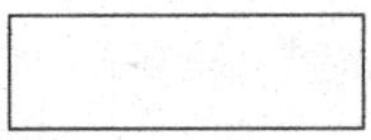	处理框	表示对事件和结果的处理过程
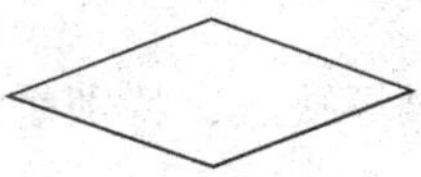	判断框	根据给定的条件是否满足，决定执行两条路径中的某一条路径，并用于审核、选择
	工作路径	表示流程执行的路径，箭头代表方向
	换页连接	不同页的连接
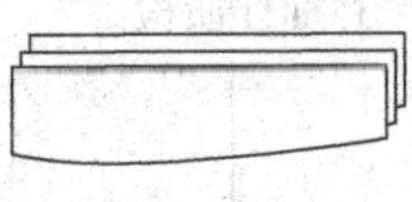	多文档	工作中需要提交的多种文档
	文档	工作中需要提交的文档
	自动工作路径	工作中自动形成的工作路径，比如机器自动完成的

（三）流程图的绘制方法

1. 普通流程图

普通流程图在流程制作中经常被应用，如图4-4所示。

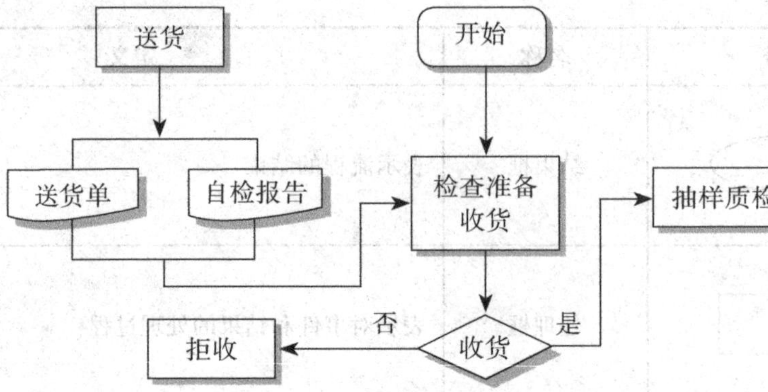

图4-4　普通流程图示例

普通流程图容易理解，但存在不确定性，无法清楚界定流程界限等缺点，特别是流程图中的输入、输出不能模型化，可能因此失去关于流程的细节信息。

2. 跨职能流程图

跨职能流程图主要显示进程中各步骤之间的关系以及执行它们的职能单位。企业可以用跨职能流程图显示一个进程在各部门之间的流程，或者显示一个进程是如何影响企业中不同职能单位的。跨职能流程图示例如图4-5所示。

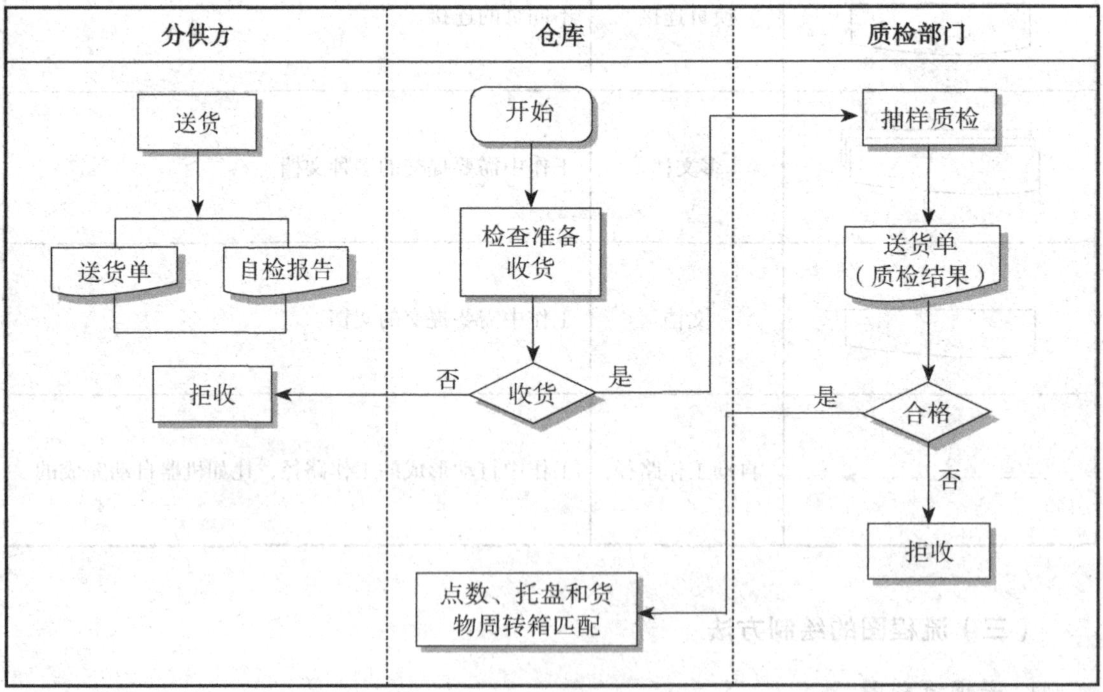

图4-5　跨职能流程图示例

跨职能流程图基本能够清楚显示出流程的运作情况，对于从来没有接触过该业务的人员来说，其通过流程图能够基本了解业务是如何展开的。

3. 事件驱动过程链法（EPC）

EPC（Event-Driven Process Chain）是事件驱动过程链的缩写。事件驱动过程链对描述一个主要业务场景、具体业务处理过程提供了国际上规范化的表达方法，EPC图能够通过简单的图形符将事件（业务状态的改变）、方法（业务目标作用在一个信息对象上的任务）、参与者（人、组织）、数据（业务目标输出的数据）和流程路径（另外一个子流程）等描绘成一个完整的业务场景。图4-6就是根据事件驱动过程链法设计的货物接收处理流程。

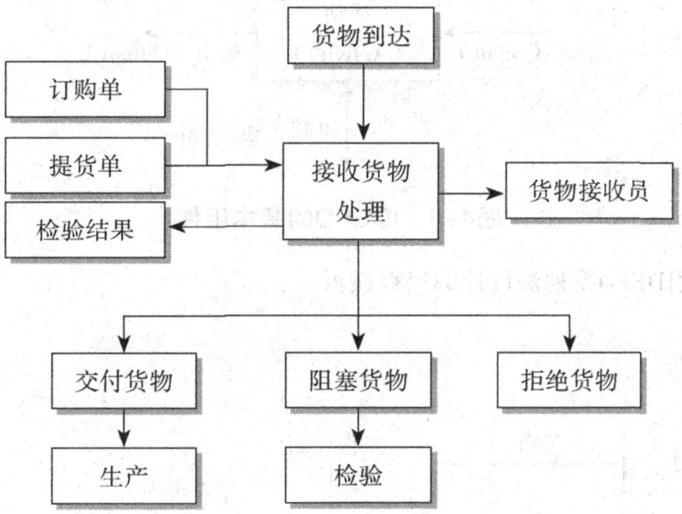

图4-6　货物接收处理流程

4. 角色行为图（RAD）

角色活动图（RAD）（Role Activity Diagram）方法的原型是由美国学者Holt等提出的，用以表述协同工作中存在的问题。图4-7就是根据角色活动图设计的物料订单审批流程。

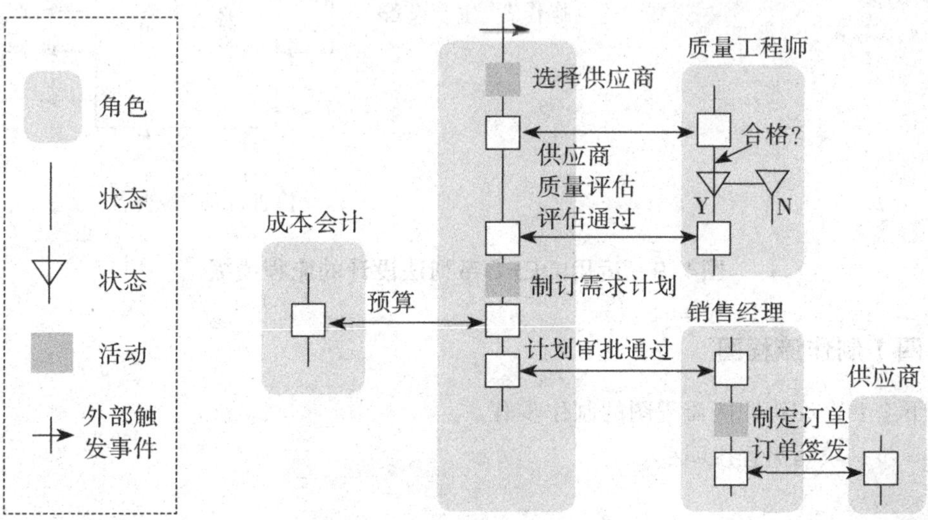

图4-7　物料订单审批流程

5. IDEFO系列法

IDEFO是以结构化分析和设计技术为基础所发展出来的一种系统菜单表达工具。它借由图形化及结构化的方式，清楚严谨地将一个流程当中的功能、以及功能彼此之间的限制、关系、相关信息与对象表达出来。IDEFO的基本组件如图4-8所示。

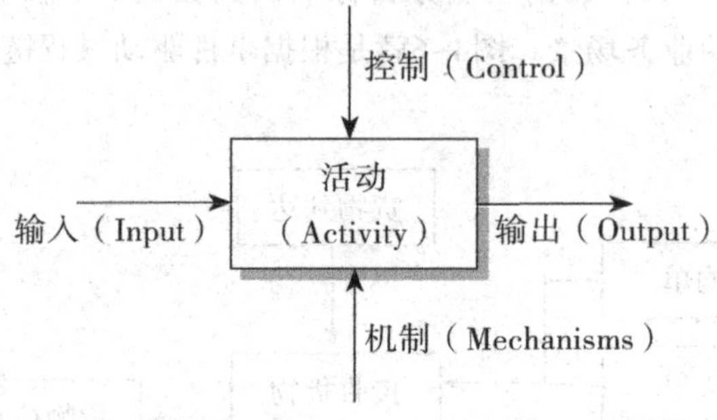

图4-8　IDEFO的基本组件

图4-9为运用IDEFO系列法设计的流程模板。

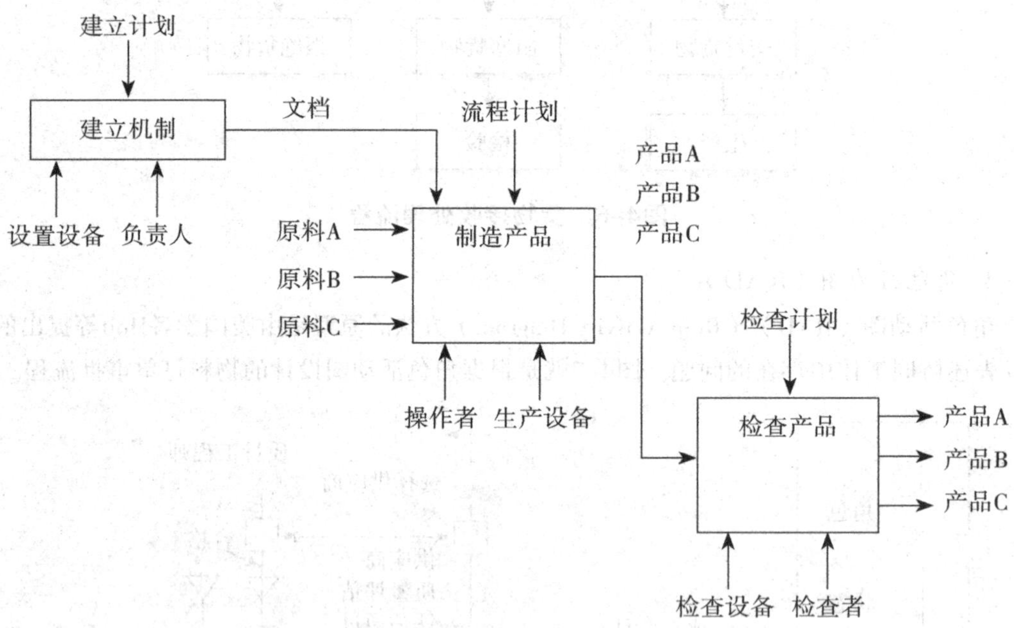

图4-9　运用IDEFO系列法设计的流程模板

（四）制作流程图

以下主要介绍跨职能流程图的制作步骤。

第一步，填写流程说明稿。

流程说明稿

流程名称：　　　　　　　　　　　　　　　　　　　　　　流程编号：

一、目的：

二、使用范围：

三、流程说明：

序号	执行人	具体内容
1		
2		
3		
4		
5		
6		
7		

四、相关表单（略）

五、相关制度（略）

第二步，确定流程涉及的各个部门和岗位，排列在空白流程图中。这一步是将流程说明草稿中的执行人，按先后顺序从左到右排列。

示例：确定流程涉及的各个部门和岗位。

分公司/客户	销售部	财务部	物流部

第三步，画出动作和表单。

第四步，按照先后次序连线，标上序号。

第五步，进行版面调整，在不清楚的地方加入标注。版面整体步骤的总体走向以从左到右为宜；每列中的动作尽量对齐，严格按照符号的宽度要求运用各种符号，尽量保证连接符不交叉。

四、审核反馈与重大分歧解决

流程制作完成后，要交给流程操作涉及的部门或责任人，就流程运行中存在的问题提出反馈意见。如果存在重大分歧，由流程制定者组织讨论确定；对于无法达成共识的问题，支撑部门业务流程和操作流程由部门领导确定，企业核心业务流程交由管理层确定。

【实操范本01】战略规划管理流程

战略规划管理流程

1. 业务目标

（1）通过完善的战略管理流程，保证战略管理工作的科学性、有效性和及时性，推动公司的持续健康发展。

（2）获得行业领先的投资回报率。

（3）确保战略规划符合国家法律法规和公司内部规章制度的要求。

2. 业务风险

（1）战略决策失误，给公司带来重大损失，影响公司的长期发展。

（2）战略规划不符合行业发展规律，导致公司资本回报率低于行业发展水平。

（3）战略规划不符合国家有关法律法规以及公司内部规章制度的要求，可能遭受外部处罚、经济损失和信誉损失。

3. 业务范围

公司战略的编制、实施与监督，以及战略规划的调整。

4. 业务步骤流程

4.1 战略规划的编制

4.1.1 公司战略规划的编制

（1）根据董事会提出的公司发展目标，总经理办公会在集体讨论的基础上形成初步战略构想。

（2）企划部发出战略规划准备通知，总公司各部门和各子公司准备并提供本单位的战略规划相关信息。

（3）公司分管领导督导企划部制订总公司和子公司战略规划草案，分解战略规划目标。

（4）总公司各部门和各子公司就本单位的战略发展目标提出建议和意见，形成战略规划子计划。

（5）公司分管领导督导企划部修改和补充战略规划草案，形成战略规划提案。

（6）总经理办公会/战略委员会审议战略规划提案，并做出审议意见。

（7）董事会审批战略规划提案。

（8）战略规划提案经董事会审批通过后执行。

（9）公司战略合作部确定战略规划正式稿，董事长签发批准。

4.1.2 子公司战略规划的编制

（1）企划部根据公司战略规划，形成对各子公司战略规划的建议。

（2）各子公司根据自己的战略调研分析和企划部提交的建议，制定本公司战略规划。

（3）企划部审核各子公司战略规划提案，并出示专业意见。

（4）总经理办公会审议各子公司战略规划提案，并做出审议意见。

（5）战略委员会审议子公司战略规划提案，并形成决议。

4.2 战略规划的实施及监督

4.2.1 战略规划通过公司年度经营计划贯彻实施。

4.2.2 对于公司的重大战略性事项，企划部组织进行研究分析，并在总经理办公会的指导下，与相关部门或单位共同推进实施。

4.2.3 企划部对战略规划的实施情况进行全面监控，每年修订时，同时向总经理办公会提交公司战略规划实施情况分析及建议报告。

4.2.4 总公司各部门及各子公司有关规划、计划的实施情况，将作为关键性考核指标，纳入其部门（公司）及其负责人绩效考核体系。

4.3 战略规划的调整

4.3.1 公司战略规划的调整

（1）企划部发出战略修订准备通知。

（2）总公司各部门和各子公司提供战略修订意见及相关资料。

（3）企划部制订战略修订提案。

（4）公司分管领导审核战略修订提案，并出示意见。

（5）总经理办公会/战略委员会审议战略修订提案，并做出审议意见。

（6）董事会审批战略修订提案。

（7）企划部确定修订后的战略规划正式稿，董事长签发批准。

4.3.2 子公司战略规划的调整

（1）各子公司在战略修订准备期间，根据行业和企业一年来的发展情况，制订本公司战略修订提案。

（2）各子公司将战略修订提案转交公司企划部审核，由企划部出具专业意见。

（3）总经理办公会审议各子公司战略修订提案，并做出审议意见。

（4）战略委员会审议子公司战略修订提案，并形成决议。

（5）企划部根据战略委员会决议，制定对各子公司战略实施的建议方案。

5. 业务流程图

5.1 公司战略规划编制流程图

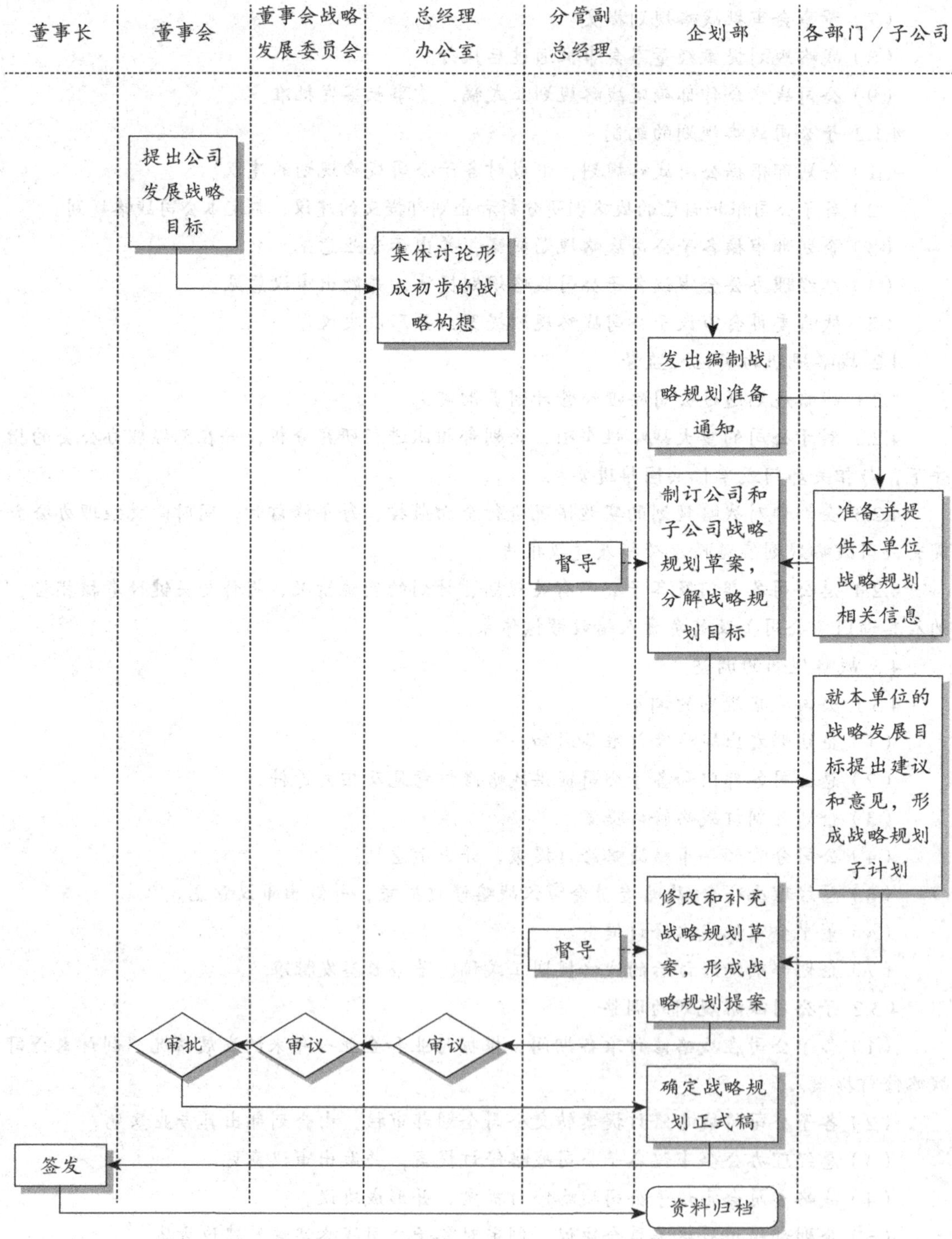

5.2 子公司战略规划编制流程图

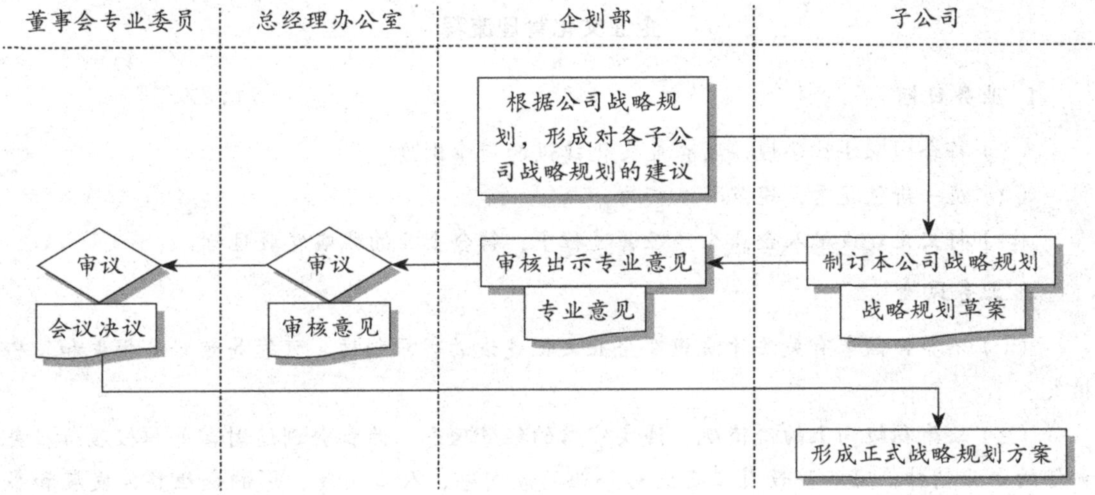

5.3 战略规划的实施与监控流程图

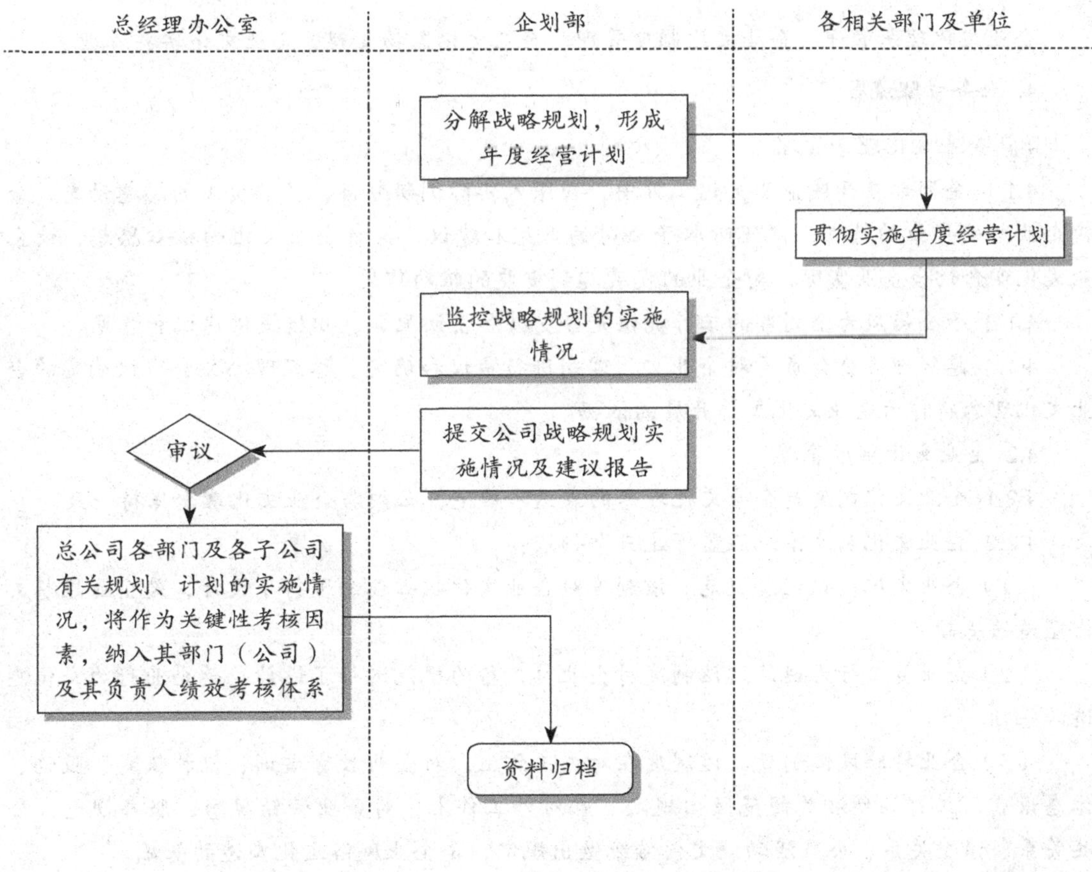

【实操范本02】企业文化管理流程

企业文化管理流程

1. 业务目标

（1）符合国家法律法规以及企业文化建设的规章制度。

（2）统一价值观念，规范员工行为。

（3）将文化建设融入企业生产经营过程中，符合企业的战略发展目标。

2. 业务风险

（1）不符合国家有关法律法规及企业文化建设的规章制度，可能导致经济损失和信誉损失。

（2）缺乏积极向上的价值观、诚实守信的经营理念、为社会创造财富并积极履行社会责任的企业精神，可能导致员工丧失对企业的认同感，人心涣散，影响企业整体发展和高效管理。

（3）忽视企业并购重组中的文化差异和理念冲突，可能导致并购重组失败，背离企业的战略发展目标。

3. 业务范围

企业文化理念管理、企业文化制度管理、企业文化器物管理、企业文化实施管理。

4. 业务步骤流程

4.1 企业文化理念管理

4.1.1 企划部在开展企业文化工作中，应深入实际调研分析，了解员工的思想动态，分析企业所处产业的特点，广泛听取子公司的意见和建议，提炼企业文化的核心思想，使企业文化理念切合企业实际，对企业的发展起到重要的推动作用。

4.1.2 子公司应为企划部的工作提供充分支持和密切配合，积极提供建议和意见。

4.1.3 总经理办公会负责对企业文化理念进行审议和确定。总经理办公会审议确定的企业文化理念将作为企业文化工作开展的依据。

4.2 企业文化制度管理

4.2.1 企业文化制度是企业文化理念的表达和规范，必须与企业文化理念保持一致。

4.2.2 企业文化制度系统涵盖下述三个领域：

（1）企业文化核心理念规范。该制度对企业文化核心理念进行了设计，是企业思想文化塑造的基础。

（2）企业员工行为规范。该制度对企业员工行为规范进行了设计，是企业行为文化塑造的基础。

（3）企业特殊风俗制度。该制度在对内工作上，对企业教育培训、仪礼仪式、服饰、体态语言、工作场所相关规范做出规定。在对外工作上，对企业营销观念、服务规范、公共关系、银企关系、公益活动、文化传统做出规定，是企业风俗文化塑造的基础。

4.2.3 企划部是企业文化制度的编制和监督机构。相应管理制度经总经理办公会审批生效后，企划部负责推动落实。

4.3 企业文化器物管理

4.3.1 企业文化器物是企业文化的外在表现形式。通过对相关器物的设计，可以直观、生动地表现企业文化的核心思想。

4.3.2 企划部是公司企业文化器物的设计管理机构，企划部组织设计单位对企业文化器物进行设计。各项设计经总经理办公会审议认可，企划部协助推动落实。

4.4 企业文化实施管理

4.4.1 企划部负责推动企业文化的实施，主管企业刊物、企业网站，组织开展对内企业文化宣传工作。

4.4.2 各子公司在开展对外宣传时，必须将宣传内容上报总公司企划部审核，并会同总公司企划部开展工作。

4.4.3 总公司各部门和各子公司可以提议开展企业文化活动，由企划部研究并提案，企业分管副总经理审批后，企划部组织开展活动，或协助子公司开展活动。

5. 业务流程图

5.1 企业文化理念管理流程图

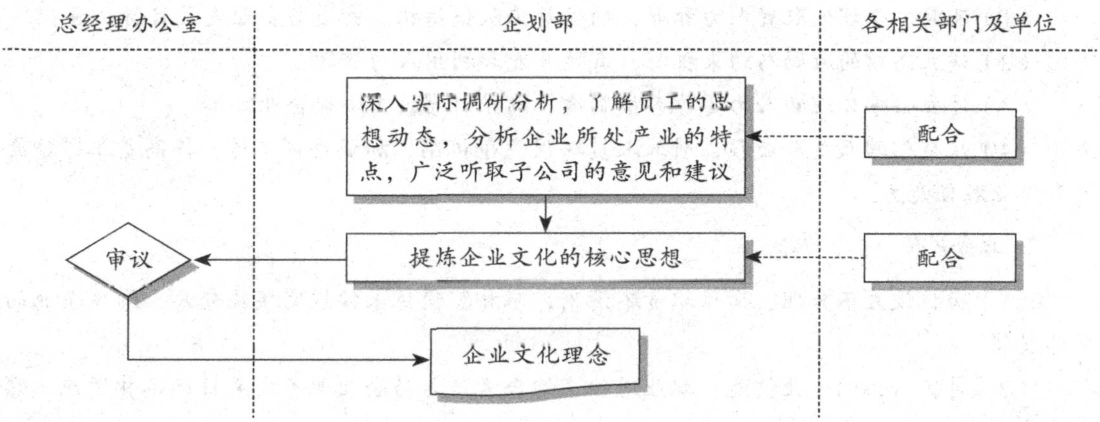

5.2 企业文化制度管理流程图

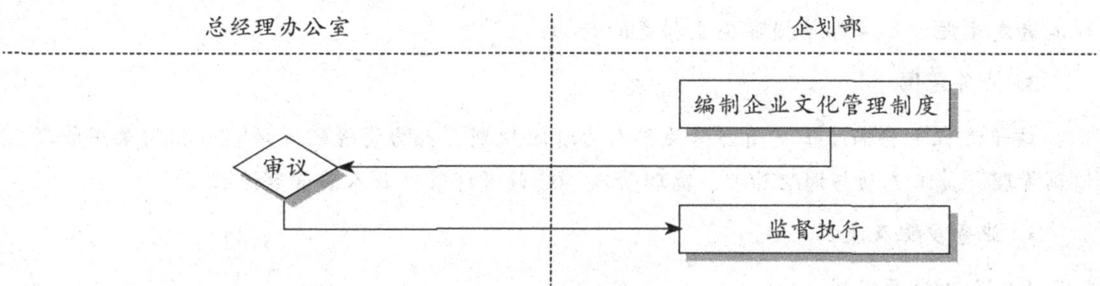

5.3 企业文化器物管理流程图

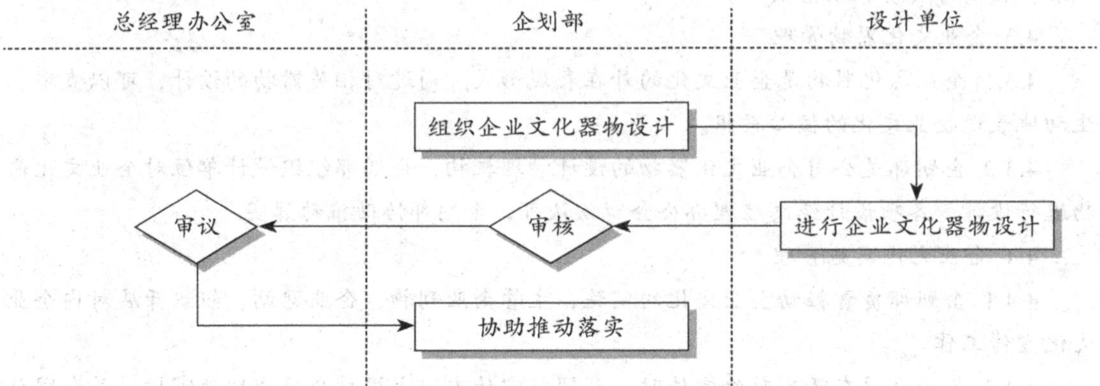

【实操范本03】人力资源管理流程

人力资源管理流程

1. 业务目标

（1）及时、合理地配置人力资源，确保员工队伍结构、素质与企业发展目标相适应。

（2）建立高效的激励与约束机制，有效开发和利用人力资源。

（3）建立科学合理的人力资源考核制度，确保引导员工实现企业目标。

（4）规范招聘及离职流程，引入人员聘用竞争机制，加强培训工作，提高员工道德素养和专业胜任能力。

2. 业务风险

（1）岗位设置不合理、岗位职责不清晰，不相容岗位未按规定实施分离，影响企业的整体发展。

（2）员工队伍的专业技能、职业道德、综合素质等与企业业务发展目标不相适应，影响企业长远发展。

（3）人力资源考核政策和薪酬制度不合理，可能导致企业员工流失或者业绩低下。

（4）员工业务能力或者道德素养无法满足所属岗位的要求，可能导致企业目标无法实现或者发生欺诈、舞弊等损害企业利益的行为。

3. 业务范围

该子流程主要描述了集团公司关于人力资源规划、人力资源配置计划、招聘录用管理、培训管理、员工流动与调配管理、离职管理、绩效考评管理及人员管理流程。

4. 业务步骤及流程

4.1 人力资源规划

4.1.1 人力资源部经理组织人员对各相关部门进行调查分析，对现有人力资源状况进行评估，包括员工年龄结构的分析与评估、性别比例的分析与评估、工作经验的分析与评估、文化程度结构的分析与评估、知识水平的分析与评估等。

4.1.2 对未来的人力资源需求进行预测，即根据企业的战略目标和规模变化进行预测。

4.1.3 进行人力资源分析与比较。企业在不同时期对人力资源的需求量总是在不断变化，当工作总量发生降低时，人力资源的需求量减少；反之则增加。人力资源部应对公司的人力资源需求量和供应量（内部供应或外部供应）进行分析与比较，找出人力资源供需的过剩期和短缺期。

4.1.4 制定有关人力资源供需方面的政策和措施。经过人力资源供需分析和比较，当出现人力资源供需失衡时，企业应制定相关的政策和措施，并报总经理审批。

4.2 人力资源配置计划

4.2.1 每年12月份，人力资源部组织进行人力资源盘点，全面了解各部门的岗位设置、人员编制、人员到岗及人员缺口情况，并编制人力资源盘点报告。

4.2.2 每年12月份，人力资源部将下一年度《部门增员计划表》发放给各部门，由各部门负责人根据本部门实际情况认真填写。

4.2.3 人力资源部将收到的各部门的增员计划与企业人力资源盘点结果进行综合平衡，拟订下一经营年度的企业人力资源配置计划草案。

4.2.4 人力资源部与相关职能部门针对该部门的人力资源配置计划草案进行讨论，最终定稿并呈报总经理批准。

4.2.5 人力资源部根据总经理批准的人力资源配置计划开展具体招聘活动。

4.3 招聘录用管理

4.3.1 确定人员需求：用人部门提交用人需求；人力资源部根据集团公司实际用人需求，整理汇总岗位空缺情况，审核后报企业领导审批。

4.3.2 发布招聘信息：主要招聘途径有企业内部招聘、媒体发布招聘信息、委托人才中介推荐、参加人才交流会、员工推荐、自荐等。

4.3.3 初步甄选：收集材料，初步甄选，并与用人部门共同确定候选人员名单。应聘者应提供以下材料：

（1）第一学历、最高学历，相关学位证书及其复印件；

（2）身份证及其复印件；

（3）外语等级证明。职称、执业资格证书及其复印件；

（4）培训证明以及以往工作业绩证明；

（5）一张一寸免冠照片。

4.3.4 组织实施笔试、测评面试和外调审查。笔试由人力资源部或会同用人部门组织实施。通过笔试者，由人力资源部会同用人部门组成考评小组进行测评，考察候选人的性向特征、组织协调能力、应变能力和专业能力。对通过笔试、面试测评的拟定录用员工，人力资源部对其工作经历、能力和有无重大惩处记录等进行背景调查，并形成《人事外调报告》。

4.3.5 安排拟录用人员到企业指定的医疗机构进行体检，体检项目包括物理检查、尿十项、肝功能+表面抗原、胸透、肝胆双肾B超以及心电图。人力资源部可以根据情况灵活确定体检时间，但最迟不得晚于签订劳动合同前。

4.3.6 对体检合格者，通过人事外调后，确定拟录用人员，上报企业人力资源分管领导审批。

4.3.7 审批同意后，由人力资源部将拟录用人员资料提交总经理办公会审议，实行一票否决制，结果以总经理办公会纪要为准。

4.3.8 对经总经理办公会同意录用的人员，由人力资源部发放“录用通知单”。被录用者报到后即正式进入试用期或考察期。

4.3.9 报到程序。

（1）新员工先到人力资源部报到，由人力资源部相关负责人与之谈话，发放入职提示。

（2）人力资源部签发“新员工入职手续流转单”，由相关部门办理计算机设备、RTX、邮箱配置，通讯录新增、餐票发放等相关手续。

（3）新员工提供相关资料，人力资源部为其建立工作档案：

①在入职提示上，新员工签署“回执声明”；

②填写“员工基本信息登记表”，并提供一寸彩色免冠数码证件照片；

③与原单位终止或解除劳动合同关系证明书，暂时无法提供的，须出具与外单位无劳动关系个人声明。

（4）双方协商一致，签订《劳动合同》（一式两份）。

（5）新员工到达用人部门，部门主要负责人为新员工安排或自己担任工作指导人，帮助新员工熟悉人际环境和办公环境、配发办公用品，指导新员工进入工作状态。

（6）人力资源部会同用人部门组织新员工入职培训。培训内容包括企业文化、经营概况、管理制度、业务知识以及行为规范等。培训方式为自学与集中培训相结合。

4.3.10 新员工所在部门领导要关注和了解新员工试用（考察）期工作情况。转正考核不合格的新员工不得转正。转正前要对新员工进行隔级面谈。

4.3.11 人力资源部负责查阅组织人事档案。因员工个人原因档案未转入，导致无法核实有关信息的，在达到法定最长试用期限时，可依法解除劳动关系。

4.3.12 转正考核应当在试用（考察）期期满前完成，由人力资源部和用人部门共同实施。新员工转正的工作流程为：

（1）新员工在“转正审批表”上填报试用（考察）期间主要工作内容，并附合理化建议、岗位论文或工作总结；

（2）工作指导人填写考核和评价意见，用人部门负责人鉴定并签署意见，人力资源部进行考核谈话并签署意见；

（3）用人部门分管领导签署意见后，交人力资源分管领导审批；

（4）审批通过后，由人力资源部将拟转正人员资料提交总经理办公会审议，审议结果以总经理办公会纪要为准；

（5）对总经理办公会同意转正的员工，由人力资源部发放“转正通知书”，并通知员工办理档案调入和社会统筹转入等相关手续。

4.3.13 用人单位可以在新员工试用（考察）期内，根据新员工的表现即时做出相关决定。

提前转正：新员工在试用（考察）期间有突出的工作业绩，且试用（考察）期时间过半，可由用人部门提议，经人力资源部审核、总经理办公会审批通过后，提前办理转正手续。

解除劳动关系：新员工在试用（考察）期间被证明不符合录用条件的，人力资源部和用人部门签署意见后，经总经理办公会审批，可以直接解除劳动关系。

4.4 培训管理

4.4.1 年度培训需求调查及培训计划确定

（1）人力资源部每年第四季度组织开展人力资源需求调查工作，其中包括年度培训需求调查，并发放“培训需求调查表”，各职能部门要结合业务需求、员工能力评定和职业生涯规划等实际情况填写“培训需求调查表”。

（2）人力资源部编制年度培训计划和预算，报分管人力资源副总审核，总经理审批后下发各部门执行。

4.4.2 培训实施方案的拟订与审批

（1）各培训组织部门应在培训预计实施前一个月拟订培训实施方案。计划外的培训事项，还需填写“计划外培训申请审批表”。

（2）计划外培训申请的审批权限如下：预算内培训报总部人力源部负责人审批，预算外培训报总部人力资源分管领导审核、总公司领导审批。

4.4.3 培训实施

（1）培训组织人员应做好培训前准备及培训过程中的组织管理。此外还应注意：

①培训组织者提前到达培训现场，保证培训顺利、准时开始；

②关注学员的反映，及时和讲师沟通学员的意见；

③关注讲师的需求，为讲师提供必要的辅助；

④ 内部培训期间由培训组织实施部门监督学员出勤情况，并以此为依据对学员进行考核。

（2）培训完成后，培训组织部门开展培训后的评估及跟踪工作（具体要求应在培训实施方案中予以说明，并告知参与培训的相关人员），相关参与部门应予以支持配合，培训评估及跟踪方式主要包括以下几项。

①培训反馈：培训结束后，由学员通过填写“培训效果反馈与评估表”来评估。

②培训测试：通过知识考试和技能测试的方式来评估。

③培训追踪：培训结束后，由学员所在部门主管上级观察评估学员的行为在培训后的改变情况，评价培训的效果。

④培训内部转化：外派培训结束后，如无特殊情况，学员应组织召开培训报告会，进行内部转化。

（3）内部培训结束后，培训组织部门负责整理培训档案并进行培训费用结算。外部培训结束一周内，外派学员持学习汇报、评估意见以及结业证、考试成绩或其他证明材料到人力资源部备案。

（4）企业培训档案包括以下三部分内容。

①企业培训工作档案，包括培训范围、培训方式、培训教师、培训往来单位、培训人数、培训时间、学习情况等。

②企业培训文件档案，主要指培训的文件资料，如电子文档、录音、录像、幻灯片等。

③员工个人培训档案，将每位员工接受培训的具体情况和培训结果详细记录备案。包括培训时间、培训地点、培训内容、培训目的、培训效果自我评价、培训者对受训者的培训评语等。

4.4.4 年度培训工作总结

（1）人力资源部每年末组织年度培训工作总结，各部门上报年度工作总结，对上年度培训工作的开展效果，包括培训预算执行情况、培训效果评估结果等进行汇报。

（2）人力资源部根据企业全年的培训工作情况，编制企业培训管理工作年度总结，并以此作为下一年度培训工作计划的编制依据之一。

4.5 员工流动与调配管理

4.5.1 调动面谈。人力资源部和调动员工的直接领导主持调动面谈，面谈内容应以感谢离职员工的辛勤工作、对企业现状的看法和对调动员工的建议等为主。

4.5.2 调动审计。审计部组织审计小组对调动人员进行调动审计。

4.5.3 调动工作交接

（1）部门内工作交接。部门内工作交接由调动员工直管领导负责，了解调动员工尚未完成工作的进度和在后续工作中的重点，同时指定一名临时交接人与调动员工交接各类工作事项和相关材料。

（2）部门间工作交接。人力资源部协调各部门与离职员工按“工作交接通知”进行交接。

财务部门：备用金、未结款项及发票等。

总部行政部、总部人力资源部：办公用品、办公室钥匙、借阅书籍、企业制度文件、餐卡、劳动合同以及岗位聘任协议等。

其他部门：相关事宜。

4.5.4 办理调动手续

（1）“员工调动申请表”经审批，并完成工作交接后，人力资源部发布调动通知，办理各项调动手续。

（2）因员工晋升、降职造成工资变化的，人力资源部审核后，在下一个发薪日之前调整为新的薪资水平。

（3）因员工调动使得原签订的劳动合同条款发生变化的，人力资源部负责及时变更劳动合同，以防引发劳资纠纷。

4.5.5 新岗位岗前培训。调入新岗位的员工由人力资源部组织岗前培训，培训合格后方可上岗。

4.5.6 调动原因分析。人力资源部每年底对当年调动人员的调动原因进行系统分析，找出共性问题，并在下一年度工作中加以改善。

4.6 离职管理

4.6.1 离职提出

（1）员工提出辞职要求时，须递交“离职申请表”：

①普通员工向部门负责人提交；

②中高层员工向分管领导提交。

（2）企业提出劳动合同解除要求或不续订劳动合同要求时，由提出部门或人员提交“员工辞退审批表”：

①辞退普通员工由部门负责人向人力资源部提出；

②辞退部门副经理以上职位须由企业领导提出。

（3）企业有权对以下情况之一者，即时解除劳动合同，而无需事先通知：

①试用期证明不符合录用条件的；

②严重违反企业管理制度、规定和职务行为规范的；

③被依法追究刑事责任的；

④严重失职，对企业利益造成重大损失的。

（4）对有下列情形之一者，企业可以提出辞退要求，但应提前30日以书面形式通知员工本人：

①员工患病或非因工受伤，医疗期满后不能从事原工作也不能从事由企业另行安排的工作的；

②员工不能胜任工作，经过培训或调整工作岗位，仍不能胜任工作的；

③劳动合同订立所依据的客观情况发生重大变化，致使原劳动合同无法履行，经当事人协商不能就变更劳动合同达成一致意见的。

4.6.2 离职面谈

（1）辞职面谈：审批员工辞职申请前，上级领导应及时与之进行初步面谈，无法挽留的，将员工辞职申请递交到人力资源部。人力资源部在受理员工辞职申请时，应与离职人员再次进行面谈，了解员工辞职的真实原因、未来发展方向、对直接领导的建议和对企业管理的建议，并填写“离职面谈记录”。如未挽留成功，则根据员工类别进行离职审批。

（2）辞退面谈：辞退申请审批通过后，人力资源部与员工进行辞退面谈。面谈内容应以感谢被辞退员工的辛勤工作、其对企业现状的看法和对辞退员工的建议等为主。

4.6.3 离任审计。审计部组织审计小组对离职人员进行离任审计。

4.6.4 免职文件的下发。企业中层管理人员的免职文件由总经理/董事长签发，人力资源部下发。

4.6.5 离职手续办理与工作交接

（1）部门内工作交接。部门内工作交接由离职员工直管领导负责，了解离职员工负责的未完成工作的进度和在后续工作中的重点，同时还应指定一名临时交接人与离职员工交接各类工作事项和相关材料。

（2）部门间工作交接。公司总部由人力资源部协调，项目公司由综合部协调各部门与离职员工按“工作交接通知”进行交接。

财务部门：备用金、未结款项及发票等。

行政部、人力资源部：办公用品、办公室钥匙、借阅书籍、企业制度文件、餐卡、劳动合同以及岗位聘任协议等。

其他部门：相关事宜。

4.6.6 违约赔偿

（1）培训服务期。企业可对处于培训服务期的离职员工要求违约赔偿，具体赔偿金额的计算方法为：违约金＝公司支付培训费用÷约定培训服务期×距到期剩余时间（以月为单位）

（2）造成企业损失。对于在离职审计中发现的因离职员工个人原因给企业造成的损失，企业可要求离职员工赔偿，具体赔偿金额根据实际损失情况酌情确定。

4.6.7 财务清算

（1）清算内容：

①经济补偿金；

②应发未发的各项工资、奖金、补贴等；

③尚未报销的各项费用；

④违约赔偿金。

（2）支付方式：

①结算余额为正，由财务部门向离职员工个人账户内一次性发放；

②结算余额为负，由离职员工向财务部门缴纳现金。

4.7 绩效考评管理

4.7.1 子公司及集团公司各部门组织绩效考评

（1）考评内容。“目标责任书”所设各项指标为组织绩效考评内容。

（2）考评办法。由投资管理部牵头进行，会同财务部、技术合同部检查、确认指标完成情况，以量化形式提交组织绩效成绩，经企业考评领导小组评议后发布。

（3）“目标责任书”以外的工作业绩。各单位上报《目标责任书》以外的工作业绩，考评领导小组评议后形成意见，报总经理办公会审定。

4.7.2 个人绩效考评

（1）考评内容：

①个人绩效考评的内容分为业绩考评和能力素质考评；

②集团公司中层和子公司高管业绩考评结果等同于部门和子公司组织绩效考评结果；

③员工业绩考评由各部门根据实际情况按季度进行，考评方案及结果报人力资源部备案；

④能力素质依据“能力素质考评表”进行考评。

（2）个人绩效考评

①部门员工业绩考评。被考评人每季最后一个工作日与考评人就季度（年度）绩效完

成情况进行沟通，考评人对被考评人的绩效进行评审、排名（确定绩效系数）后提交人力资源部审定。

②能力素质考评。每年度末，由被考评人进行书面总结并填写《能力素质考评表》提交考评人进行考评。

4.7.3 绩效反馈及改进

（1）考评人应通过坦诚的沟通，让被考评人了解工作的目标和标准，消除对考评的误解，同时也让考评人了解下属的需求和困难，以便正确有效地引导下属员工的工作。

（2）考评人与被考评人应每半年进行一次详细的绩效面谈。因各种原因不能及时进行的要用其他形式沟通，务必明确目标，消除分歧。

（3）面谈记录：企业要求的绩效面谈（每年两次）结束后，考评双方须向人力资源部提交简要的面谈纪要，说明面谈的内容和效果。纪要内容作为评估考评人以及相应部门成绩的依据。

4.7.4 甄别和申诉

（1）人力资源部对各部门提交的考评结果做出有效甄别，对考评等级比例没有达到强制排序要求的进行强制调整。

（2）员工对绩效考评结果或执行过程有异议的可与其考评人沟通解决，若经沟通仍有异议者，可越级申诉或向人力资源部申诉。申诉一经确认有效，企业根据具体情况有权调整申诉人及被申诉人的考评结果。

（3）申诉内容可包括不与员工进行应有的绩效面谈，未事前明确目标和标准，未将考评结果及时反馈给被考评人，拖延考评，考评结果缺乏客观、公正性等。

4.7.5 跟踪和评估

（1）人力资源部持续对考评过程进行督导，帮助员工解答考评过程中的疑问，对管理人员的考评提供技术方面的支持，必要时对考评的指标、标准作出调整。

（2）考评评估的依据为考评质量、申诉情况、调查问卷结果、员工访谈以及员工提交的“绩效面谈纪要”等。

4.7.6 兑现办法

（1）绩效工资兑现原则

绩效工资兑现遵循“组织绩效成绩决定绩效工资”原则，即子公司组织绩效决定子公司高管绩效工资、集团公司部门组织绩效成绩决定集团公司中层绩效工资；个人绩效系数仅针对集团公司员工，按员工考评结果进行强制排序后确定；中层绩效工资标准及员工岗位工资标准按照集团公司规定执行。

（2）绩效工资兑现办法

①季度考评，工资计算公式如下所示。

集团中层、子公司高管：绩效工资=当期绩效工资标准×当期组织绩效成绩

集团员工：岗位工资=当期岗位工资标准×当期个人绩效系数

②年度考评。年度考评与第四季度考评合并。提交集团中层/子公司高管当期组织绩效成绩，由投资管理部负责核定。

集团员工当期个人绩效系数=四个季度个人绩效系数平均值

绩效工资兑现方法与前三个季度相同。

4.7.7 考评结果其他应用

（1）连续两个季度绩效考评系数超过1.0的，为“骨干员工”待选人员，由人力资源部汇总、上报考评领导小组，最终确定骨干名单，进入骨干培训程序。

（2）年度考评为综合考评，考评结果主要作为员工提拔、聘用的依据。季度考评主要针对工作绩效进行评价，作为绩效发放的依据。

（3）在考评中，员工不能胜任本职工作或严重违反劳动纪律和规章制度，且经过教育培训或者调整工作岗位，仍不能满足岗位要求的，企业可与其解除劳动关系。

4.8 下属公司人力资源工作管理

4.8.1 机构设置和人员编制管理

（1）下属公司的组织机构应按照职责明确、分工合理、机构精简、权责一致的原则科学设置，机构的设立、撤销、合并或者变更规格、名称由下属公司提出初步意见，经总经理办公会研究同意后，报集团公司人力资源部备案。

（2）下属公司人员编制按照总经理办公会核定的编制数执行，在岗人数不得突破集团公司核定的编制数。

（3）根据工作需要，下属公司人员编制变动如超出集团核定的编制数量，应由下属公司提出初步意见，经总经理办公会研究同意并报请集团公司研究批准后方可执行。

4.8.2 人员管理

（1）下属公司高管人员管理

①下属公司高管人员包括董事会成员（不含职工董事）、监事会成员（不含职工监事）、总经理（总裁）、副总经理（副总裁）等领导班子成员，以及集团公司向参股公司委派的由参股公司董事会聘任的集团中层以上人员。

②下属公司高管人员管理按照本区工作委员会有关规定执行。

（2）下属公司财务人员管理

①下属公司财务部经理由集团公司统一招聘录用，按工作需要委派至各下属公司，列入集团公司正式编制，人事关系由集团公司统一管理，薪资由下属公司负责发放，社保由集团公司代缴；

②下属公司其他财务工作人员及其子公司财务工作人员的招聘录用、日常管理工作按照集团公司关于下属公司财务人员人事管理事宜执行。

（3）其他人员管理

①下属公司中层人员的聘任（解聘）由下属公司自行决定，经下属公司总经理办公会研究同意，报集团公司人力资源部备案。

②下属公司员工的聘用（解聘）由下属公司自行决定，每季度第一个月15日前，需以电子版形式将员工花名册信息表（信息格式和内容参照集团公司人力资源部员工信息相关标准填写）向集团公司人力资源部报备。

4.8.3 招聘录用管理

（1）下属公司中层管理人员原则上按照集团公司员工聘用基本条件，即35岁以下，身体健康，大学本科学历、三年以上工作经验或研究生以上学历、两年以上工作经验。特殊岗位和员工的聘用条件由下属公司根据行业特点和公司实际情况自行确定。

（2）下属公司需要通过媒体广告进行人员招聘，可自行发布招聘信息，也可由集团公司统一对外发布信息。招聘工作由下属公司自行组织。

（3）为加强集团公司与下属公司的沟通和互动，体现员工晋升通道和路径，下属公司中层人员招聘优先考虑集团本部员工，鼓励集团和下属公司开展人才交流。

（4）下属公司须将本公司招聘录用管理办法报集团公司人力资源部备案。

（5）凡录用人员，下属公司都应按照《劳动法》与之签订劳动合同或劳务合同，合同文本内容要根据国家相关法律法规、政策以及本企业的特点和具体情况制定。

4.8.4 绩效考核管理

（1）下属公司高管绩效考核办法，在参照管委会绩效考评管理办法的基础上，按照公开、公平、公正、客观的原则，结合实际情况，由集团公司统一制定，经集团总经理办公会审批后实施。

（2）下属公司绩效考核办法原则上参照集团公司员工考核办法制定，并将年度绩效考核办法报集团公司备案。

4.8.5 薪酬福利管理

（1）下属公司按照集团公司、管委会相关规定制定本公司薪酬管理方案，经集团公司总经理办公会研究同意后实施。

（2）下属公司福利发放应严格执行集团公司相应规定，不得以现金形式发放薪酬以外的各种福利（含各类津、补贴），并将福利管理办法报集团公司备案。涉及特殊行业的项目奖励、补贴等，按程序报集团公司总经理办公会审批。

4.8.6 五险一金管理

各公司要严格按照集团系统“五险一金”缴费标准指导基数和本市关于“五险一金”的缴费比例执行。

4.8.7 培训管理

（1）下属公司应根据自身特点有针对性地制订年度培训计划，并在每年3月底将当年培训计划报集团公司备案。

（2）集团公司以降低成本、资源共享为目的，可以整合培训资源，并进行统筹安排。

（3）下属公司应按时实施培训，并对培训效果进行跟踪反馈与记录，培训记录将作为各公司人力资源指标考核的相应依据。

4.8.8 档案管理

（1）下属公司员工人事档案须经各公司人力资源管理部门审核，管理岗位以上人员人事档案统一由有档案保管权的人才中心代管。

（2）下属公司人力资源管理部门应按照《人事档案管理规定》建立全体员工工作档案，各类人员信息发生变动要及时更新档案内容，并将高中层管理人员和财务人员的工作档案报集团公司人力资源部备案。

4.8.9 制度建设

（1）下属公司应根据国家有关劳动人事法律法规和集团公司人力资源管理的有关规定，建立和完善本企业的人力资源管理规章制度，并按动态管理的原则适时进行修订。

（2）下属公司制度建设及贯彻落实情况作为下属公司高层管理人员人力资源管理工作考核的重要指标。

5. 业务流程图

5.1 人力资源规划流程图

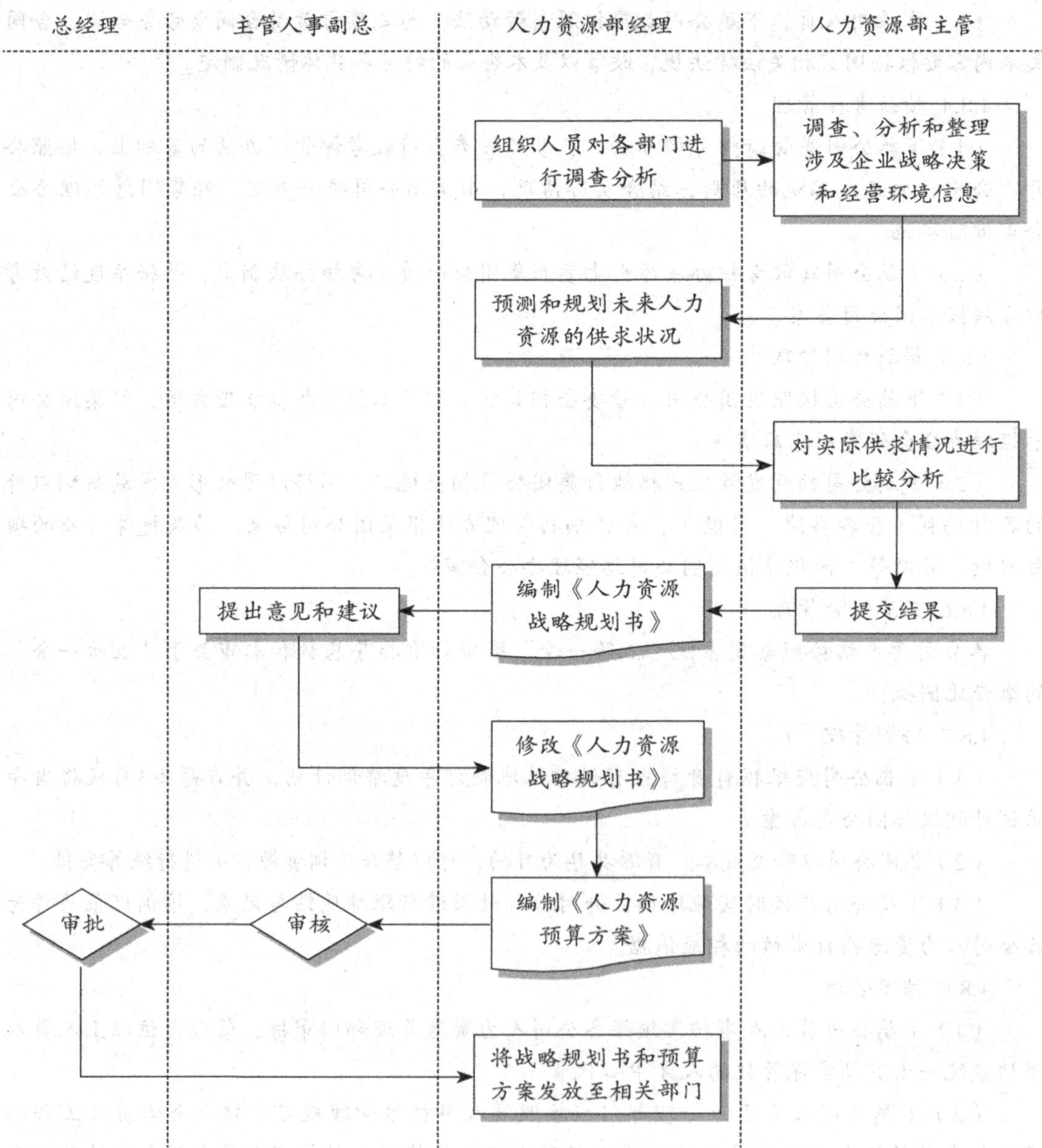

5.2 人力资源需求分析流程图

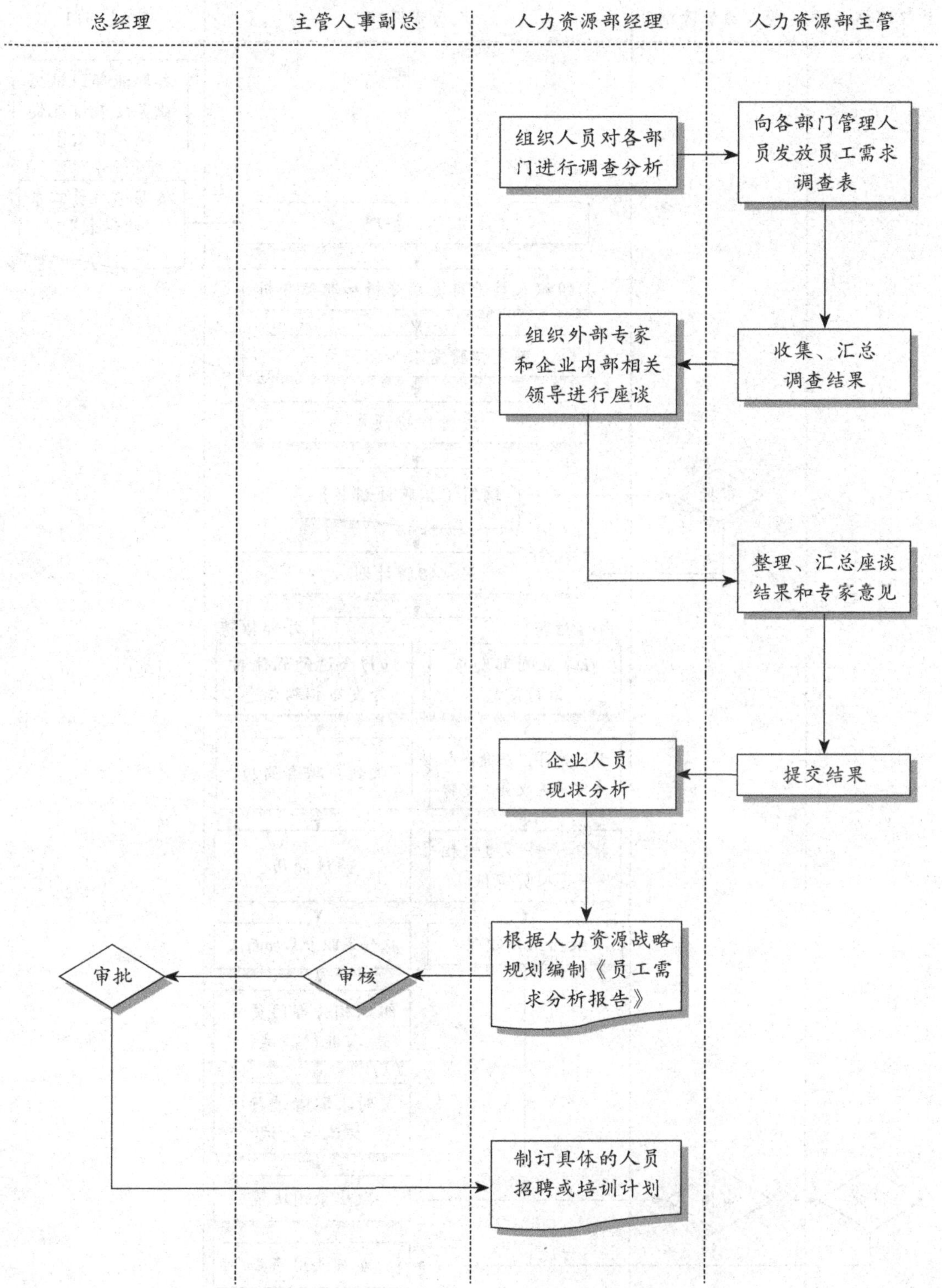

5.3 招聘管理流程图

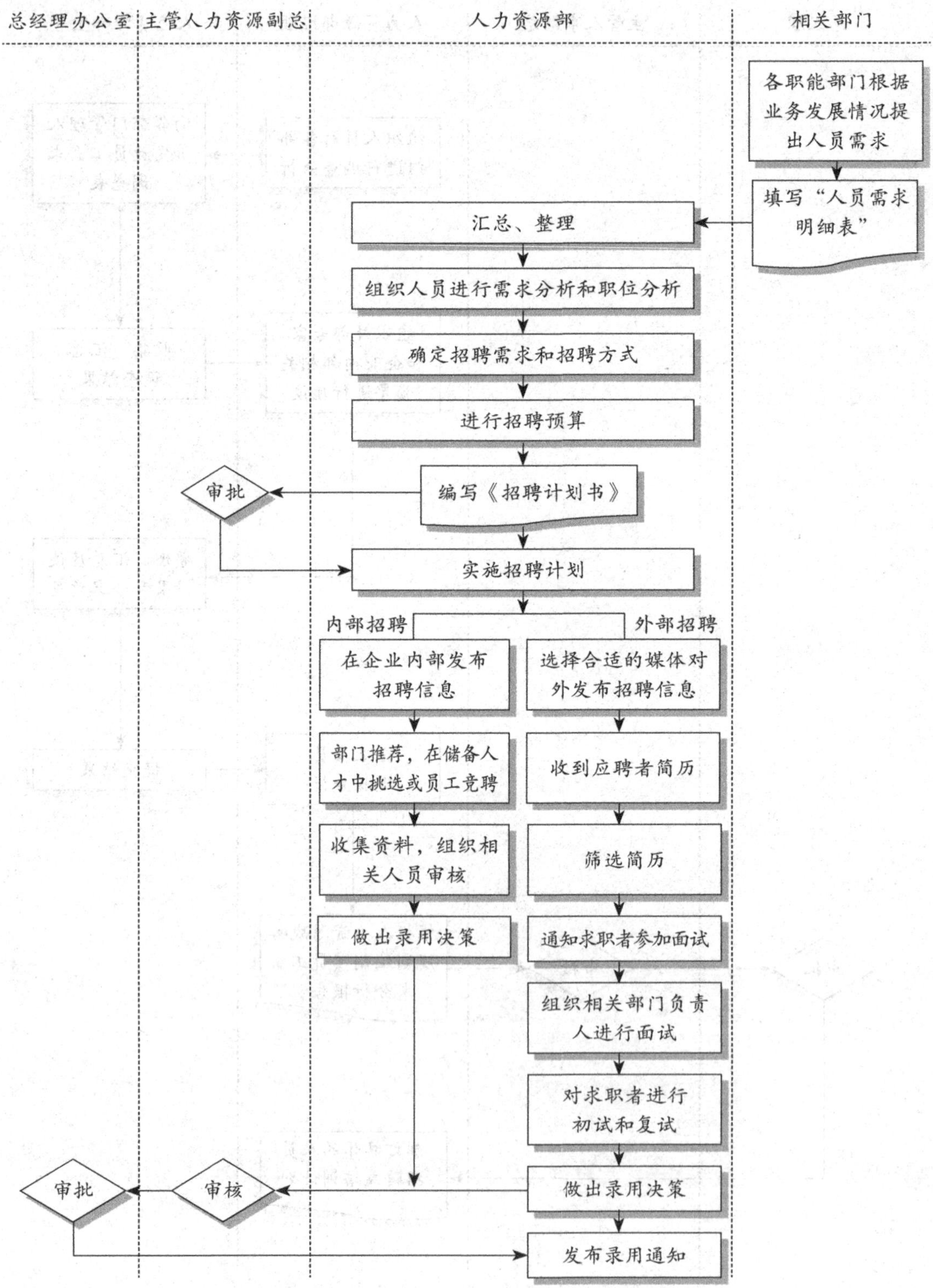
总经理办公室
主管人力资源副总
人力资源部
相关部门
各职能部门根据业务发展情况提出人员需求
填写“人员需求明细表”
汇总、整理
组织人员进行需求分析和职位分析
确定招聘需求和招聘方式
进行招聘预算
编写《招聘计划书》
审批
实施招聘计划
内部招聘
外部招聘
在企业内部发布招聘信息
选择合适的媒体对外发布招聘信息
部门推荐，在储备人才中挑选或员工竞聘
收到应聘者简历
收集资料，组织相关人员审核
筛选简历
做出录用决策
通知求职者参加面试
组织相关部门负责人进行面试
对求职者进行初试和复试
做出录用决策
审核
审批
发布录用通知

5.4 培训管理流程图

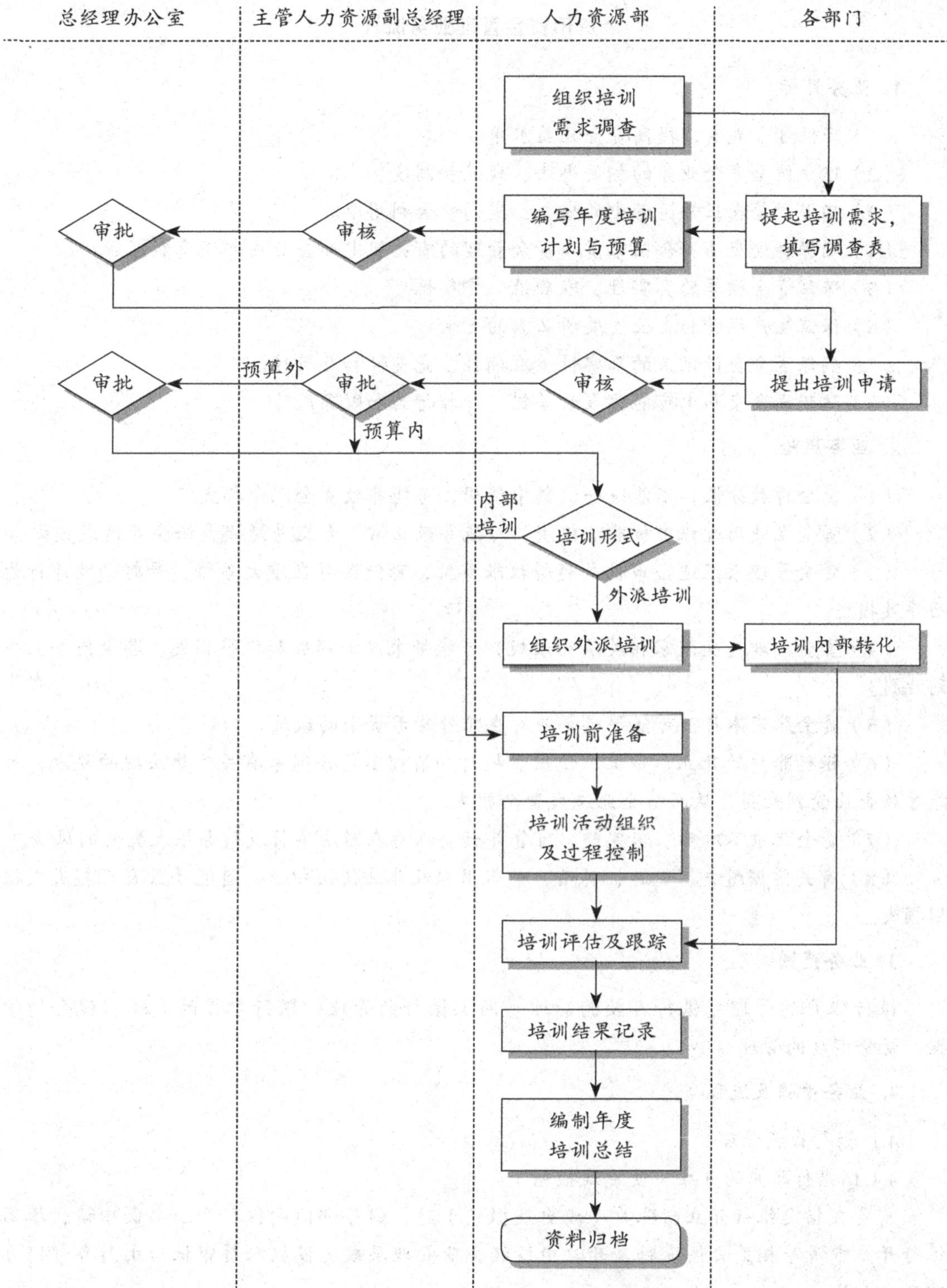
总经理办公室
主管人力资源副总经理
人力资源部
各部门
组织培训需求调查
提起培训需求，填写调查表
编写年度培训计划与预算
审核
审批
提出培训申请
审核
审批
预算外
预算内
审批
培训形式
内部培训
外派培训
组织外派培训
培训内部转化
培训前准备
培训活动组织及过程控制
培训评估及跟踪
培训结果记录
编制年度培训总结
资料归档

【实操范本04】货币资金管理业务流程

货币资金管理业务流程

1. 业务目标

（1）降低资金成本，提高资金收益水平。

（2）建立健全资金业务的相关办法、规范和制度。

（3）确保资金在正常运营中的安全，提高资金利用率。

（4）确保资金交易符合国家货币资金管理的有关规定和企业内部规章制度。

（5）保证资金核算的真实性、准确性、完整性。

（6）保证生产经营和企业发展所必需的资金。

（7）确保资金会计记录的真实性、准确性、完整性和及时性。

（8）防范资金交易中可能存在的差错、舞弊行为和财务风险。

2. 业务风险

（1）资金存放分散，不能统一、集中使用，可能导致资金冗余损失。

（2）资金在使用过程中被非法挪用，可能导致正常资金交易延误，给企业造成损失。

（3）资金管理未经适当审批或超越权限审批，可能因存在重大差错、舞弊、欺诈行为而导致损失。

（4）资金管理违反国家相关法律法规，可能带来经济损失和信誉损失，甚至使企业受到处罚。

（5）资金账实不符，可能导致企业存在账外货币资金的风险。

（6）银行账户的开立、审批、使用、核对和清理不符合国家有关法律法规的要求，可能导致企业受到处罚，从而给企业造成资金损失。

（7）资金记录不准确、不完整，可能导致企业存在账实不符或财务报表失真的风险。

（8）有关票据遗失、变造、伪造、被盗用以及非法使用印章，可能导致资产损失或信用损失。

3. 业务范围

银行账户的管理、银行存款的管理、网上银行的管理、银行票据的管理、现金的管理、资金调度的管理。

4. 业务步骤及流程

4.1 银行存款管理

4.1.1 银行账户的开立（变更及撤销）

需要在指定银行开立新账户（变更及撤销）时，财务部门向银行提出书面申请，填写银行开户申请等相关文件资料。开户申请经企业管理层或其授权人员审批后由财务部门办理开户手续。

4.1.2 预留印鉴管理

4.1.2.1 用于银行支取的预留印鉴要分人保管。公章及财务专用章由专人负责保管，个人名章由本人或其授权人员保管。严禁一人保管所有银行预留印鉴。如需变更印鉴保管人，印鉴保管人要填写印鉴移交交接单，并由移交人、接收人及监交人分别签字确认。财务部门专门人员将印鉴移交交接单视同会计档案进行保管。

4.1.2.2 预留印鉴需要变更时，财务部门填写“单位更改印鉴及户名申请表”，经财务部门负责人或其授权人员审批签字后向银行提出变更申请。财务部门专门人员将历次预留印鉴变更填写的《单位更改印鉴及户名申请表》作为会计档案进行保管。财务部门建立预留印鉴变动记录，记录各银行账户预留印鉴的变动情况。独立于印鉴保管的人员定期或在预留印鉴变动频繁时对预留印鉴与授权使用人员情况进行审阅和核对，检查在人员发生变更的情况下，印鉴及其授权使用人员是否及时进行了相应调整。

4.1.2.3 会计检查人员每季度对预留印鉴的保管情况进行检查并在会计检查报告中说明。

4.1.3 银行余额调节表的编制

4.1.3.1 独立于银行存款账务记录人员的财务部门专人负责每月根据银行对账单与总账、明细账进行核对，并编制银行存款余额调节表，对未达账项列明原因，跟进平进平出项目及长期未达账项。对于银行对账单中的异常或大额支出，财务部门银行存款余额调节表编制人员要向银行进行核实和再确认。

4.1.3.2 银行存款余额调节表经编制人签字、盖章后提交独立于银行存款实物和账务管理的财务部门专人审阅，审阅人员对未达账项进行审核并检查长期未达账项是否已及时清理，确认无误后签字/盖章，以保证银行存款余额调节表编制的准确性。财务人员负责对未达账项进行跟进和清理，或对大额未达账项作出会计调整。

4.1.3.3 会计检查人员每季度对银行存款余额调节表编制和清理未达账项的情况进行检查并在会计检查报告中说明。

4.2 网上银行管理

4.2.1 网上银行开户

企业使用网上银行服务，需要填写网上银行开户申请表、客户证书制作表、分支机构信息表、网上银行企业客户服务协议书。以上材料均须财务部门经理及主管财务的总经理（副总经理）审批，并加盖公司印章，然后提交网上银行所在行。

4.2.2 网上银行业务

任何一笔网上银行付款，至少需要经过制单、两级授权（复核和审批）才能生效。其中，制单人员由出纳担任，复核和审批人员按照付款金额、性质的不同，设定相应级别的授权人员。

4.2.3 用户证书及密码管理

（1）客户证书与密码在领取时和发放前，应由单位指定人员分别保管。

（2）对于同一网上银行系统，每个使用人员只能分配一个客户证书与密码，严禁一人同时持有或使用多个客户证书与密码。

（3）使用人员收到客户证书与密码后，应确认客户证书有效及密码密封完好，并妥善保管，一旦发现或怀疑客户证书被盗用、遗失、损坏、密码泄密等情况，应立即通知开户银行办理挂失手续。

（4）客户证书与密码由使用人员本人保管，除了工作调动和出差等需要进行工作交接外，使用人员不得将证书与密码交给其他非指定的任何人使用。使用人员应经常更换密码，防止泄密。

4.3 票据管理

4.3.1 票据的领用

4.3.1.1 支票的领用

（1）出纳根据经会计人员复核签章后的附有完整原始凭证的记账凭证开具支票。支票开出并领用后，出纳在原始凭证上加盖“付讫”章，连同支票存根、支票申领单等转交会计人员，并在支票领用登记簿中记录。支票领用人需在支票申领单/支票领用登记簿中签收。

（2）对于因预借资金而开具的支票，资金预借人持经适当授权人员审批的支票申领单，向出纳领用支票。出纳在支票领用登记簿中记录领用支票的信息。支票领用人需在支票申领单和支票领用登记簿上登记签收。出纳将支票存根、支票申领单转交会计人员进行账务处理。出纳对支票使用情况进行跟进并监控支票领用人及时核销。空白支票要由专人保管。

4.3.1.2 汇票的领用

（1）汇票视同现金管理，企业要建立票据领用登记簿，对票据的领用情况进行逐笔登记。独立于票据保管人的人员定期将票据存根与票据登记簿进行核对，无误后在票据登记簿上签字。

（2）需要开具承兑汇票时，相关业务人员或财务部门专人根据需求单位的要求提出书面申请，经财务部门负责人审批后加盖公章并提交相关银行。银行审核并同意承兑后，财务部门专人与银行协商汇票承兑的具体事宜。协商一致后，财务部门经适当授权的人员与银行签订银行承兑汇票协议并由双方授权人员在汇票上签字并加盖公章。

（3）银行承兑汇票协议签署后，出纳按照银行的相关程序办理银行承兑汇票。银行承兑汇票开出并领用后，出纳在原始凭证上加盖“已付讫”章，连同汇票回单、汇票申领单等转交会计人员，并在票据领用登记簿中记录。承兑汇票领用人需在汇票申领单/汇票领用登记簿中签收。

4.3.2 支票的收取

4.3.2.1 收到业务部门转交的支票后，财务部门对支票进行核验，检查票据的真实性和有效性，并于当日或次日交存银行。出纳将银行回单转交会计人员，会计人员将支票金额与相关合同、账务信息进行核对后做出账务处理。

4.3.2.2 如果发生退票，由出纳通知业务部门相关经办人进行追收。同时，出纳要将银行退票回单转交会计人员做出账务处理。

4.4 现金管理

4.4.1 现金实物管理

（1）根据自身现金流动情况，各公司建立库存现金限额管理制度，现金限额经适当授权的管理层书面批准后实施。独立于现金管理的财务部门专人定期或不定期参加现金盘点时，对库存现金限额进行监控。

（2）除根据《现金管理暂行条例》规定可以使用现金的，其他款项的支付须通过开户银行转账结算，不得以大额现金的形式支付。不得坐支现金，日常经营所需开支的现金从库存现金中支付或从银行提取，提取现金时须在现金支票上注明款项的用途。

4.4.2 现金收付和盘点

（1）需要对外支付的部门提出付款申请，提供证明款项支付的原始凭证，经部门负责人审批同意后提交财务部门。根据款项的性质和涉及金额的不同，财务部门负责人和/或公司管理层根据费用审批权限对付款进行审批。

（2）出纳根据经会计人员复核签章后的附有完整原始凭证的记账凭证办理现金收付。现金收付后，出纳在收、付款凭证上加盖现金收（付）讫章并由收、付款人签字，然后将收付款凭证等转交会计人员进行账务处理。

（3）现金要日清月结。财务部门独立于出纳的人员对现金进行定期（如每周）盘点和不定期抽查，核对库存现金实物和账面记录。参与盘点的人员在现金盘点表上签字确认并对盘点差异进行跟进。对于发现的长短款情况，盘点人员要向具有相应权限的管理层进行书面汇报并在取得管理层审批后做出账务调整。

（4）会计检查人员至少每季度抽查盘点一次现金，针对盘点结果、库存现金限额执行情况及发现的长短款情况向具有相应权限的管理层提交会计检查报告，并在取得管理层审批后进行相应处理。

4.5 借款管理

4.5.1 现金借款

4.5.1.1 现金借款范围包括差旅费、备用金、银行结算起点（1 000元）以下的零星支付。

4.5.1.2 现金借款程序

（1）因工作需要借款，由经办人填写“现金借款单”（一式两联），经部门负责人、财务部经理签字，报主管财务副总经理审批后，财务部予以付款。

（2）签字后的“现金借款单”（存查联）随会计凭证归入会计档案，“现金借款单”（冲销联）由经办人持有，待报账时随“费用报销单”一并交回财务部。财务部应给已报账并结清手续的经办人员开具一份盖有“已报账冲借款”印章的收据，注明冲销业务内容、时间、金额等事项。

4.5.1.3 现金借款要求

（1）现金借款额度一般不超过1 000元，超过1 000元的经济业务以银行支票支付。确需大额现金的，须经财务部经理签字，报主管财务副总经理审批。大额现金借款需提前1天通知财务部，以便备款。

（2）备用金及其限额。备用金是预先支付给有关使用部门一笔固定金额的资金，以供日常发生的各项在规定使用范围内的小额费用支付。备用金限额控制在3 000元以内。如特殊情况需增加备用金的，须经主管财务副总经理批准。

4.5.2 支票借款

4.5.2.1 超过现金支付起点的费用，一律以银行支票支付。

4.5.2.2 由经办人填写“付款会签单”，履行签字手续后，出纳负责将相关单据送交银行办理转账手续。

4.5.2.3 特殊情况确需借用支票的，按以下程序办理：由经办人填写“支票领用单”（一式两联），注明收款单位名称、账号、开户银行、用途、付款金额及支票号等内容，经部门负责人、财务部经理签字，报主管财务副总经理审批后，在出纳处登记办理支票领用手续。签字后的“支票领用单”（存查联）随会计凭证归入会计档案，“支票领用单”（冲销联）由经办人持有，待报账时随“费用报销单”交回财务部，财务部给已报账并结清手续的经办人员开具一份盖有“已报账冲借款”印章的收据，注明冲销业务内容、时间、金额等事项。

4.5.2.4 空白支票不予借出；特殊情况需要借出的，须经主管财务副总经理批准后方可办理。

4.5.2.5 支票领用人对支票的安全负全部责任。

4.5.3 借款的其他规定

4.5.3.1 一般业务借款应在借款后五个工作日内结清，差旅费借款应在返回单位五个工作日内办理报销手续，清理借款。

4.5.3.2 报账后未结欠款部分和不能按期清账又无特殊原因的，财务部将通知部门负责人和经办人，从经办人下月工资中扣除，直至结清欠款为止。

4.5.3.3 备用金使用部门经办人应至少每两个星期凭有关支付凭证向财务部申请报销并补足规定的金额。

4.5.3.4 借款只能按照批准的用途使用，不得转借他人。借款用途如有变化，须先偿还原借款，重新办理新用途借款手续。

4.6 日常报销管理

4.6.1 报销要求

4.6.1.1 部门所有的费用报销应控制在本部门的费用预算内。

4.6.1.2 用于报销的各种原始票据应符合国家法律的规定（包括票据取得合法，票据记载内容真实，无涂改印迹等）。从外单位取得的原始单据，必须盖有填制单位的财务专用章。个人取得的原始单据，必须有填制人员的签名或盖章。对不符合规定的原始票据，财务部有权拒绝办理。

4.6.1.3 办理报销手续时，经办人应填写“费用报销单”并在所有原始票据上签署经办人姓名、用途，连同其附件一起粘贴整齐。报销的审批手续必须齐全。

4.6.2 报销程序

4.6.2.1 固定费用类

此类费用包括电话费、交通费、员工车辆费、工资、办公费用、业务招待费。在总经理办公会批准各部门预算和分管副总经理批准的月度资金计划的前提下，固定费用报销实行如下流程：

（1）经办人将单据归类粘贴完毕后填写费用报销单，并将报销单据交部门主管审核签字；

（2）部门主管进行审核签字后将单据返给经办人，由经办人提交财务部会计审核；

（3）财务部会计在对单据合规性、数字准确性、是否有预算和资金计划进行审核后签字，并在原始单据上盖上“附件”标记；

（4）财务部经理审核签字；

（5）财务部出纳依据审批齐全的单据进行付款。

4.6.2.2 归还银行贷款，支付贷款利息、银行手续费、税金、工会经费等不需经过付款会签程序，财务部会计可直接根据原始票据做出账务处理。

4.6.2.3 其他费用类。此类费用包括除上述费用外的其余所有费，报销流程如下：

（1）经办人将单据归类粘贴完毕后填写费用报销单，并将报销单据交部门主管审核签字；

（2）部门主管进行审核签字后将单据返给经办人，由经办人提交财务部会计审核；

（3）财务部会计对单据的合规性、数字准确性、是否有预算和资金计划进行审核后签字，并在原始单据上盖上“附件”标记；

（4）财务部经理审核签字；

（5）主管财务副总经理审核签字；

（6）常务副总经理审批；

（7）财务部出纳依据审批齐全的单据进行付款。

4.7 对外付款管理

4.7.1 付款要求。对外付款实行合同管理。各部门办理对外付款时，须向财务部提供该事项有效合同（或协议）的原件、审计评估报告、收费依据、批准文件等，同时提供收款单位名称、开户行、账号等内容。

4.7.2 付款程序。各业务部门因工作需要办理对外付款业务时，由经办人填写“付款会签单”，经所在部门负责人签字同意后，由财务部会计审核、财务部经理签字，报主管财务副总经理审批后由常务副总经理签字批准。

4.8 基建付款管理

4.8.1 基本要求

4.8.1.1 建设工程概、预、决算是实施财务监督管理的重要手段。凡有集团公司资金投入的基建项目，财务部均应参与概算的审查。

4.8.1.2 集团公司所有基建项目均应在工程概、预算基础上按国家规定签订真实、合法、有效的合同。合同（或协议）签订后须存放一份于财务部备查。

4.8.1.3 财务部对所有基建付款均实行合同管理。严格按照基本建设程序、年度基建投资计划、年度支出预算、合同条款及工程进度进行资金拨付。基建项目开工前可拨付前期工作费用，工程款必须经过批准开工后才能拨付。

4.8.1.4 基建项目申请付款时，须按规定履行正常汇签手续，并提供完备的资料。

4.8.1.5 为有效控制投资资金使用，避免浪费，对超概算的建设项目须经有权机关批准调整预算，经批准变更的预算或追加预算应报财务部备查，否则财务部有权停止拨款。

4.8.2 具体要求

4.8.2.1 支付前期费用

项目立项前需支付的各项费用，由经办人根据年度投资计划、建设项目支出预算、批准的前期工作内容、工作进度办理付款申请手续。

4.8.2.2 支付工程进度款

申请支付工程进度款时，经办人应提供：①该项目合同（或协议）的原件。②经集团公司主管项目部门和监理单位的有关人员审核并签字加盖单位公章后的“验工计价单”。③建设方、施工方、监理方三方确认的“工程进度款支付表”。由财务部成本会计根据原备查合同（协议）及所提供资料对工程价款、付款条件、已付款金额及结算方式予以审核确认，并按确认后的“工程进度款支付表”上列明的上月实际完工量支付进度款。原则上按工程进度的80%支付进度款。对由甲方供应材料的项目，经办人应在“工程进度款支付表”中注明，以便付款时作相应扣除。

4.8.2.3 支付工程决（结）算款

申请支付工程决（结）算款时，经办人应提供：①由中介机构出具的工程决（结）算审计报告书和财务决（结）算审计报告书原件。②填写无误的“工程决（结）算付款表”。由财务部成本会计根据原备查合同（协议）及所提供资料进行审核，其中合同注明要求验收后付款的，还应提供由专业机构签字盖章的验收合格证明。

4.8.2.4 工程决算款必须按工程价款结算总额的一定比例（5%–10%）预留工程质量保证金，待工程质量保证期满后，扣除有关保修费用，待全部付清后，合同终止。

4.8.3 其他工程费用的支付

其他工程费用是指监理费、设计费、勘察费以及检测费等。对这些费用的支付，经办人须提供该项业务的合同（或协议），填写“付款会签单”，履行签字审批手续后由财务部根据合同约定的付款条件支付款项。其中涉及勘察、检测、测量等业务的还需提供结果报告。

4.8.4 “付款会签单”的要求

经办人填写付款会签单时，除应附上述要求提供的资料外，还须正确填写工程项目名称、收款单位名称、开户行、账号以及款项内容（若该工程同时涉及几个项目，须详细注明）。

4.8.5 其他要求

4.8.5.1 每月30日前基建项目主管部门负责将当月工程完工情况及下月预计工程量报送财务部，由财务部核对当月投资情况并对下月预计资金做出计划安排。

4.8.5.2 所有基建项目付款经办人必须是集团公司正式聘用人员。

4.8.6 基建项目付款签字程序及相关责任权限

所有基建项目须由施工单位提供“验工计价单”，经集团公司预算员、项目组负责人、监理单位负责人签字确认后，进入下列付款申请程序：

（1）经办人填写“付款会签单”，附上必须提供的相关资料并粘贴整齐；

（2）部门负责人核对签字；

（3）财务部成本会计对支付凭证的合法性、手续的完备性和事项的真实性进行审查；

（4）财务部经理审查签字；

（5）主管财务副总经理审核签字；

（6）常务副总经理审批；

（7）财务部出纳依据审批齐全的单据付款。

4.8.7 其他规定

4.8.7.1 基建项目竣工后，工程项目责任部门须督促施工单位及时办理工程决（结）算手续。无故拖延不进行工程决（结）算和财务决算的，财务部有权拒绝付款。

4.8.7.2 每个项目结束后，由财务部根据工程决（结）算报告书和财务决算报告书审核全部付款票据，审计支出款项，以书面形式向总经理报告。

4.9 差旅费报销管理

4.9.1 集团公司工作人员因工作需要出差的，应持有关会议通知或申请，注明出差人数、事由、地点、预计天数，经主管副总经理批准后方可出差。

4.9.2 出差人员借款须填写“现金借款单”（一式两联），附主管副总经理同意出差的批件，按《财务支出管理办法》中关于“借款程序”的规定办理借款。

4.9.3 出差人员应于返回后五个工作日内办理报销手续，清理借款。

4.10 临时事项财务支出规定

4.10.1 临时事项财务支出支付程序

（1）由临时事项筹备组业务经办人和集团公司相对接部门一名正式员工共同在经办人栏签字经办，填写借款或报销单据。双签的经办人应注意做好相互之间的衔接对账工作，对发生的欠款，应由两名经办人共同承担责任。

（2）由临时事项筹备组领导和集团公司相对接部门经理在部门领导栏签字确认业务。

（3）集团财务会计审核后报财务部经理审批签字。

（4）主管财务副总经理审核签字。

（5）常务副总经理审批。

（6）财务部出纳依据审批齐全的单据付款。

（7）出纳人员按照审批齐全的单据付款，领款人处实行双签领款。

4.10.2 关于借款的其他规定

4.10.2.1 一般业务借款应在借款后五个工作日内结清，差旅费借款应在返回单位五个工作日内办理报销手续，清理借款。

4.10.2.2 对于特殊原因不能在规定期限内报账的，可适当延后，但必须在临时性事项完成后15天内进行清账。

4.10.2.3 不能按期清账又无特殊原因的，财务部将通知部门负责人和经办人，并由人事部门从经办人下月工资中扣除，直至结清欠款为止。

4.11 预算外事项的付款流程

4.11.1 经办部门负责提出申请，由部门负责人签字，加盖部门印章。申请必须明确本次预算外付款的文件依据、原因、内容、金额以及申请追加该笔预算的时间，同时将所需追加的预算报集团财务部。

4.11.2 集团财务部对所报的预算追加情况进行初审。

4.11.3 集团主管财务副总经理签字审核，集团常务副总经理签字审批。

4.11.4 审批后的申请与付款单据一起交给经办部门，由经办部门按照集团《财务支出管理办法》办理付款签字手续后予以支付。

4.11.5 追加的预算由集团财务部按照《财务预算管理办法》提交总经理办公会审议批准。

4.12 有预算无资金滚动计划的付款流程

4.12.1 由经办部门提出申请，部门负责人签字，加盖部门印章。申请必须明确本次计划外付款的原因、内容和金额。

4.12.2 集团财务部对申请进行初审。

4.12.3 集团主管财务副总经理签字审核，集团常务副总经理签字审批。

4.12.4 审批后的申请与付款单据一起交给经办部门，由经办部门按照集团《财务支出管理办法》办理付款签字手续后予以支付。

4.13 内部资金管理

4.13.1 集团公司及其投资设立的全资、控股子公司（以下简称“子公司”）应当统筹使用闲余资金，提高资金使用效率。

4.13.2 集团公司可以对各子公司的闲余资金进行统一调度，具体调度方式以集团公司调度通知为准。集团公司调度资金满足临时周转需要，分自有资金（注册资本金之内的）和贷款两种情况向子公司支付利息。子公司应依照《公司法》及集团公司章程的规定完善相应手续。未经集团公司批准，子公司不得将闲余资金交由信托公司、证券公司等非银行金融机构经营管理，不得将资金投向证券、期货、贵重金属或其他金融衍生产品市场。

4.13.3 集团内部借款

集团内部借款仅限于集团公司与集团内部各子公司及各关联单位的临时性借款。各全资、控股子公司之间因经营需要，经集团公司总经理办公会根据集团财务部提出的议题审议通过后，可相互拆借款项，并办理相关手续及付款。子公司之间借款利息参照集团公司借款规定执行。

4.13.3.1 集团内部借款权限。集团公司借款须经集团公司总经理办公会批准，由集团公司财务部统一管理。

4.13.3.2 集团内部借款程序

（1）提出借款申请。各借款单位因经营需要向集团公司借款的，应以书面文件形式提出借款申请，申请书要注明借款金额、用途、借款期限，由借款单位法定代表人签字并加盖公章，报集团公司行政部。

（2）签订借款协议。集团公司财务部根据批准文件起草借款协议，经集团公司会签后，由双方单位签字盖章。

（3）划转借款。集团公司财务部凭正式借款协议、借款单位收据、借款单位提供的开户行及账号按集团公司财务审批制度办理付款，将借款转入借款人指定账户。

4.13.3.3 集团内部借款利息

（1）集团公司提供给子公司的借款，按集团公司的实际资金成本计算利息。

（2）集团公司在不影响子公司正常经营的情况下调用子公司闲余资金，按银行同期存款利率加计一个百分点计算利息。

（3）由子公司代集团公司获得的专项贷款所发生的利息支出及融资相关手续费等费用由集团公司承担。

（4）借款利息按季度结算，每季最后一月的21日为结息日，并于此日前转付利息，最后一期利息随本金于借款到期日一次偿还。

4.13.3.4 集团内部借款的归还。借款人必须按期偿还借款本息，逾期不还的按约定利率加罚50%利息，且不再出借新的款项（经董事办公会或总经理办公会特批除外）。特殊情况需减免利息的，由子公司提出申请，经集团财务部报集团总经理办公会审议。

4.13.3.5 集团内部借款的其他规定

（1）借款协议、借款申请及相关资料由集团公司财务部统一管理。

（2）加强对借款单位财务状况的监督，要求其提供月度财务报表，借款人要严格按照借款用途使用资金，一旦发现违规使用借款，集团公司有权提前收回借款或停止发放借款。

4.14 资金信息管理。在集团系统内实行资金周报和月度资金滚动计划制度。资金周报和月度资金计划应具体准确地反映资金流动情况和余额。

4.14.1 报送时间

（1）各子公司的资金周报，应于每周四下午18点前向集团公司报告。

（2）由集团各部门及各公司于每月20日前报送后三个月的资金收支计划。

4.14.2 报送要求

（1）要求各部门、各集团公司按照全年预算，结合实际情况及时上报。对与全年预算有重大出入的，要做出具有相关资料支持的解释和说明。

（2）报送要求：纸质一份、电子文档一份。

4.14.3 监督检查

资金周报和资金使用计划作为筹措资金的重要依据，集团公司财务部将在各部门、各集团公司报送的基础上汇总并加以综合平衡。对不按时报送者及不负责任导致数据严重失实、又无合理理由者，将予以通报批评。集团公司每月召开资金计划安排会议，确定集团公司次月资金支出计划。凡未列入资金支出计划的项目，一律不予支付。

5. 业务流程图

5.1 现金业务流程图

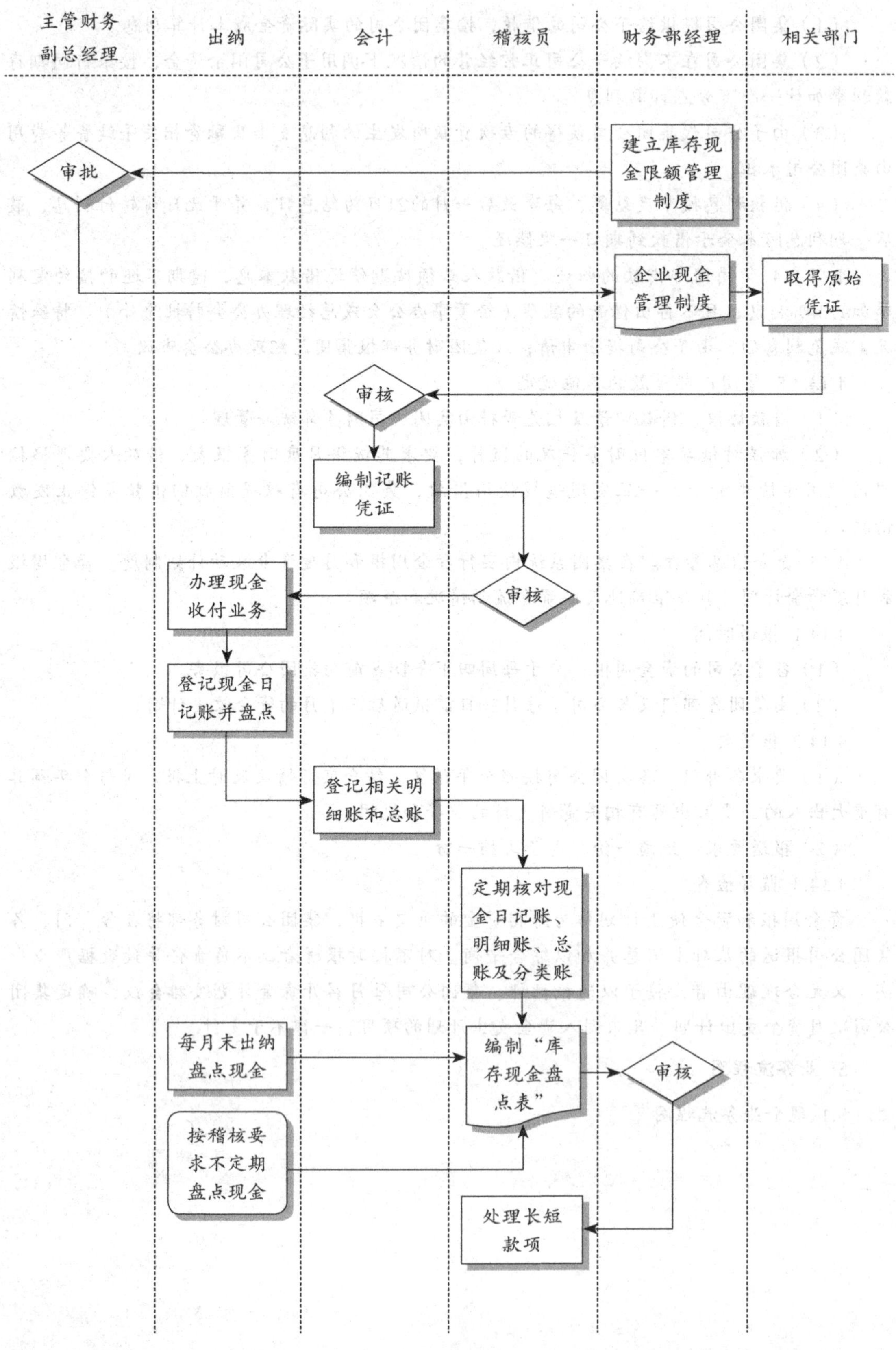

主管财务副总经理
出纳
会计
稽核员
财务部经理
相关部门
建立库存现金限额管理制度
审批
企业现金管理制度
取得原始凭证
审核
编制记账凭证
审核
办理现金收付业务
登记现金日记账并盘点
登记相关明细账和总账
定期核对现金日记账、明细账、总账及分类账
每月末出纳盘点现金
编制“库存现金盘点表”
审核
按稽核要求不定期盘点现金
处理长短款项

5.2 银行业务流程图

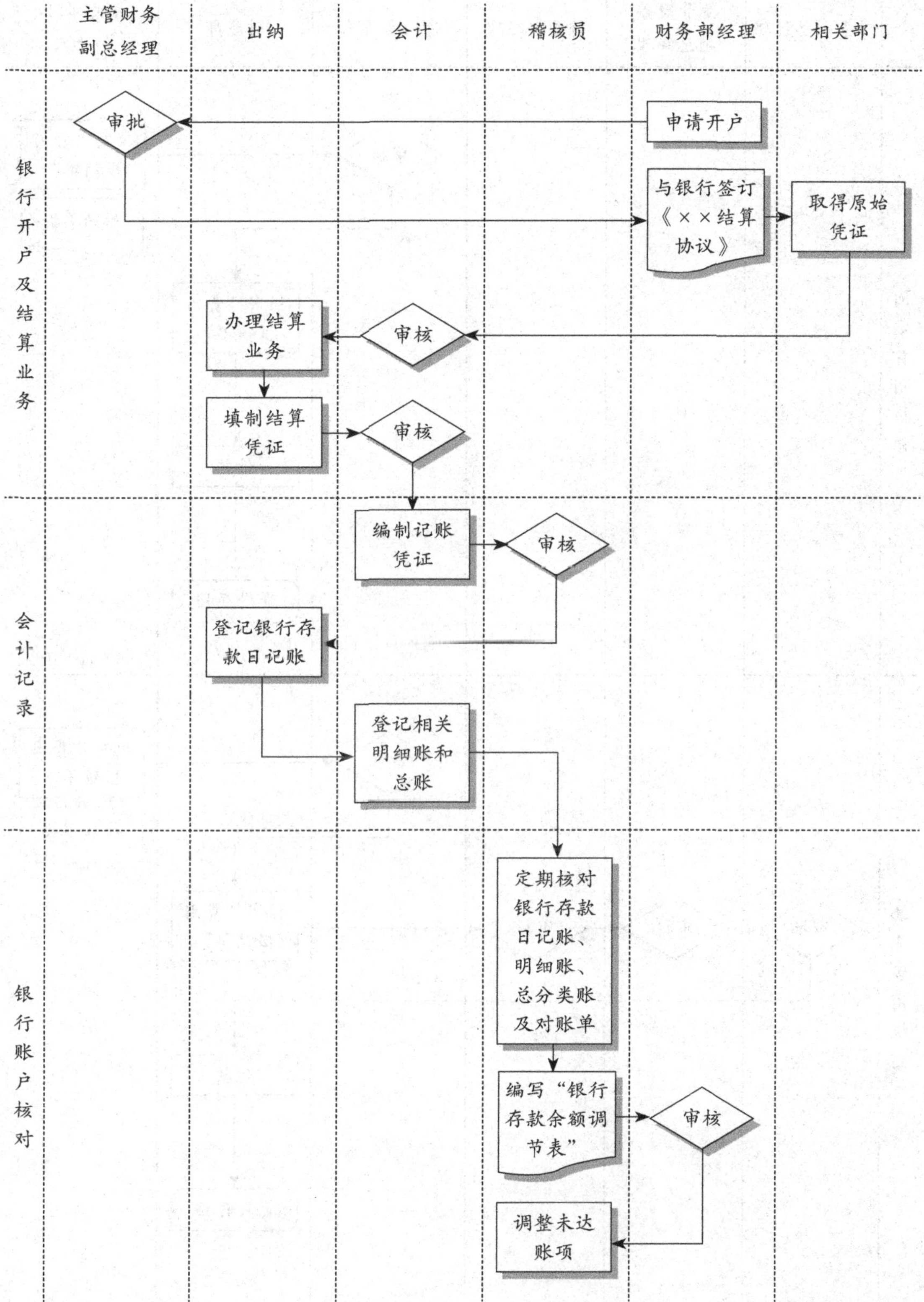
主管财务副总经理
出纳
会计
稽核员
财务部经理
相关部门
银行开户及结算业务
审批
申请开户
与银行签订《××结算协议》
取得原始凭证
办理结算业务
审核
填制结算凭证
审核
会计记录
编制记账凭证
审核
登记银行存款日记账
登记相关明细账和总账
银行账户核对
定期核对银行存款日记账、明细账、总分类账及对账单
编写“银行存款余额调节表”
审核
调整未达账项

5.3 日常报销流程图

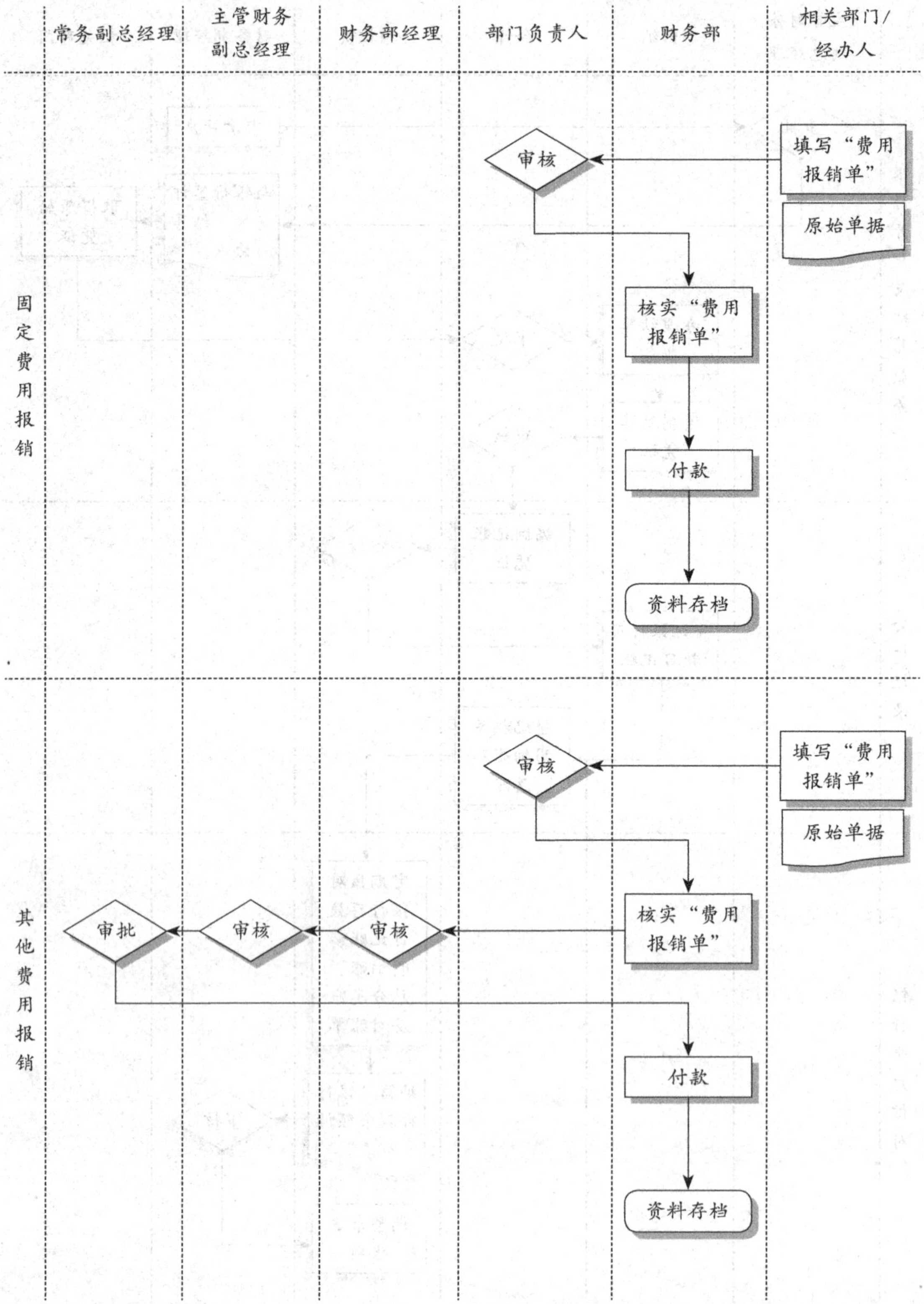
常务副总经理
主管财务副总经理
财务部经理
部门负责人
财务部
相关部门/经办人
固定费用报销
审核
填写“费用报销单”
原始单据
核实“费用报销单”
付款
资料存档
其他费用报销
审核
填写“费用报销单”
原始单据
审批
审核
审核
核实“费用报销单”
付款
资料存档

5.4 对外付款流程图

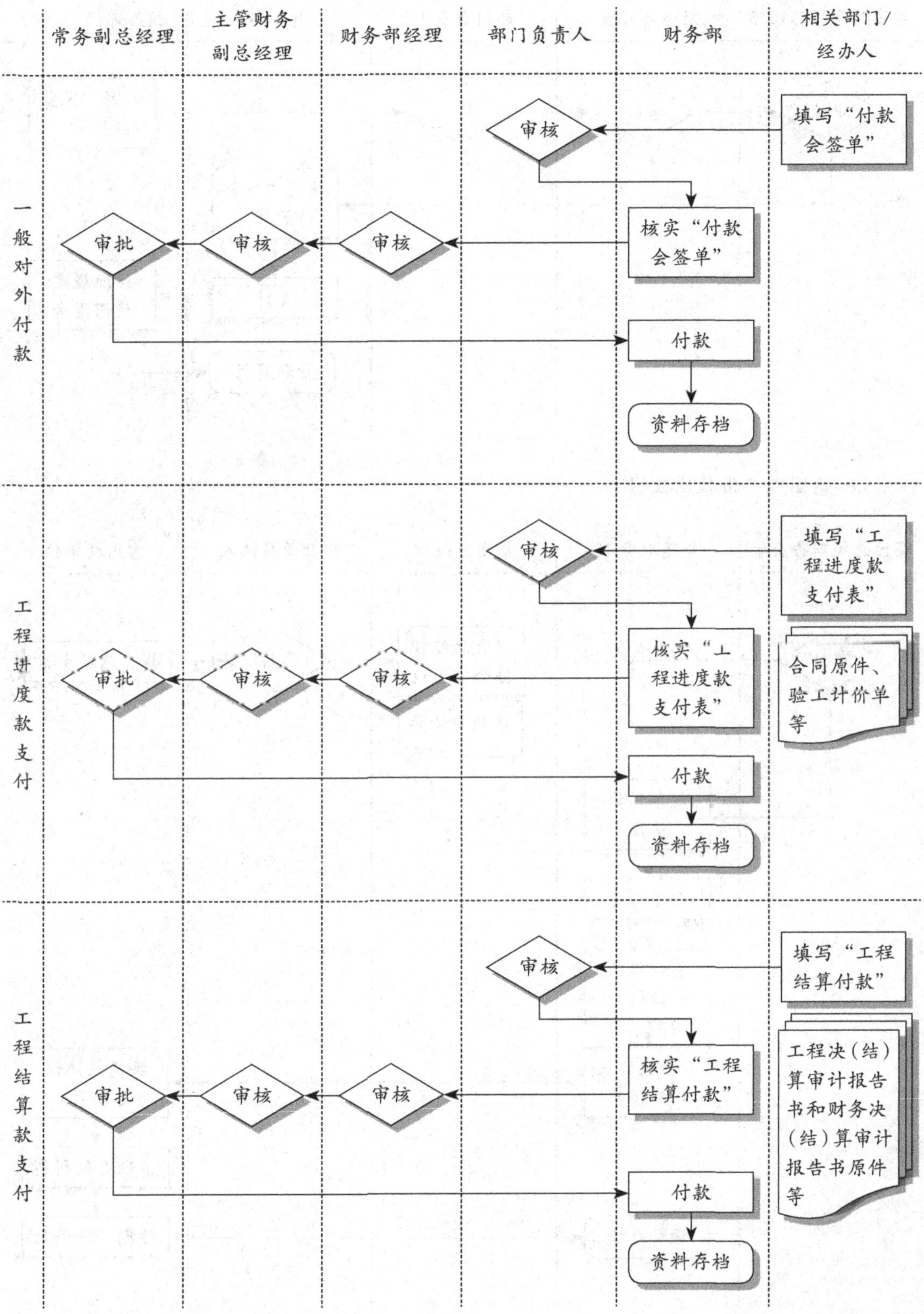
常务副总经理
主管财务副总经理
财务部经理
部门负责人
财务部
相关部门/经办人
一般对外付款
填写“付款会签单”
审核
核实“付款会签单”
审核
审核
审批
付款
资料存档
工程进度款支付
填写“工程进度款支付表”
审核
核实“工程进度款支付表”
合同原件、验工计价单等
审核
审核
审批
付款
资料存档
工程结算款支付
填写“工程结算付款”
审核
核实“工程结算付款”
工程决(结)算审计报告书和财务决(结)算审计报告书原件等
审核
审核
审批
付款
资料存档

5.5 现金借款流程图

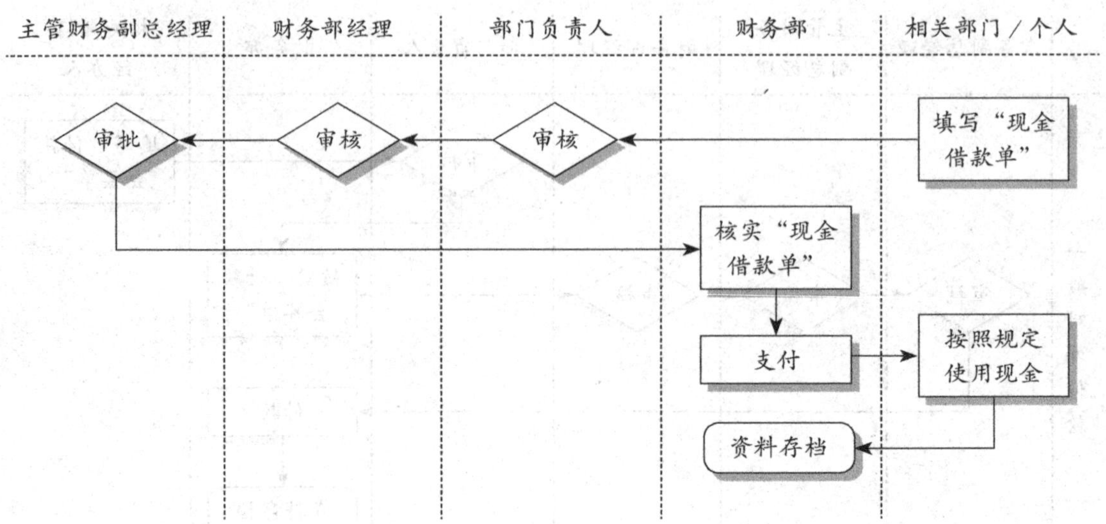

5.6 集团内部借款流程图

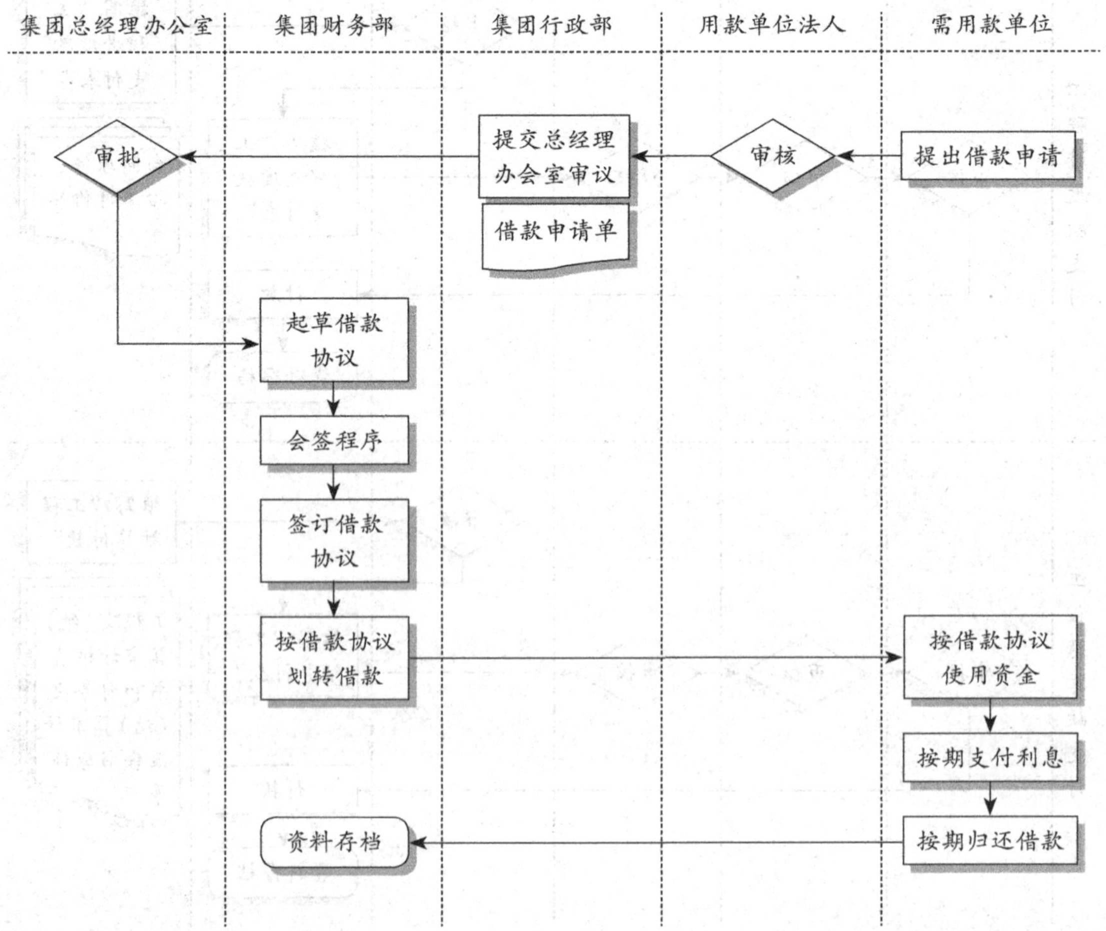

5.7 资金信息管理流程图

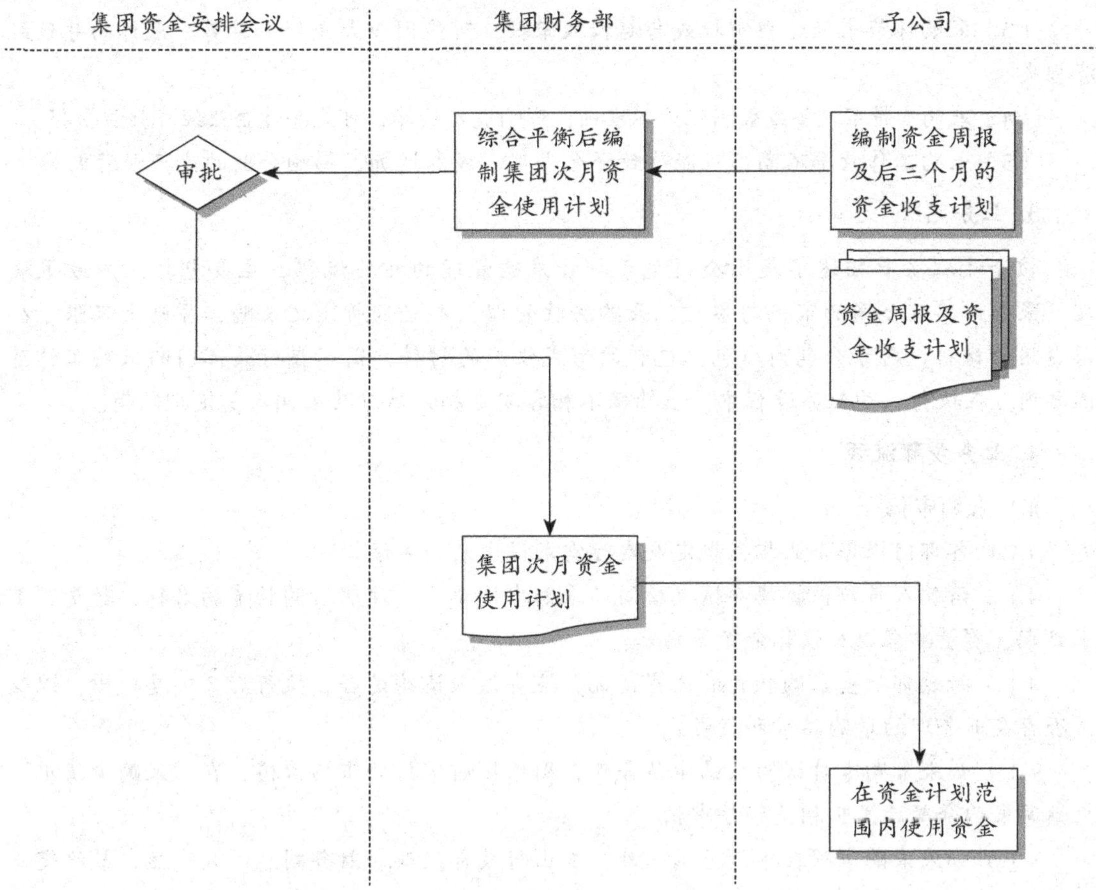

【实操范本05】采购业务管理流程

采购业务管理流程

1. 业务目标

（1）确保采购业务符合国家法律法规和企业内部规章制度的要求。

（2）强化采购过程管理，确保采购物资的数量、质量符合企业经营需要，促进企业实现发展战略。

（3）确保授权合理，与采购相关的关键岗位、职责相分离。

（4）保证采购资料及数据记录的真实性、准确性、完整性。

（5）加快资金周转，降低采购成本，防止资金占用，提高经营效率。

2. 业务风险

（1）采购过程不合法或违反有关规定，可能使企业遭受外部处罚、经济损失或信誉损失。

（2）采购物资数量、质量、交付服务不能满足规定需要，影响企业发展目标。

（3）采购环节未经适当审批或超越授权审批，可能因重大差错、舞弊、欺诈而导致经济损失。

（4）采购资料不完整或数据记录不准确，影响成本核算，可能导致企业经济效益受损。

（5）采购工作效率不高，可能导致资金占用、成本增加，影响企业的生产经营效率。

3. 业务范围

该子流程主要描述了集团公司关于物资采购管理的相关流程，主要包括采购政策管理、采购订单及合同的审核与签订、采购验收管理，本流程所述之采购，原则上只限于公司自用的材料，对于分包商以包工包料的形式供应的材料，则不在行政部门的采购工作范围之内。在执行采购业务过程中，应确保不相容职责相分离以及采购人员定期轮岗。

4. 业务步骤流程

4.1 采购审批

4.1.1 各部门根据企业相关规定及实际需求提出采购申请。

4.1.2 请购人员应根据库存情况填写“采购申请单”，注明请购物资的名称、数量、需求日期、质量要求以及预算金额等内容。

4.1.3 行政部核查采购物资的库存情况，检查该项请购是否在执行后又重复提出，以及是否存在不合理的请购品种和数量。

4.1.4 如果采购专员认为采购申请合理，则根据所掌握的市场价格，在“采购申请单”上填写采购金额后呈交相关领导审批。

4.1.5 如果采购事项在申请范围之外，应由行政部经理、财务副总逐级审核，最终交总经理审批。如果采购事项在申请范围之内但实际采购金额超出预算，那么经行政部经理审核后，财务副总和总经理根据审批权限进行采购审批。在采购预算之内的，行政部按照预算执行进度办理请购手续。

4.1.6 采购专员按照审批后的“采购申请单”进行采购。

4.2 采购预算管理

4.2.1 各部门编制年度物资需求计划及采购预算。

4.2.2 行政部采购专员负责汇总、整理各部门提交的采购预算，财务部预算专员提供上一年度材料单价以及次年度汇率、利率等各项预算基准。

4.2.3 采购专员编制的企业“年度采购预算表”，经行政部经理签字确认后，报财务副总审核、总经理审批后严格执行。

4.2.4 请购部门根据实际需求提出采购申请，行政部采购专员应根据市场价格填写采购金额，依据企业相关规定以及生产需求情况，判断采购是否合理。对于合理的采购申请，提交相关领导审批；不合理的采购申请，则退回请购部门。

4.2.5 调整采购预算的原因，包括超范围采购或超预算采购。由于市场环境变化，如采购物资的价格上涨，导致实际采购金额超出采购预算，或发生生产突发事件，产生采购预算外支出等。此时，行政部必须提出采购预算调整申请，即追加采购预算。

4.2.6 财务部接到行政部的预算调整申请后，应根据实际情况，参照企业的相关规定进行核对，并编制采购预算调整方案，提交财务副总审核、总经理审批。

4.3 供应商的评选

4.3.1 行政部通过不同途径，如面谈、调查问卷等方式收集供应商信息，主要包括供应商信誉、供货能力等方面的信息。

4.3.2 行政部和使用部门依据收集到的供应商信息，参照企业比质、比价采购制度等相关文件，对供应商进行比质与比价。

4.3.3 行政部根据比质、比价结果，参照供应商选定标准，提出候选供应商名单，报行政部经理审核。

4.3.4 行政部通过采购物资的分类，根据实际情况，判断是否需要组织现场评审。如需要，行政部负责组织现场评审，请购部门、财务部门等相关部门要积极参与。对无需现场评审的供应商，可直接列出等级排序名单。

4.3.5 现场评审结束后，行政部负责汇总评价结果，并编写《现场评审报告》。

4.3.6 行政部工作人员根据现场评审结果列出供应商名单，并报行政部经理审核、总经理审批。

4.4 采购合同的审核与签订

4.4.1 行政部采购员负责起草采购合同草案（或由供应商起草采购合同草案），采购合同报行政部经理、财务部、法律顾问等部门审核会签，经公司副总经理审核签字后报公司总经理审批签字。

4.4.2 采购合同包括采购预算申请单所列的项目、检验规格和基本条款及条件，必要时加上特别条款及条件。签约前，供应商须认可所有与其有关的合同要求以及工作程序中与之有关的条款，并保证遵照执行。

4.4.3 采购合同修订：当采购合同中涉及的价格、数量、服务性内容等重要条款发生变化时，应对合同进行修订。修订的合同草案或补充协议草案由供应商或采购员提出，按4.4.2的规定重新签署。

4.4.4 采购合同存档：采购合同正本由行政部资料管理人员按文件资料管理流程的相关规定进行管理存档。

4.5 采购的验收

采购的验收参见“低值易耗品管理业务流程”及“固定资产管理业务流程”中关于材料物资验收与入库管理的相关内容。

5. 业务流程图

5.1 请购审批流程

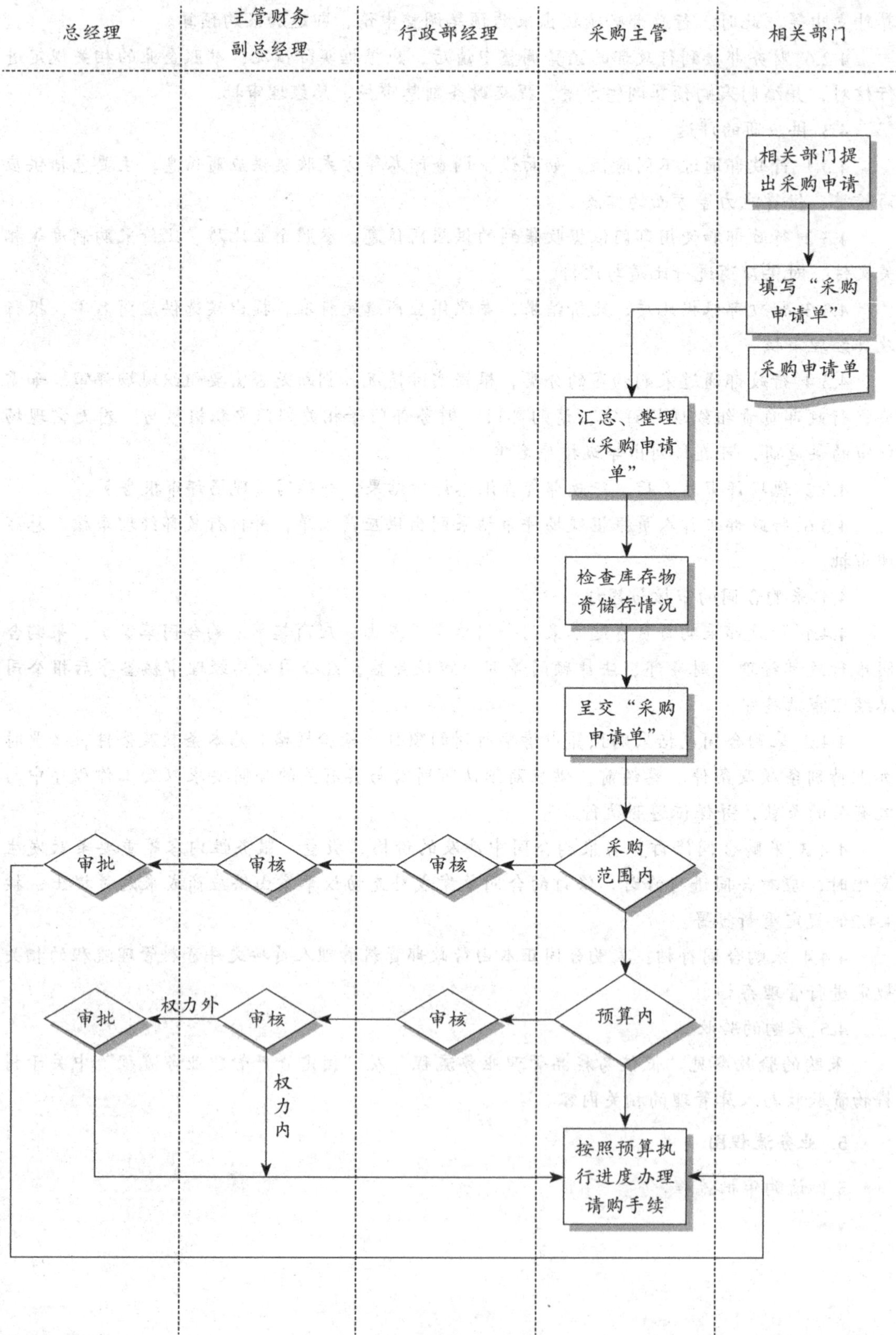
总经理
主管财务副总经理
行政部经理
采购主管
相关部门
相关部门提出采购申请
填写“采购申请单”
采购申请单
汇总、整理“采购申请单”
检查库存物资储存情况
呈交“采购申请单”
采购范围内
审核
审核
审批
预算内
审核
审核
权力外
审批
权力内
按照预算执行进度办理请购手续

5.2 采购预算业务流程

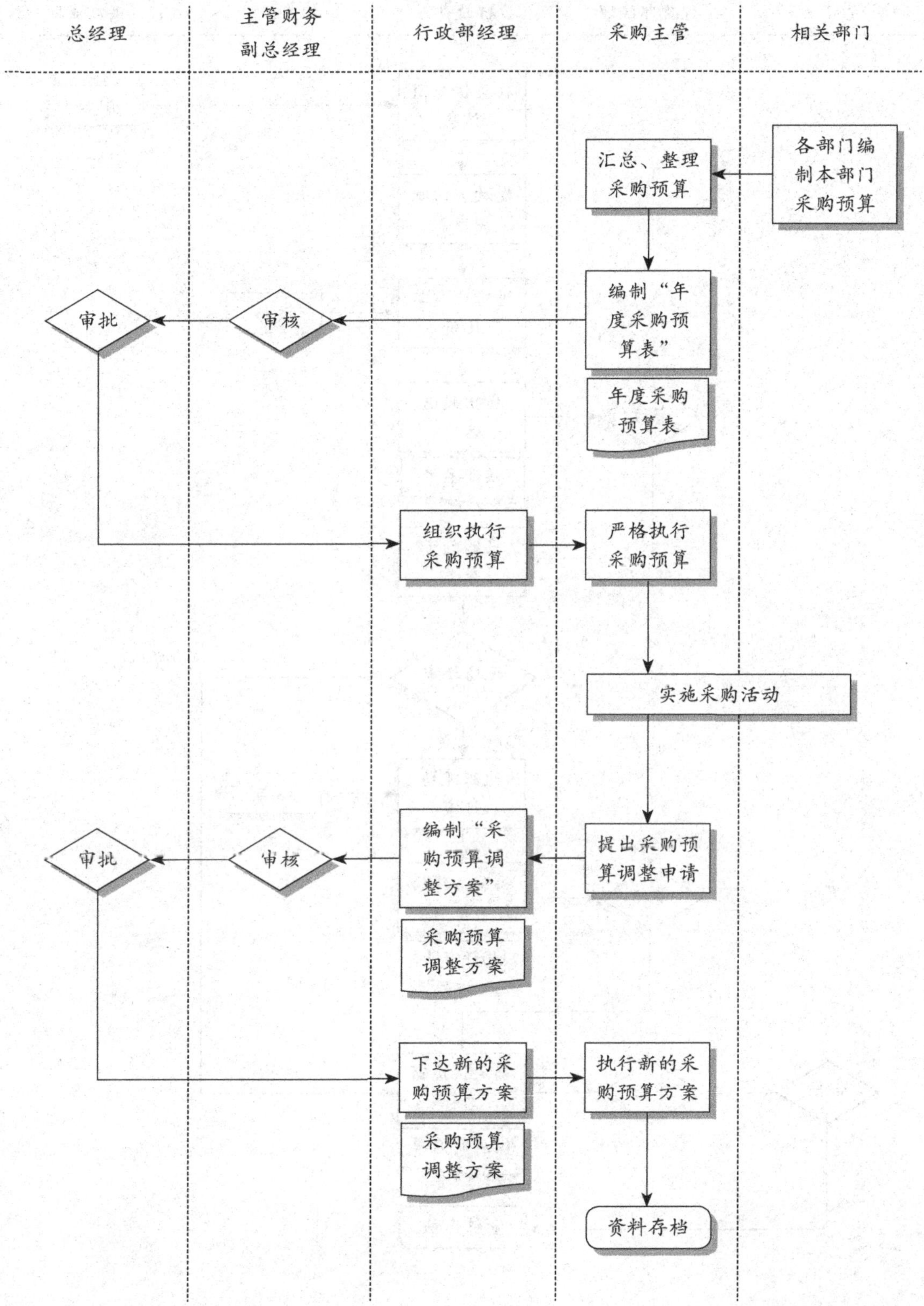
总经理
主管财务副总经理
行政部经理
采购主管
相关部门
各部门编制本部门采购预算
汇总、整理采购预算
编制"年度采购预算表"
年度采购预算表
审核
审批
组织执行采购预算
严格执行采购预算
实施采购活动
提出采购预算调整申请
编制"采购预算调整方案"
采购预算调整方案
审核
审批
下达新的采购预算方案
执行新的采购预算方案
采购预算调整方案
资料存档

5.3 供应商评选流程

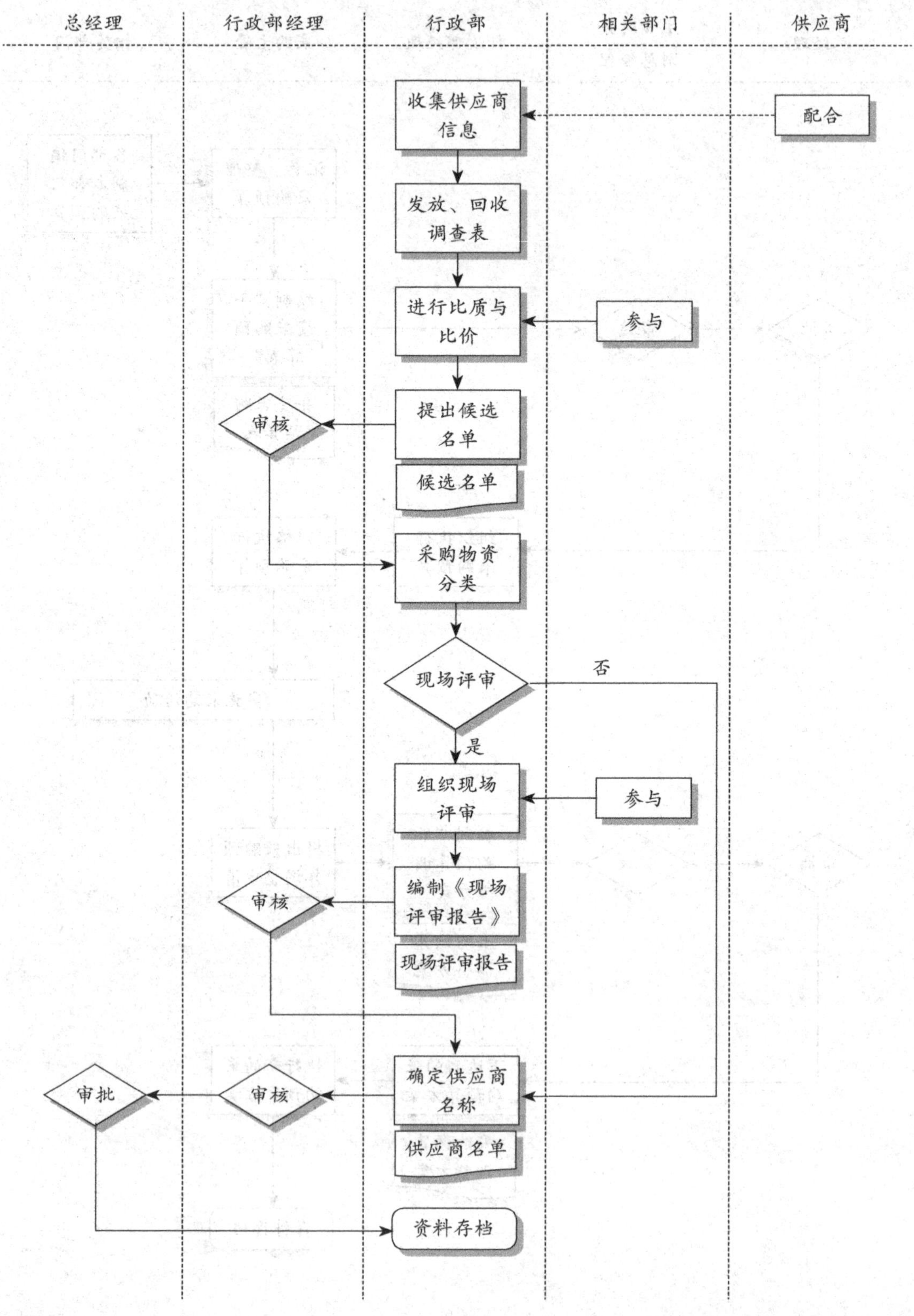
总经理
行政部经理
行政部
相关部门
供应商
收集供应商信息
配合
发放、回收调查表
进行比质与比价
参与
审核
提出候选名单
候选名单
采购物资分类
现场评审
否
是
组织现场评审
参与
审核
编制《现场评审报告》
现场评审报告
审批
审核
确定供应商名称
供应商名单
资料存档

【实操范本06】低值易耗品管理业务流程

低值易耗品管理业务流程

1. 业务目标

（1）确保低值易耗品的管理和使用符合国家和企业内部的相关制度规定。

（2）完善并有效落实低值易耗品管理制度，避免因管理不善造成企业资产损失。

（3）加强低值易耗品的管理，提高低值易耗品使用效率，促进企业生产经营的顺利进行。

2. 业务风险

（1）因低值易耗品管理制度不健全或执行不到位，可能导致低值易耗品遗失或非正常损毁，给企业带来经济损失。

（2）低值易耗品的管理不顺畅，影响其使用效率，无法为企业正常生产经营服务。

3. 业务范围

该模块主要描述了集团公司关于低值易耗品管理的相关流程，主要包括低值易耗品的入库与验收管理、低值易耗品的出库管理、低值易耗品的台账管理、低值易耗品的盘点流程等。

4. 业务步骤流程

4.1 低值易耗品入库管理

4.1.1 验收合格后，保管员及时登记低值易耗品台账，并开具“入库单”（一式四份）。

4.1.2 在低值易耗品收货现场，通过外观检查确定为不合格的，要当即退货。

4.1.3 低值易耗品入库，因资金等原因，发票不能按时到位的，采购员要依据供应商报价清单或合同约定价与保管员先办理入库验收手续。没有办理验收手续的低值易耗品禁止入库。

4.1.4 各级公司财务部门按照国家统一的会计制度的规定，对验收合格的存货，由财务部成本会计根据“入库单”进行制单入账，并由稽核会计、财务负责人在凭证上审核签字。对会计期末货物已到、发票未到的收货，应暂估入账。待发票到来时，如果出现误差，经公司总经理审核同意后再进行账务调整。

4.2 低值易耗品物资的出库管理

低值易耗品出库应开具“出库单”，领用单位在出库上签字，保管员及时登记低值易耗品台账。

4.3 低值易耗品盘点

4.3.1 每季度对低值易耗品进行一次盘点（范围包括在库及已出库低值易耗品），由保管员及财务人员共同参与，对盘点形成记录。

4.3.2 对已出库低值易耗品发现已不存在使用价值的，应报批核销其在台账上的记录。

5. 低值易耗品验收流程图

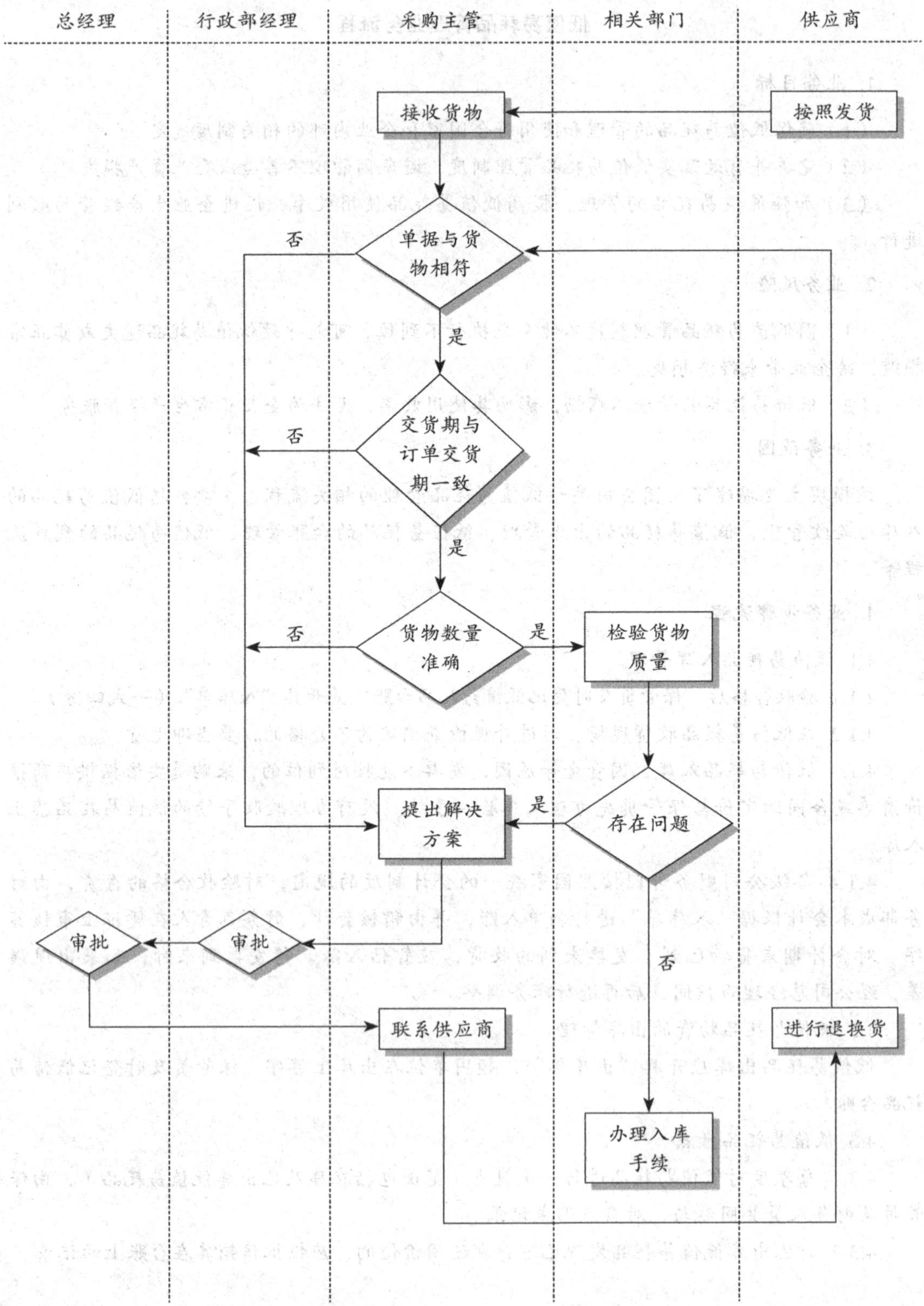

【实操范本07】固定资产取得管理业务流程

固定资产取得管理业务流程

1. 业务目标

（1）购建合格固定资产，降低固定资产购建成本，满足企业生产运营的需求。

（2）固定资产的取得被真实、准确、完整的记录，确保固定资产账实相符，满足财务报告和信息披露的要求。

（3）确保固定资产的取得遵守国家法律、法规及企业内部规章制度的要求。

2. 业务风险

（1）固定资产的取得缺乏有效的管理，可能影响企业资产质量或造成账外资产与负债，使企业生产经营无法顺利进行。

（2）未能真实、准确、完整地记录固定资产取得的信息，无法满足财务报告和信息披露的要求。

（3）固定资产的取得违反国家相关法律法规，可能使企业遭受外部处罚，给企业带来经济及名誉损失。

3. 业务范围

该子流程主要描述集团公司固定资产取得的相关业务流程，以及直接购入取得固定资产的申请与审批、验收与入账的业务流程。

4. 业务步骤流程

4.1 .购置固定资产的申请与审批

4.1.1 各级公司资产使用部门根据需求向固定资产管理部门提出固定资产购置申请，资产管理部门审核购置理由、购置价格及规格型号等内容，判断是否可以内部调剂。资产管理部门审核通过后在固定资产购置申请上签字确认并提交财务部，财务部主管人员根据企业年度投资预算安排审核并签字确认。

4.1.2 固定资产购置申请经资产管理部、财务部审核通过后，根据企业审批职责权限的规定，报企业总会计师、总经理、总经理常务会审批后执行。

4.2 购置固定资产的验收

4.2.1 购置资产到货后，资产管理部门和使用部门依据采购申请、采购合同、固定资产发票等单据共同进行资产验收，对固定资产规格、型号及性能进行检验、测试，验收测试合格填制“固定资产验收单”，资产验收人员在“固定资产验收单”上签字确认后，将固定资产验收单、固定资产发票、采购合同及采购申请交财务部进行账务处理。

4.2.2 验收合格后，资产管理人员填制“固定资产实物管理台账（卡）”，填写固定资产的分类、名称、编号、购入时间、使用/保管部门、存放地点等内容，签字确认后交资产管理部门总经理审核签字，交资产管理人员统一归档保管。

4.3 购置固定资产的入账

财务部固定资产管理岗位会计在收到资产管理部门交来的固定资产验收单、发票等单据后，审核无误后进行账务处理，编制固定资产记账凭证，财务部主管会计对固定资产记账凭证复核签字，登记固定资产总分类账及固定资产明细账。

5. 业务流程图

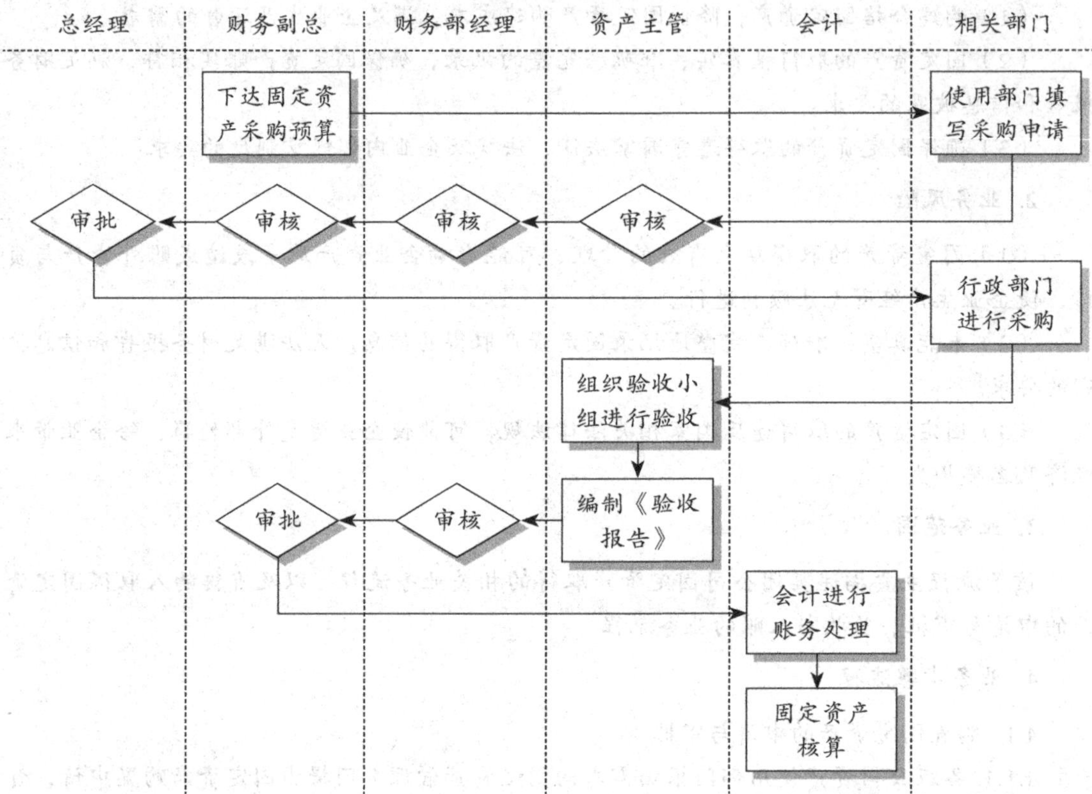

【实操范本08】固定资产管理业务流程

固定资产管理业务流程

1. 业务目标

（1）有效管理企业固定资产，保证固定资产的实体和性能安全有效，充分服务于企业生产经营活动。

（2）固定资产价值被真实、准确、完整的评估和记录，保证账实相符，满足财务报告和信息披露的要求。

（3）固定资产管理满足国家相关规定及企业内部规章制度的要求。

2. 业务风险

（1）固定资产管理、使用不当，造成资产损失，影响企业生产经营活动、损害企业利益。

（2）固定资产实物与账务信息脱节，难以满足企业管理需要，造成财务报表信息错误。

（3）国家法律法规和企业内部规章制度，可能使企业遭受外部处罚，造成经济及名誉损失。

3. 业务范围

该子流程主要描述集团公司固定资产管理的相关业务流程，主要包括固定资产的安全管理、固定资产的维修与更新改造、固定资产的折旧计提、固定资产清查与评估等业务流程。

4. 业务步骤流程

4.1 固定资产的安全管理

4.1.1 各级公司资产管理部门负责制定固定资产保管及安全防护措施，防止固定资产丢失、损失等现象发生，生产安全部门负责制定固定资产安全操作规程，要求操作人员正确使用，防止事故发生，造成资产损失。

4.1.2 各级公司安全管理部门牵头组织生产、资产管理部门定期（至少每季度一次）进行安全生产检查。安全管理部门负责编制《安全生产检查方案》，经公司分管副总经理审核签字后实施。安全生产检查人员要详细做好安全生产检查记录并签字确认，对检查中发现的安全隐患立即下发安全生产检查整改通知，及时消除安全隐患。

4.1.3 按照股份公司财产保险的有关规定，对于价值较高、作用关键的固定资产（各级公司应该根据自身实际情况确定纳入投保范围的资产，如办公楼、大型施工机械设备等），由资产管理部门提出投保申请，经公司总会计师审核签字后报公司总经理审批。资产管理部门负责办理具体的投保手续，以降低意外事故对固定资产价值产生的潜在风险。发生事故，资产管理部门要按照保险条款及时办理索赔。

4.2 固定资产日常维修

4.2.1 日常维修计划的提出与审批

各级公司资产使用部门根据固定资产性能及使用现状提出维护修理申请，编制“固定资产修理审批单”，经资产使用部门经理审核签字，公司资产管理部门经理、财务部经理分别审核签字后报公司分管副总经理审批。固定资产维护修理申请经公司分管副总经理审批签字后实施。

4.2.2 日常维修的实施

根据经审批的维修计划，资产管理部门应组织公司相关业务部门及内部专业人员进行资产的日常维护，如由外部专业人员进行修理、维护，资产管理部门须派人监督和考察固定资产的修理效果。

4.3 固定资产更新改造

4.3.1 固定资产更新改造计划的提出与审批

各级公司资产使用部门根据固定资产现有性能及使用情况提出更新改造计划，编制“固定资产更新改造申请”，经资产使用部门经理审核签字后上报资产管理部门；资产管理部门主管人员根据更新改造申请编制《固定资产更新改造计划》，经部门经理签字后报财务部审核；财务部审核签字后，依照审批职责权限，经公司分管领导、公司总会计师、公司总经理或总经理常委会核准后实施。

4.3.2 固定资产更新改造的实施

根据经批准的《固定资产更新改造计划》，各级公司资产管理部门组织本公司相关业务部门及内部专业人员进行资产的更新改造，如委托外部单位执行，资产管理部门须派人对固定资产更新改造的过程进行监督并考察其效果。

4.3.3 固定资产更新改造完成后，财务部会同资产管理部门、资产使用部门共同组织固定资产验收，验收合格交付固定资产使用部门使用，编制“更新改造固定资产验收单”，经公司总会计师、公司总经理审核签字后，由财务部固定资产核算人员进行账务处理，编制记账凭证，主管会计复核记账凭证并签章确认。

4.3.4 固定资产更新改造是指与固定资产有关改、扩建的支出，符合固定资产确认条件或达到固定资产原值50%以上。

4.4 固定资产的折旧计提

各级公司财务部固定资产核算人员按照《股份公司会计制度》确定的固定资产折旧方法、预计使用年限、折旧率等，以及资产管理部门提供的固定资产增减变动等相关资料，按月计提固定资产折旧，编制“月度固定资产折旧计提表”，经财务部主管会计或财务部经理审核签字后进行账务处理，编制记账凭证，主管会计复核记账凭证并签章确认。

4.5 固定资产清查与评估

4.5.1 财务部与资产管理部门至少每年组织一次固定资产清查盘点，财务部编制《年度固定资产清查盘点工作方案》，经公司总会计师、公司总经理审批签字后执行。

4.5.2 资产使用部门负责固定资产实物清点，财务部与资产管理部门监督资产使用部门的实物清点，资产使用部门将实地盘点结果记录在“固定资产清查盘点表”上，资产管理部门核对盘点表与固定资产实物台账、财务部固定资产台账记录，资产使用部门、资产管理部门、财务部总经理审核“固定资产清查盘点表”并签字确认后，报公司总会计师、公司总经理审核签字。

4.5.3 清查盘点中发现的盘盈、盘亏及应报废固定资产等情况，资产管理部门会同财务部及专业技术人员对固定资产盘盈、盘亏及应报废固定资产情况进行分析，并作出技术鉴定，编制《固定资产盘盈、盘亏处置报告》《拟报废固定资产报告》，按照职责审批权限报公司总会计师、公司总经理审核确认或总经理常务会核准后执行，财务部会计核算人员根据审批结果，对盘盈、盘亏、报废固定资产进行账务处理，资产管理部门负责资产台账管理人员根据审批结果调整、更新固定资产实物台账。

4.5.4 资产管理部门根据固定资产清查盘点结果对固定资产管理情况进行评估，编制《固定资产管理评估报告》，经公司分管副总经理、公司总会计师审核签字确认后报公司总经理审批。根据审批结果，相关业务部门进行落实整改。

4.6 计提固定资产减值准备

4.6.1 各级公司资产使用单位应定期（至少每年一次）对固定资产进行全面检查，固定资产有减值迹象的，资产使用单位财务部应会同资产管理部门、技术部门等业务部门组成检查小组，进行固定资产减值测试。

4.6.2 检查小组根据检查情况编制“计提固定资产减值准备检查表”并签字确认，如需要计提（或转回）固定资产减值准备，资产使用单位财务部固定资产核算人员根据股份公司会计制度、“计提固定资产减值准备检查表”及减值准备相关资料，进行减值准备计算，编制“固定资产减值准备计算表”与“计提固定资产减值准备申请表”并签字确认，经财务部经理审核签字后交资产管理部门审核。

4.6.3 资产管理部门主管领导审核“固定资产减值准备计算表”及“计提固定资产减值准备申请表”中计提减值准备的固定资产的名称、原值、净值减值准备的原因、减值准备金额等内容，签字确认后报本单位总会计师审核、总经理审批，公司财务部根据总经理的审批意见作出账务处理。

4.6.4 公司财务部、资产管理部门主管领导分别对所属单位上报的“固定资产减值准备计算表”及“计提固定资产减值准备申请表”进行审核并签字确认，经公司总会计师审核签字确认后报公司总经理审批。这两份申请表经总经理审批签字后以文件形式下发至各单位（审核流程及审核内容参见本流程4.6.2、4.6.3）。

4.6.5 资产使用单位财务部固定资产核算岗位人员根据审批结果进行固定资产减值准备的账务处理，编制记账凭证，主管会计复核记账凭证并签章确认。

4.6.6 各级分公司与三级子公司及所属公司计提固定资产减值准备，须报上一级公司审批（审批流程参见本流程4.6.1—4.6.5）。

5. 固定资产日常管理业务流程图

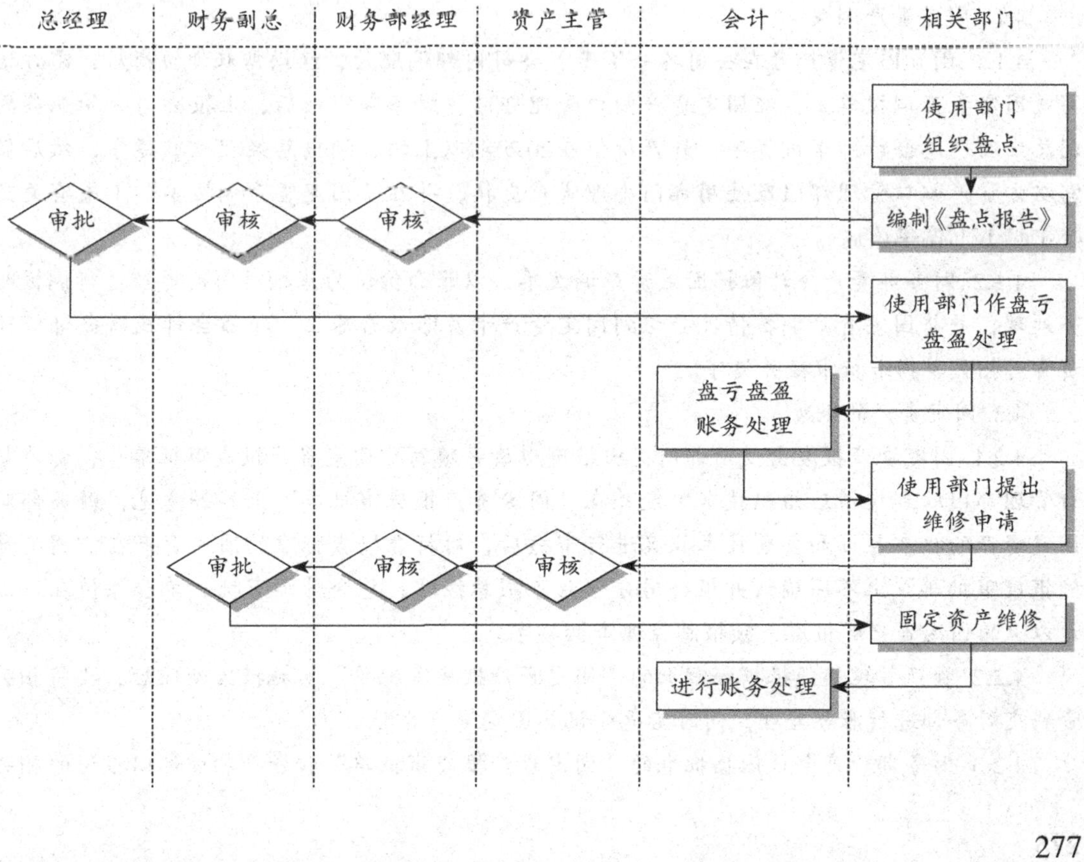

【实操范本09】固定资产处置管理业务流程

固定资产处置管理业务流程

1. 业务目标

（1）利用固定资产价值，服务于企业生产经营活动。

（2）资产处置被合理授权。

（3）保证固定资产的处置记录真实、准确、完整，资产实物与账面价值一致。

（4）确保固定资产的处置符合国家法律法规和企业内部规章制度的要求。

2. 业务风险

（1）固定资产被长期闲置、毁损，导致企业资产浪费或中小股东权益受损。

（2）固定资产的处置未经适当审批或超越授权审批，可能导致企业资产损失。

（3）固定资产处置记录不准确、账实不符，可能导致财务报告信息不真实、不完整。

（4）固定资产处置违反国家法律法规，可能遭受外部处罚、经济损失和信誉损失。

3. 业务范围

该子流程主要描述集团公司关于固定资产的处置相关业务流程，主要包括固定资产的调拨、报废和转让等业务。

4. 业务步骤及流程

4.1 .固定资产调拨

4.1.1 闲置固定资产可在公司各分（子）公司内部调配的，经供需双方协商后，需方填写《固定资产调拨单》，经固定资产归口管理部门、财务部审核后，上报公司分管业务的副总经理、总会计师审核签字。资产价值在20万元以上的，须报总经理核准签字，然后供需双方资产归口管理部门及使用部门办理资产交接，并在“固定资产调拨单”（或有关交接单据）上签字确认。

4.1.2 财务部资产会计依据固定资产调拨单，以账面价值为基础对固定资产进行调拨账务处理，并将固定资产调拨情况登记到固定资产卡片账及台账上，审核会计及财务部经理负责对相关单据进行审核并签字。

4.2 固定资产的报废

4.2.1 固定资产报废由使用部门提出报废申请并填写“固定资产报废审批单”，资产归口管理部门收到申请后组织技术鉴定并在“固定资产报废审批单”上签署意见，财务部对固定资产的报废原因和当前技术状况进行审核后，对符合报废标准的固定资产在“固定资产报废审批单”上签字确认并报公司分管业务副总经理、总会计师审批。单台原值在20万元以上的固定资产的报废，须报总经理审批签字。

4.2.2 资产管理部门根据经审批的“固定资产报废审批单”实施报废处理后，要将相关资料交财务部进行账务处理，同时变更登记其固定资产台账。

4.2.3 财务部资产会计依据批准的“固定资产报废审批单”和资产管理部门报送的相关

资料对报废费用、变价收入等进行账务处理，并将固定资产处置情况登记到固定资产卡片账；审核会计及财务部经理负责对相关单据进行审核并签字。

4.3 固定资产的转让

4.3.1 闲置资产拟向公司外出售、转让、投资、置换的，由固定资产归口管理部门与需求方协商或采用招投标方式拟定交易价格，填写“固定资产转让审批单”，经财务部会同资产管理部门审批并在“固定资产转让审批单”上签署处置意见后，逐级上报公司分管业务副总经理、总会计师、总经理审批并签字确认。

4.3.2 固定资产处置前，由公司财务部负责组织有关部门（单位）进行资产评估工作，并编制《固定资产评估报告》上报总经理核准签字。

4.3.3 资产归口管理部门根据管理层批示，与需求方签订《固定资产转让协议》（经总经理审批签字），并办理固定资产的具体转让交接；同时变更登记其固定资产台账。

4.3.4 财务部资产会计依据批准的“固定资产转让审批单”以及《固定资产转让协议》对固定资产处置情况进行账务处理，并将固定资产处置情况登记到固定资产卡片账上，审核会计及财务部经理负责对相关单据进行审核并签字。

5. 固定资产处置流程图

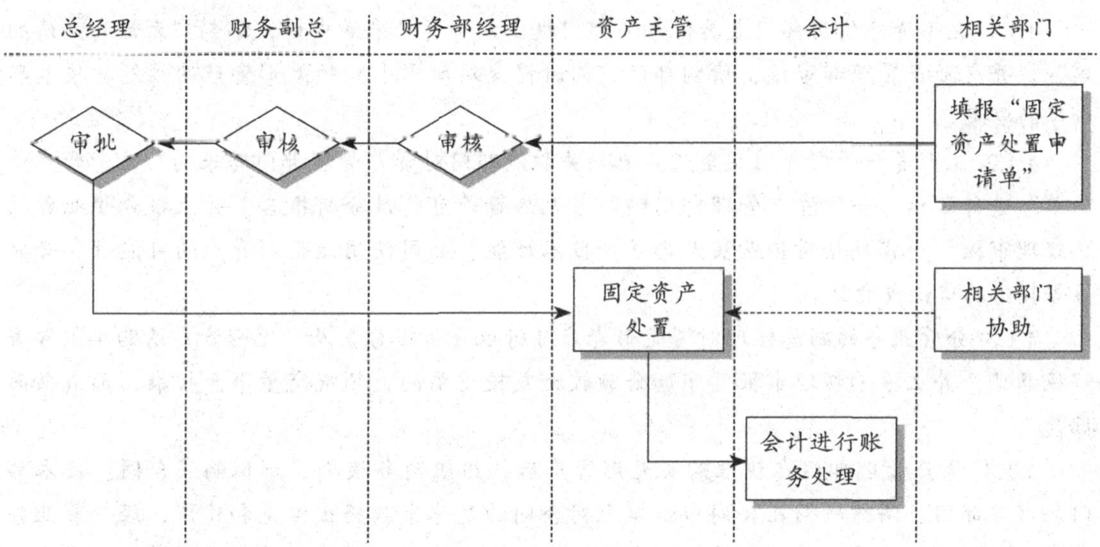

【实操范本10】无形资产管理业务流程

无形资产管理业务流程

1. 业务目标

（1）充分利用现有无形资产服务于生产经营活动，保证无形资产的有效利用。

（2）准确记录、核算无形资产价值，保证其在财务报表中被恰当反映。

（3）无形资产管理业务符合国家法律法规和公司内部规章制度的要求。

2. 业务风险

（1）无形资产长期闲置或低效使用，可能导致资源浪费，不利于企业经济效益与效率提升。

（2）无形资产记录、核算不准确，数据不真实，摊销不正确，可能导致财务报告信息不真实、不完整。

（3）无形资产管理不符合国家法律法规和公司内部规章制度的规定，可能遭受外部处罚、经济损失和信誉损失。

3. 业务范围

该子流程主要描述了集团公司关于无形资产管理的相关流程，主要包括无形资产的取得与计量（包括购买与开发）、无形资产的使用与保管（包括保密管理）、无形资产的摊销、无形资产的清查与价值评估、无形资产的处置等。本流程所述无形资产主要包括专利技术、非专利技术、商标权、著作权、土地使用权等。

4. 业务步骤流程

4.1 无形资产取得与计量

4.1.1 无形资产使用部门或其他相关部门提出无形资产采购申请，编制“无形资产请购单”，并交资产管理部审核，请购部门需同时提交对所需采购的无形资产的性能、技术参数等的要求。

4.1.2 无形资产管理部门及企业其他相关职能部门对资产管理部门转来的“无形资产请购单”进行审核，会同资产管理部门编制《无形资产可行性分析报告》并上报分管业务副总经理审核，内容包括对拟购买无形资产技术性能、公司使用该无形资产的可能性、必要性等提出的建议或意见。

4.1.3 分管业务的副总经理对《无形资产可行性分析报告》及“无形资产请购单”签署审核意见，并上报总经理审批签字。金额较大或较重要的，须提交董事会核准，形成书面批复。

4.1.4 资产管理部门在获准购买无形资产后，组织商务谈判，草拟购买合同。技术部门、财务部门、法律顾问在合同审批单上对合同的具体条款提出意见和建议，经分管业务的副总经理审核签字后，报请总经理审批签字。资产管理部门根据批复编写《无形资产转让合同》，经公司总经理审核签字后实施交易。

4.1.5 无形资产使用部门组织专家及技术人员对所购买的无形资产进行验收并编制《无形资产验收报告》，其内容包括产品性能是否达到既定标准等。参与验收的人员要在《无形资产验收报告》上签字。

4.1.6 财务部门在取得无形资产使用部门的《无形资产验收报告》后，按照合同或发票标注的金额支付款项。投资部办理资产交付使用业务，并登记无形资产台账。每季末由投资部就无形资产台账登记的正确性进行审核签字。

4.1.7 无形资产购建所发生的费用按规定列入投资计划，并按实际成本计价。财务部门审核无形资产取得的原始单据（包括发票、无形资产验收报告等），按照《公司会计制度》的规定进行账务处理，登记无形资产明细账。财务部经理要对无形资产明细账及凭证进行审核并签字。

4.2 无形资产的使用与保管

4.2.1 投资部根据国家有关无形资产方面的管理制度，结合本公司的实际情况制定《无形资产保密管理规定》，避免公司遭受经济损失和信誉损失。

4.2.2 当根据生产经营状况需使用公司无形资产时，申请部门（或单位）填写“无形资产使用审批单”，由资产管理部门对申请提出审核建议，经分管业务的副总经理审核签字后上报总经理审批。

4.2.3 申请部门（或单位）获批可使用无形资产后，确定使用范围、指定责任人、规定保密措施，在使用期间内严格执行《无形资产保密管理规定》，特殊情况相关责任人要在保密协议上签字确认。

4.3 无形资产的摊销

无形资产的摊销按照《企业会计准则》及有关规定办理。每月末，财务部主管会计编制无形资产摊销表，财务部负责人审核摊销金额的正确性，然后由财务部主管会计进行制单入账，并由稽核会计、财务部负责人在凭证上审核签字。

4.4 无形资产清查与价值评估

4.4.1 投资部与财务部门每年末进行无形资产资料、使用状况的全面清查。对无形资产台账上登记的无形资产，逐项与财务账表核对，进行价值评估并对无形资产做出减值测试，编制“无形资产清查表”。对已经失效但未摊销完毕的无形资产，要查明原因，并提出无形资产处置意见，经分管业务的副总经理提出审核意见后，报总经理审批签字。

4.4.2 根据经总经理批复的处理文件及“无形资产清查表”，投资部进行无形资产更新登记。当无形资产发生减值时，财务部主管会计按照减值测试结果计提无形资产减值准备，同时编制年末“无形资产摊销表”，报财务部负责人批准后，由财务部依照无形资产摊销4.3.1中描述的方式进行账务处理。

4.5 无形资产的处置

4.5.1 对于拟向公司外出售、转让、投资、置换的无形资产，由各级公司无形资产归口管理部门根据市场情况和技术秘密程度，进行资产价值评估，再与需求方协商或采用招投标方式拟定交易价格，填写“无形资产处置申请表”。“无形资产处置申请表”报技术部门、财务部、法律顾问审核签字后，提交分管业务的副总经理及公司总经理签字核准。

4.5.2 投资部拟定《无形资产转让合同》，经行政部、财务部、法律顾问审核后，报总经理审批签字后实施，并更新无形资产台账。财务部主管会计根据无形资产转让的原始单据编制凭证并记录在明细账上，审核会计、财务部经理审核账目的准确性后在凭证上签字确认。

5. 外购资产请购审批流程图

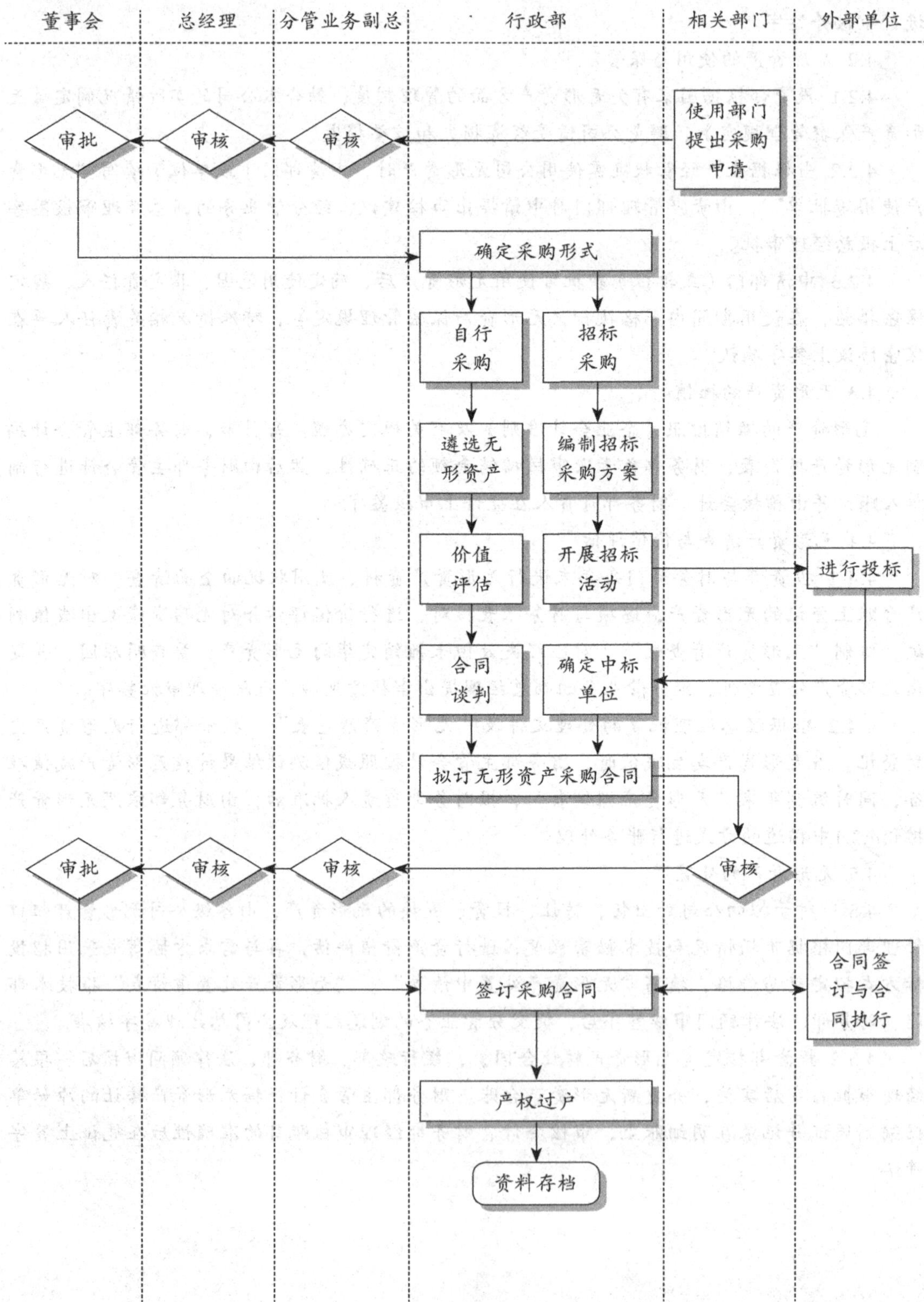

【实操范本11】融资管理流程

融资管理流程

1. 业务目标

（1）保证筹措到企业生产经营和发展所需的资金。

（2）保证筹资方案的拟定与审批、筹资合同协议的审核与签订、筹集资金的收取和使用以及还本付息的审批与办理程序明确合理。

（3）保证资金安全与合理使用，按合同规定偿还企业的债务。

（4）建立职责分工、权限划分明确、人员配备合理的组织管理体系。

（5）保证筹资核算真实、准确、完整。

（6）建立规范的筹资决策、执行与偿付控制体系。

（7）保持合理的负债水平和负债结构，降低筹资成本。

2. 业务风险

（1）筹资不及时导致资金短缺，不能满足企业生产和经营发展的需要。

（2）筹资活动未经适当审批或超越授权审批，可能因重大差错、舞弊、欺诈而给企业造成损失。

（3）债务过高或资金调度不当，可能导致企业不能按期偿付债务。

（4）筹资记录错误或会计处理不正确，可能造成债务和筹资成本信息不真实。

（5）筹资决策失误，可能造成资金冗余或债务结构不合理，导致筹资成本过高。

3. 业务范围

筹资的决策管理、筹资的执行管理、资金的获得管理、到期还本以及利息的偿付管理。

4. 业务步骤及流程

4.1 筹资的决策管理

4.1.1 筹资的申请与审批

4.1.1.1 长、短期借款筹资。每年年底，财务部根据公司下年度资金预算及有关资金安排，预测资金使用情况并提出具体筹资方案，报主管财务副总经理审核，经总经理办公会讨论后由总经理批准。

4.1.1.2 重大经营项目筹资。财务部提出重大经营项目筹资方案，公司在审核该筹资方案时，应组成方案评估小组，先进行筹资成本的大小分析和筹资风险评估，再报送总经理审核、董事会审批。

4.1.1.3 筹资方案制定前考虑的因素。公司拟定的筹资方案是否充分考虑了公司经营范围、投资项目的未来效益、目标债务结构、可接受的资金成本水平和偿付能力。

4.1.1.4 筹资方案应涵盖的内容。

（1）筹资方案中应明确筹资规模、筹资用途、筹资结构、筹资方式和筹资对象。

（2）筹资方案应对筹资时机选择、预计筹资成本、潜在筹资风险和具体应对措施以及偿债计划等做出安排和说明。

4.1.1.5 筹资方案的选优标准。

（1）符合《公司法》《证券法》等法律法规的规定。

（2）筹资总收益大于筹资总成本。

（3）筹资成本最小，利益最大。

（4）筹集的资金符合公司经营的需要，筹集资金数额适宜。

4.1.2 筹资预算与筹资方案在决策时需有完整的书面记录，在执行前需向执行人员出示。否则，执行人员有权拒绝执行。

4.1.3 重大的筹资决策须经公司的高层管理者集体审批。

4.1.4 筹资决策实行责任追究制，本着“谁出事，谁负责”的原则进行责任追究，一查到底。

4.2 筹资的执行管理

4.2.1 筹资合同的订立。

4.2.1.1 财务部应组织相关人员成立筹资合同谈判小组，小组成员至少应包括法律顾问、财务主管、财务经理、未来资金使用部门负责人等。

4.2.1.2 谈判小组根据经批准的筹资方案，与银行或证券机构等中介商议筹资合同的具体条款，内容包括贷款期限、贷款偿还方式、贷款利率和利息支付方式、信贷额度、循环使用的信用协议、补偿性余额以及借款抵押筹资数额等。

4.2.1.3 谈判小组应从公司实际运营状况和发展前景出发进行谈判，对比市场同类筹资合同条款，合理确定资金的需要量，防止筹资不足或过剩。

4.2.1.4 谈判小组初步拟定筹资合同。

4.2.2 筹资合同的审核与审批。

4.2.2.1 筹资总额在20万元以下的筹资合同，应提交主管财务副总经理审批。

4.2.2.2 筹资总额在20万元以上100万元以下的筹资合同，应提交主管财务副总经理审核，总经理审批。

4.2.2.3 筹资总额在100万元以上的筹资合同，应提交主管财务副总经理和总经理审核，董事会审批。

4.2.3 筹资合同的订立应当符合《合同法》及其他相关法律法规的规定。

4.2.4 通过证券经营机构承销或包销企业债券或股票的，应当选择具备规定资质和资信良好的证券经营机构，并与该机构签订正式的承销或包销合同。

4.3 资金的获得管理

4.3.1 财务部融资主管应在筹资合同规定的到款时间检查公司银行账户，确认筹资款项是否到账、到账款项数额是否与合同规定的一致。

4.3.2 筹资款项按时按量到账，财务部融资主管应报告财务部经理，取得的货币资金必须及时入账。

4.3.3 筹资款项未能按时按量到账，财务部融资主管应及时报告财务部经理和主管财务副总经理，并通知银行和证券机构，查明原因，敦促其打款。

4.4 借款的日常管理

4.4.1 财务部根据授信额度协议、借款合同等借款文件，建立并完善借款台账及明细账表，在借款到位的当日按照借款类别在账表中登记。财务部应指定专人妥善保管相关文件，借款明细账表需经财务部负责人审核签字。

4.4.2 财务部应指派专人定期根据借款合同按期计算应付借款利息，报部门负责人审核后进行账务处理，支付借款利息应按照资金使用的规定报批，并取得银行回单。计提和支付借款利息实行岗位分离。

4.4.3 负责负债管理的会计根据借款期限的长短种类、期限、利息及本金的偿还方式等编制会计凭证，并报部门负责人审核，根据审核后的相关凭证进行账务处理。

4.4.4 财务管理部门应每月定期检查借款合同，并根据公司经营状况、现金流量等因素，编制还款资金来源及计划报告，报主管财务副总审核。财务管理部门根据主管财务副总的审批意见办理。

4.4.5 公司应定期召开财务工作会，由主管财务副总组织财务管理等部门对借款风险进行评价，并向总经理汇报。公司筹资风险的评价准则如下：

4.4.5.1 以公司固定资产投资和流动资金的需要决定筹资时机规模和组合；

4.4.5.2 筹资时应充分考虑公司的偿还能力，全面衡量收益情况和偿还能力，做到量力而行；

4.4.5.3 对筹集来的资金、资产、技术具有吸收和消化的能力；

4.4.5.4 筹资的期限要适当；

4.4.5.5 负债率和偿债率要控制在一定范围内；

4.4.5.6 筹资要考虑税款减免及社会条件的制约。

4.4.6 财务管理部门应根据公司资金状况和金融市场的变化，不定期编制融资分析报告，提出融资方式、渠道等管理建议，经财务管理部门负责人审核后，报主管财务副总，作为融资决策依据。

4.5 到期还本、利息的偿付管理

4.5.1 筹资利息的支付必须符合筹资合同或协议的规定，不得提前或超额支付，也不得延期支付。

4.5.2 财务部有关人员依据审核后的利息和租金计算清单，及时办理支付手续，并编制录入会计凭证。

4.5.3 财务部建立资金台账，详细记录各项资金的筹集、运用和本息归还情况。

4.5.4 财务部应定期与金融机构核对借款本金及利息/租金支付情况，发现问题及时纠正。

4.5.5 贷款或融资租赁合同到期时，财务部应及时提出还本申请，经主管财务副总经理审核及总经理审批后按时办理还款、付租和租赁资产转移等手续。

5. 业务流程图

5.1 重大筹资项目审批流程图

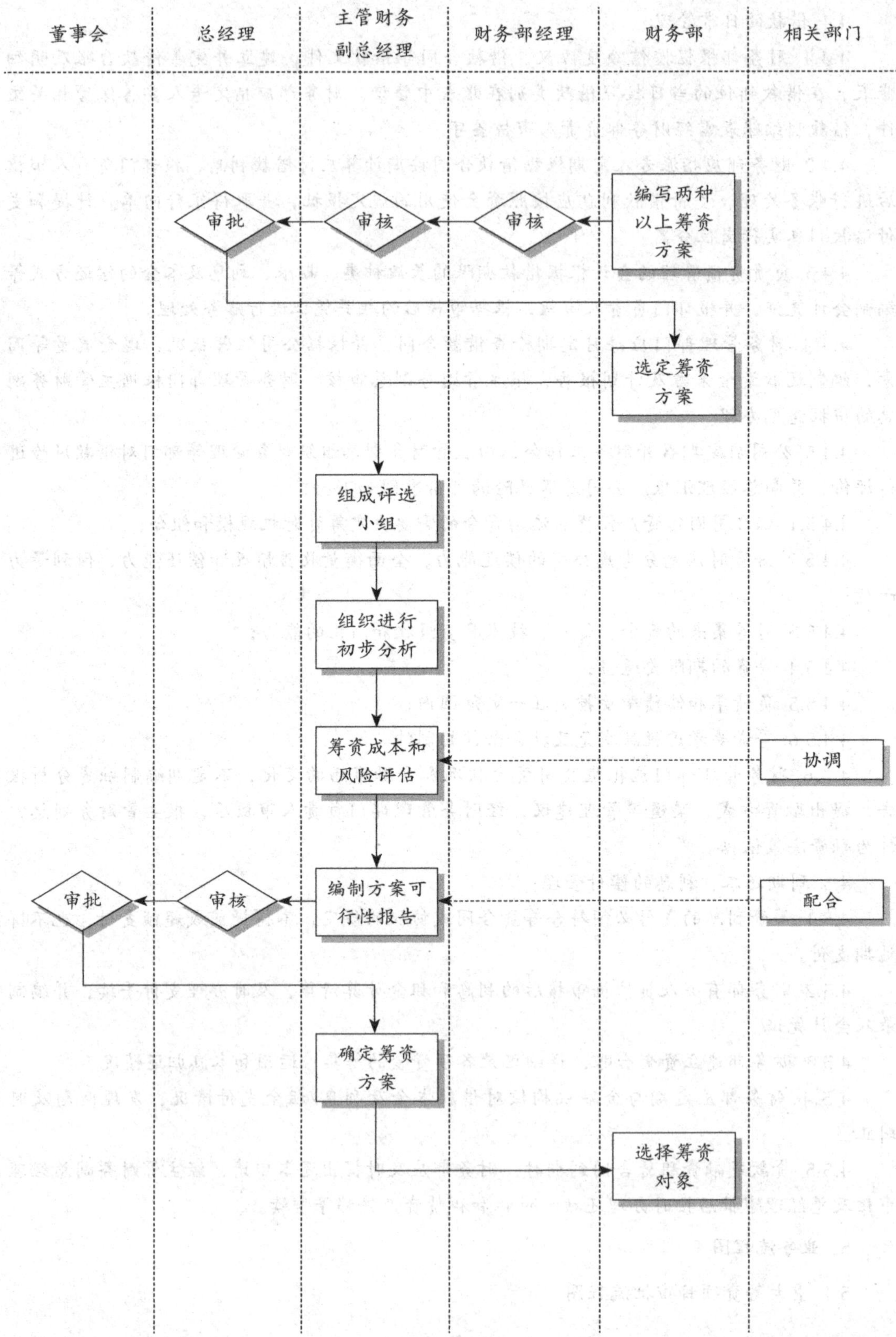
董事会
总经理
主管财务副总经理
财务部经理
财务部
相关部门
编写两种以上筹资方案
审核
审核
审批
选定筹资方案
组成评选小组
组织进行初步分析
筹资成本和风险评估
协调
编制方案可行性报告
配合
审核
审批
确定筹资方案
选择筹资对象

5.2 筹资执行管理流程图

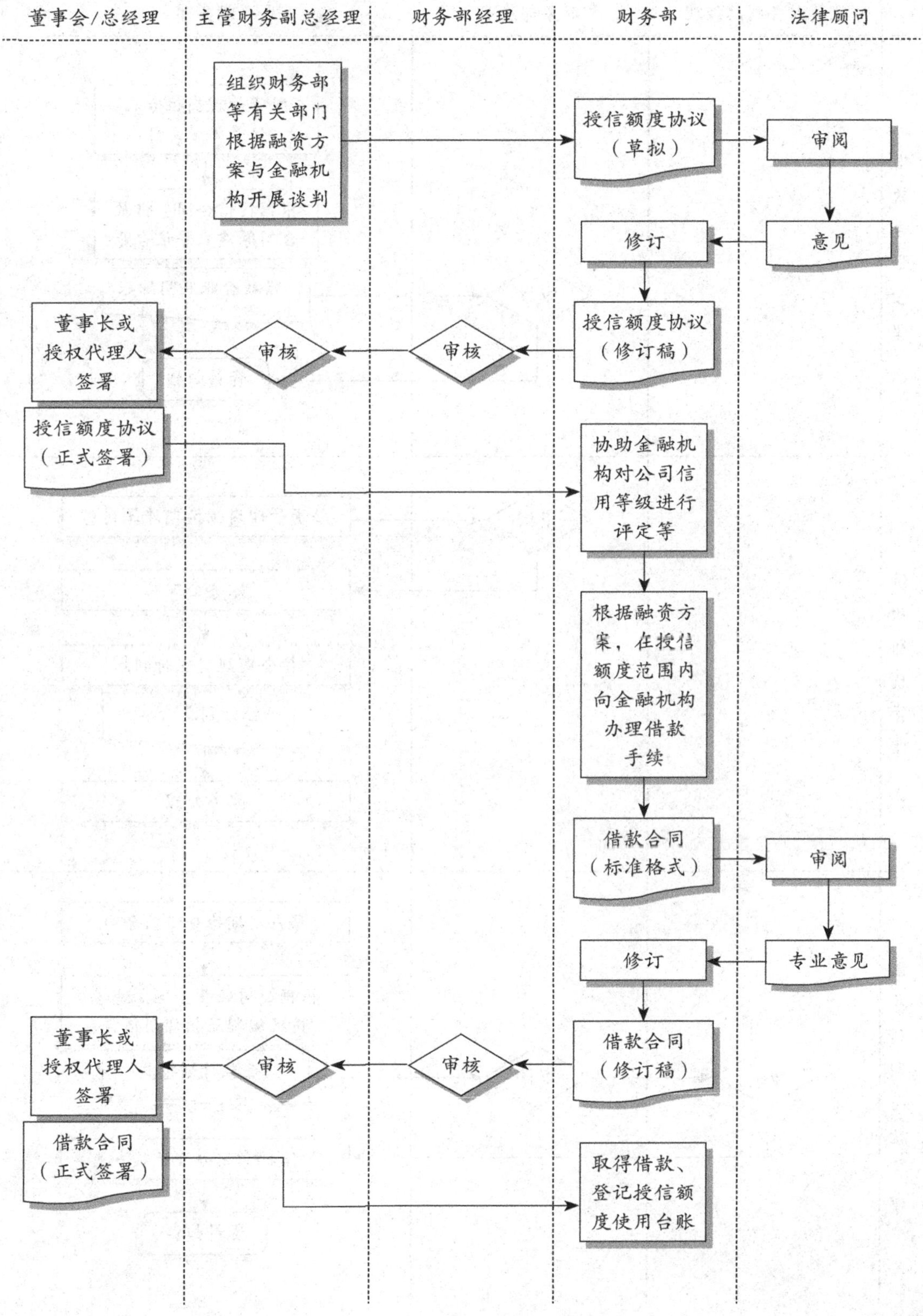

5.3 筹资日常管理流程图

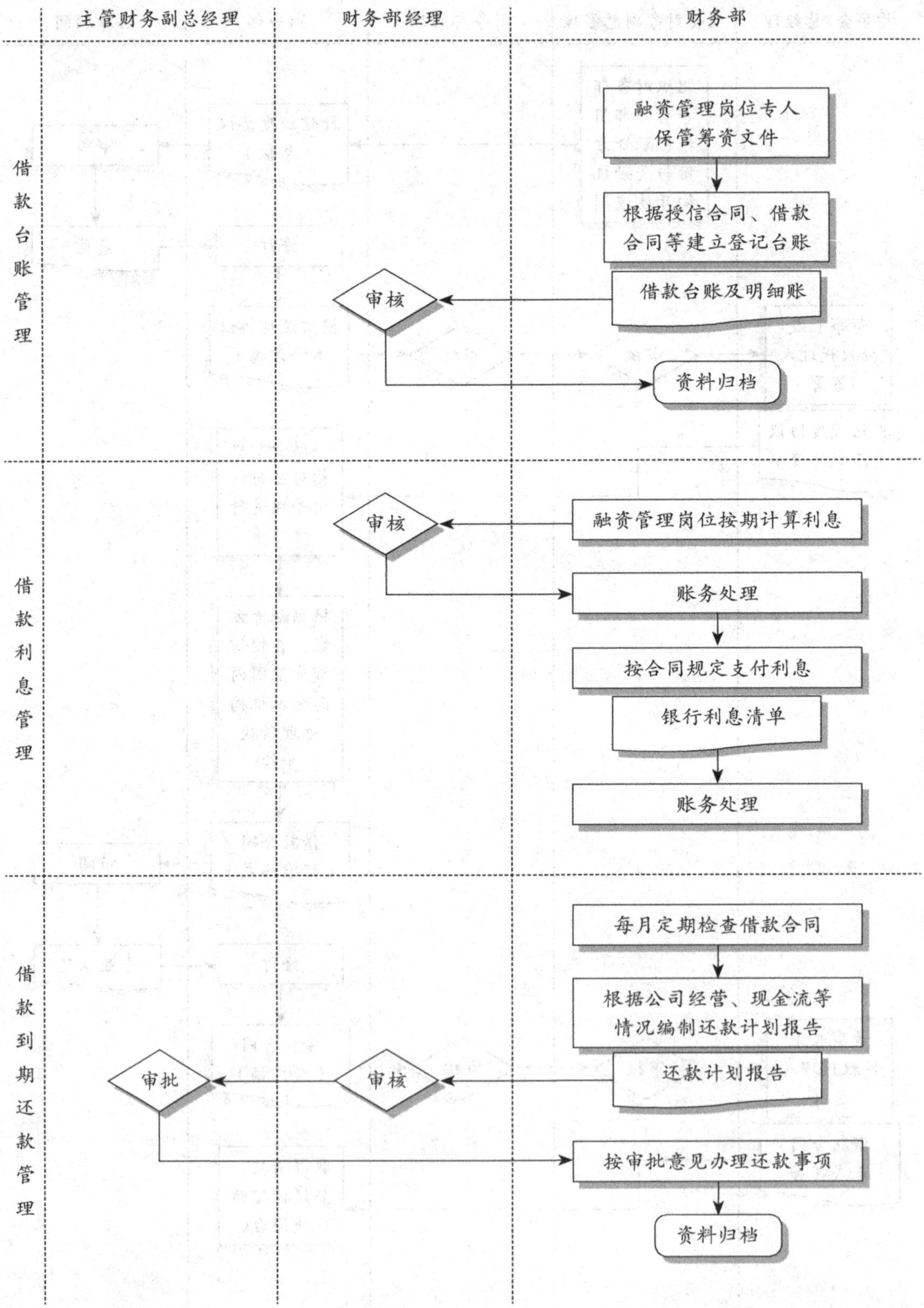

【实操范本12】担保业务流程

担保业务流程

1. 业务目标

（1）规范担保业务审核审批程序，设计组织机构设置及人员配置合理的管理体系。

（2）建立科学合理的担保评估管理体系。

（3）逐步完善担保执行控制体系。

（4）确保担保业务规范，防范和控制或有负债风险。

（5）建立规范的担保事项台账记录制度。

（6）建立并完善担保业务执行过程中的财务监控管理体系。

（7）保证担保业务财务信息的真实、完整和准确，满足担保信息披露的需要。

2. 业务风险

（1）部门或个人越权担保，造成担保失败的风险。

（2）未经适当审核、审批，擅自变更合同标准文件中涉及权利、义务的条款而导致的风险。

（3）为资信不良的企业担保，承担担保连带责任可能会导致资产损失。

（4）担保执行监控不当，可能导致企业经营效率低下或资产遭受损失。

（5）担保事项因归集、汇总和核销不及时、不完整而导致担保信息披露不适当。

（6）因未合理预计担保损失而导致当期费用核算不规范。

3. 业务范围

该子流程主要描述了集团公司关于对外担保的范围、申办程序、审批程序及监控程序的相关流程。

4. 业务步骤流程

4.1 .担保的范围

4.1.1 集团公司对子公司作为主债务人给债权人提供的担保。

4.1.2 集团公司或者子公司因经营需要在其他企业作为主债务人给债权人提供的担保。

4.1.3 担保包括《中华人民共和国担保法》规定的保证、抵押、质押三种担保类型

4.2 担保的申办程序

4.2.1 集团公司提供对外担保的，由被担保人（主债务人）向集团公司提出书面申请。子公司提供对外担保的，由该子公司提出书面申请。

4.2.2 担保申请书应写明下列内容：

4.2.2.1 债权人名称以及债权发生的原因或事由；

4.2.2.2 债权数额和拟提供担保的金额、类型、期限、范围等；

4.2.2.3 董事会同意提供担保的决议；

4.2.2.4 集团公司财务部认为必要时，可以要求被担保单位或子公司提供关于债权关系

发生的基础性文件，如合同、协议等。

4.2.3 申请书应由被担保人或子公司法定代表人签字并加盖公章。

4.2.4 集团公司收到申请后，由财务部对申请进行初步审查，提出初步意见并根据规定审批程序报请审批或核准。

4.2.4.1 集团公司财务部在对申请初审时应对担保申请人进行资信调查和风险评估，也可委托中介机构对担保业务进行资信调查和风险评估工作。公司在对担保申请人进行资信调查和风险评估时，应当重点关注以下事项：

（1）担保业务是否符合国家法律法规和本企业担保政策等相关要求；

（2）担保申请人的资信状况，一般包括：基本情况、资产质量、经营情况、偿债能力、盈利水平、信用程度、行业前景等；

（3）担保申请人用于担保和第三方担保的资产状况及其权利归属；

（4）企业要求担保申请人提供反担保的，还应当对与反担保有关的资产状况进行评估。

4.2.4.2 担保申请人出现以下情形之一的，不得提供担保：

（1）担保项目不符合国家法律法规和本企业担保政策的；

（2）已进入重组、托管、兼并或破产清算程序的；

（3）财务状况恶化、资不抵债、管理混乱、经营风险较大的；

（4）与其他企业存在较大经济纠纷，面临法律诉讼且可能承担较大赔偿责任的；

（5）与本企业已经发生过担保纠纷且仍未妥善解决的。

4.2.5 经集团公司审批或核准同意的对外担保，按如下规定办理。

4.2.5.1 由集团公司提供担保的，担保协议、合同由被担保单位起草，集团公司财务部门审核并办理会签手续。

4.2.5.2 由子公司提供担保的，担保协议、合同由该子公司起草并依照集团公司相关规定办理会签手续。

4.2.6 担保协议、合同签订后，被担保单位或者子公司应提交一份协议、合同文本以及主债务文件原件给集团公司财务部备案。

4.2.7 因履行担保义务而需要办理协议、合同公证或抵押、质押物登记的，被担保单位或者子公司应在办理了此等手续后，将公证书或相关证明文件原件（一份）提供给集团公司财务部。

4.3 担保审批程序

4.3.1 集团公司及各子公司对外担保的累计金额不得超过其净资产总额的50%（不含商品房按揭担保）。

4.3.2 集团公司及各子公司的分支机构、职能部门均不得作为担保人。

4.3.3 集团公司对外提供担保由董事会或者董事会授权的机构或领导审批。

4.3.4 子公司对外提供担保，按照集团公司章程在有权机构批准后，报集团公司核准。

4.3.5 集团公司对子公司担保行为的核准，参照4.3.3的规定执行。

4.4 担保业务的监控

4.4.1 担保业务的日常管理

4.4.1.1 财务部定期监测被担保人的经营情况和财务状况，对被担保人进行跟踪和监督，了解担保项目的执行、资金的使用、贷款的归还、财务运行及风险等情况。

4.4.1.2 担保合同履行过程中，如果被担保人出现异常情况，应当及时报告，妥善处理。

4.4.1.3 被担保人未按具有法律效力的合同条款偿付债务或履行相关合同项下义务的，公司应当按照担保合同履行义务，同时主张对被担保人的追索权。

4.4.2 担保业务的会计系统控制。

4.4.2.1 财务部建立担保事项台账，详细记录担保对象、金额、期限、用于抵押和质押的物品或权利以及其他有关事项。

4.4.2.2 财会部应当及时收集、分析被担保人担保期内经审计的财务报告等相关资料，持续关注被担保人的财务状况、经营成果、现金流量以及担保合同的履行情况，防范担保业务风险。

4.4.2.3 公司应当妥善保管担保合同、与担保合同相关的主合同、反担保函或反担保合同，以及抵押、质押的权利凭证和有关原始资料，切实做到担保业务档案完整无缺。

4.4.2.4 被担保人出现财务状况恶化、资不抵债、破产清算等情形的，企业应当根据国家统一的会计准则制度规定，合理确认预计负债和损失。

4.4.3 反担保财务的管理。财务部应当妥善保管被担保人用于反担保的权利凭证，定期核实财产的存续状况和价值，发现问题及时处理，确保反担保财产安全完整。

4.4.4 担保业务的责任追究。对在担保中出现重大决策失误、未履行集体审批程序或不按规定管理担保业务的部门及人员，追究相应的责任。

4.4.5 担保合同到期应进行的工作。财务部在担保合同到期时，要全面清查用于担保的财产、权利凭证，按照合同约定及时终止担保关系。

5. 业务流程图

5.1 担保业务审批流程图

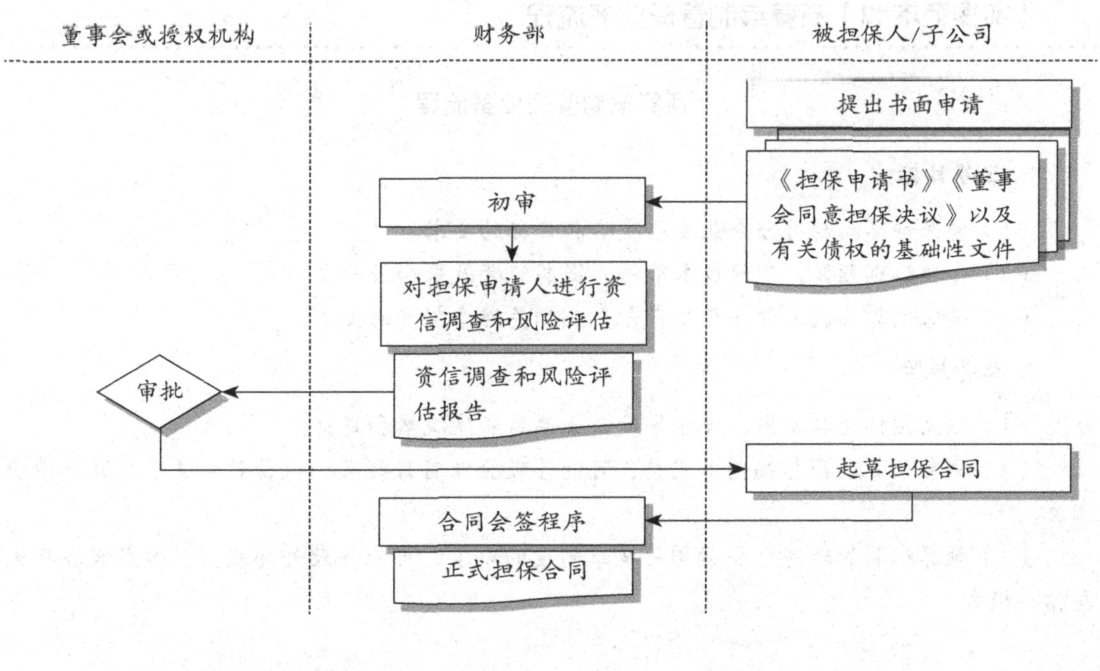

5.2 担保业务日常管理流程图

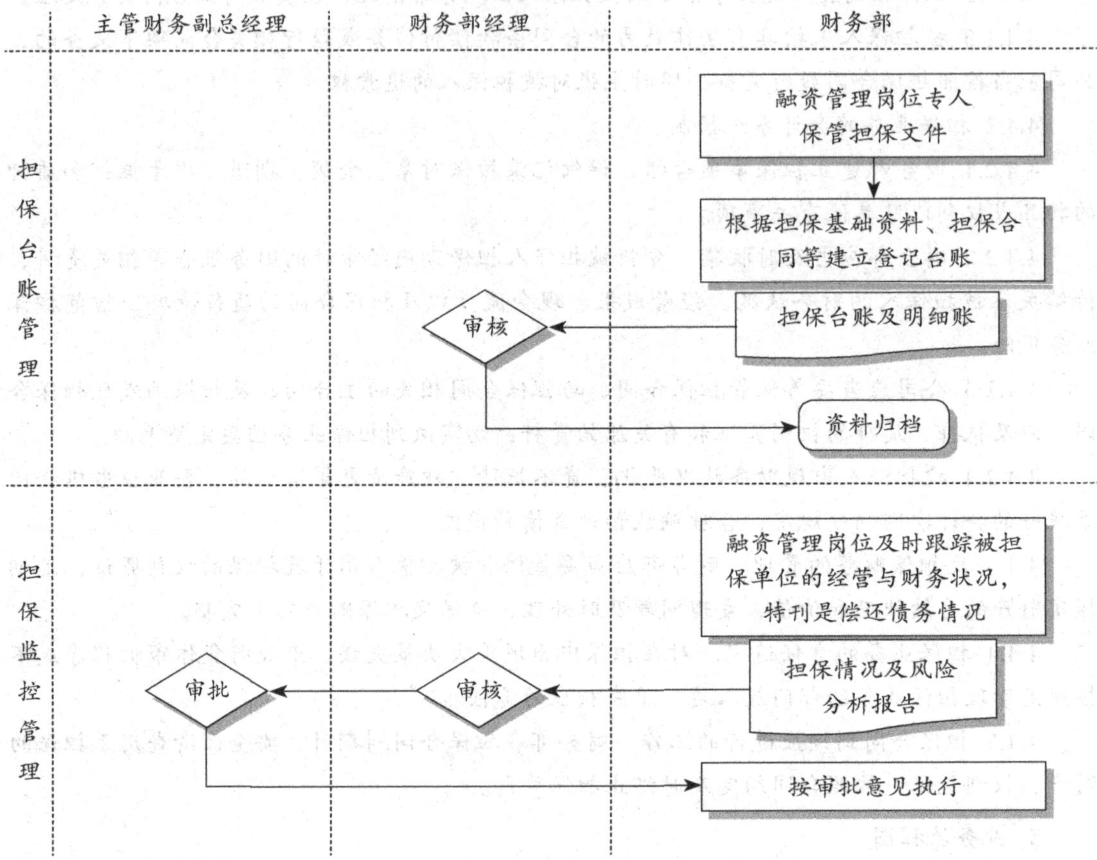

【实操范本13】预算编制管理业务流程

预算编制管理业务流程

1. 业务目标

（1）确保预算编制符合企业发展战略和目标的要求。

（2）合理编制预算，实现成本节约，提高经营效果和效率。

（3）确保预算编制工作和程序符合企业相关规章制度的要求。

2. 业务风险

（1）预算指标选取不当，可能导致企业偏离发展战略和目标。

（2）缺乏预算或预算编制不完整，可能导致企业盲目经营、经营效率低下或资产遭受损失。

（3）预算编制管理违反公司相关规章制度的要求，可能导致外部处罚，造成经济损失与信誉损失。

3. 业务范围

该子流程主要描述了集团公司关于预算编制管理的相关流程，主要包括全面预算的编制依据、预算编制程序及方法、预算方案的审批等。

4. 业务步骤流程

4.1 预算编制依据

根据《集团公司预算管理制度》的要求，以近两年实际完成预算目标的加权平均数为基础，分析近两年实际完成预算目标的主客观因素，考虑预算期的发展趋势，实事求是，积极、可行地确定各项预算目标。

4.2 预算编制程序及方法

预算编制的基本程序为“上下结合，分级编制，逐级汇总，审批执行”，具体如下所述。

4.2.1 每年10月31日前，集团公司财务部和各级预算单位预算管理部门做好预算编制准备，包括基础数据、外部环境和内部条件分析、本年度预算执行情况预计、下年度预测等。

4.2.2 每年11月10日前，集团公司预算工作小组准备集团公司年度预算编制通知（包括预算编制总体要求、预算表格及编制说明、预算编制日程安排），以签报形式报总经理审批同意后起草文稿正式下发。

4.2.3 每年11月15日前，董事会下达下一年度主要经营指标。

4.2.4 每年11月30日前，预算工作小组组织各部门、所属子公司召开预算工作会议，将下年度的总体目标分解到各单位，并按时间分解至四个季度。

4.2.5 每年12月1日至12月15日，各级预算单位在集团公司下达的指标的基础上，根据集团公司年度预算编制通知的要求，编制本单位的预算草案（全套预算报表及编制说明），并报本级公司预算管理委员会审议后，由企业法定代表人签字盖章。

4.2.6 每年12月15日前，各级预算单位将预算草案上报集团公司财务部进行初步审查，并根据财务部反馈的初审意见进行修改完善后再行上报。

集团公司初步审查的重点如下所述。

（1）完整性检查：是否按要求填报了全套的预算报表和编制说明。

（2）合规性检查：各项支出是否符合公司规章制度规定的标准。

（3）正确性检查：预算指标是否按要求填列及计算是否正确。

（4）一致性检查：预算报表内部勾稽关系是否正确。

4.2.7 每年12月20日前，集团公司财务部平衡制定各预算单位的主要预算目标，组织汇总集团公司预算草案（含下属企业指标明细的全套预算报表及编制说明），报请全面预算工作小组审议并形成会议纪要，或根据会议要求，修改各级预算单位和集团公司整体预算草案。

4.2.8 每年12月25日前，集团公司财务部就下属企业年度预算目标的分解等问题征求下属企业意见后，修订集团公司预算草案。集团公司财务部将修订后的集团公司预算草案

（含下属企业预算指标）先以签报的形式报请全面预算工作小组审议并形成会议纪要，然后报预算管理委员会审议。

4.3 预算方案的审批

4.3.1 预算管理委员会通过后，按集团公司章程规定将修改后的集团公司预算草案上报董事会审批并形成董事会决议，获批后再上报股东会审批并形成股东会决议。

4.3.2 经董事会审批同意的含下属企业预算指标的集团公司预算草案，由集团公司财务部以《关于下达年度预算主要指标的通知》的文件下发方式将各预算单位的年度预算目标逐一下达给各预算单位执行。

5. 业务流程图

5.1 预算工作业务流程图

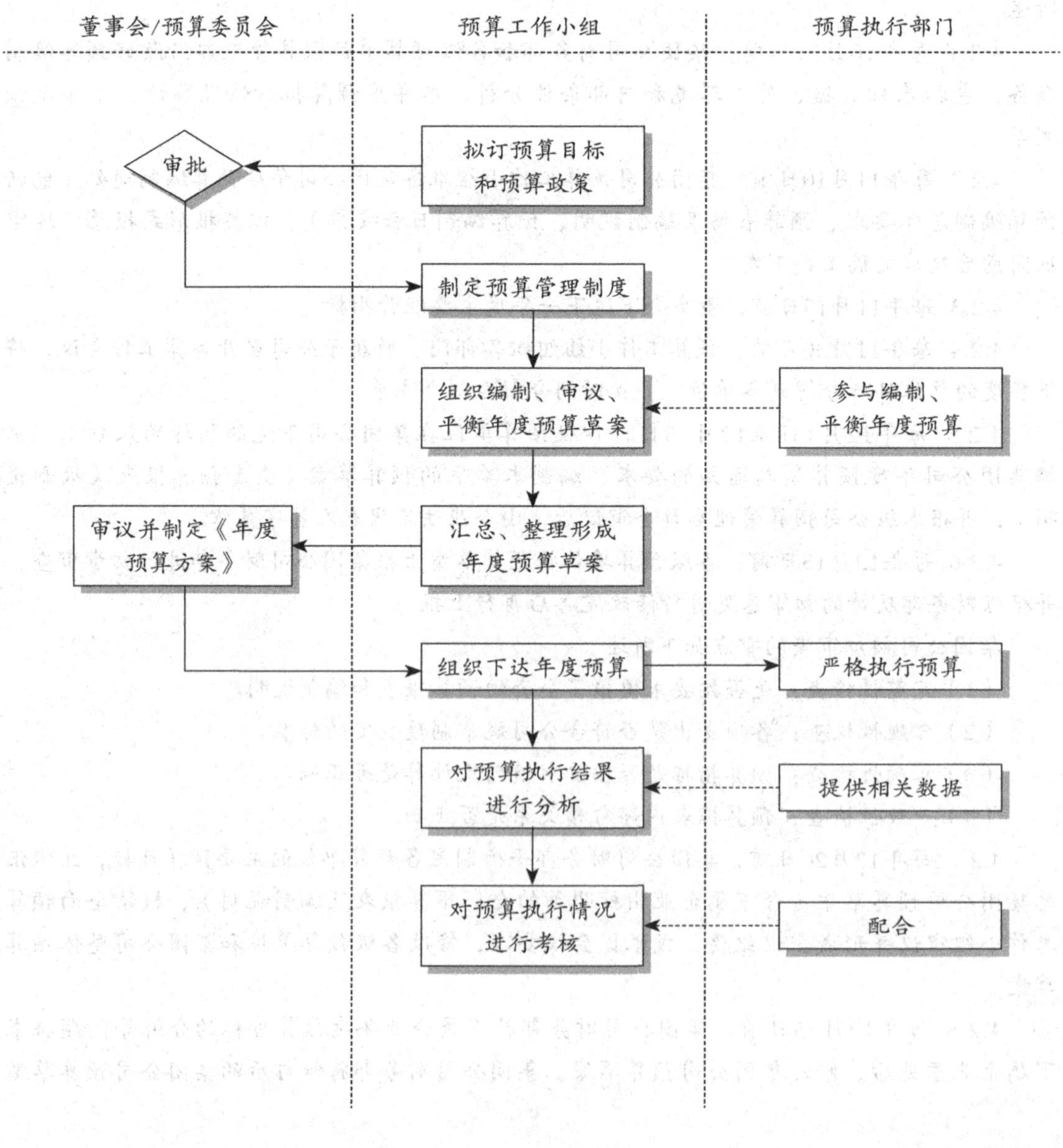

5.2 预算编制流程图

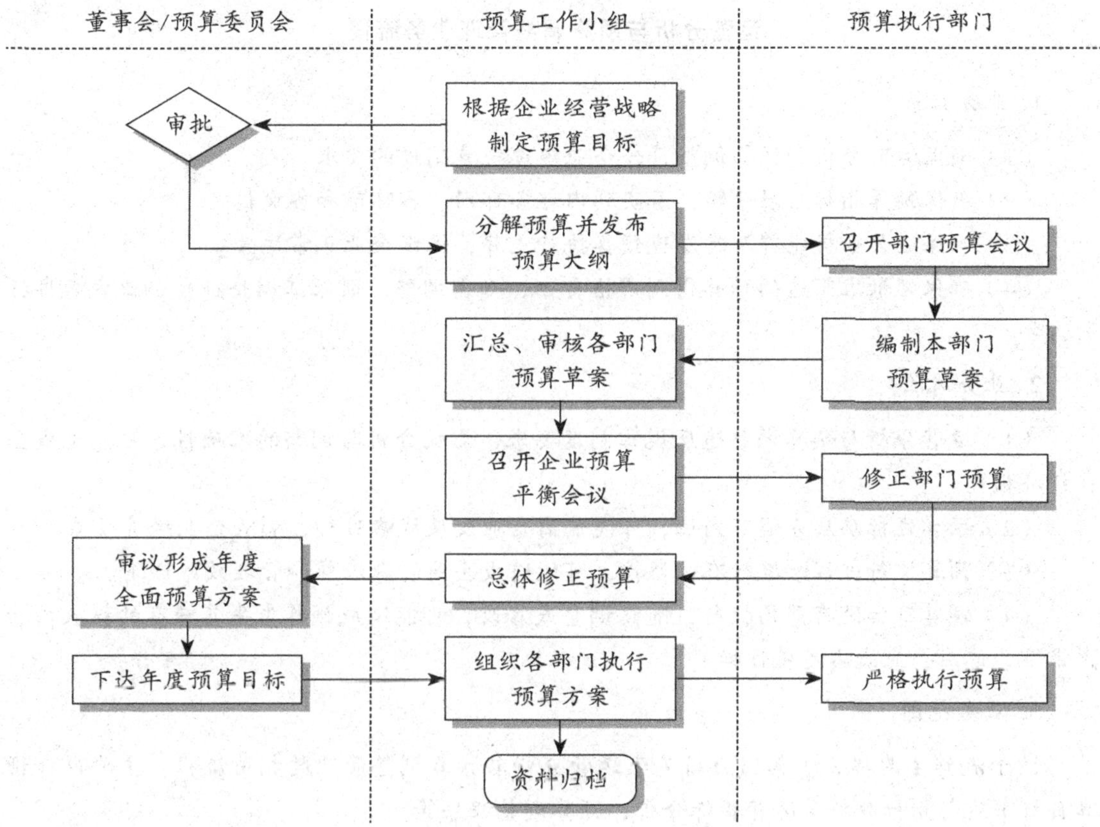

5.3 预算草案编报流程图

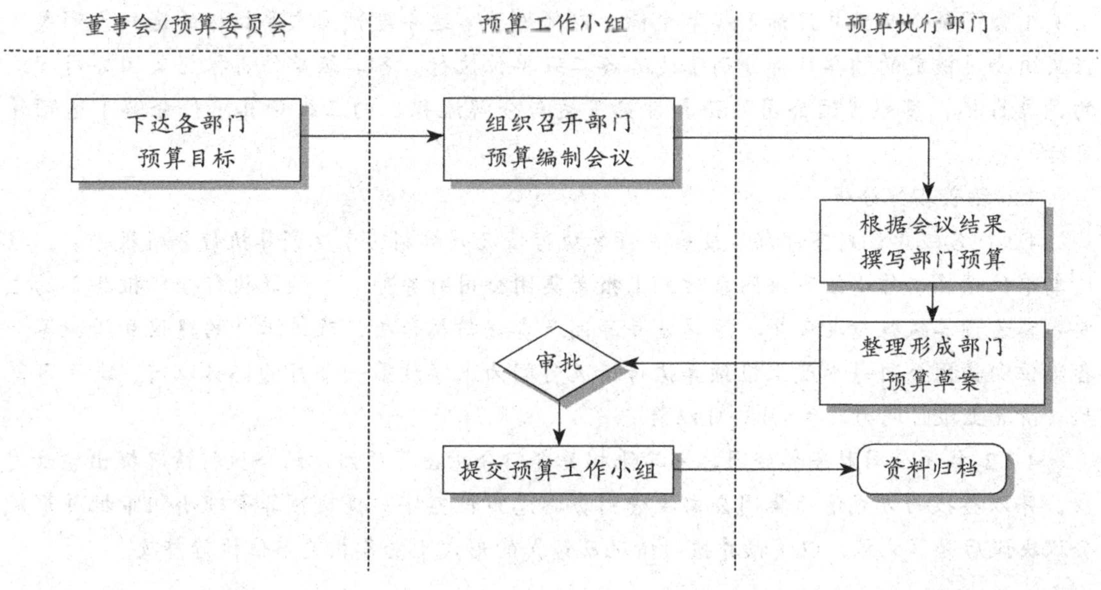

【实操范本14】运营分析与预算调整管理业务流程

运营分析与预算调整管理业务流程

1. 业务目标

（1）确保运营分析和预算调整符合企业内部规章制度的要求。

（2）确保预算指标层层分解，落实到内部各部门、各环节和各岗位。

（3）确保运营分析能够及时发现预算执行差异，保证企业正常运营。

（4）确保经批准下达的预算得到严格贯彻，如需调整，则保证调整符合企业战略目标的需要。

2. 业务风险

（1）运营分析与预算调整违反规章制度要求，影响分析与调整的准确性，可能造成企业经济损失。

（2）预算目标层层分解不到位，可能偏离企业发展战略目标，影响企业经济效益。

（3）预算执行过程未进行有效监控，可能造成企业资源浪费和管理效率低下。

（4）预算目标没有严格执行，随意调整或修改，可能造成预算失去其应有的权威性和严肃性，偏离企业战略发展目标。

3. 业务范围

该子流程主要描述了集团公司关于运营分析与预算调整管理的相关流程，主要包括预算目标下达与指标分解、运营指标分析、预算调整程序等。

4. 业务步骤流程

4.1 预算目标下达与指标分解

按照下管一级的原则，集团公司财务部根据经董事会审议通过的《集团公司预算草案》（含下属企业预算目标）起草文稿，以《关于下达年度预算主要指标的通知》形式，将集团公司核定的预算目标分别下达给各二级单位执行。各二级单位再根据集团公司下达的预算目标，参照集团公司的预算目标下达与分解流程，向三级预算单位分解下达预算目标。

4.2 运营指标分析

4.2.1 各级单位财务部每季度检查预算执行情况并编制《季度预算执行分析报告》，报请本单位预算工作小组审议同意后，上报至集团公司财务部。《预算执行分析报告》的主要内容为预算执行情况分析、预算差异原因及责任归属分析、改进工作的建议和措施等。各单位向集团公司每季度上报预算执行情况时间为下季度第一个月的15日以前，全年预算执行情况上报时间为次年3月31日以前。

4.2.2 集团公司财务部会同总部其他相关部门分析差异原因，结合执行情况提出整改建议，并以签报的方式请示集团公司主管财务副总审批签字，提交预算管理小组审批并形成会议决议后起草文稿，以《预算执行情况反馈》的形式下发各相关单位执行整改。

4.3 预算调整程序

4.3.1 预算方案一经批准，原则上不得调整。只有在预算执行过程中出现《集团公司预算管理制度》界定的各类情形时，各级预算单位认为需要调整预算的，才能在预算执行年度9月30日前报经原预算审批机构批准。

4.3.2 按照下管一级的原则，集团公司财务部负责所属二级企业的预算调整审批管理，各二级企业财务部负责所属三级企业的预算调整审批管理。二级企业财务部提交预算调整申请，说明调整内容和原因，经本公司预算工作小组或预算委员会审批同意并签字盖章后，上报集团公司财务部。

4.3.3 集团公司财务部审核后，认为需要调整的，提出调整建议，并以预算调整方案的形式，按照集团公司章程规定上报预算工作小组、预算管理委员会、董事会和股东会审批并形成会议决议。

4.3.3.1 如果调整后预算不影响集团公司整体预算目标，只需上报预算工作小组、预算管理委员会审批。

4.3.3.2 如果调整后预算影响集团公司整体预算目标，在上报集团公司预算管理委员会审批同意后，继续上报董事会和股东会会议审批。

4.3.4 审批通过后，集团公司财务部起草文稿，以《年度预算指标调整通知》形式将调整后的预算目标正式下发给申请单位遵照执行，并按调整后的预算目标对其进行监控管理。

5. 预算调整工作流程图

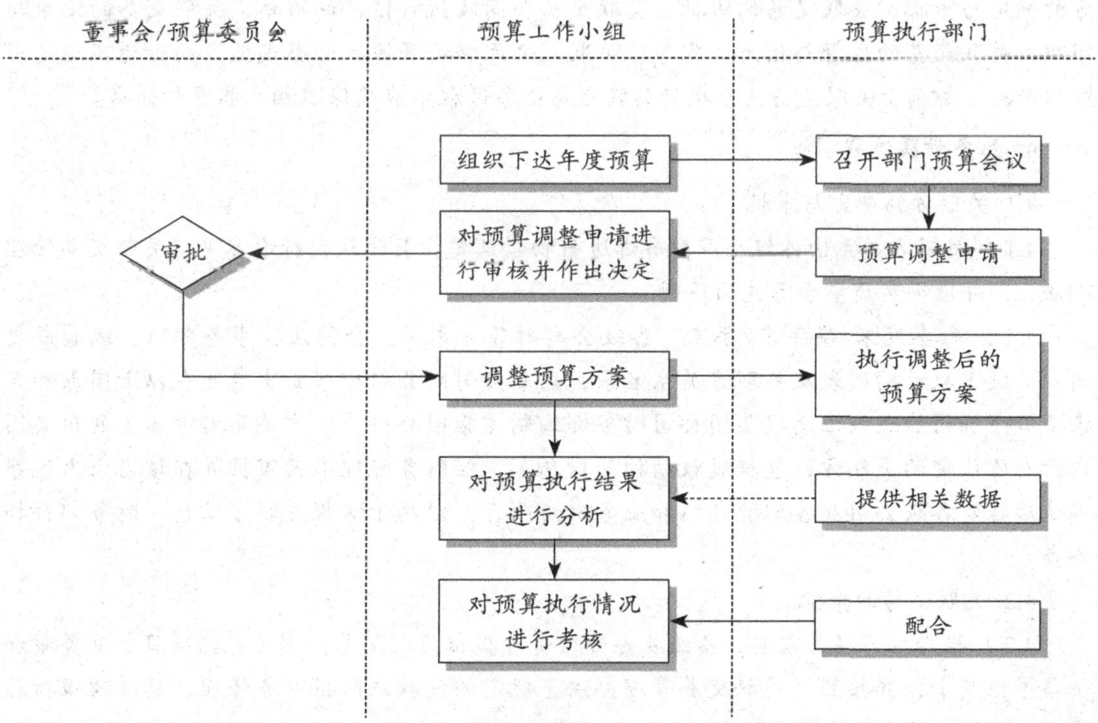

【实操范本15】关联交易管理业务流程

关联交易管理业务流程

1. 业务目标

（1）确保关联交易符合国家法律法规和公司内部规章制度的要求。

（2）按照公平、公正的定价原则和交易方式实现关联交易，杜绝利润转移。

（3）所有关联交易均经适当权限的审批。

（4）关联交易的记录和披露真实、准确、完整，符合披露程序及要求。

2. 业务风险

（1）关联交易违反国家法律法规，可能使企业遭受外部处罚、经济损失和信誉损失。

（2）关联交易定价不合理、执行不当，可能导致企业经营效率低下或资产受损。

（3）关联交易未经适当审批或超越授权审批，可能因重大差错、舞弊、欺诈而导致损失。

（4）关联方界定不准确或关联交易记录不真实、不完整，无法满足财务报告和信息披露的要求。

3. 业务范围

该子流程主要描述了集团公司关于关联方及关联交易管理的相关流程，主要包括关联方的确定与审批、关联交易的审批、关联交易合同及执行情况的审核、关联交易的记录与审核、关联交易的监督与信息披露等。关联人之间转移资源、劳务或义务的行为不论是否收取价款，都属于关联交易，在执行关联交易业务过程中应确保不相容职责相分离。

4. 业务步骤流程

4.1 关联方的确定与审批

4.1.1 关联方关系由各级公司财务部进行初步认定，具体认定标准参见《关联交易管理办法》，并遵循实质重于形式的原则。

4.1.2 每季度末/半年末/年末，各级公司财务部牵头、会同法律事务部门，编制或更新产（股）权结构图表及关联方关系名录，经本公司财务经理书面审批并在以上图表和名录上签字确认后逐级汇总报集团公司财务部编制《集团公司关联方关系名录》（列出集团内所有已认定的关联方，包括股权结构等信息），经财务经理书面审批并在该名录上签字确认后转发各级公司及各职能部门和业务班组阅存，以利于掌握关联方信息。财务部存档备查。

4.2 关联交易的审批

4.2.1 根据生产经营需要，各级业务部门负责提出关联交易计划（包括项目、业务量和价格等信息），并按照《关联交易管理办法》规定的授权权限报财务经理、总经理审核签字后，上报董事会或管理委员会以会议纪要或决议的形式予以批准，交财务部备案。

4.2.2 集团公司建立关联交易逐级授权审批制度，严禁越权审批。

4.2.2.1 公司与关联人发生的交易应当与关联人订立书面协议，金额在3 000万元以内的日常关联交易，提交董事会审议。金额在3 000万元以上，或占公司最近一期经审计净资产绝对值75%以上的关联交易，提交管理委员会审议。协议没有具体交易金额的，应当提交管理委员会审议。

4.2.2.2 经公司董事会审议通过且正在执行的日常关联交易协议，如果协议在执行过程中主要条款发生重大变化或协议期满需要续签，公司应当将新修订或续签的日常关联交易协议，根据协议涉及的总交易金额适用本条第4.2.2.1项的规定，分别提交董事会审议；协议没有具体交易金额的，应当提交管理委员会审议。

4.2.2.3 对于每年发生的数量众多的日常关联交易，需要经常订立新的日常关联交易协议而难以按照本条第4.2.2.1项规定将每份协议提交董事会审议的，可以在披露上一年度报告之前，按类别对公司当年度将发生的日常关联交易总金额进行合理预计，根据预计结果提交董事会审议；如果在实际执行中日常关联交易金额超过预计总金额，公司应当根据超出金额重新提交董事会审议。

4.2.3 关联交易定价原则包括市场价、协议价、成本加成价三种，具体制定原则参见《关联交易管理办法》。

4.2.4 公司关联人与公司签署涉及关联交易的合同/协议时，应采取以下必要的回避措施。

（1）任何个人只能代表一方签署协议。

（2）关联人不得以任何方式干预公司的决定。

（3）公司董事会审议关联交易事项时，关联董事要回避表决，也不得代理其他董事行使表决权。有关关联人、关联董事的定义参见《关联交易管理办法》。

4.3 关联交易合同及执行情况的审核

4.3.1 关联方交易合同的起草与审批

经相关授权审议通过的关联交易，应当由具体经办业务部门起草书面合同或协议，明确关联方交易的定价原则和价格水平，由各级公司的法定代表人或被授权人签订具体的关联交易合同/协议（应包括交易价格、定价原则和依据、交易总量或其确定方法、付款时间和方式等条款）。关联交易的合同/协议签署后在财务部留底备查，合同的管理参见《合同管理业务流程》。

4.3.2 关联方交易合同的执行

4.3.2.1 关联交易合同/协议一经确定，各关联公司要严格按照合同/协议规定的交易条件进行交易。关联交易执行过程中，任何人不得自行更改交易条件，如因实际情况变化确需更改时，须履行相应审批程序。

4.3.2.2 财务部经办人员根据双方签订的关联交易合同或协议，编制关联交易结算清单（包括拟结算项目、业务量、金额、收付款时间要求等信息），经项目主管业务部门负责人书面审定并在该清单上签字确认后交财务部，财务经理书面审核签字确认后办理结算业务。

4.3.2.3 财务人员月末检查结算情况，并根据未结算情况汇总编制《关联交易未结算情况报告》，书面呈报财务部主管和相关业务部门负责人，由双方制定处理办法。

4.4 关联交易的记录与审核

4.4.1 各级公司财务部由专人负责建立关联交易台账，每季与关联方相关人员核对关联交易账目，及时、正确编制关联交易核对清单（至少包括关联交易的时间、金额、关联方名称、交易事项等信息），交于关联交易双方财务经理审核并在核对清单上书面签字确认，对不符事项，要说明原因并拟定处理办法。

4.4.2 关联交易人员根据关联交易台账和审核后的关联交易核对清单编制关联交易明细表（至少包括关联交易的时间、金额、关联方名称、交易事项等信息）。关联交易明细表至少每季度编制一次，并报送财务经理审核并在明细表上书面签字确认。

4.5 关联交易的监督与信息披露

4.5.1 关联交易的监督

各级公司财务部每季将关联交易明细表报送集团公司财务部，由专人进行汇总并编制集团公司关联交易明细表，书面提交集团公司财务经理审阅并在该明细表上签字确认，监督企业是否存在关联方占用、转移公司资金、资产及资源的可能。一旦发现异常情况，财务经理应立即提请董事会、监事会采取相应措施。

4.5.2 关联交易信息披露的审核

4.5.2.1 财务部门应根据国家监管机构及《企业会计准则》《集团公司财务管理制度》《关联交易管理办法》的要求对关联交易的相关信息予以披露。

4.5.2.2 对于应在财务报告中进行披露的关联方交易事项，集团公司财务部相关会计人员负责根据汇总后集团公司的关联交易明细表编制《关联交易会计抵销工作底稿》，经财务经理审签后，在合并会计报表中进行抵销。关联交易事项在财务报告附注中对外披露前，须书面报集团公司财务经理书面审批并签字确认。

4.5.2.3 审计委员会每季度末、半年末、年末对总经理和主管领导签署的包含关联交易情况的定期财务报告进行审阅，并报董事会审议，同时分别在审计委员会和董事会会议纪要内记录审议结果。

4.5.2.4 对于各企业应实时披露的关联方交易事项，由各级企业财务部门及时逐级上报集团公司，参照4.5.2.2和4.5.2.3条款进行对外披露。

5. 业务流程图

5.1 关联交易名录编审流程图

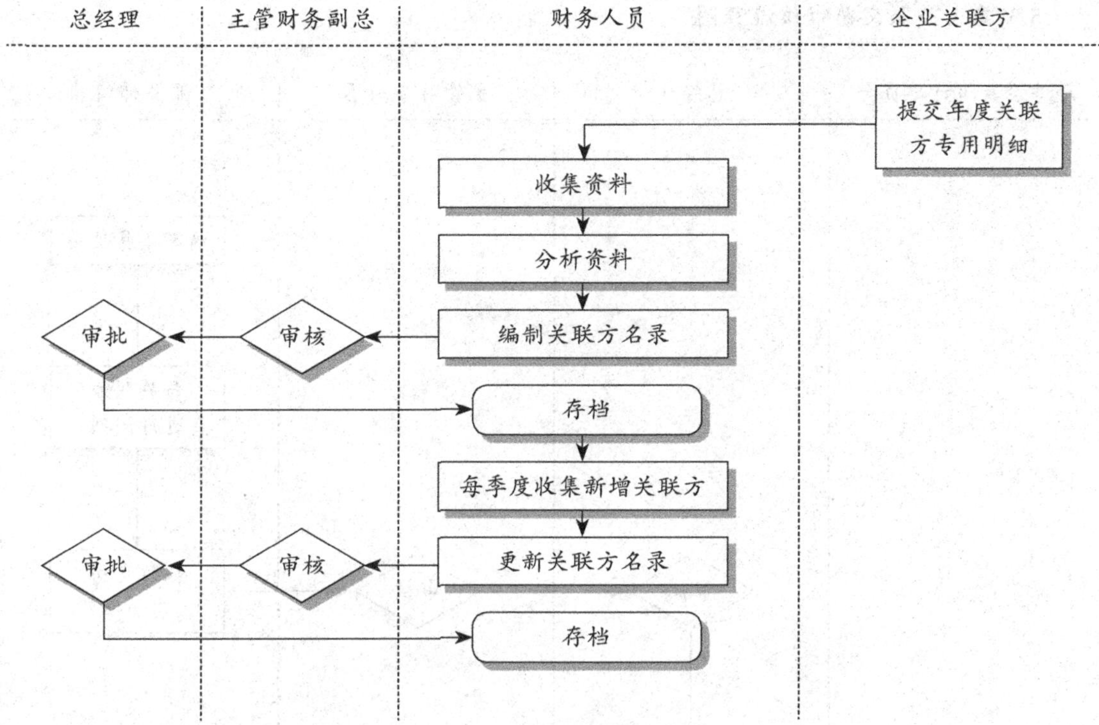

5.2 关联交易记录审查流程图

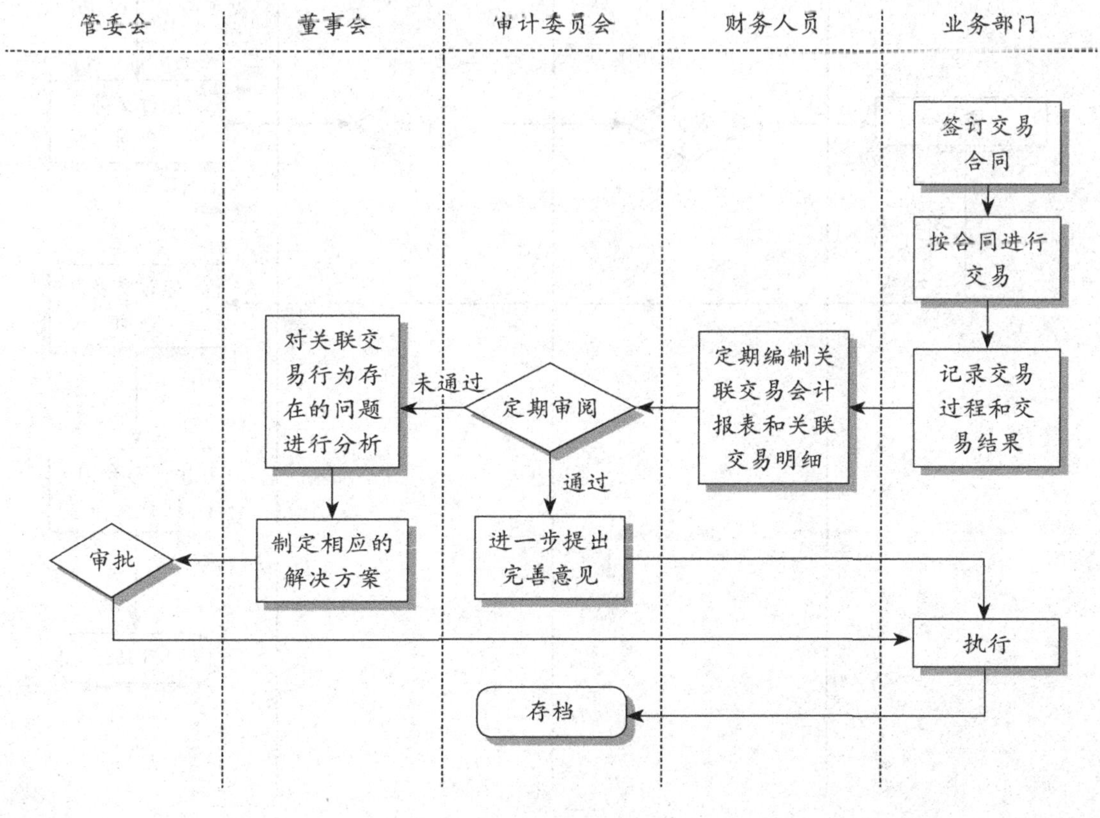

5.3 重大关联交易审核流程图

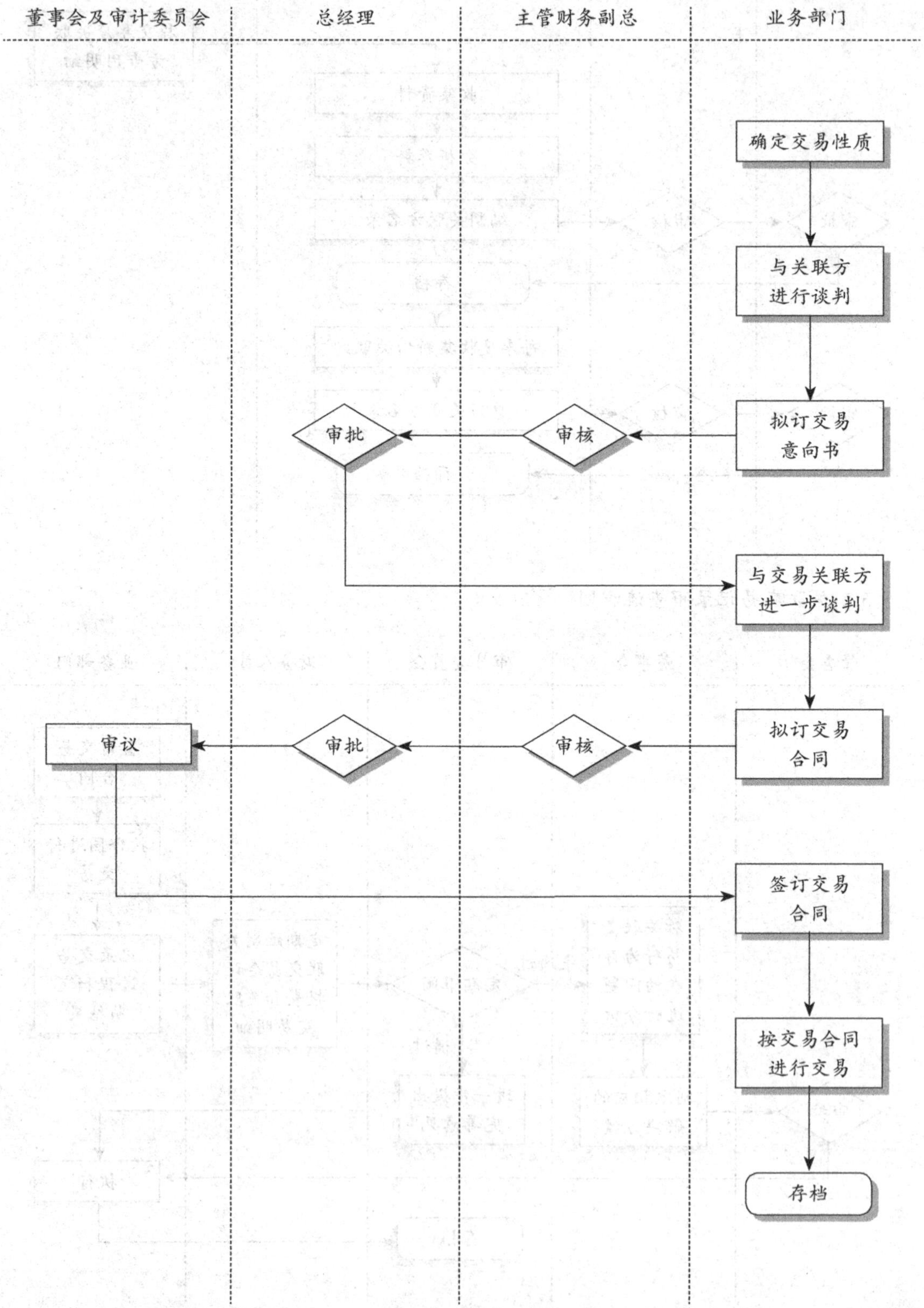

5.4 关联交易事项询价流程图

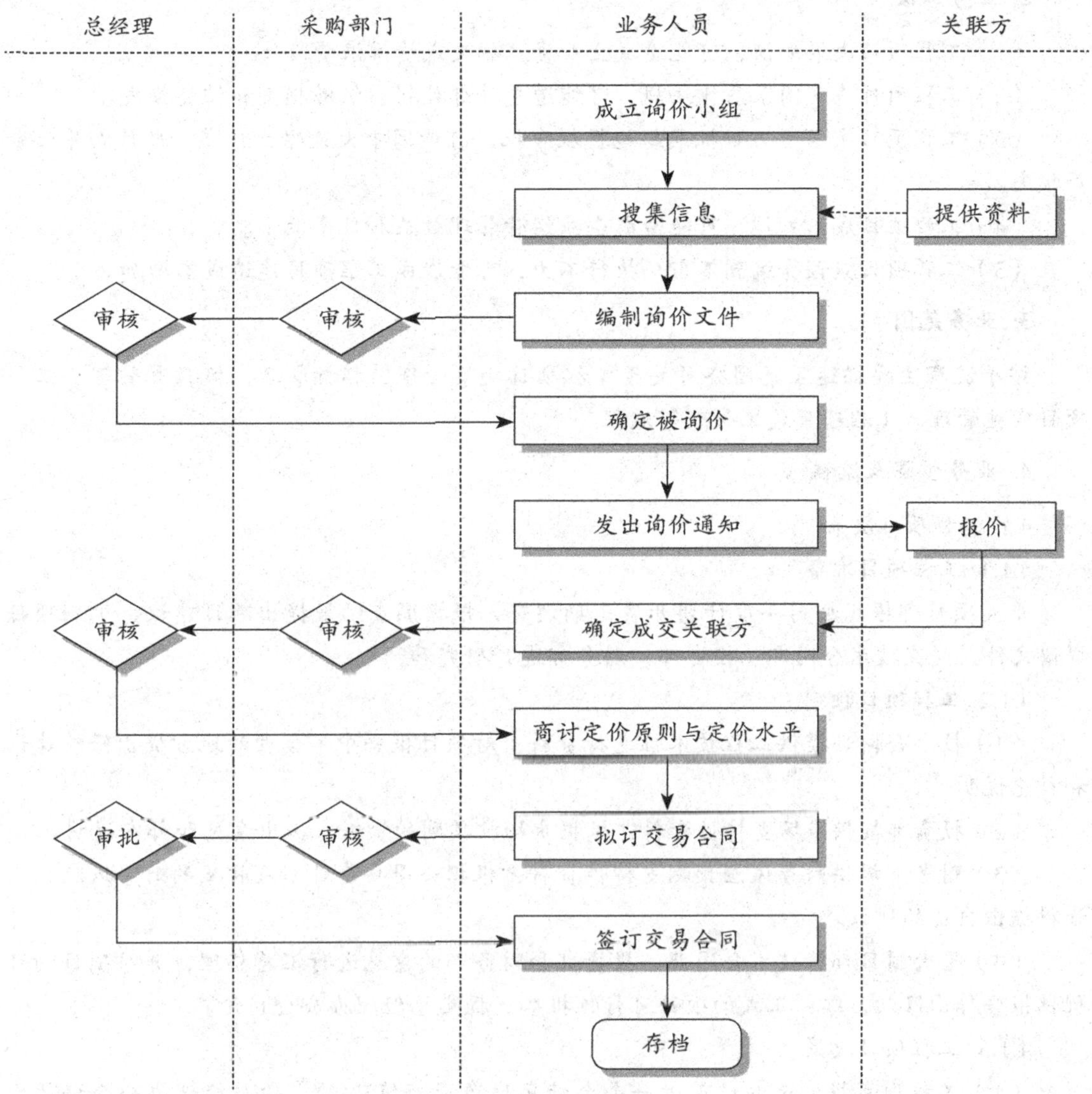

【实操范本16】工程项目管理业务流程

工程项目管理业务流程

1. 业务目标

（1）加强基本建设项目管理，规范基建投资行为，确保工程质量与安全，有效地使用建设资金，提高投资效益。

（2）严格执行基本建设审批程序，对工程项目各个环节进行管理，保证投资计划的完成。

（3）遵守国家安全、消防、环保等有关基本建设规定及公司内部规章制度。

（4）符合国家的经济建设方针、政策和有关工程建设法规、规章制度。

2. 业务风险

（1）工程项目决策失误，可能造成企业资产损失或资源浪费。

（2）工程项目违反国家法律法规，可能遭受外部处罚、经济损失和信誉损失。

（3）工程项目未经适当审批或超越授权审批，可能因重大差错、舞弊、欺诈而导致资产损失。

（4）工程项目成本失控，可能造成企业经营管理效益和效率低下。

（5）工程项目概预算编制不当、执行不力，可能造成工程项目建造成本增加。

3. 业务范围

该子流程主要描述了集团公司关于工程项目决策管理、招标管理、概预算管理、工程项目实施管理、工程项目竣工管理等流程。

4. 业务步骤及流程

4.1 工程项目决策

4.1.1 工程项目准备

重大项目部根据公司年度计划开展先期调查，根据调查结果提出项目建议，编制项目提议文件，送交技术合同部、投资部、财务部进行研究和预测。

4.1.2 工程项目预测

（1）技术合同部提供工程技术性支持资料，对项目报告中不合理的地方提出修改建议和补充说明。

（2）投资部提供市场支持性资料，根据市场收集到的资料，提出意见和补充说明。

（3）财务部提供财务风险预测支持性资料，根据公司年度计划及收集的财务风险预测资料提出自己的建议。

（4）重大项目部将技术合同部、投资部和财务部的意见进行汇总整理，并对项目的可行性报告作出修改，编制正式的项目可行性报告，提交总经理办公会讨论。

4.1.3 工程项目决策

（1）工程项目投资未超过最近一个会计年度净资产值5%的，由总经理办公会评估论证并批准。

（2）工程项目投资未超过最近一个会计年度净资产值20%的，由总经理办公会评估论证，报董事会批准。

（3）超过以上投资额的项目由总经理办公会评估论证，经董事会审议通过后提交管理委员会审议批准。

4.1.4 集团公司审计委员会对工程项目决策程序的合法性进行审计，监督决策的实施过程，对决策的结果予以评审并给出结论。

4.2 工程项目设计

4.2.1 初步设计

4.2.1.1 初步设计任务书的编制与评审。技术合同部完成初步设计任务书的编制，组织重大项目部/项目实施单位工程部对初步设计任务书进行评审，最终由公司分管领导审批。

4.2.1.2 技术合同部根据《工程勘察、设计及监理招标实施细则》的要求选择初步设计单位，并组织方案设计单位和初步设计单位进行技术交底，确保初步设计单位准确理解和把握方案的理念和风格。

4.2.1.3 设计评审。

（1）设计单位按初步设计任务书的要求提交初步设计文件。技术合同部组织重大项目部/项目实施单位工程部按照初步设计审图要点对图纸进行评审，形成“初步设计评审表”，设计单位对设计方案进行修正，然后经重大项目部/项目实施单位工程部、技术合同部、分管领导审核，总经理办公会评审。

（2）设计单位根据初步设计评审成果对图纸进行调整，分管领导确定是否组织相关部门再次评审，设计成果由分管领导审批确定。

4.2.1.4 初步设计报批。

（1）技术合同部/项目实施单位相关人员以完整的初步设计文件向政府主管部门报批并取得批复意见。

（2）技术合同部组织相关部门及专家针对政府批复意见中的问题进行分析和调整，发送设计单位进行初步设计完善。

4.2.2 施工图设计

4.2.2.1 施工图设计任务书编制和评审。技术合同部编制施工图设计任务书，组织重大项目部/项目实施单位工程部、成本部对施工图设计任务书进行评审，并将评审结果汇总交分管领导审批。

4.2.2.2 施工图设计与评审。

（1）技术合同部根据的《工程勘察、设计及监理招标实施细则》要求选择施工图设计单位。

（2）设计单位按施工图设计任务书要求的时间、限额设计要求和成果标准提交设计成果。技术合同部组织重大项目部/项目实施单位工程部、成本部按施工图审图要点对施工图进行评审，形成“施工评审意见表”，设计单位根据评审意见进行图纸修改完善。

（3）技术合同部对施工图进行审查，经分管领导审批后，将相关图纸送审图公司审查并取得审批意见。

4.2.2.3 施工图会审交底。技术合同部组织施工图设计单位、施工单位、监理单位、造价咨询单位、工程部门进行施工图交底，明确施工组织要求和解答相关问题，并填写施工图交底记录。

4.3 概预算审核

4.3.1 概预算编制

（1）工程项目概预算是设计文件的重要组成部分，包括初步设计阶段编制概算和施工图阶段编制预算。

（2）一个工程项目由几个设计单位设计时，各设计单位负责编制所承担设计的概算，由主体设计单位负责汇编总概算，并协调统一概算的编制原则、依据。

（3）施工图预算应根据批准的初步设计及概算文件、施工图设计图纸（建设工程设计图纸要有钢筋表）、材料表、设备表和主管部门或工程所在地区规定的预算定额和各项取费标准进行编制。

4.3.2 概预算的审核

4.3.2.1 设计单位提交概预算文件后，技术合同部组织工程、技术、财务等方面的专业人员或委托专业中介机构对编制的概预算进行审核，重点审查编制依据以及工程量的估计、定额、参数、模型等的采用是否合理，项目内容是否完整，计算是否准确。

（1）技术合同部对工程项目概预算编制的各种资料的真实性、全面性、可靠性进行审核，同时审查工程项目概预算工程量的定额、参数、模型以及工程量测算的合理性，以及工程项目概预算计算的准确性、项目的完整性等。

（2）财务部对概预算编制的各种依据进行审核，复核演算相关数值。

（3）审计部对概预算编制、报批过程进行审计监控，确保编制过程的规范性。

（4）分管工程负责人对整个工程项目概预算的编制依据、工程量测算、费用计算等进行全面审核。

4.3.2.2 参与审核工作的各部门根据审核结果填写《概预算审核意见书》，并签章确认。技术合同部汇总审核意见并反馈概预算编制单位修改完善。

4.3.3 概预算的审批

4.3.3.1 设计概算书随同初步设计文件按照初步设计审批办法，由技术合同部报建设行政主管部门审核/审批。

4.3.3.2 设计概算一经批准，不得任意突破。如必须突破初步设计概算时，其超出部分经原设计单位同意并修改后，报原初步设计批准机关审核/审批。

4.3.3.3 预算文件提交总经理办公会审批。

4.4. 工程项目招投标管理

4.4.1 组织机构及职权分工

4.4.1.1 自建项目由公司组织成立工程招标领导小组，负责研究、审批项目招标中的重大事项，协调各方关系。招标工作中的重要问题应由招标领导小组集体研究并经各部门评审，最终的招标方案须经招标领导小组批准后方可实施。招标领导小组的组成如下所述。

（1）组长：文化产业集团总经理。

（2）副组长：文化产业集团主管副总经理。

（3）成员：技术合同部负责人、财务部负责人、重大项目办负责人、项目实施单位分管副总经理以及文化产业集团相关部门。

4.4.1.2 代建项目由建设单位组织成立工程招标领导小组，负责研究、审批项目招标中的重大事项，协调各方关系。招标工作中的重要问题应由招标领导小组集体研究并经各部门评审，最终招标方案须经招标领导小组批准后方可实施。招标领导小组的组成如下所述。

（1）组长：管委会主管建设副主任（或文化产业集团主管副总经理）。

（2）副组长：纪工委书记。

（3）成员：党办主任、土地储备中心主任、财务部经理、技术合同部经理、项目实施单位分管副总经理以及文化产业集团相关部门。

4.4.1.3 工程招标领导小组的主要职责是：

（1）贯彻执行国家有关招投标的法律法规和政策，指导、协调和监督招投标工作；

（2）拟定公司的招投标工作管理原则、制度和规定等；

（3）处理解决招投标工作中的重大事项，对招投标工作中的违规、违纪行为进行查处。

4.4.1.4 工程招标领导小组下设工程招标小组，负责具体招标工作，由技术合同部牵头。

（1）根据项目成立工程招标小组，工程招标小组对招标领导小组负责，并在其领导下开展具体工作，招标小组由招标领导小组成员所在部门人员组成。

（2）招标工作中的重要问题应由工程招标小组集体研究，将解决方案上报招标领导小组批准。

（3）工程招标小组的主要职责如下所述。

①确定招标方式：根据本省有关规定，可选择公开招标或者邀请招标形式进行招标。

②确定招标组织形式：委托招标或自行组织招标。如委托招标，应对招标代理机构相应资质进行审查。

③确定项目招标范围及标准。

④参加投标单位资格预审会，确定投标单位：由招标小组对报名的施工单位进行资格预审，从企业资质、工程业绩、信誉程度、财务状况及协作精神等方面展开全面评审，最终确定该项目的投标单位。

⑤确定评标专家：按规定在招标管理机构的评委库中抽取专家，并确定建设单位参加评标的专家。

⑥对整个招标过程进行指导和监督。

（4）技术合同部为工程招标的主要实施部门，各项目实施单位及建设单位等部门配合，纪工委（审计部）对整个招标过程进行监督。

4.4.2 招标申请

项目实施单位按规定完成施工图设计、图纸审查并办理完报建手续后，要编制招标计划申请表，报招标领导小组审批通过。

4.4.3 确定招标方式

4.4.3.1 技术合同部按照法律法规和规章规定确定公开招标或邀请招标。

4.4.3.2 应当公开招标的项目，有下列情形之一的，经批准可以邀请招标：

（1）因项目技术复杂或者有特殊要求，只有少数潜在投标人可供选择；

（2）受自然资源或者环境限制；

（3）公开招标所需费用和时间与项目的价值不相称，不符合经济合理性要求；

（4）存在特殊情况，经文化集团公司批复同意的项目；

（5）法律法规规定其他不宜公开招标的项目。

4.4.3.3 招标人采用邀请招标方式的，应当向三个以上具备承担招标项目能力、资信良好的特定的法人或者其他组织发出投标邀请书。

4.4.4 发布招标公告（或招标邀请书）

4.4.4.1 在本省发改委指定的信息网站和报刊上发布招标公告或发出招标邀请书。

4.4.4.2 招标公告或投标邀请书应当载明招标人的名称、地址和联系方式，招标项目的名称、性质、数量、技术规格、资金来源，实施地点和时间，获取招标文件或者资格预审文件的地点、时间、方式及招标文件售价，提交资格预审文件或者投标文件的地点和截止日期，对投标人的资格要求，开标时间及地点等。

4.4.5 资格预审

4.4.5.1 技术合同部组织编制资格预审文件，项目实施单位应予以配合，并向参加投标的报名单位发放资格预审文件。

4.4.5.2 技术合同部接受参加投标报名单位提交的资格预审文件，资格预审小组负责对报名单位进行资格预审，审核、考察报名单位的资质及实际能力，确定投标单位。如需对报名单位进行考察，则由技术合同部组织相关部门参加，重大项目部主要负责考察施工、监理及勘察单位的技术水平和管理能力。

4.4.5.3 技术合同部负责向通过资格审查的投标人发出投标邀请书或资格预审合格通知书。资格预审合格的潜在投标人不足三个的，技术合同部应当重新组织进行资格预审。对资格后审不合格的投标人，评标委员会可对其投标作废标处理。

4.4.5.4 资格条件未达到招标公告及招标邀请书的要求，或者拒不按照要求对有关问题进行澄清、说明或者补正的投标申请人，可以否决其投标资格。

4.4.6 办理招标手续

4.4.6.1 技术合同部填写招标备案登记表，经招标领导小组负责人审核签字后，备齐各投标单位的资质文件复印件报送本区招标办公室审核备案。

4.4.6.2 技术合同部组织，项目实施单位配合编制招标文件及评定标细则，并组织相关部门针对招标文件的条款进行评审，确定招标文件及评定标细则。

4.4.6.3 委托造价咨询单位编制招标上限控制价报告。

4.4.7 组织招标

组织投标单位进行招标文件发放、现场踏勘和答疑工作。

4.4.8 开标、评标和定标

4.4.8.1 开标会由招标人或招标代理机构组织和主持，设开标人、记录人和监督人，邀请所有投标人及监督人员参加。招标人负责组织开、评标会，并做好评标保密工作。

4.4.8.2 开标时，由投标人或其推选的代表当众检查投标文件的密封情况，也可以由招标人委托的公证机构检查并公证。经确认无异议后，由招标工作人员当场拆封，宣读投标人名称、投标技术差异和投标价格等主要内容。在递交投标文件的截止时间前收到的所有投标文件，开标时都应该当众予以拆封、宣读。开标情况应当完整记录，经投标人签字确认，并存档备查。

4.4.8.3 开标时，发现投标文件已开封的，招标人应暂停开标，与投标人共同确定是否继续开标，并负责查明原因。

4.4.8.4 评标工作由评标委员会负责。招标人应当采取必要的措施，保证评标在严格保密的情况下进行。评标委员会应当按照招标文件确定的评标原则、标准和办法，对投标文件中的技术、商务等内容进行客观、公正的综合评审和比较。严禁任何单位和个人以任何形式和方式干预或非法影响评标过程和评标结果，确保评标活动的独立性和公正性。评标全过程接受监察、审计人员的监督。

4.4.8.5 评标委员会依据国家法律法规和公司的有关规定，以及招标文件明示的废标条件做出废标决定。特殊情况下须向招标领导小组提出废标建议，由招标领导小组确定是否废标。投标文件对招标文件提出的实质性要求和条件没有做出实质性响应的，应当视为废标。

4.4.8.6 评标的标准和办法，原则上应当在招标文件中公开标明。评标中，根据情况，评标委员会可以要求投标人对投标文件中的有关技术和商务问题作必要的澄清、说明或者补正，其结果应以书面方式进行确认，并不得超出投标文件的范围或者改变投标文件的实质性内容。

4.4.8.7 评标可采用经评审的最低评标价法和综合评估法。

（1）具有通用技术、性能标准或者招标人对其技术、性能没有特殊要求的一般性工程施工招标项目，应当采用最低评标价法。对经评审能够满足招标文件的实质性要求，且投标价最低的投标人，应当推荐为中标候选人，但投标报价明显低于成本价的除外。

（2）技术要求复杂的工程施工招标项目，一般应当采用综合评估法。最大限度地满足招标文件中规定的各项综合评价标准的投标人，应当推荐为中标候选人。

4.4.8.8 评标委员会完成评标后，应当向招标人提交书面评标报告，并推荐一至三名中标候选人，标明排列顺序。评标报告的综合评标意见应由评标委员会全体成员签字。对评标结论持有异议的，评标委员会成员可以书面方式阐述其不同意见和理由，并记录在案。

4.4.8.9 招标人应当根据评标委员会推荐的中标候选人排序先后确定中标人，也可以授权评标委员会根据中标候选人排序先后直接确定中标人。招标人不得在评标委员会推荐的中标候选人之外确定中标人。

4.4.8.10 评标委员会经评审，认为所有投标都不符合招标文件要求的，可以否决所有投标，招标人应当依照本法重新招标。

4.4.9 发出中标通知书

4.4.9.1 技术合同部起草中标通知书，经招标领导小组负责人审核签字后报招标办审查盖章，对整个招投标过程相关资料报招标办备案。

4.4.9.2 当向中标人发出中标通知书，同时将中标结果通知所有未中标的投标人。

4.4.9.3 技术合同部向招标办提交书面招投标情况报告

4.4.10 签订合同

技术合同部或项目单位与中标单位按照招标文件、中标人的投标文件及评标报告进行技术和商务谈判，依据《工程合同管理办法》与中标单位签订施工合同。

4.5 工程合同管理

4.5.1 合同的起草

技术合同部按照工程内容的不同起草合同文本，填写“合同评审表”后附中标通知书提交相关部门评审。

4.5.1.1 工程合同应包括以下内容。

（1）工程项目名称、地点、内容、价款。

（2）工期要求、工期调整的奖惩及处置办法。

（3）质量要求、质量检验标准和验收方法。

（4）付款方式。

（5）合同价款调整及价款支付的方式、时限等。

（6）材料、设备的供应方式与质量标准。

（7）设计变更签证的处理方法。

（8）双方的权利、义务和一般责任。

（9）竣工条件与结算方式、支付时限等。

（10）质量保证（保修）金的比例和预扣方式、时限等。

（11）违约责任及处理方法。

（12）解决争议的程序与方法等。

（13）与履行合同、支付工程款、材料款等相关的担保事项。

（14）工程施工合同还应包含：

①有关农民工工资的发放约定；

②施工现场人身保险的约定；

③有关工程审计的约定；

④临建设施搭建的约定，包括安全生产、文明施工及环保措施。

4.5.1.2 监理合同组成分为：

（1）协议书；

（2）通用条款；

（3）专用条款。

具体合同内容参考中华人民共和国住房和城乡建设部、国家工商行政管理局联合监制的《建设工程委托监理合同》执行。

4.5.1.3 合同的名称规范。

主合同名称统一规范为：“项目全称或简称”+“合同范围或内容”+“合同类型”。

补充协议名称统一规范为：“主合同名称”+“补充协议”+“补充协议序号”。项目简称以政府审批手续确定的案名为准。补充合同的合同金额应明确为在原合同金额基础上的增加额或减少额，以方便缴纳印花税。

4.5.1.4 合同的编码规则：公司代码—类别代码—时间号—顺序号。

4.5.2 合同的评审

4.5.2.1 项目实施单位的工程部、预算部门及主管领导重点审核合同文字和结构、通用条款、特殊条款、工作范围、双方权利义务、技术、工期、进度、质量、履约、担保、保修等条款。

4.5.2.2 法律顾问重点审核合同风险以及与法律相关的内容，包括但不限于变更、解除、违约、索赔、不可抗力、诉讼等条款。

4.5.2.3 技术合同部重点审核合同的主要条款。

4.5.2.4 财务部重点审核合同价款及价款调整、合同款支付、变更、签证、结算、奖罚等与项目成本有关的条款，以及审核签约公司名称、合同款支付方式、发票形式、代扣代缴等与财务核算和纳税有关的条款。

4.5.2.5 项目实施单位、规划设计部或项目管理部、财务部门、法律顾问、建设单位等相关部门及相关领导根据职责分工对合同提出评审意见，将修改意见签署于评审表上及所附合同草案上，由技术合同部统一修改，规划、勘察、设计合同由设计部修改。合同修改完善后经合同会签程序，提交公司法人代表或其授权人审批签字。

4.5.3 合同的过程管理

4.5.3.1 对外订立的合同，严禁在空白文本上盖章。原则上先由对方签字盖章后我方才予以签字盖章，严禁我方先签字盖章后以传真、信函的形式交对方签字盖章。如有例外须经法定代表人特批。

4.5.3.2 合同签订份数以双方需要确定，其中我方保存合同正、副本原件共6份，其中技术合同部留档2份、财务部门留存1份，行政部（建设单位）留档1份，办理招标备案1份，项目实施单位1份，合同的发放由技术合同部负责。

4.5.3.3 技术合同部应根据合同编号建立合同台账，每一份合同分别按业务进展情况和收付款情况及时登记。

4.5.3.4 如发现对方当事人不履行或不完全履行合同，技术合同部除催促对方当事人继续履行外，应将对方不履行或不完全履行合同的情况及时向各级领导和法定代表人逐级汇报，最后确定相应的处理办法。

4.5.4 合同的变更和解除

4.5.4.1 变更或解除合同必须依照合同的订立流程经项目实施单位、技术合同部、财务部门、法律顾问、建设单位、主管领导和法定代表人审核通过方可。

4.5.4.2 在履约过程中因故确需变更、中止或解除合同的，项目实施单位应及时上报并采取措施，由技术合同部及合同相关部门提出具体方案，经各级领导和法定代表人同意后，在协商基础上按法律规定程序办理合同变更及解除手续。

4.5.4.3 如对方当事人提出变更或解除合同的建议，技术合同部应当在征得各级领导和法定代表人意见后，在规定时间内予以明确答复。

4.5.4.4 合同变更事项的协商结果须形成书面协议，作为原合同补充，并按协议执行。补充协议、合同的重大变更，必须按照合同会签流程重新办理会签手续；变更后，合同编号不予改变。

4.6 材料设备采购管理

4.6.1 计划管理

4.6.1.1 公司实行全面预算管理，每年由技术合同部提出各项目的材料设备采购预算，经公司预算委员会批准后实行。

4.6.1.2 各施工单位在单项工程合同签订30日内，根据各工程项目甲供材料设备清单及工程进度计划，编制该工程甲供物资采购计划，形成“材料（设备）采供总计划”，经各项目实施单位项目管理部审核后报技术合同部。

4.6.1.3 各施工单位结合工程进度，在每月15日前提交下月的“甲供材料（设备）月度需求计划表”。计划应数量准确、规格型号齐全、技术参数完整、需用时间明确。

4.6.1.4 项目实施单位技术合同部建立甲供材料超欠供台账，设置供应上限，杜绝超供现象发生。

4.6.2 采购方式

4.6.2.1 公开招标采购：指以招标公告的方式邀请不特定的法人或其他组织招标的采购方式。相关程序参照工程项目招投标管理。

4.6.2.2 邀请招标采购：指以投标邀请书的方式邀请特定的法人或其他组织投标的采购方式。相关程序参照工程项目招投标管理。

4.6.2.3 竞争性谈判采购：指直接邀请三家或三家以上的供应商就采购事宜进行谈判的采购方式。符合下列条件的可用竞争性谈判采购：技术复杂或性质特殊，无法规定详细规格或者具体要求的。

采用竞争招标谈判不得透露与谈判有关的其他供应商的技术资料、价格和其他信息。

4.6.2.4 询价采购：指采购的货物规格、标准统一，市场货源充足且价格变动幅度较小的采购项目，对三家或三家以上供应厂商所提供的报价进行比较，依据性价比的优劣确定供应商的采购方式。

被询价供应商应一次报出不得更改的价格，根据价格构成和评定标准作出判定。

4.6.2.5 单一来源采购，是指向一家供应商直接购买的采购方式。属下列情形之一的，可用此方式采购：

（1）只能向特定供应商采购，含有知识产权及专利的，其他商家无法替代的；

（2）必须保证与原有采购项目一致性或服务配套的要求，需要继续从原供应商处采购的；

（3）文物、雕塑、景观小品、城市家具、名人字画、艺术品、珍贵动植物等。

4.6.3 供应程序

技术合同部负责办理供货合同，并向供应商提供各工程项目物资需求详细计划，督促其按期供货。

4.6.3.1 甲供材料的供应。

（1）对于材料设备供应商不包安装的甲购材料设备，各项目实施单位项目管理部根据施工单位（材料设备安装单位）提出的工程项目甲供材料设备清单、工程进度计划，编制的工程甲供物资采购计划，在审核后，形成“材料（设备）采供总计划”，报集团公司技术合同部，技术合同部审核并经分管领导批准后向材料设备供应商发送“材料设备供货通知单”。对于材料设备供应商包安装的甲供材料设备，由各项目实施单位项目管理部向技术合同部提出后，由技术合同部根据合同要求通知材料设备供应商开始供货及进场施工。

（2）各项目实施单位策划设计部提供技术支持，材料设备供应到现场，各项目实施单位项目管理部、各项目实施单位技术合同部、监理单位、施工单位、供应商应对采购的产品进行验收，验收合格后在“材料设备进场验收单”上会签，杜绝不合格产品使用到工程项目中，具体参见《甲供材料管理办法》。

（3）材料设备验收后，各项目实施单位技术合同部应将当月的材料单据按单项工程及时登入台账，并通过购销存系统强化材料出入库管理，每月经技术合同部审核后与财务部对账。

（4）各项目实施单位项目管理部按照“材料设备进场验收单”上注明的材料设备数量，以网上定价及合同规定价格浮动确定材料价格，填制“甲供材料认质认价表”，经材料供应商、监理公司、施工单位签字认可报各项目实施单位技术合同部及集团公司技术合同部审核，经审核后作为甲供材料结算依据。

4.6.3.2 甲定乙购材料的供应参见《材料设备认质认价管理办法》。

4.6.4 材料设备现场检查

材料设备供货及安装期间，项目实施单位项目管理部定期对现场甲供材料设备及甲定乙购材料设备进行检查，对于材料设备质量、材料施工工艺方面的意见，需填写“材料设备现场检查记录单”，报分管项目部领导审批，施工单位或材料设备供应商定期对“材料设备现场检查记录单”所提意见作出书面反馈，经项目实施单位项目管理部审核，分管项目部领导审批，交项目实施单位技术合同部及项目实施单位项目管理部留底。

4.6.5 设备移交

对于甲购材料设备中由施工单位负责安装的材料设备，当项目实施单位项目管理部、监理、施工单位在“材料设备进场验收单”上签字确认后，即视为移交施工单位，同时办理入库和领用手续。对于由材料设备供应商自行安装的甲购材料设备，材料设备供应商货到验收后自行负责保管。

4.6.6 剩余材料处理

项目实施单位技术合同部应对材料剩余原因进行分析，并与材料供应商协调退货。

4.6.7 不合格品的处理

项目实施单位项目管理部、技术合同部、策划设计部在验收过程中发现的与合同约定型号、品质、标准等不符的产品，认定为不合格产品，该产品经策划设计部设计人员评审确认后，区别不同情况，按供货合同和相关技术标准采用变更使用、降级使用、拒收等方式进行处置，并依据合同追究供应商相关责任。

4.6.8 月度材料款的安排

4.6.8.1 技术合同部根据当月物资供应情况，执行合同约定的付款方式，编制本月材料款支付计划，经相关领导审批后安排支付。

4.6.8.2 供货单位提供物资供应进度表，附《甲供材料认质认价表》，经项目实施单位项目管理部、技术合同部、监理单位、施工单位、集团公司技术合同部及各级领导签字作为支付该月供应进度及付款的依据。

4.6.8.3 供货单位按照本月材料供应进度及支付金额计划提交材料款项的发票或收据，经会签后，交由财务部门办理付款手续。

4.6.8.4 工程竣工结算前，应当进行甲供材料设备对账工作，确保财务部、技术合同部和施工单位三方数据一致。

4.7 工程月度验工计划、计价管理

4.7.1 工程计划

4.7.1.1 工程开工进场前，项目实施单位应对各施工单位编制的年、季、月度施工进度及用款计划进行严格审核，审核后汇总并加盖公章，报送建设单位财务部门和技术合同部各一份。

4.7.1.2 工程开工后，项目实施单位应在每月18日前向技术合同部报送本月和后两个月（共三个月）的资金滚动计划，内容包含计划完成工作量、计划付款额及工程形象进度，表中计划付款额应注明是预付款、进度款还是结算款。技术合同部将项目实施单位报送的计划审核汇总后报财务部门及相关领导。

4.7.1.3 工程计划的编制一定要客观实际，既要保证工期，也要考虑实际情况，不可虚报而使计划落空。

4.7.2 工程月度验工计价

4.7.2.1 工程验工计价应包括月工程进度款支付表、工程完成情况汇总表、合格工程计量证书以及工程量计价清单。

4.7.2.2 工程进度款支付表应反映工程合同价款、本月完成、开累计价、预付工程款以及已付进度款。工程完成情况汇总表应反映合同价款、本月完成、累计完成以及工程形象进度。工程完成情况汇总表、合格工程计量证书、工程量计价清单由项目实施单位自行制定表格格式。

4.7.2.3 合格工程量确认单应反映合格工程量数量、其对应的形象进度及该项中包含的甲供材料数量。合格工程量确认单中的项目划分应按照招标时的清单项划分。工程量计价清单应按工程量清单计价规则、投标报价及确认的合格工程量计价，报送时除按要求的份数报送文字版外，还应提供对应的电子版一份。工程预付款支付参照进度款支付要求执行。

4.7.2.4 施工单位报送的计价必须是当月实际完成的合格产品。施工单位应以诚信态度避免超报、虚报。

4.7.2.5 项目实施单位及监理单位应对当月工程量的完成情况进行严格收方，按清单计价规则的规定对合格工程量计量证书中的完成数量进行签字确认，以作为计价的依据。

4.7.2.6 施工单位根据合格工程量计量证书编制月度计价表，并在每月20日前报送监理单位审核。

4.7.2.7 监理单位应在施工单位报送计价表两日内审核完毕，并签字加盖公章后报送项目实施单位审核。

4.7.2.8 项目实施单位根据合格工程计量证书，结合工程量清单计价规则严格审核，项目实施单位主管领导签字并加盖公章后于25日前报技术合同部审核。

4.7.2.9 月度验工计价技术合同部于28日前审核完毕后返还项目实施单位，项目实施单位于次月5日前办理完财务付款手续，财务部门于次月10日前完成进度款的支付。技术合同部应建立付款台账，定期与财务部、施工单位对账，财务部应按实际支付的工程款登记台账。

4.7.2.10 月度验工计价表一式五份，技术合同部、财务部门、项目施工单位、监理单位及施工单位各一份。

4.7.2.11 施工单位月度验工计价表包括工程进度申报表、工程量确认单、工程分部结算表（土方）、分步分项工程量清单计价表（土方、安装）、工程项目总造价表（安装）、单项工程造价汇总表（安装）、分步分项工程综合单价分析表（安装）、措施项目费清单计价表（安装）、单项工程材料价差表（安装）、甲供材料表（安装）及进度款支付申请表等明细表，由施工单位编制，监理公司、代建单位项目部、技术合同部、项目部、合同预算部审核确认。

4.7.2.12 技术合同部每月定期对施工现场工程完成情况进行现场收方、核查，若发现有严重超报、虚报行为，将不予办理本月进度款的审核，并对相关单位提出警告、通报批评或处罚。

4.7.2.13 每季度末技术合同部会同财务部门、建设环保局、社会事业局等相关部门进行季度大检查，技术合同部将检查结果以简报的形式报相关领导和部门。

4.8 工程变更、签证管理

4.8.1 工程变更

4.8.1.1 一般变更和重要变更由项目实施单位负责完成，重大变更应提前通知建设环保局，并填写重大变更申报表，按照重大变更审批程序执行。

4.8.1.2 工程变更的办理由项目实施单位向设计单位提出，设计单位审核后出具变更图纸或变更通知单，对工程结构、节能要求、外观、造型有影响的，必须经原施工图审查单位重新审查，项目实施单位技术负责人、现场监理工程师最终审查通过后，方可由项目实施单位签发给施工单位实施。

4.8.1.3 变更合同价款按下列方法进行：

（1）合同中已有适用于变更工程的价格，按合同中已有的价格变更合同价款；

（2）合同中有类似于变更工程的价格，可以参照类似价格变更合同价款；

（3）合同中没有适用或类似于变更工程的价格，由施工单位提出变更价格，经监理单位、项目实施单位审核后，报技术合同部复核，技术合同部复核后送审计事务所终审；

（4）价格超过50万元的变更应签订补充协议；

（5）若合同中另有约定，按照合同规定执行。

4.8.1.4 建设环保局接到重大变更申请后，正常情况下应于三个工作日内给予答复。

4.8.2 工程签证

4.8.2.1 一般签证、重要签证由项目实施单位负责把关。重大工程签证发生时，应提前通知技术合同部，由技术合同部会同建设环保局派员共同到现场实地核实后签字确认，并及时汇报上级主管领导。

4.8.2.2 工程签证的办理程序：现场考察、测量记录、办理签证单。

（1）现场考察：施工单位在办理现场签证前，由施工单位提出申请（工作联系单），通知监理单位人员、项目实施单位现场代表进行现场考察，查实后方可办理；重大签证应通知建设环保局和技术合同部参加。

（2）测量记录：签证工程量须由三方共同测量计量（收方单），必要时保留影像资料，项目实施单位现场代表做好记录。

（3）办理签证单：施工单位在工程签证内容得到确认并完成测量后，应于五天内完成签证单的办理工作，过期将不予认可。

4.8.2.3 工程签证应做到公正、客观、及时、准确，不得在工程签证中使用模糊或歧义的词语。

4.8.2.4 工程签证必须遵循多方控制、层层审核的原则，签证内容及工程量必须经过现场监理工程师、项目实施单位现场代表、工程部负责人、预算人员、项目实施单位主管领导审核。未经审核签字盖章的签证，结算时将不予认可。

4.8.2.5 签证单的内容包括计算书、收方记录、测量图纸等资料，土方及垃圾等工程签证要求附有影像资料。

4.8.3 反签证

4.8.3.1 反签证一般有两种类型，一种是承担本项目的两个或两个以上施工单位之间，在施工期间由于交叉作业造成的工程量增（减）而形成的。另一种是建设单位与施工单位对合同范围内施工单位未实施的部分进行的书面确认。

4.8.3.2 反签证办理原则。

（1）如果现场发生的签证属于其他单位应完成但未完成的工程内容，应由实施施工单位及时办理反签证。

（2）反签证应及时办理，过期如果对方单位不认可，项目实施单位也不予认可。

（3）反签证应注明签证事由，完成签证内容及应完成但未完成签证内容的施工单位名称，以及签证的工作量或工程造价，工作量或工程造价经项目部审核后，在工程结算时从应完成签证内容的施工单位工程造价中扣除。

（4）反签证应由签证工作涉及的施工单位、监理单位、项目部对工程量进行核实并予以书面确认。如应完成但未完成签证内容的施工单位拒不签认，监理工程师、项目部相关人员签字并加盖公章后即可生效。各施工单位尽量按时完成自己合同范围内的工作，避免其他单位反签证。

4.8.3.3 当施工单位合同范围内减少了工作内容，但又无法用竣工图描述时，项目部应及时办理反签证，以此作为工程结算的依据。

4.8.3.4 项目实施单位应留存反签证单，以便在工程结算时及时扣除。

4.9 工程结算管理

4.9.1 施工单位整理竣工资料（竣工验收报告，竣工图纸，经过监理单位和项目实施单位审核签字盖章的签证单，洽商单，材料认质认价单），编制结算书。

4.9.2 监理单位及项目实施单位的现场主管负责审核竣工资料的真实性、完整性，并进行确认。

4.9.3 监理单位及项目实施单位根据确认后的竣工资料审核工程结算，并出具初审结果。施工单位根据审核后的结果重新编制工程结算。

4.9.4 项目实施单位对重新编制的结算书确认后报送技术合同部，技术合同部经审核无误后报事务所终审。

4.10 工程项目竣工验收及移交管理

4.10.1 工程验收基本程序

施工单位自验——→监理单位初验——→项目实施单位复验。

4.10.2 竣工验收应具备的条件

（1）完成建设工程设计和合同约定的各项工作内容。

（2）有完整的技术档案和施工管理资料。

（3）有工程使用的主要建筑材料、构配件和设备的质量证明以及试验报告。

（4）有勘察、设计、施工、监理等单位分别签署的质量合格文件。

（5）有施工单位签署的工程保修书。

（6）工程竣工报告。

（7）市政基础设施的有关质量检测和功能性试验资料。

（8）项目实施单位在组织工程竣工验收前，必须提请电梯、燃气、消防、人防等部门进行专项验收，并取得相关验收合格文件或证书。

（9）所有总分包工程均应根据合同进行验收，工期计算、保修期计算、结算等工作均与验收结果挂钩。

（10）建设行政主管部门及其委托的监督等部门要求整改的问题已全部整改完成。

（11）已按政府有关部门规定缴纳工程质量安全监督费。

（12）单位工程施工安全评价书。

4.10.3 单位工程竣工验收

4.10.3.1 根据行业施工特点由公司专门委托专业施工单位的单位工程（如高压供电工程、有线电视系统、楼宇智能化系统工程、消防监控工程、电梯工程等），在完成合同规定的全部施工内容，经施工单位自检合格后，向监理单位正式申请验收，并提交全套竣工验收资料一式四份。

4.10.3.2 监理单位在收到施工单位验收申请后14日内，完成竣工资料审查工作，并组织监理人员进行验收检查，将验收过程中发现的缺陷问题书面汇总，通知施工单位限期整改；整改完毕，经监理单位复查合格后，由监理公司将审查完毕的竣工资料及清单，连同全套监理验收资料、清单，及监理单位工程质量评估报告、监理质量检验报告等（一式三份）提交项目实施单位，申请工程正式验收。

4.10.3.3 项目实施单位在接到验收申请后14日内，完成对监理单位报送资料的审查，并通知设计单位、监理单位、施工单位进行竣工验收，对验收过程中发现的缺陷问题书面汇总通知施工单位限期整改，经复查合格后，正式签署由监理单位签发的工程《竣工验收证书》一式四份。单位工程进入缺陷责任期。

4.10.3.4 其他工程程序验收如下所述。

（1）环保工程验收。当室内外给水、柴油发电机等工程施工完毕后，工程管理部向环保管理部门申请验收，并形成初验意见。项目实施单位督促施工单位根据初验意见整改。整改合格，由工程管理部到环保部门办理该项目的《环保验收许可证》。

（2）建筑节能验收。建筑节能工程施工完毕后，项目实施单位组织设计单位、监理单位、施工单位进行验收。预验收合格后，工程管理部到当地建设主管部门申请建筑节能验收。验收通过后，建设主管部门出具《民用建筑节能专项验收意见书》。

（3）水土保持验收。竣工验收前，项目实施单位邀请专业评估机构对水土保持设施进行评估。评估合格后，向当地水务主管部门申请水土保持工程专项验收。项目实施单位、水土保持方案设计单位、施工单位、监理单位、专业评估机构、水务主管部门参与验收。验收通过后，水务主管部门出具通过水土保持专项验收的函。

（4）规划验收。策划设计部负责组织测绘人员到现场进行竣工测量工作，项目实施单位配合。当园林建设及消防道路（路基）施工完成后，工程管理部负责组织国土部门到现场进行规划验收。针对国土部门提出的整改意见，项目实施单位负责协调施工单位、设计单位作出整改。当问题整改完毕后，工程管理部负责再次组织国土部门进行规划复验并办理项目《建设工程规划验收合格证》。

（5）档案验收。工程施工完毕后，项目实施单位通知监理单位、各施工单位进行竣工资料收集。在竣工资料基本收集完毕后，监理单位负责组织现场竣工资料初验，初验不合格的，施工单位应根据整改意见进行整改后再移交监理单位和项目实施单位申请复验收。经过监理单位和项目实施单位验收通过，项目实施单位协助施工单位向市档案馆申请竣工资料初验收。项目实施单位根据档案馆时间安排，再组织各施工单位再次到现场进行竣工资料复验，如所有资料复验合格，包括其中各项专项验收证明书都已取得，则由项目实施单位到档案馆办理《档案合格证明书》并移交所有资料。施工总包单位需要向建设单位提交经过档案馆认可的竣工资料两套，由项目实施单位向行政部、物业公司交接。项目实施单位负责整理所需办理其他有关事宜的资料。

4.10.4 基坑验槽

基坑开挖完成后，由监理公司组织勘察单位、设计单位、项目管理部、施工单位验收，并填写地基验收记录。基坑验收合格后方可进行基础工程施工。

4.10.5 地基及基础工程验收

基础工程完工后，由施工单位向监理公司申请验收。监理公司接到申请书后组织由质监单位、设计单位、勘察单位、监理公司、项目管理部等单位组成的验收小组进行验收，基础工程验收合格后方可进行主体工程施工。

4.10.6 工程隐蔽验收

（1）在隐蔽工程完成后，单位应在自检合格的基础上，提前24小时通知监理工程师及建设单位，同时将隐蔽记录及自检资料交监理工程师审核。

（2）监理公司在接到隐蔽验收申请后，组织施工单位、项目管理部专业工程师共同进行隐蔽验收，监理工程师要在隐蔽验收记录表上签字确认。

（3）未进行隐蔽验收的不能进行下一工序的作业。

（4）对于涉及节能方面的隐蔽记录，须报公司一份存档。

4.10.7 结构验收

在主体工程施工过程中，施工单位应向监理公司及项目管理部递交结构验收申请，监理公司在接到申请后经过审核，如认为主体工程已达到验收标准，则应按时组织由质监单位、设计单位、勘察单位、监理公司、项目管理部等单位组成的验收小组进行结构验收，并填写主体结构验收记录。结构验收合格后方可组织下一工序的施工。

4.10.8 单项工程竣工验收

4.10.8.1 单项工程所包含的所有单位工程均竣工验收完毕后,方可具备单项工程的竣工验收条件。

4.10.8.2 单项工程在完成施工合同规定的全部施工内容，经施工单位自检合格后编制《工程竣工报告》，向监理单位正式申请验收，同时提交全套的竣工验收资料（一式三份）。

4.10.8.3 监理单位应在收到施工单位验收申请后的14日内，完成竣工资料审查工作，配合建设单位向政府质监部门报送“竣工验收质量监督通知书”及相关资料，并会同质监站、建设单位进行验收检查。在验收过程中发现的缺陷问题，要书面汇总并通知施工单位限期整改，整改完毕，经监理单位验收合格后，由监理公司将审查完毕的竣工资料及清单，连同全套监理验收资料、清单，以及监理单位工程质量评估报告、监理质量检验报告等按照竣工备案的要求一式四份提交项目实施单位，办理竣工备案手续。

4.10.8.4 项目实施单位对符合竣工验收要求的工程，组织勘察、设计、监理单位和其他有关方面的专家组成验收组，制定验收方案。

4.10.8.5 勘察、设计单位对勘察、设计文件及施工过程中由设计单位签署的设计变更通知书进行检查，并提交质量检查报告，报告经勘察、设计单位负责人审核签字、盖章后，交给项目实施单位。

4.10.8.6 项目实施单位在竣工验收七个工作日前将验收时间、地点及验收组名单书面通知监督站。监督站要派专人对工程竣工验收进行监督。

4.10.8.7 工程竣工验收程序。

（1）项目实施单位组织工程竣工验收，由项目实施单位负责编写竣工总结报告并汇报有关情况。报告内容包括开场白、工程概况、相关程序、各种证件已达到可允许验收的条件等。

（2）在验收过程中，建设、勘察、设计、施工、监理单位分别汇报工程履约情况和在工程建设各个环节执行法律法规和工程建设强制性标准情况。

（3）验收组审阅建设、勘察、设计、施工、监理单位的工程档案资料。

（4）实际查验工程质量。

4.10.8.8 对验收过程中发现的缺陷问题进行书面汇总，并通知施工单位限期整改，经复查合格后，正式签署由监理单位签发的工程《竣工验收证书》（一式四份）。单位工程进入缺陷责任期。

（1）验收报告：验收组对工程勘察、设计、施工、设备安装质量和各管理环节等做出全面评价，并填写《工程竣工验收报告》。

（2）《工程竣工验收报告》的内容主要包括工程概况、建设单位执行基本建设程序的情况，对勘察、设计、施工、监理等方面的评价，验收时间、程序、内容和组织形式，工程竣工验收意见等。

（3）《工程竣工验收报告》附件如下：施工许可证，工程竣工报告，工程质量评估报告，勘察、设计文件质量检查报告，市政基础的有关质量监测和功能性试验资料，燃气工程验收文件以及《建设工程质量保修书》，并提交《房屋质量保证书》《房屋使用说明书》。

4.10.8.9 项目实施单位自工程竣工验收合格之日起15日内，依照规定办理备案手续。

4.10.8.10 单项工程在通过竣工验收并正式办理移交前，由施工单位负责已完工程的保护和维护工作。

4.10.9 工程项目综合验收

4.10.9.1 单位工程验收完毕，由建设公司与物业公司办理管理委托协议。

4.10.9.2 项目管理部收集工程竣工综合验收所需要的文件资料，策划设计部、物业公司要予以配合，并向市建设行政部门报送住宅竣工综合验收申报表，申请综合验收。同时，项目管理部要组织、联系市建设行政主管部门、规划、城建、邮政、公安、消防、绿化、环卫、质监及小区物业等部门和街道办事处组成综合验收小组，并制定验收方案。

4.10.9.3 项目管理部组织综合验收小组对项目进行综合验收，并记录验收方提出的整改意见。项目管理部根据验收意见进行整改，整改完毕后向综合验收小组申请复验。

4.10.9.4 项目管理部在工程综合验收合格后15日内到市建设行政主管部门领取竣工综合验收备案表，办理竣工综合验收备案手续。

4.10.9.5 做好综合验收的准备工作。

（1）由技术合同部根据建设项目编写申请报告，内容包含项目建设（项目规划、建筑、结构）和配套（水、电、气、暖、绿化和市政道路）的基本情况（开竣工时间等）。

（2）以下资料由技术合同部汇同办公室按照项目分类进行整理，并提供一式两份复印件（注：时间一周）：提供土地使用证、建设用地规划许可证、建设工程规划许可证、建设工程施工许可证（含附件）；规划和消防等部门签署建审意见的总平面蓝图；建筑工程验收单；建设项目环境保护验收表；停车位平面布置图（注：若区域大，可分片分区提供平面图和电子版平面图）；审报项目夜间点亮实景照片或景观效果图；规划建设局审批的道路开口及管线接口图。

（3）以下资料由项目实施单位管理部汇同办公室按照项目分类进行整理并提供一式两份复印件（注：时间一周）：人防“结建”工程验收鉴定书，消防验收意见书，建筑工程节能竣工验收证明书，建筑工程竣工验收备案表，建筑工程竣工档案归档单，室外管线（水、电、暖和天然气）及绿化竣工平面图。

（4）缴纳城建费用单据由财务部按照项目分类整理，并提供一式两份复印件（注：时间一周）。

（5）项目实施单位管理部负责将各部门提供的资料按项目进行分类整理，并向规划局提交申请报告，配合检查验收。

4.10.10 工程移交

工程移交由项目部牵头，施工单位、监理单位、接收单位参加，向接收单位移交。接收单位根据工程移交清单逐项核对，核对无误后由参加移交的验收人员在移交清单上签字，接收单位将一份返回项目部，移交完成。

（1）应具备的条件：工程已竣工并经质监站等有关部门验收合格。水、电、气已接通。

（2）资料齐全，包括管线图、竣工图、大型设备资料等。

（3）项目部在移交验收前七天以书面形式通知各移交相关单位，并将应提供的资料提交接收单位。

5. 业务流程图

5.1 工程项目决策管理流程图

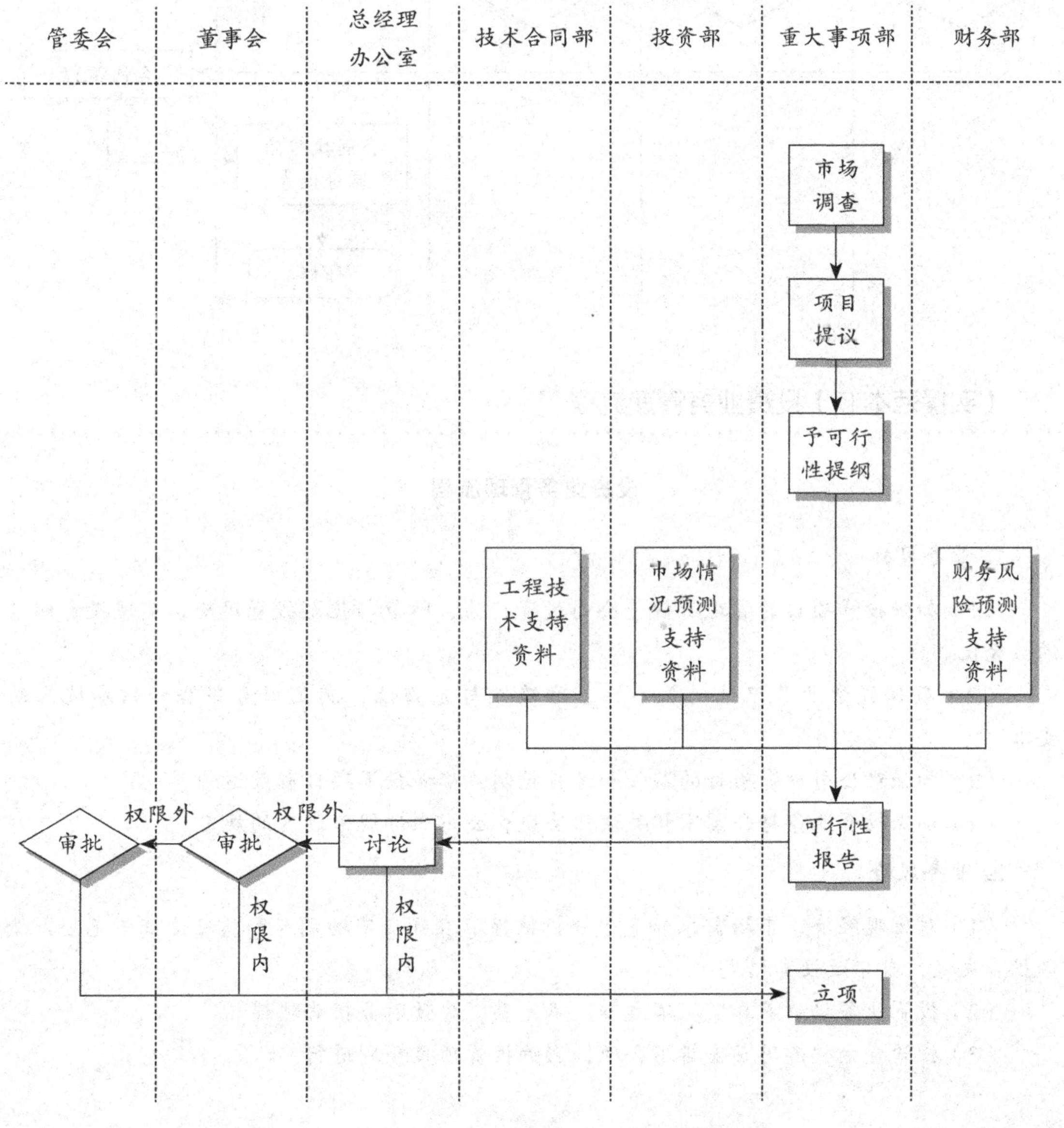

5.2 合同管理流程图

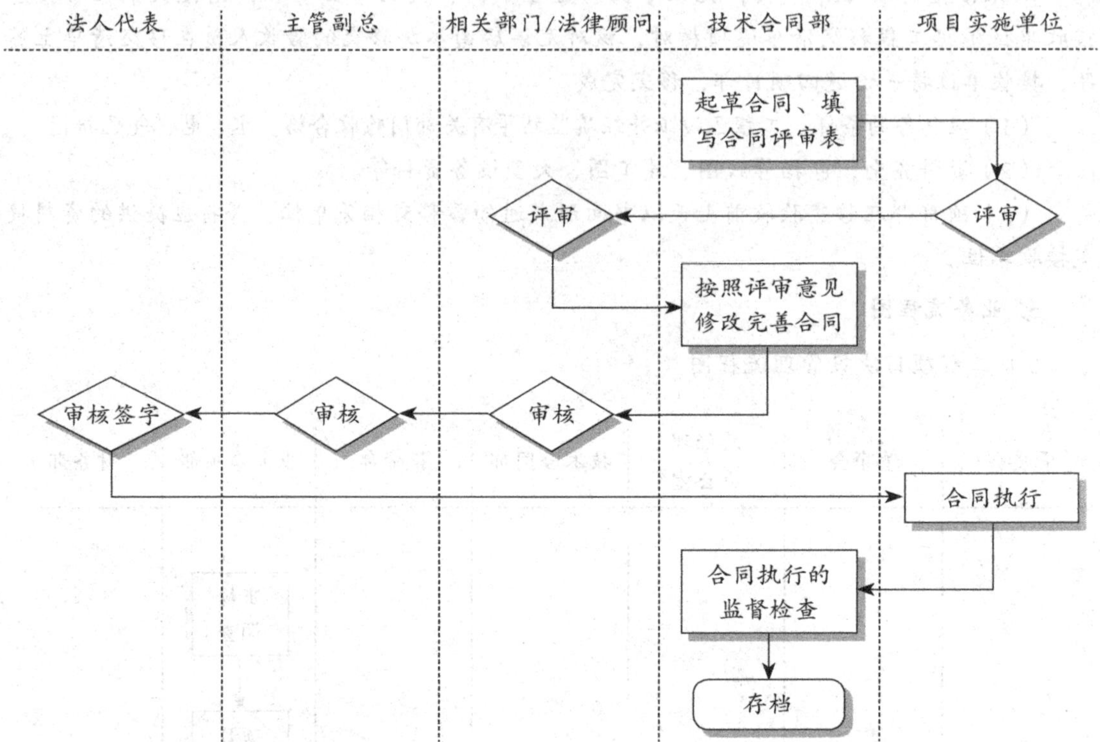

【实操范本17】投资业务管理流程

投资业务管理流程

1. 业务目标

（1）加强投资项目的管理，规范公司投资行为，防范与化解投资风险，实现投资回报的最大化。

（2）确保投资业务记录的真实性、准确性与完整性，满足财务报告和信息披露的要求。

（3）加强对公司投资项目的监管和过程控制，确保投资项目有效运营。

（4）确保投资业务符合国家相关法律法规和公司内部规章制度的规定。

2. 业务风险

（1）对宏观经济、市场需求和竞争分析把握不准确，市场调查和项目论证不充分，造成投资失误，或导致投资损失。

（2）投资业务记录不真实、不准确、不完整，导致财务报告错误。

（3）投资资金被挪用或安排不合理，影响投资项目顺利进行。

（4）项目实施未遵循有关法律法规的要求及合同的约定，导致企业遭受政府处罚或面临法律纠纷，引起经济损失和信誉损失。

3. 业务范围

该子流程主要描述了集团公司及其所属二级公司投资业务管理的相关流程，主要包括投资项目机会研究、立项审批、可行性研究、项目评审、项目决策、合同签署、项目实施方案制定、过程控制和项目后评估等。

4. 业务步骤流程

4.1 投资项目机会研究

4.1.1 集团公司、全资子公司、控股子公司和具有实际控制权的参股公司（以下简称“投资责任主体”）根据业务发展需要，深入研究所在市场环境及其发展趋势，积极收集项目信息，并按照集团公司投资导向和投资原则认真考察和筛选投资项目，审慎选取符合条件的投资项目进行跟踪和论证。

4.1.2 按照“谁投资、谁主张”的原则，集团公司总部投资的项目，由总部投资部作为主张单位开展机会研究。二级公司投资的项目，由二级公司作为主张单位开展机会研究。集团公司总部与二级公司联合投资的项目，由总部投资部作为主张单位牵头开展机会研究。

4.1.3 对有投资意向的项目，项目投资主张单位编制《投资项目立项建议书》（包含项目内容、投资额、预计市场前景、投资收益等），并经本单位负责人签字确认后，报集团公司总部申请立项，比如《关于××项目投资立项的请示》。

对于采用并购方式进行投资的，应当严格控制并购风险，重点关注并购对象的隐性债务、承诺事项、可持续发展能力、员工状况及其与本公司治理层、管理层的关联关系。

4.2 投资项目立项审批

4.2.1 集团公司总部收到投资项目立项申请后，由投资部牵头总部其他相关职能部门，从项目的投资方向、投资区域、法律框架、经济指标、资金安排、存在的风险，以及项目主张单位的财务状况、现金流预算、投资预算等方面进行评估和审核，提出是否同意立项的建议，报集团公司分管投资业务的领导、总经理审批并签字确认（通常为汇签形式）。

4.2.2 经审批后，投资部根据领导的审批意见发文批复项目主张单位，比如《关于同意××投资项目立项的请示》。如项目资料齐全，集团公司总部在收到项目立项申请文件后的15个工作日之内完成项目立项评估及相关批复工作。

4.3 投资项目可行性研究

经批准立项之后，项目主张单位根据立项批复意见开展深入的可行性研究，并按要求编制《投资可行性研究报告》（包含投资目标、内容、规模、方式、资金来源、预计市场前景、投资收益以及相关的财务测算表格等），报集团公司总部申请实施，比如《关于实施××项目投资的请示》。

4.4 投资项目评审

集团公司总部收到项目实施申请后，由投资评审委员会组织专人进行初步评估，提出决策意见，并在收到申请文件后的15个工作日内报集团公司主管财务副总、投资业务分管副总审批，提交总经理办公会评审并形成会议纪要。

4.5 投资项目决策

4.5.1 根据集团公司《公司章程》及《长期股权投资管理办法（暂行）》的规定，项目经总经理办公会评审通过，按照决策权限报董事会审批。

4.5.2 投资项目经审议同意实施后，由投资部按照有关决策意见发文批复项目主张单位（比如《关于同意××项目投资实施的请示》），批复文件需载明投资项目的实施条件、必须落实的问题及其他重要事项。

4.6 投资项目合同签署

4.6.1 投资必须签订合同或协议，由项目主张单位投资部、财务部和律师按照决策意见组织投资洽谈工作，并起草投资合同草案。

4.6.2 投资合同经谈判并初步确定后，由投资部根据《××文化投资（集团）有限公司合同管理制度》有关规定组织相关职能部门审核。如需要修改，由项目主张单位按审核意见重新组织洽谈，并进行修改。

4.6.3 投资合同经修改定稿后，报经集团公司分管投资业务的领导、总经理审定（通常为汇签），经审定后由项目主张单位组织合同签署工作。

4.6.4 根据项目需要，合同起草和洽谈可与项目可行性研究工作同步进行，投资合同审核也可与项目投资评估同时进行。

4.7 投资项目实施方案制定

4.7.1 项目经审议批准实施，并签署有关投资合同后，项目主张单位根据项目实际情况、决策意见及《投资可行性研究报告》编制《投资实施方案》，明确项目责任主体、组织及管控体系、人力资源计划，明确项目投资支出计划、融资方案、建设方案、实施进度等，并详细测算项目的投资成本、预计项目销售收入及利润，编制完整的经济测算表格，以指导项目实施。

4.7.2 对于集团公司总部投资的项目，《投资实施方案》编制完成并经集团公司总经理签字之后报××区管理委员会备案。对于各二级公司投资的项目，由各主张单位自行组织编制《投资实施方案》，并经本单位负责人签字后报集团公司投资部备案。

4.8. 投资项目过程控制

4.8.1 对于集团公司总部投资的项目，由投资部在每季度结束后的15个工作日内向总经理办公会提交《项目实施情况报告》（包括项目的形象进度、手续办理情况、投资完成情况、销售收入等），简要说明报告期内项目的实施进展。对于各二级公司投资的项目，由主张单位在每年度结束后的一个月内向集团公司投资部提交《项目实施情况报告》。

4.8.2 根据实际需要，投资部根据各主张单位提交的《投资实施情况报告》，并结合对项目实施调查的结果，将项目运行状态及时向总经理和集团公司有关领导汇报。

4.9 投资项目后评估

4.9.1 对于集团公司总部投资的项目，投资项目结束后，投资部根据项目具体实施情况和实际效果编制《项目后评估报告》，主要包括项目实际实施效果、与可行性研究报告及项目实施方案的差距、总结项目投资经验和教训等。《项目后评估报告》报投资评审委员会，投资评审委员会会同总部其他相关职能部门进行审核、评估。评估依据为独立机构出具的后评价报告，并报集团公司投资业务分管领导审批后提交集团公司总经理办公会评审（形成《会议纪要》）。经评审无误并报集团公司投资业务分管领导签字确认的《项目后评估报告》，作为项目绩效考核的依据。

4.9.2 对于各二级公司投资的项目，由集团公司投资部组织项目后评估，并编制《项目后评估报告》报集团公司备案。

5. 业务流程图

5.1 投资评估分析流程图

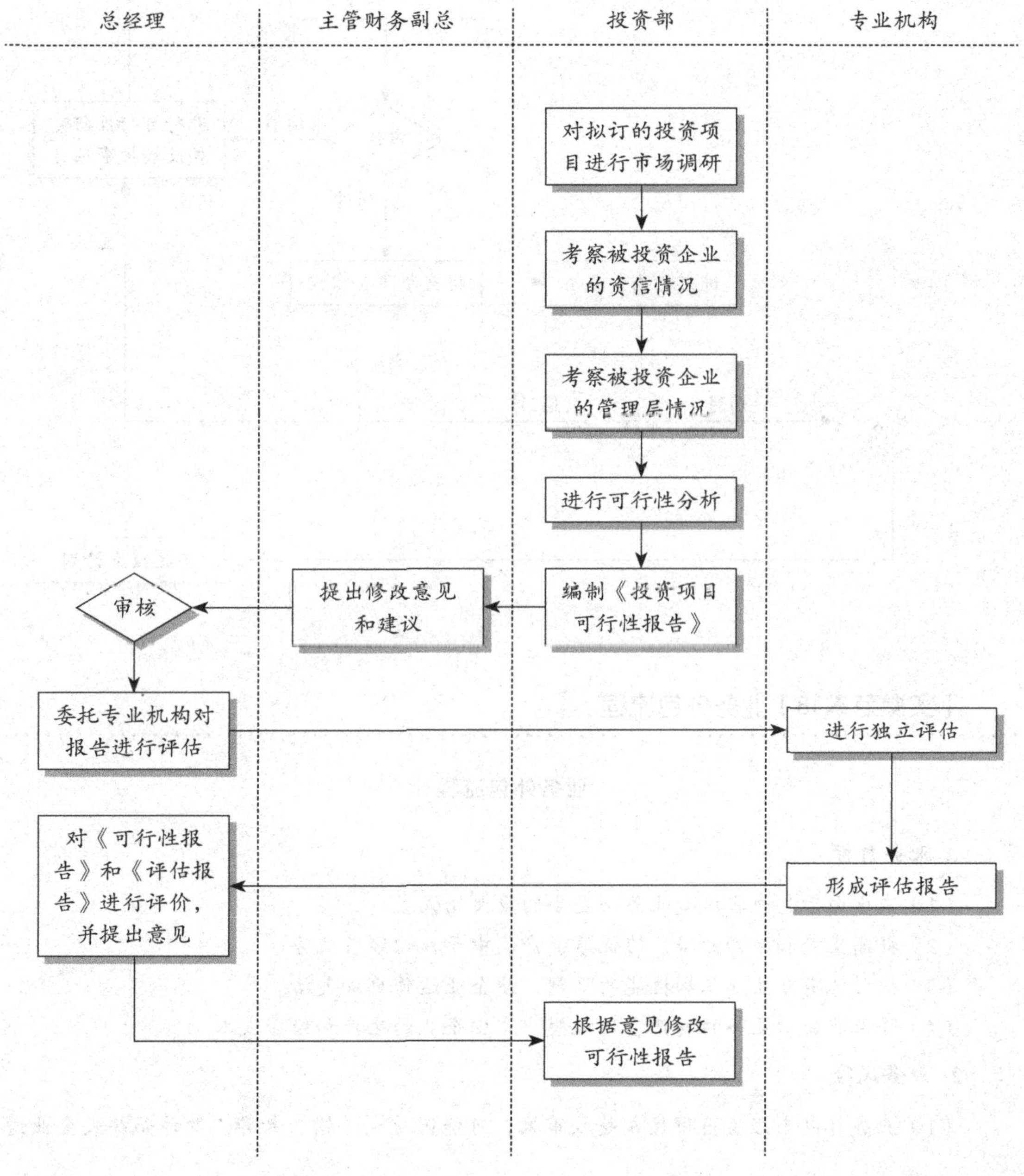

5.2 投资决策审批流程图

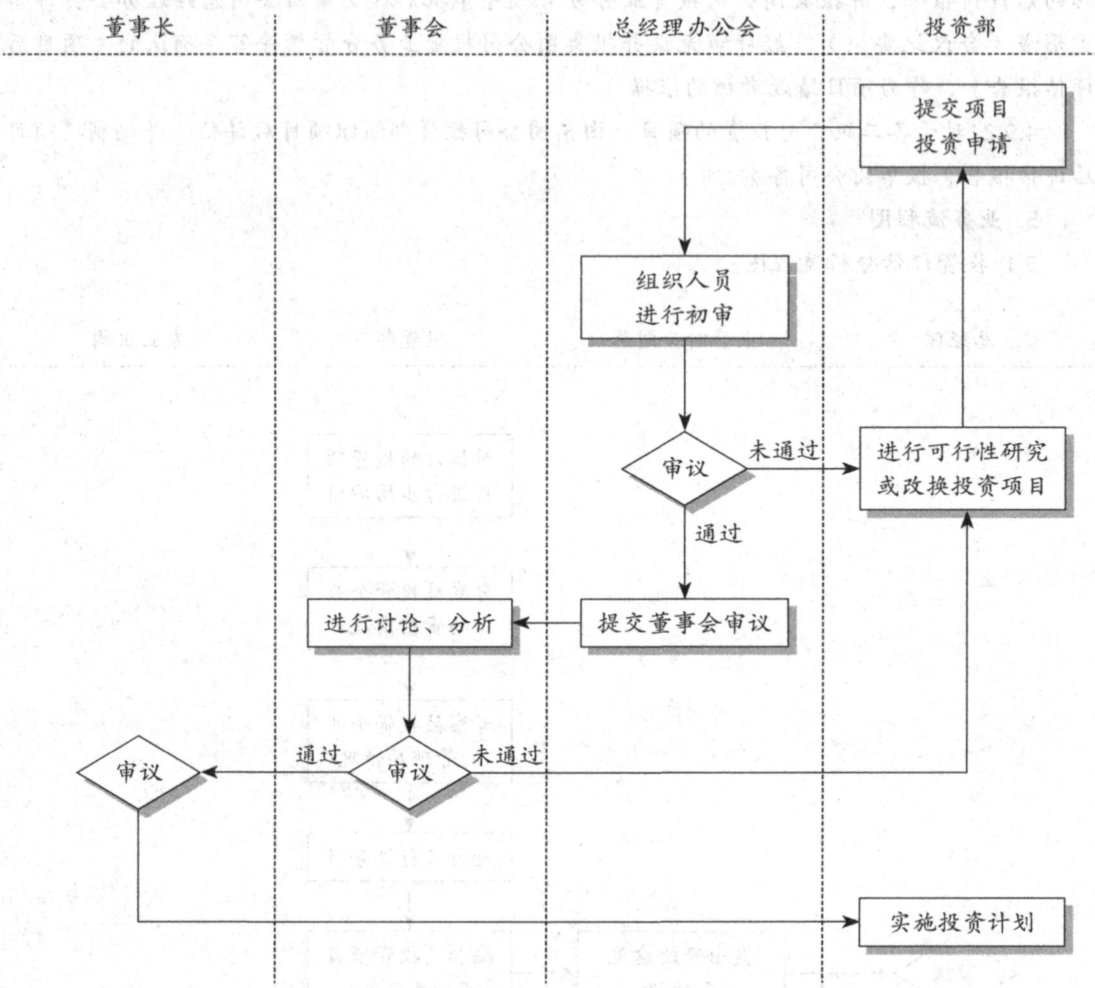

【实操范本18】业务外包流程

业务外包流程

1. 业务目标

（1）减少由于忽视非核心业务而发生的重大错误。

（2）提高生产和经营效率，使优质资产集中于核心经营业务。

（3）摆脱既有专业知识和技能的限制，使企业运作更加灵活。

（4）降低非核心业务的财产占用规模，减少企业的生产和经营成本。

2. 业务风险

（1）业务外包未经适当审核或越权审批，可能因重大差错、舞弊、欺诈而导致企业遭受损失。

（2）业务外包策略不科学、承包方选择不合理，可能导致企业核心资产遭受损失。

（3）业务外包流程未恰当履行或监控不当，可能导致企业外包战略失败或经营效率低下。

（4）业务外包信息保护措施不当，可能导致企业商业秘密泄露。

3. 业务范围

该子流程主要描述了集团公司关于编制外包项目计划书、外包业务的实施、外包业务产业（服务）的验收、承包方资质审核遴选等相关流程。

4. 业务步骤及流程

4.1 编制外包项目计划书

4.1.1 业务外包需求部门根据公司发展战略、年度经营计划提出业务外包需求，公司指定部门负责，相关部门参与业务外包需求调查工作。

4.1.2 业务外包调查报告提交总经理办公会审议，通过业务外包需求调查确定企业需要外包的项目，并且分析项目的性质，即外包的项目是核心项目还是非核心项目等。

4.1.3 业务外包需求部门根据确认的外包业务性质编写《业务外包申请书》，并提交总经理办公会审议，董事会审批。

4.1.4 在确定业务外包内容后，指定与该项业务相关的职能部门编制计划书。计划书主要包括以下内容：

（1）业务外包的背景，如企业外部环境要求及企业中长期发展战略；

（2）业务外包内容，是将部分还是全部业务职能交由承包商提供；

（3）业务外包的具体实施程序；

（4）业务外包的主要风险和预期收益；

（5）其他相关内容。

重大或核心业务外包应当提交董事会及其审计委员会审议通过后方可实施。非核心业务或涉及金额较小的业务外包，应当由相关部门在授权范围内提出申请，报总经理办公会审核通过后实施。

4.2 外包业务实施

4.2.1 外包项目计划书通过审批后，成立外包业务归口管理部门，由业务部门负责人、有关咨询专家、法律及财会专业人员等组成。

4.2.2 业务归口管理部门负责业务外包项目的具体实施，确保业务外包流程的顺利进行。业务归口管理部门要按照《业务外包承包方管理制度》选择承包方。

4.2.3 业务归口管理部门组织有关人员和承包方就《外包项目合同》的主要条款进行谈判，达成共识，由合同双方代表签署《外包项目合同》。

4.2.4 业务归口管理部门负责培训涉及外包业务流程的员工，确保员工正确理解和掌握业务外包项目相关政策制度。

4.2.5 业务归口管理部门根据合同约定，为承包方提供必要协作条件，并指定专人定期检查和评估项目进展情况。

4.3 外包业务产品（服务）验收

项目结束或合同到期时，业务归口管理部门负责组织相关人员对外包业务产品（服务）进行验收。如承包方最终提供的产品（服务）与合同约定的不一致，要及时告知承包方进行调整。

4.4 承包方资质审核遴选

4.4.1 归口管理部门确定承包方资质标准及遴选办法，并上报总经理办公会审核。

4.4.2 金额100万元以下，对公司经营活动没有重大影响的一般外包项目，采取竞争性谈判方式选择承包方（即直接邀请三家以上承包方就承包事宜进行谈判）。

（1）归口管理部门提出三家以上承包方的名单及详细资料，经其部门负责人审核确定三家承包方。

（2）归口管理部门会同相关管理层及其他职能部门负责人分析与候选承包方建立外包合同的风险，根据实际情况挑选出1～2家作为业务承包方和备选承包方，并报总经理办公会审议通过后，与承包方签订《外包项目合同》。

4.4.3 金额100万元以上，对公司经营活动产生较大影响的重大外包项目，按照公司《招投标管理办法》确定承包商。

4.4.3.1 招标方式确定的承包方，经总经理对承包方资质标准及遴选办法审核通过后，由归口管理部门负责发布投标公告，并与候选承包方建立联系，发放《外包项目竞标邀请书》及相关资料。参与竞标的候选承包商在指定期限内提交投标书及相关材料，主要内容包括项目解决方案、实施计划、资源配置及报价等。

4.4.3.2 归口管理部门对承包方进行资质预审，评估承包方的综合能力。评估因素主要包括以下五个方面：

（1）承包方类似项目的经验、服务能力、资格认证和信誉；

（2）承包方是否与公司存在直接或潜在的竞争关系；

（3）承包方在知识产权保护方面的力度和效果；

（4）承包方提供的服务性价比是否合适；

（5）其他因素。

4.4.3.3 归口管理部门组织开展开标、评标、定标工作，并给出初步候选承包方的综合竞争力排名。

4.4.3.4 归口管理部门会同相关管理层及其他职能部门负责人分析与候选承包方建立外包合同的风险，根据实际情况挑选出一家或几家公司作为业务承包方和备选承包方，并提交总经理审定，最后确定业务外包承包商。

4.4.3.5 归口管理部门和承包方就《外包项目合同》的主要条款进行谈判，达成共识，由合同双方代表签署《外包项目合同》。

业务外包合同内容涉及国家安全或重大利益需要保密的，按相关规定办理，并与承包方签订《外包项目保密协议书》。

5. 业务流程图

5.1 外包业务项目计划审批流程图

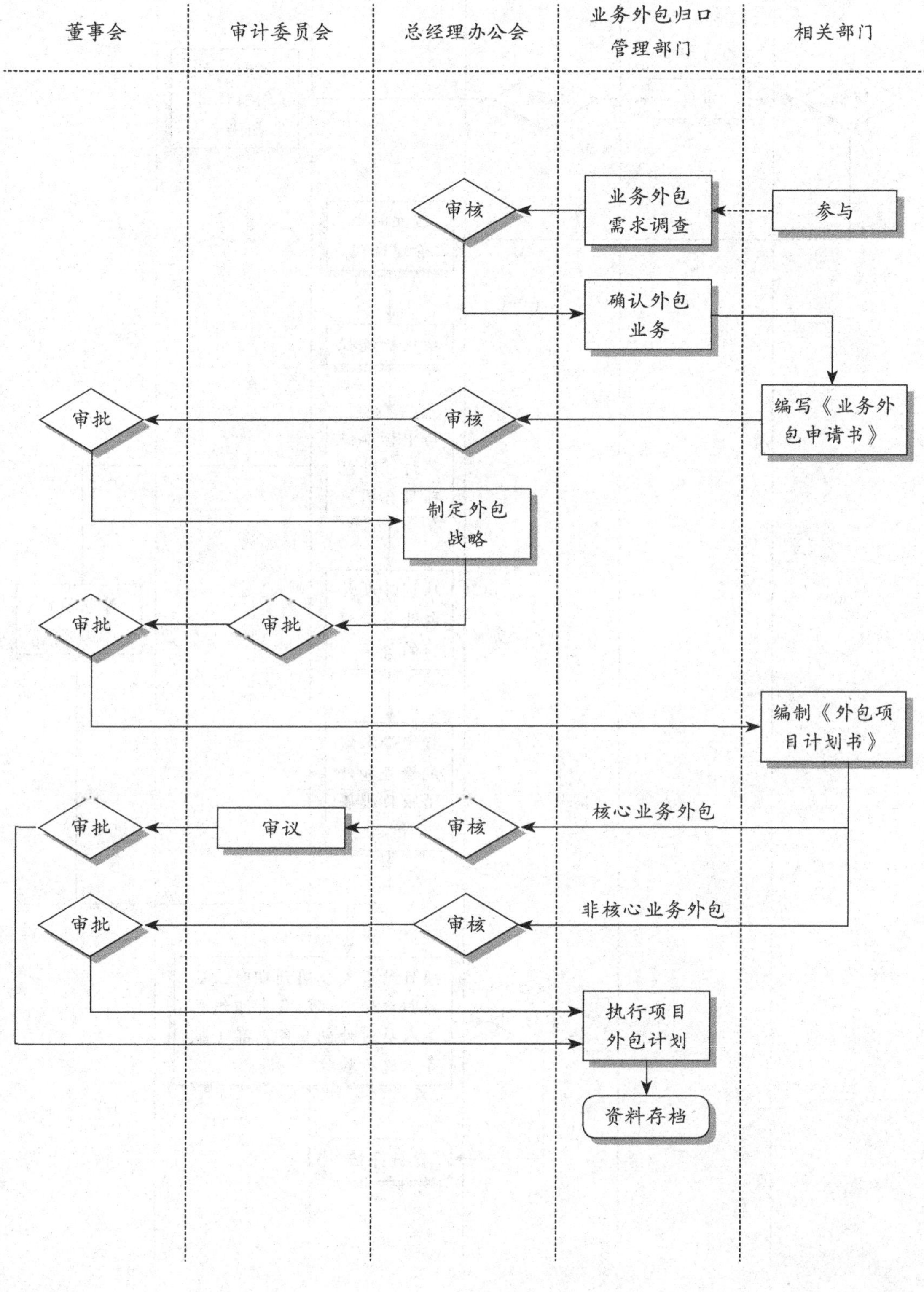

5.2 外包项目实施管理流程图

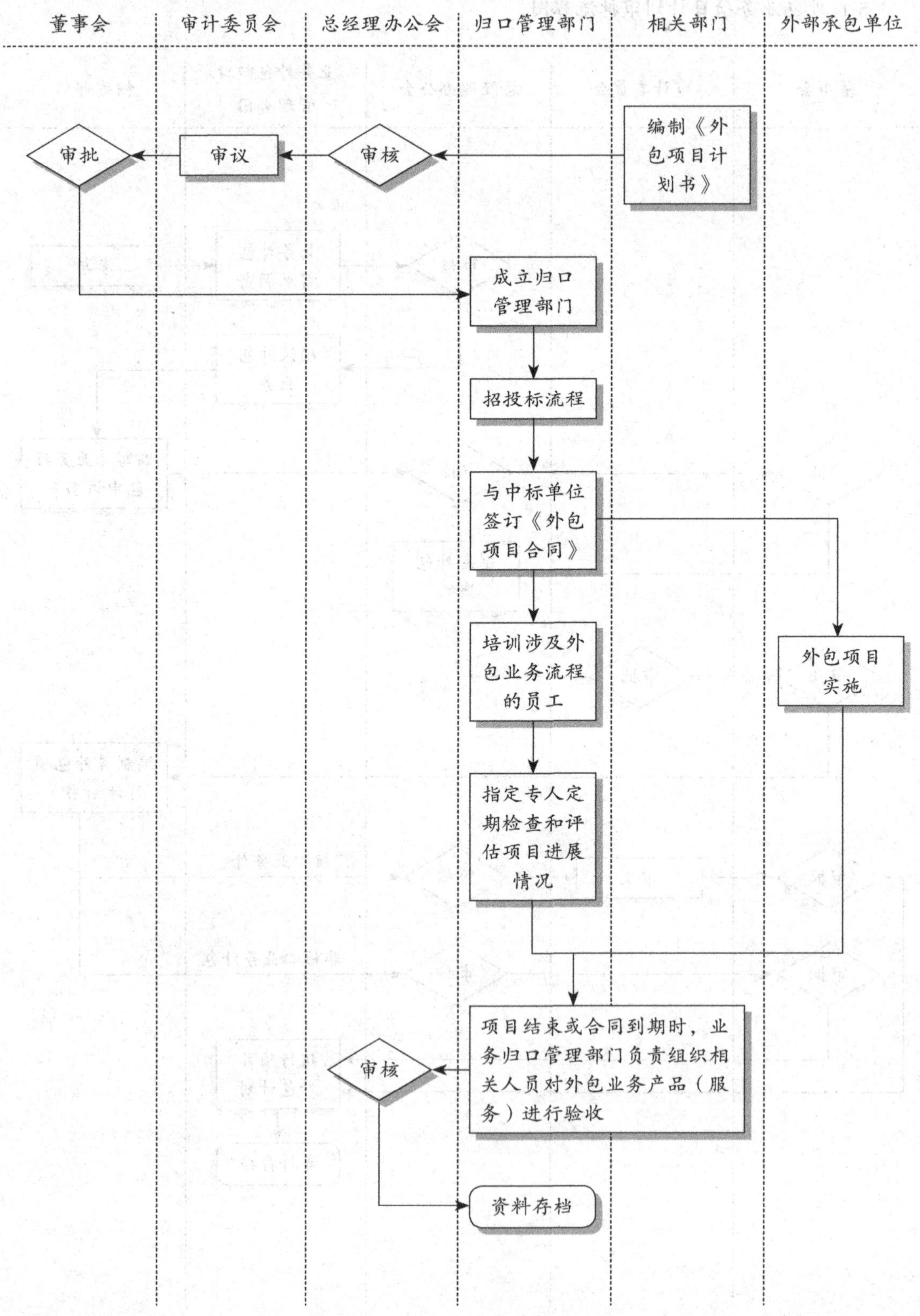

5.3 承包商资质审核遴选流程图

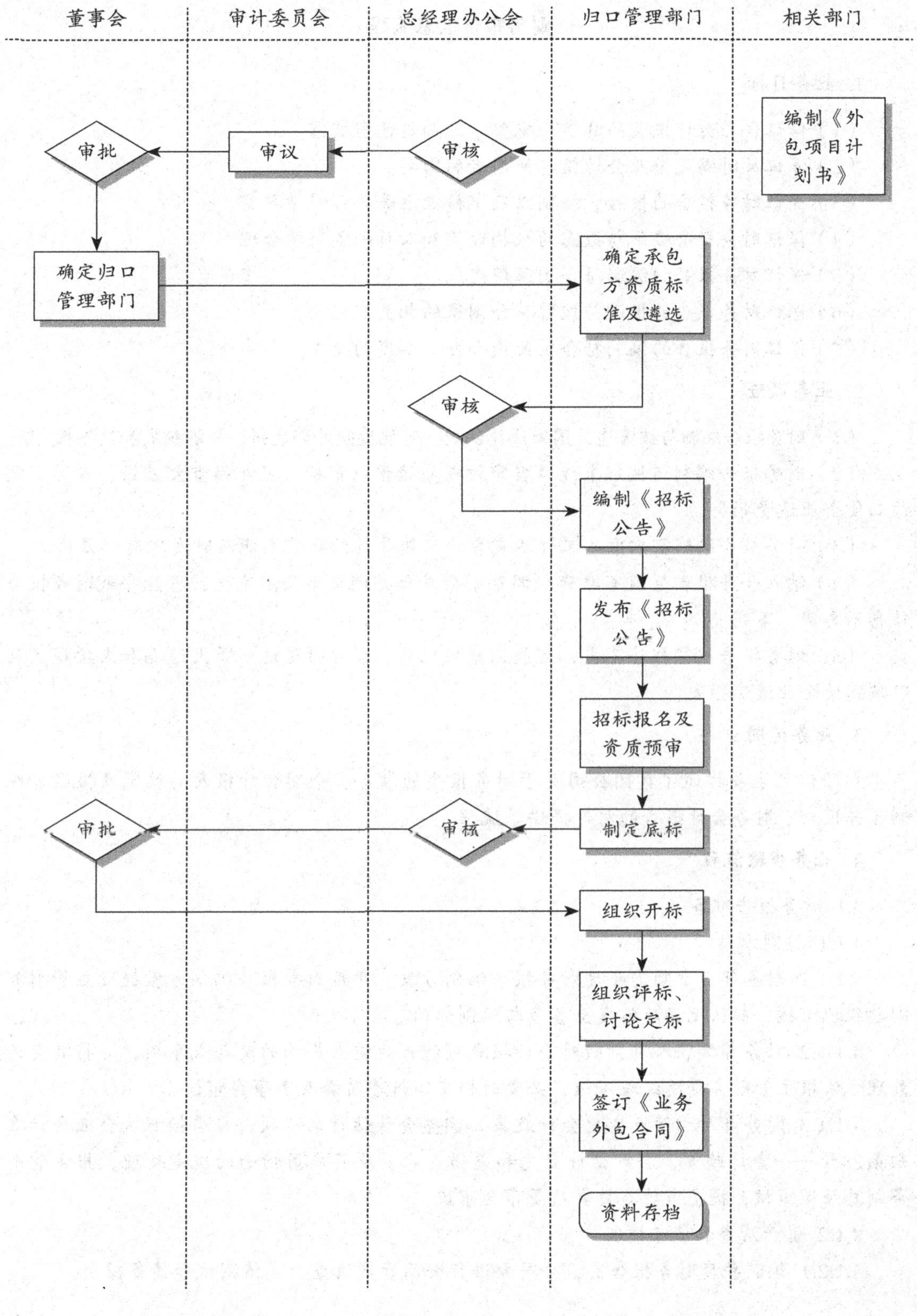

【实操范本19】财务报告信息流程

财务报告信息流程

1. 业务目标

（1）保证合并会计报表的真实、完整、准确与适当披露。

（2）保证及时满足企业会计信息使用者的需要。

（3）保证财务报告的校验、编制以及审核批准等流程科学严密。

（4）保证财务报告编制与披露的机构设置和人员配备科学合理。

（5）保证财务报告的编制符合国家规定。

（6）保证财务报告的报送与披露符合国家的相关规定。

（7）保证财务报告的编制符合企业内部会计制度的要求。

2. 业务风险

（1）财务报告编制与披露违反国家法律法规，可能遭受外部处罚、经济损失和信誉损失。

（2）财务报告编制与披露未经适当审核或超越授权审批，可能因重大差错、舞弊、欺诈而使企业遭受损失。

（3）财务报告编制前期准备工作不充分，可能导致结账前未能及时发现会计差错。

（4）纳入合并报表范围不准确、调整事项或合并调整事项不完整，可能导致财务报告信息不真实、不完整。

（5）财务报告披露程序不当，可能因虚假记载、误导性陈述、重大遗漏和未按规定及时披露使企业遭受损失。

3. 业务范围

该子流程主要描述了集团公司关于财务报告的准备、个别会计报表的编制及报送、编制合并报表、财务会计报告的对外提供等流程。

4. 业务步骤流程

4.1 财务报告准备

4.1.1 编制方案

4.1.1.1 财务部负责制定年度财务报告编制方案，年度财务报告编制方案提交主管财务副总经理审核，确认无误后签发至各参与编制部门。

4.1.1.2 财务部编制人员判断对会计报表可能产生重大影响的交易或事项，并将其会计处理方法报主管财务副总经理审核，必要时提交审计委员会及董事会审议。

4.1.1.3 财务部对于涉及变更会计政策、调整会计估计的事项，应当按照《企业会计准则第28号——会计政策、会计估计变更和差错更正》及其应用指南的规定处理，报主管财务副总经理审核，提交审计委员会及董事会审议。

4.1.2 资产清查和债务核实

4.1.2.1 编制年度财务报告前，公司要进行全面资产清查、减值测试和债务核实。

4.1.2.2 财务部将清查、核实结果及其处理方法提交至主管财务副总经理，必要时报告审计委员会及董事会，并根据国家统一的会计制度的规定进行相应的会计处理。

4.1.3 对账、查账及结账

4.1.3.1 公司在编制财务会计报告前，财务部会计人员将会计账簿记录与实物资产、会计凭证、往来单位或者个人等进行核对，保证账账相符、账证相符、账实相符。对经查实后的资产、负债有变动的，按照资产、负债的确认和计量标准进行确认和计量，并按照国家统一的会计制度的规定做出相应的会计处理。

4.1.3.2 在检查账务处理中发现问题的，应当按照国家统一的会计制度的规定调整账目及更正错账。

4.1.3.3 结账工作必须在会计期末进行，分为月结、季结和年结。不得为编制会计报表而提前结账，不得预先编制会计报表后结账。结账前，必须将属于本期内发生的各项经济业务和应由本期受益的收入、负担的成本费用全部登记入账。结账时，应结出每个账户的期末余额或发生额。

4.2 个别会计报表的编制、报送

4.2.1 各级公司财务部会计报表编制人员根据《企业会计准则》《企业会计准则—应用指南》《公司会计制度》及年度财务报告编制要求，编制本公司个别会计报表，经公司财务部主管会计复核后报财务部经理审核。

4.2.2 财务部经理对会计报表审核签字后报公司负责财务的副总经理，副总经理审核签字后报公司总经理（法定代表人）审核签字，形成正式财务报表。

4.2.3 各级子公司财务部收集其所属子（分）公司的会计报表，收到其所属子（分）公司上报的报表后，财务部主管会计审核上报报表数据的准确性和完整性，编制《报表审核记录》，发现差异及时查明原因并进行调整，财务部主管会计审核上报的会计报表以及报表审核记录并签字，报财务部经理审核确认。

4.2.4 各级子公司财务部主管会计根据经审核无误的各子（分）公司会计报表，汇总编制合并报表。

4.2.5 子公司应当按照集团公司编制合并报表和对外披露会计信息的要求，定期报送以下报表：

（1）每月3日（遇节假日顺延）前向集团公司财务部报送上月国资委快报及税收指标表；

（2）每月5日（遇节假日顺延）前向集团公司财务部报送上月财务报告，包括资产负债表、利润及利润分配表、现金流量表、编报说明以及财务分析；

（3）7月10日（遇节假日顺延）前向集团公司财务部报送半年财务报告，包括资产负债表、利润及利润分配表、现金流量表、报表编制说明、半年财务分析和经营情况；

（4）1月15日（遇节假日顺延）前向集团公司财务部报送上年度财务报告，包括资产负债表、利润及利润分配表、现金流量表及全年财务分析和经营情况总结。

4.3 编制合并财务报表

4.3.1 公司合并财务报表编制人员核对公司与合并报表单位的内部交易事项和金额，编制内部交易及内部交易往来表，发现差异应及时查明原因并进行调整。

4.3.2 公司财务部负责人审核内部交易表及内部往来表，并签字确认。

4.3.3 公司合并财务报表编制人员根据《企业会计准则》《企业会计准则—应用指南》《企业会计制度》以及编制财务报告的有关规定编制合并抵销分录，报财务部经理、负责财务的副总经理审核确认。

4.3.4 公司财务报表编制人员按核准的合并抵销分录编制合并工作底稿，并形成合并财务报表初稿。

4.3.5 合并财务报表初稿经公司财务部经理审核确认后，报主管财务的副总经理审定。

4.4 财务报告的对外提供

4.4.1 审计财务报告

4.4.1.1 公司的年度财务报告应聘请具备资格的会计师事务所审计，半年度、季度财务会计报表按有关规定需审计时，也应聘请具备资格的会计师事务所审计。

4.4.1.2 企业本部、子公司、分公司财务部及有关部门，按照公司的相关规定和会计师事务所财务报表审计工作方案，配合会计师事务所做好审计工作，及时研究审计中查出的问题。

4.4.1.3 会计师事务所出具初步审计意见，并提交由主管财务副总经理和总经理审阅。主管财务副总经理及总经理及时与负责审计的注册会计师就有关意见进行沟通。沟通情况及初步审计意见交经主管财务副总经理、总经理签字确认后，提交董事会及审计委员会审议。

4.4.2 对外提供财务报告

4.4.2.1 财务报告完成后，公司财务部应将其提交公司总经理办公会审议，经审定，由公司财务部负责人、主管会计工作的负责人、公司法人代表签字并加盖公章后对外公布。

4.4.2.2 公司对外公布财务报告，应按规定程序报公司主管会计工作的负责人、公司法人代表批准。

5. 业务流程图

5.1 年度财务报告方案编制流程图

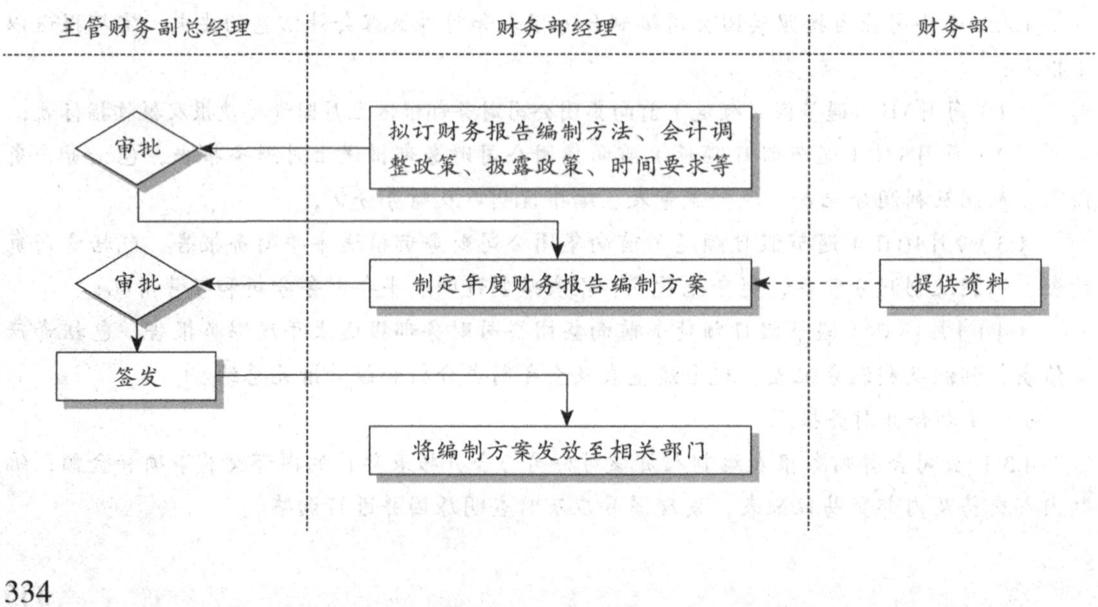

5.2 年度财务报告编制流程图

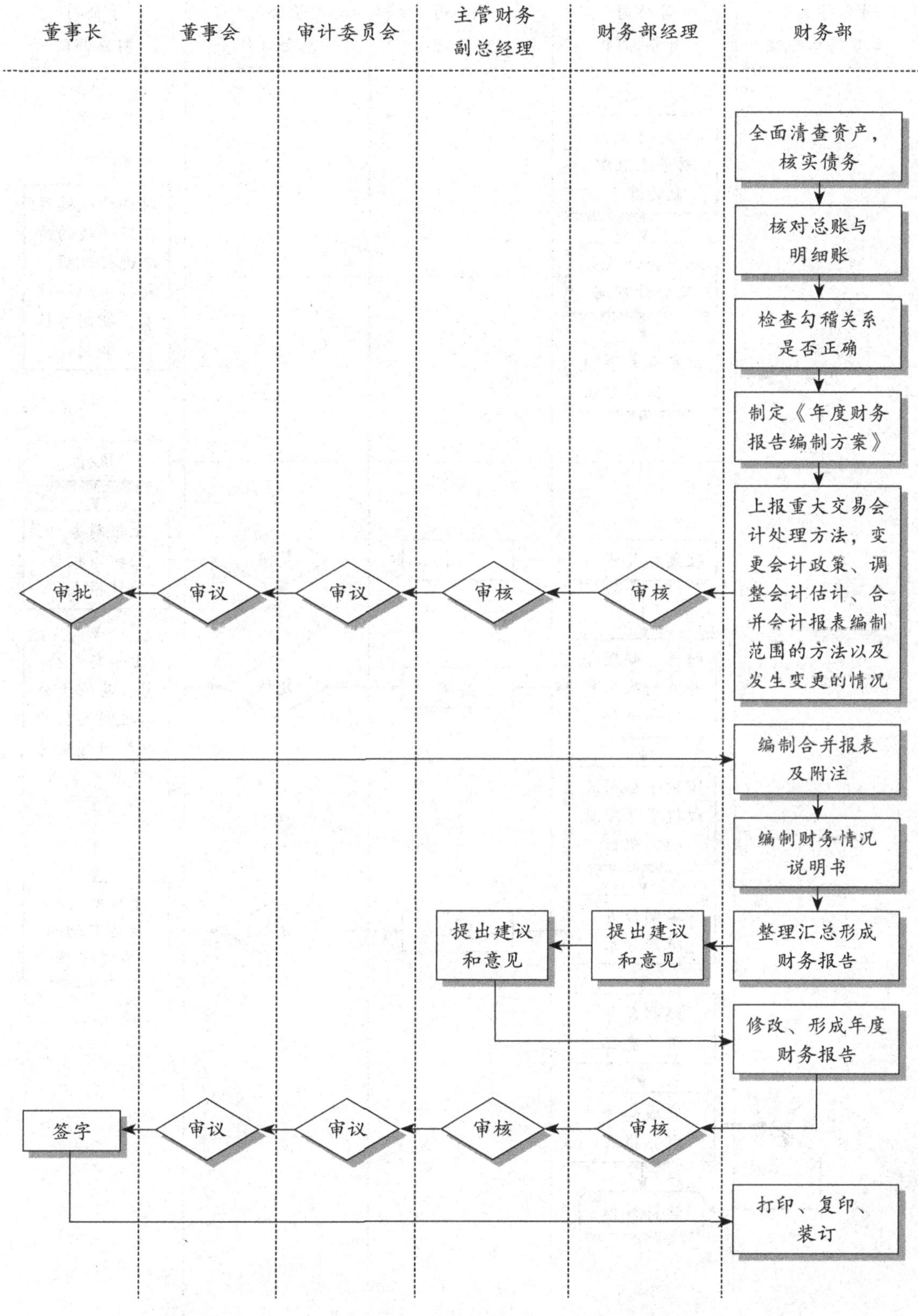

5.3 合并会计报表流程图

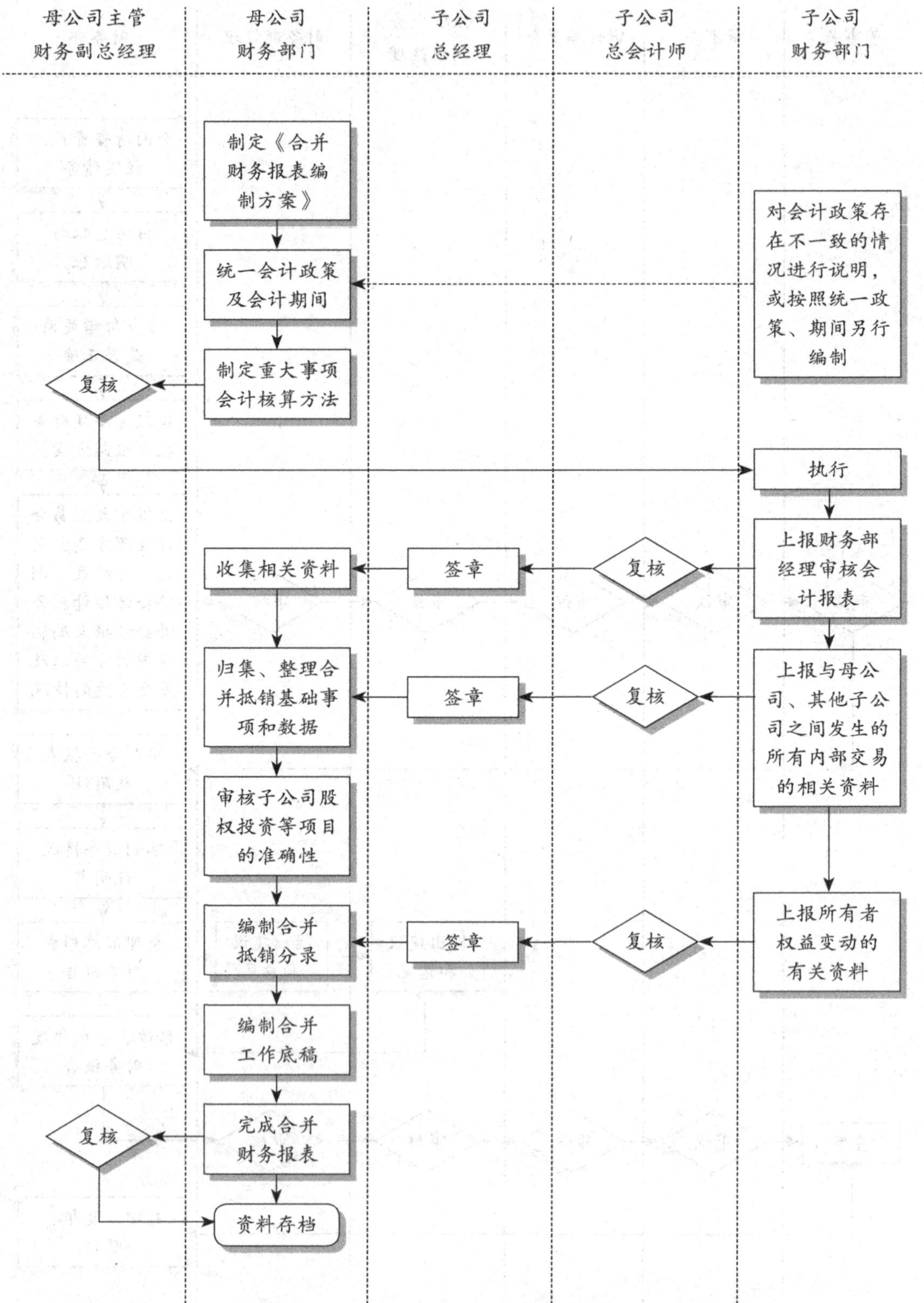

【实操范本20】信息系统管理业务流程

信息系统管理业务流程

1. 业务目标

（1）保证信息系统满足生产经营业务需求。

（2）保证达到信息系统开发预期目标，系统运行安全稳定。

（3）保证系统出现故障能及时恢复，系统具有扩展性和集成性。

（4）保证灾难恢复计划完整且具体。

（5）保证信息系统的可靠性、稳定性、安全性及数据的完整性和准确性。

2. 业务风险

（1）信息系统开发与使用违反国家法律法规，可能使企业遭受外部处罚、经济损失和信誉损失。

（2）信息系统开发与使用未经适当审核或超越授权审批，可能因重大差错、舞弊、欺诈而导致企业遭受损失。

（3）信息系统功能设计不科学、维护与变更程序不规范，可能导致企业经营效率低下。

（4）信息系统外包服务未能恰当履行或对其监控不当，可能导致企业权益受损或遭受违约损失。

（5）信息系统访问安全措施不当，可能导致商业秘密被泄露。

3. 业务范围

该子流程主要描述了集团公司关于信息系统的开发、运行、维护、账户审批管理，以及信息系统访问安全管理、网站运行管理等流程。

4. 业务步骤流程

4.1 信息系统的开发

4.1.1 项目立项

4.1.1.1 集团公司及各下属公司的信息化建设实行集中式管理，集团公司及各下属公司的基础网络、网站及基于互联网的应用、网络营销、内部信息化管理系统等项目，由集团公司统一规划、统一建设、统一要求，资源共享。

4.1.1.2 集团公司总部成立集团公司信息化建设领导小组，由集团公司主要领导挂帅，领导小组下设办公室（办公室设在集团公司行政部）。领导小组负责集团系统内信息化项目的审批、管理、指导和协调工作。各下属公司领导负责提出本单位的IT发展战略、开发目标、策略和要求，调动与组织有关管理部门按计划逐步建立与完善公司网络信息管理系统。

4.1.1.3 集团公司本部各部门及各下属公司信息系统项目需求报集团公司信息化建设领导小组审批立项。

4.1.2 项目实施

4.1.2.1 信息系统项目立项后，由集团组织专业机构实施，严禁私自建设。

4.1.2.2 信息系统项目开发过程中，由行政部与用户部门/单位组成项目管理组，由项目管理组监控项目的进展情况。预算要求、需求说明、项目关键报告等文档须经项目管理组审阅，并归档保存。

4.1.2.3 行政部会同项目用户部门/单位对项目建设进行阶段验收，并对项目建设质量、进度、标准执行和成本控制等进行检查，编制《项目阶段验收报告》，报信息系统建设领导小组审批。

4.1.3 项目验收

4.1.3.1 项目实施建设完成后，行政部会同项目部门/单位按规定组织验收。重大或专业性较强的信息系统应聘请具备相关资质的外部独立单位验收，《项目竣工验收报告》报信息系统建设领导小组审批。

4.1.3.2 行政部负责组织项目实施单位进行技术转移，包括用户使用手册、系统维护手册等。

4.2 信息系统的运行与维护

4.2.1 系统使用部门（单位）负责业务流程、业务工作标准、数据维护、用户管理、数据使用安全、知识产权合法性使用及相关制度的制定和落实等工作，对有关数据的日常更新等作运行操作记录。系统使用部门还要对关键用户与一般用户进行培训。

4.2.2 行政部负责日常软硬件系统维护、网络安全、消防、应急处理等工作，保证信息系统安全、稳定运行，并做《应急事故处理记录》和《运行维护记录》。《应急事故处理记录》和《运行维护记录》由软、硬件使用人及部门负责人签字。需要委托维护的信息系统，行政部负责审查系统服务商资质，并签订系统维护服务合同。

4.3 账号审批管理

4.3.1 公司行政部根据员工的职级与权限编发账号，为每位员工设置与之相对应的唯一账号，只允许其使用自己的账号，禁止使用他人账号。

4.3.2 账号申请审批程序

（1）使用部门提出使用公司信息系统的申请。

（2）行政部经理审批。

（3）行政部系统管理专员编发账号。

4.3.3 信息系统中的超级账户，必须有总经理签名的授权书。

4.3.4 公司人员离职、调动时，行政部相关人员要及时对其账号进行撤销或修改。

4.4 信息系统访问安全管理

4.4.1 操作人员管理

（1）未经培训的操作人员禁止使用信息系统。

（2）公司信息系统中的软件升级、杀毒、安装等由行政部统一操作，禁止用户部门的操作人员擅自进行系统软件的删除、升级、杀毒、改变及卸载系统软件版本等。

（3）行政部工作人员在信息系统中设置的安全参数与软件系统环境配置等，禁止用户部门的操作人员修改。

（4）操作人员离开工作现场时，要锁定或退出已经运行的程序，防止他人利用自身账号操作，否则造成的后果由当事人自己承担。

（5）更换操作人员或密码泄露后，用户必须及时修改密码。

（6）公司信息系统中的信息、数据为公司资产，禁止未经授权的操作人员使用存储介质存储。

（7）每天日终业务完成后，各业务部门的数据应及时备份，标明备份日期、名称等，并保存最近连续十天的数据盘，月终及年终数据备份两份。

（8）淘汰与损废的磁盘、磁带等重要媒介由行政部集中销毁。

4.4.2 管理人员管理

（1）行政部指定人员定期审阅信息系统中的账号，避免有授权不当或非授权账号存在。

（2）行政部指定人员监测各账号使用信息系统的情况，发现异常上报行政部经理。

（3）行政部信息系统管理员应加强防火墙、路由器等网络安全方面的管理，防范外网对信息系统造成损害。

（4）行政部信息系统管理员每周至少查看一次应用系统数据库日志文件，以尽早发现异常情况，确保数据库的存储安全。

（5）要害岗位人员调离时，严格按照规定办理调离手续，各种资料的移交，系统密码、操作员密码的更换要在安全管理员监督下完成，并办理交接手续。

（6）行政部的系统管理员和密码管理员不得兼任操作员经办具体业务。

4.5 网站运行管理

4.5.1 归口管理

4.5.1.1 集团企划发展部负责网站的建设、运行管理以及集团网站的栏目策划、内容组织、信息采编、审核发布等工作。

4.5.1.2 各部门、各下属公司要指定专人作为集团网站信息员，负责为集团网站提供图文信息稿件。所有信息员的相关资料必须在集团企划发展部备案，如有变更，各部门、各单位须即时通知并上报。

4.5.2 信息管理

4.5.2.1 网站上传发布信息实行分级负责制，栏目设置、重大信息发布由集团领导审批；网站各栏目的更新以及新闻中心信息，由企划发展部负责；相关版块信息，如旅游、会展、影视资讯等，由集团各部门、各下属公司自行上传，网站后台负责设置各部门、各下属公司专用账户、密码，所有上传内容须经集团企划发展部审核后才能发布。

4.5.2.2 各部门、各下属公司每周二、周五上报各自信息，集团企划发展部每周三、周日统一审核发布。此外，重大信息须即时上报，并通知集团企划发展部即时发布。

5. 业务流程图

5.1 信息系统战略规划流程图

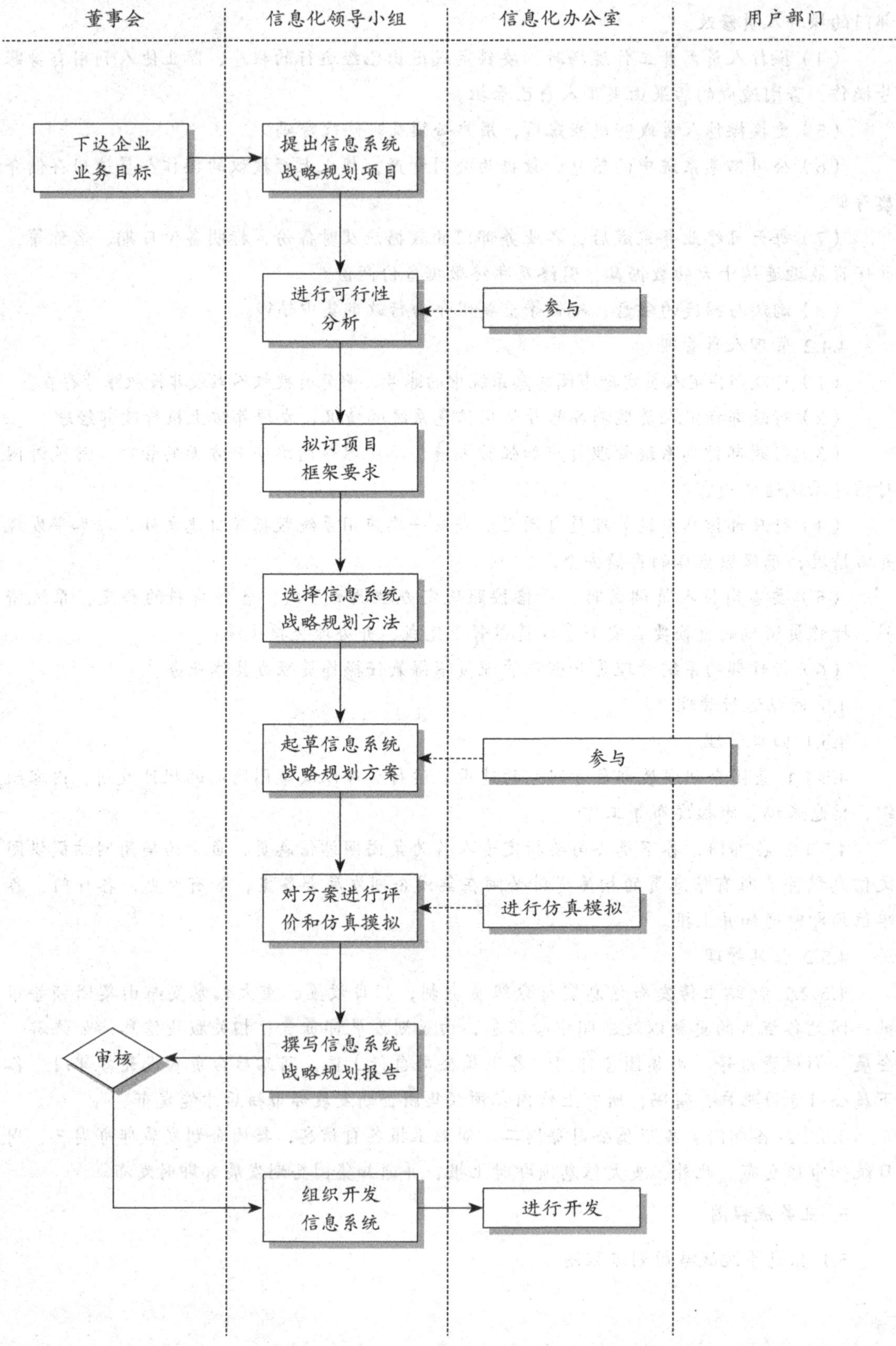
董事会
信息化领导小组
信息化办公室
用户部门
下达企业业务目标
提出信息系统战略规划项目
进行可行性分析
参与
拟订项目框架要求
选择信息系统战略规划方法
起草信息系统战略规划方案
参与
对方案进行评价和仿真摸拟
进行仿真模拟
撰写信息系统战略规划报告
审核
组织开发信息系统
进行开发

5.2 信息系统开发招标流程图

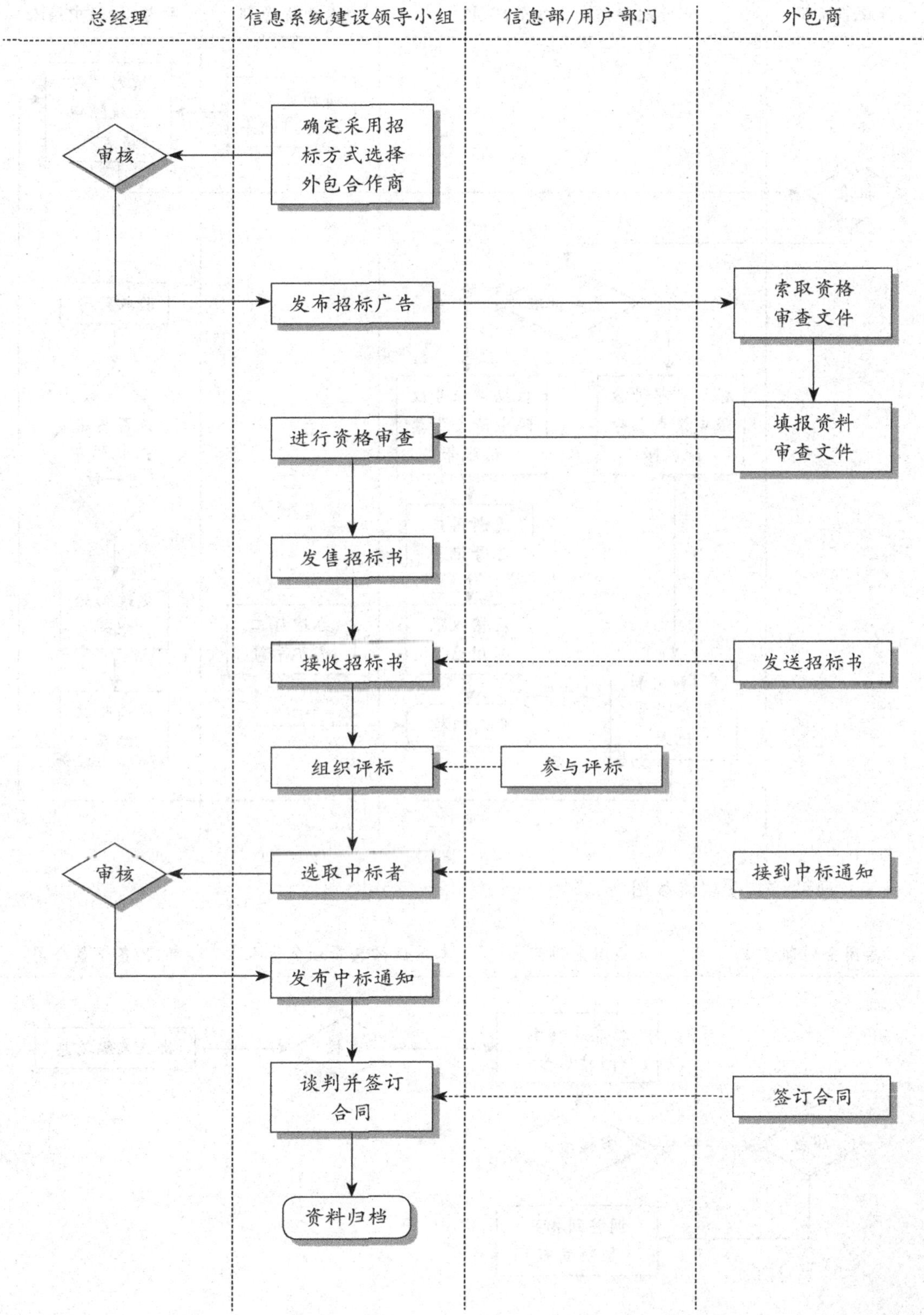

5.3 信息系统账号管理流程图

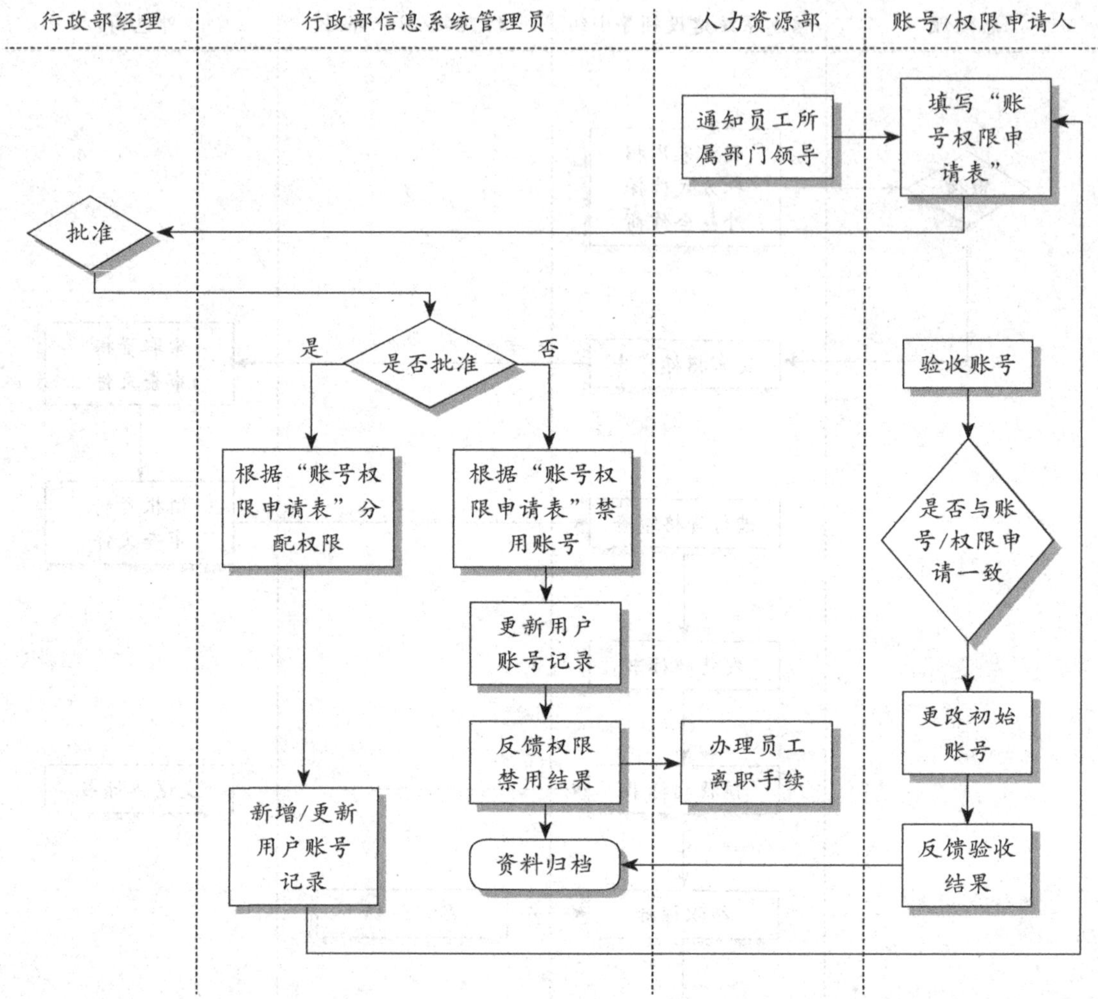

5.4 网站信息管理流程图

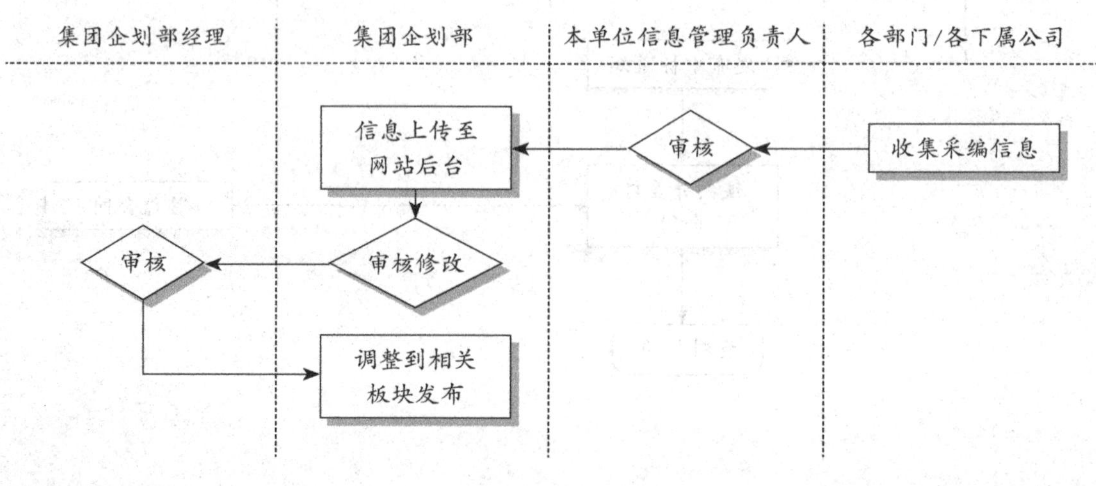

第五章

内部控制实施的监督

内部控制是一项管理工具，要使其真正地发挥作用，必须对其进行监督。监督的方法分为内部控制审计和自我评价，以确保各项控制流程、制度能够持续地执行。

第一节　内部控制审计

内部控制审计就是确认、评价企业内部控制有效性的过程，包括确认、评价企业控制设计和控制运行缺陷以及缺陷等级，分析缺陷形成原因，提出改进内部控制建议。

一、内部审计制度的建立

该制度依据《中华人民共和国审计法》（以下简称《审计法》）、《审计署关于内部审计工作的规定》及《企业内部控制基本规范》等相关法律法规制定。内部审计是企业内部实施监督、控制、评价的重要手段。审计监察部是企业内部审计的归口管理部门。

（一）职责分工及岗位设置

企业审计监察部在董事会审计委员会的指导下进行审计工作，对董事会负责，独立行使审计监督权。

企业审计监察部对企业、分公司各内部机构、控股子公司以及具有重大影响的参股公司的内部控制和风险管理的有效性，财务信息的真实性、完整性以及经营活动的效率和效果等开展评价活动，并重点监督账务处理流程、合并报表流程和期末报告等，以完成对财务报表的真实性审计监督工作。

内部审计的具体职责包括：

（1）对企业及所属各单位贯彻执行国家有关财经法规、法纪、制度、办法进行审计监督；

（2）对企业及所属单位的生产、基建、财务、成本、资金信贷计划、工程概预算、管理费预算、财务收支、上缴资金、还本付息及外汇使用情况进行审计监督；

（3）对企业签订的国内外各类合同、协议执行情况进行审计监督；

（4）对企业所属单位有关内部控制进行审计监督；

（5）对所属单位会计决算报表进行审计监督；

（6）对所属单位进行经济效益审计；

（7）对企业管理的分、子公司总经理的任期经济责任进行审计；

（8）制定企业系统内部审计制度与办法；

（9）对违反财经纪律和严重损失浪费的情况进行审计检查；

（10）参与研究和审核企业有关经营管理制度与规定；

（11）协助上级审计机关对总公司及所属单位进行审计；

（12）协助纪检监察部门对重大经济案件进行核查；

（13）每年对企业组织结构中的权责分配进行审计；

（14）每年对企业人力资源部职责的履行情况进行审计；

（15）每年对企业信息系统运行可靠性进行审计；

（16）每年对企业财务报告进行审计。

内部审计的职责以文件形式通过内部网络或其他渠道向内审人员发布，通过电子回执、签收单或其他有效形式对内审人员是否收到进行记录。

每年，企业审计监察部至少独立对企业内控制度和内控测评记录发表一次意见并形成报告，向企业总经理及审计委员会负责并报告工作。

企业所属分、子公司设置专兼职审计监察岗，每年在企业审计监察部的统一安排下开展内审工作，亦可在职责权限内开展本单位的内部审计，对本单位经理和企业审计监察部负责并报告工作。

总公司、分公司、子公司内审人员在审计过程中必须保持形式上和实质上的独立性。总公司、分公司、子公司管理层必须为内审人员的独立审计提供必要条件，不得限制其开展审计所必需的经费。企业审计监察部每年应编制内部审计经费预算，并经审主地委员会审核批准。审计监察部在内部审计的独立性可能受到管理层影响时，实时向审计委员会报告。如果审计监察事项与本人或者其近亲属有利害关系，那么内审人员必须回避。

（二）主要权限

企业审计监察部负责制定《内部审计制度》《经济任期经济责任审计规定》《项目审计办法》《会计决算报表审计办法》《内部控制审计监督办法》等内审制度，并以文件形式或利用内部网络向员工发布。

制度中对内部审计的主要权限需予以恰当描述。审计监察部每年对上述制度进行审阅并根据适当情况决定是否重新修订。

内部审计的主要权限包括：

（1）根据审计工作的需要，要求有关职能部门及时提供有关生产、基建、财务、成本、价格、资金、信贷、劳动、工资计划、预算、会计决算、统计资料、经济合同、协议（副本）和经济活动的有关文件、资料等；

（2）检查与经济活动有关的凭证、账表、预决算文档、资金和财产，检测财务会计软件、查阅有关文件和资料；

（3）对审计涉及的有关事项进行调查，并索取有关的文件、资料等证明材料；

（4）对正在进行的严重违反财经法规、严重损失浪费等行为，经有关单位负责人同意，可以作临时性的制止决定；

（5）对阻挠、破坏审计工作及拒绝提供有关资料的，经单位负责人批准，可以采取必要的临时性措施，并提出追究有关人员责任的建议；

（6）提出改进管理、提高效益的建议，以及纠正处理违反财经法规行为的意见；

（7）对严重违反财经法规和造成严重损失、浪费的人员，提出追究责任的建议；

（8）对审计工作中的重大事项，向其上一级内部审计机构和有关审计机关反映；

（9）对参加本单位召开的有关生产、基建、项目、计划、财务会计、资金、工资福利、利润分配及合同谈判等方面的业务会议以及本单位制定的有关经济管理规章制度进行研究；

（10）对企业各类办公、财务、管理信息系统有查阅权；

（11）具有单位负责人赋予的其他权限，如专项审计调查权等。

（三）内审人员构成

审计监察部应保持合理的审计人员结构，以充分满足审计工作需要。审计人员应具备下列条件。

（1）坚持四项基本原则，廉洁奉公，客观公正，实事求是，具有严谨、稳健、负责的职业道德。

（2）熟悉国家和企业有关的法律法规和政策；掌握会计、审计及其他相关专业知识并能熟练运用；有一定的会计、审计或其他相关专业工作经历，并持有相关资格证书。

（3）了解本企业的经营活动和内部控制制度。

（4）保证其在执行职务中严守被审计单位的商业秘密，取得的文件、资料、数据未经批准，不得向外泄漏或向他人提供。

（5）具有按照审计目标和计划有效完成审计任务的技能，包括：

①正确理解和运用国家有关财经法规和政策的能力；

②正确理解和运用内部审计程序、方法和技术的能力；

③熟练运用相关专业知识的能力；

④调查研究、综合分析、语言表达和文字报告能力。

企业审计监察部负责人的任免、岗级等变化，须经审计委员会审查并认可。企业本部一般内审人员（属关健岗位）的聘用除遵照人力资源管理聘用程序外，企业审计监察部负责人应参与对应聘者的面试，以评定是否具备以上条件。

二、内部审计的监督内容

内部审计对下列事项进行监督：

（1）生产、基建、成本、费用、利润、资金、信贷等财务预算的执行情况；

（2）各项收入、成本、费用支出、税金、融资等财务收支及其有关的经济活动；

（3）与境内外经济组织兴办合资、合作经营企业及合作项目、集资、进口设备等经济合同、协议的签订和执行情况，投入资金、财产的经营状况及其经济效益；

（4）工程建设项目概（预）算执行情况及有关经济活动；

（5）内部控制制度的建立健全和有效性；

（6）资产的保值、增值、管理、使用及其安全性；

（7）国家财经法规和上级部门、本单位规章制度的执行情况；

（8）会计决算报表的真实性、正确性和合法性；

（9）多种经营、综合利用的财务收支、经济效益及有关的经济活动；

（10）信息系统可靠性审计评价；

（11）对企业组织结构中的权责分配进行审计；
（12）对人力资源部职责履行情况进行审计；
（13）企业交办的其他事项，如任期经济责任审计等。

三、内部审计的程序

（一）审计计划的制定

审计计划编制应考虑以下因素：
（1）董事会审计委员会的要求；
（2）对企业财务报告有重大影响的单位；
（3）新收购企业；
（4）高风险领域；
（5）经济责任审计等。

（二）审计计划评估

总公司、分子公司内审负责人应每半年对审计计划的执行情况进行一次评估，评估通过审阅内审文档、工作总结形式展开，评估内容包括计划完成率、成本效益比率等，并形成评估报告。评估报告包括评估形式、评估内容和结论。

（三）审计实施方案的制度

企业审计监察部开展内部审计时，审计项目负责人根据批准的审计项目制定审计实施方案，内容包括：
（1）编制审计方案的依据；
（2）被审计单位名称和基本情况；
（3）审计的范围、内容、目标、重点、方式、实施步骤和审计时限；
（4）审计组长、审计成员名单和责任目标。

（四）审计通知书

企业审计监察部在审计开始三天前向被审计单位下发审计通知书，告知被审计单位具体的审计内容，包括：
（1）文件名、文件号；
（2）被审计单位名称；
（3）审计的依据、范围、内容、方式、时间；
（4）审计组组长和其他人员名单；
（5）对被审计单位配合审计工作的要求；
（6）审计部门公章及签发日期。

企业审计监察部进行特殊要求的项目审计和经济案件的核查时，可以不事先通知被审查单位，执行突击检查。

（五）实施审计

内部审计的实施主要采取现场审计为主、送达审计为辅的方式。企业审计监察部内审人员通过现场核对财务账簿、报表、凭证及附件，核查实物，调查访问相关人员，检查、监督盘点、观察、函证以及录音、拍照、复印、计算和分析性复核等方法，收集审计证据，核实审计事项，根据《内部审计制度》《项目审计办法》《会计决算报表审计办法》中的规定编写审计底稿。审计底稿采取分级审阅的模式，由审计项目负责人最后审阅签字，并提请被审计单位在审计工作底稿上签字确认。内审人员对被审计单位或者有关人员有异议的审计证据，应当核实。对确有错误和偏差的，应当重新取证。

内审人员实施审计时，要对审计工作进行记录，编制审计工作底稿。审计工作底稿按编制顺序可分为分项目工作底稿和汇总审计工作底稿。分项目工作底稿应当由内审人员根据审计方案确定的项目内容，逐项逐事编制而成，做到一项一稿或一事一稿。汇总审计工作底稿应当在分项目审计工作底稿编制完成的基础上，按照分项目审计工作底稿的性质、内容进行分类归集，综合编制。

内审人员应当对审计工作底稿的真实性负责。

内部审计工作底稿及审计意见书等审计档案由审计监察部保存，审计档案的保管按照项目审计案卷的保存价值确定，分为永久、长期（15~20年）、短期（15年以下）三种，企业各项目审计案卷的具体保管期限为15年。审计档案的密级及其保管期限，按卷内文件的最高级确定，并按规定作出标识，企业一般项目审计案卷的密级为秘密级，保密期限为5年。分、子公司审计监察人员开展本单位内部审计时，可参照执行。

（六）审计报告

内审工作结束后，审计项目负责人应及时编制正式的审计报告。正式的审计报告是在意见交换稿的基础上根据与被审计单位沟通的结果，正式编制完成。

1. 审计复核与监督

审计项目负责人应对审计人员的审计工作底稿及收集的相关证明资料进行详细的复核，并对审计人员实施的相关审计程序进行适当的监督和管理。

2. 整理审计工作底稿及相关资料，编写意见交换稿

（1）审计人员应对编制的审计工作底稿及收集的相关文件、报表、记录等证据资料及时整理、归类。审计人员应根据统一的标准对审计工作底稿及证据资料编制索引号，以便查阅。

（2）召开退出会议前，审计项目负责人应编写详细的意见交换稿，也可以编制审计报告初稿代替。意见交换稿应简要说明项目的审计目标、审计范围、实施的审计程序，并对具体的审计发现和初步的审计建议进行详细阐述。

3. 与被审计单位交换意见

与被审计单位的沟通包括重大问题的沟通及退出会议上的意见交换。

（1）重大问题沟通

重大问题主要是指在审计过程中发现的正在进行的重大违规或对集团利益造成严重损害的问题。在这种情况下，需要被审计单位马上采取相关的措施。审计人员应根据具体情况分析所发现问题的实质及影响，确定沟通对象，并报集团总裁批准。

（2）召开退出会议

最后，应召开退出会议就相关审计发现与审计建议与被审计单位交换意见。

内审工作结束前，审计人员应与被审计单位负责人及相关责任人召开退出会议，就意见交换稿上的相关问题听取被审计单位的解释与意见，并详细记录。双方应在意见交换书上签名确认。对在有关问题上的不同意见，可由被审计单位进行书面陈述，并与审计人员的审计发现与建议一起归档，以便查阅、分析。

4. 编制正式的审计报告

审计报告是指审计部对审计事项实施了必要的审计程序后，就审计工作情况和审计结果向集团董事会或主管领导及（或）被审单位提出的具有内部约束力的正式书面文件。

（1）审计报告的基本要素

①报告字号。

②标题，即“审计报告”。

③主送部门，如集团董事会/副总经理、运营总监办公会/副总经理、运营总监/副总经理等。

④审计报告的内容。

⑤审计部主管签名。

⑥审计部印章。

⑦报告日期。

⑧抄送部门等。

（2）审计报告正文的内容

审计报告正文的内容应根据审计目标和被审计单位的具体情况撰写。不同的审计目标、审计种类和不同被审计单位的具体情况，审计报告的内容不尽相同，通常包括以下几个方面。

①审计的范围、内容、方式、时间。

②会计责任与审计责任。

③审计依据，即集团《内部审计办法》和与审计范围、内容相关的各种管理制度。

④已实施的主要审计程序。

⑤被审计单位的基本情况或基本评价。

⑥存在的问题：详细列出在审计中发现的问题，揭示违反集团规定的财务收支或经营活动情况，分析这些问题造成的影响及危害等。

⑦审计意见，即对已审计的财务收支或经营活动及相关资料的概括表述，结合审计方案确定的重点及审计中发现的重大问题，围绕财务收支和经营活动的真实性、合法性、合规性、效益性，及被审计单位应负的经济责任等给出评价性意见。

⑧审计处理建议：对违反集团规定的财务收支行为或经营活动进行定性，提出处理、处罚建议及其依据等。

⑨改进建议：对经营管理、财务管理、资产管理中的薄弱环节提出改进措施等。

⑩审计附件：对原始记录、调查记录等在审计中发现的有关重大证据，如属必要，应作为审计报告的附件。

（3）审计报告撰写的步骤

审计报告撰写的步骤如图5-1所示。

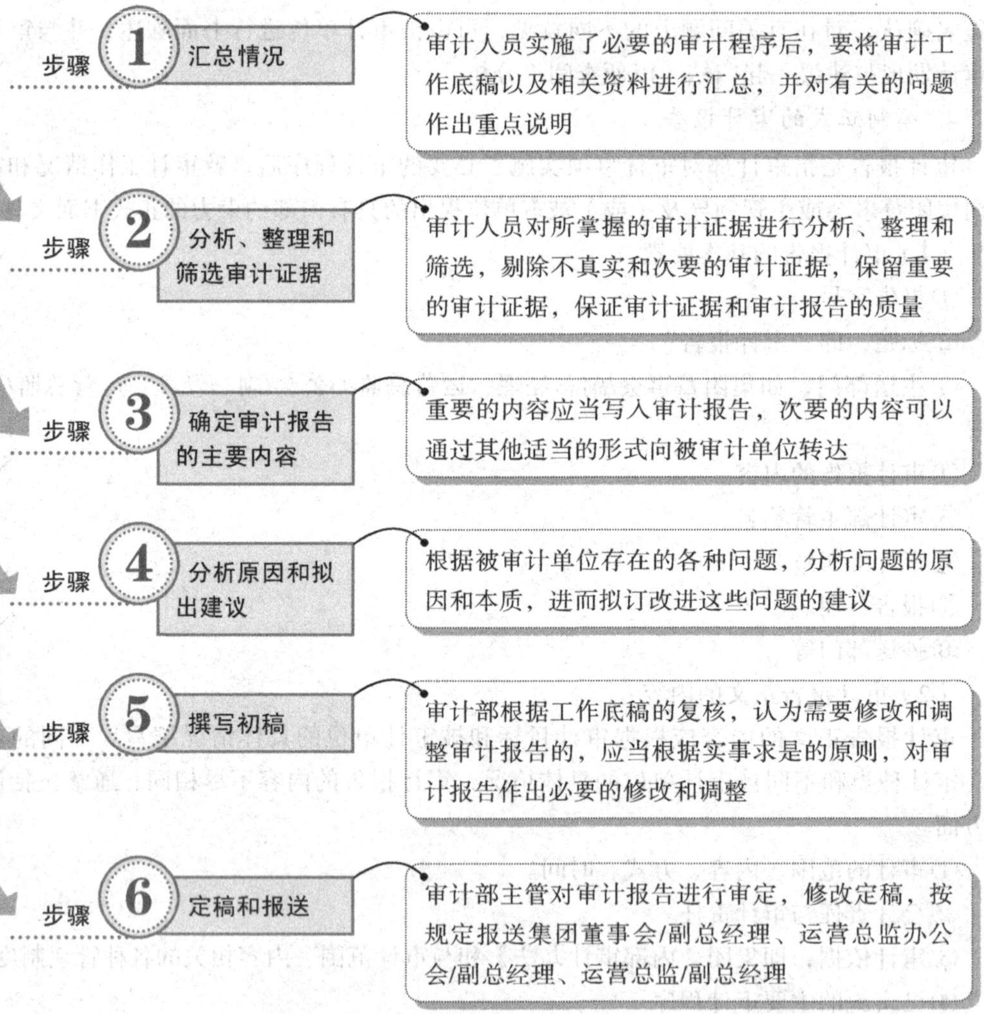

图5-1 审计报告撰写的步骤

5. 审核并报送审计报告

审计部门负责人应对审计报告及相关的审计资料进行详细审核，确认后正式报送集团总裁及审计委员会，并对审计结果进行简要的口头汇报。审计部门也应将经批准的审计报告送达被审计单位。

（七）审计后处理

企业审计监察部应当根据审计报告的不同情况分别作出以下处理：对违反国家财经法规和企业财经制度的财务收支行为，情节轻微的，可在审计意见书中予以指明并令其纠正；对严重违反财经法规的行为，除应当对审计事项作出评价，出具审计意见书外，还应作出审计决定，向企业董事会及管理层提出处理建议。

第二节　内部控制的自我评价

内部控制的自我评价是基本规范的要求，也是管理审计的重要组成部分。内部评价手段完善的关键是建立评价标准与评价流程，明确内控缺陷的认定标准，规范评价报告。

一、内部控制评价的内容

（一）企业对与实现整体控制目标相关的五大要素的评价

企业应当对与实现整体控制目标相关的内部环境、风险评估、控制活动、信息与沟通、内部监督这五个内部控制要素进行全面系统、有针对性的评价。评价内容包括但不限于：

（1）单位组织结构中职责分工的健全状况；

（2）各项内部控制制度及相关措施是否健全、规范，是否与单位内部的组织管理相吻合；

（3）各项工作中的业务处理与记录程序是否规范、经济，其执行是否有效；

（4）各项业务工作中的授权、批准、执行、记录、核对、报告等手续是否完备；

（5）各岗位的职权划分是否符合不相容职务相互分离的原则，其职权履行是否得到有效控制；

（6）是否有严格的岗位责任制度和奖惩制度；

（7）关键控制点是否均有必要的控制措施，其措施是否有效执行；

（8）内部控制制度在执行中受管理层的影响程度。

企业实施内部控制评价，包括对内部控制设计有效性和运行有效性的评价。内部控制设计有效性是指为实现控制目标所必需的内部控制要素都存在并且设计恰当；内部控制运行有效性是指现有内部控制按照规定程序得到了正确执行。

企业应当根据《企业内部控制基本规范》及其应用指引的有关规定，建立与实施内部控制，并以此为依据和标准组织开展内部控制评价工作。

（二）企业集团对被评价单位内部控制的有效性进行评价

企业集团对被评价单位内部控制的有效性进行评价，至少应涉及下列内容：

（1）被评价单位内部控制是否在风险评估的基础上涵盖了企业各层面的风险，以及所有重要的业务流程层面的风险；

（2）被评价单位内部控制设计的方法是否适当，内部控制建设的时间进度安排是否科学、阶段性工作要求是否合理；

（3）被评价单位内部控制设计和运行的组织是否有效，人员配备、职责分工和授权是否合理；

（4）被评价单位是否开展内部控制自查并上报有关自查报告；

（5）被评价单位是否建立有利于促进内部控制各项政策措施落实和问题整改的机制；

（6）被评价单位在评价期间是否出现过重大风险事故等。

二、内部控制评价的程序

企业应当按照制定评价方案、实施评价活动、编制评价报告等程序开展内部控制评价。

内部控制评价机构应当根据审批通过的评价方案组织实施内部控制评价工作，通过适当的方法收集、确认、分析相关信息，确定与实现整体控制目标相关的风险及细化控制目标，并在此基础上辨识与细化控制目标相对应的控制活动，然后针对控制活动进行必要的测试，获取充分、相关、可靠的证据对内部控制的有效性展开评价，并做好书面记录。

（一）建立内部控制评价机构

企业应根据单位的经营规模、机构设置、经营性质、制度状况等设置评价机构，并考虑以下原则：

（1）能独立行使对内部控制系统的建立、运行过程及结果进行监督的权力；

（2）具备与监督和评价内部控制系统相适应的胜任能力和权威性；

（3）与单位其他职能机构在监督与评价内部控制系统方面协调一致，在工作中能够相互配合、相互制约、相互促进；

（4）在效率上能够满足单位对内部控制系统进行监督与评价所提出的有关要求；

（5）能够得到单位负责人的支持，并采取有效措施保证内部控制系统评价工作的有效开展。

内部控制评价机构应当根据企业整体控制目标，制定内部控制评价工作方案，明确评价目的、范围、组织、标准、方法、进度安排和费用预算等内容，并报管理层和董事会审批。

（二）对内部控制制度的建立和执行情况进行调查

通过审阅相关的规章制度、现场询问有关人员、实地观察等方式调查了解内部控制制度的建立和执行的详细情况，并作出初步评价。

（三）对内部控制制度进行测试

内部控制评价范围的确定应当遵循风险导向、自上而下的原则，评价范围包括需要评价的分支机构、重要业务单元、重点业务领域或流程环节。重点是测定内部控制各个组成部分是否按规定的控制步骤、方法运行，测试各控制环节运行与其内容是否相符，检查各控制环节和控制点的内容、程序、方法等是否正常运行以及相互之间的协调配合情况等。

内部控制测试的方法有许多，具体如表5-1所示。

表5-1　内部控制测试的方法

序号	测试方法	具体说明
1	个别访谈法	个别访谈法是指企业根据检查评价需要，对被查单位员工进行单独访谈，以获取有关信息
2	调查问卷法	调查问卷法是指企业设置问卷调查表，分别对不同层次的员工进行问卷调查，根据调查结果对相关项目作出评价
3	比较分析法	比较分析法是指通过分析、比较数据间的关系、趋势或比率取得评价证据的方法
4	标杆法	标杆法是指通过与组织内外部相同或相似经营活动的最佳实务进行比较，而对控制设计有效性作出评价的方法
5	穿行测试法	穿行测试法是指通过抽取一份全过程的文件，了解整个业务流程执行情况的评估评价方法
6	抽样法	抽样法是指企业针对具体的内部控制业务流程，按照业务发生频率及固有风险的高低，从确定的抽样总体中抽取一定比例的业务样本，对业务样本的符合性进行判断，进而对业务流程控制运行的有效性作出评价
7	实地查验法	实地查验法是指企业对财产进行盘点与清查，以及对存货出、入库等控制环节进行现场查验
8	重新执行法	重新执行法是指通过对某一控制活动全过程的重新评估控制执行情况的方法
9	专题讨论会法	专题讨论会法是指通过召集与业务流程相关的管理人员，就业务流程的特定项目或具体问题进行讨论及评估的一种方法

（四）对内部控制制度进行评价

对内部控制制度进行评价主要是对内部控制中的具体问题，特别是对差错、浪费、损失、非授权使用或滥用职权等敏感问题进行评价，找出失控的原因，提出相应的改进、补救措施。

1. 获取证据

企业应当通过评估和测试获取与内部控制有效性相关的证据，并合理保证证据的充分性和适当性。证据的充分性是指获取证据的数量应当能合理保证相关控制的有效；证据的适当性是指获取的证据应当与相关控制的设计与运行有关，并能可靠地反映控制的实际运行状况。

2. 判断相关控制的设计与运行的有效性

企业应当根据所收集的证据，判断相关控制的设计与运行是否有效。企业在判断内部控制设计与运行有效性时，应当充分考虑下列因素：

（1）是否针对风险设置了合理的细化控制目标；

（2）是否针对细化控制目标设置了对应的控制活动；

（3）相关控制活动是如何运行的；

（4）相关控制活动是否得到了持续一致的运行；

（5）实施相关控制活动的人员是否具备必需的权限和能力。

3. 对内部控制缺陷进行分类分析

企业在内部控制评价中，应对内部控制缺陷进行分类分析。企业对内部控制评价过程中发现的问题，应当从定量和定性等方面予以衡量，判断是否构成内部控制缺陷。存在下列情况之一的，企业应当认定内部控制存在设计或运行缺陷：

（1）未实现规定的控制目标；

（2）未执行规定的控制活动；

（3）突破规定的权限；

（4）不能及时提供控制运行有效性的相关证据。

（五）编写内部控制评价报告

内部控制评价报告主要说明内部控制程序是否符合国家有关规定，是否符合企业管理方针和政策，是否满足企业经营管理的需要，是否有利于企业经营目标的实现，内部控制制度在运行中存在的漏洞或缺陷，改进的措施及具体计划和进度安排等。

1. 内部控制评价报告的内容

企业应当结合年末控制缺陷的整改结果，编制年度内部控制评价报告。内部控制评价报告至少应当包括下列内容：

（1）内部控制评价的目的和责任主体；

（2）内部控制评价的内容和所依据的标准；

（3）内部控制评价的程序和所采用的方法；

（4）衡量重大缺陷严重偏离的定义，以及确定严重偏离的方法；

（5）被评估的内部控制整体目标是否有效的结论；

（6）被评估的内部控制整体目标如果无效，存在的重大缺陷及其可能的影响；

（7）造成重大缺陷的原因及相关责任人；

（8）所有在评估过程中发现的控制缺陷，以及针对这些缺陷的补救措施及实施计划等。

2. 内部控制评价报告的调整

企业可以根据被评估的整体控制目标的不同，适当调整评价报告的内容。在评价报告中明确财务报表日之后截至内部控制评价日发生的、可能影响财务报告控制目标有效性的所有重大变化。

3. 内部控制评价结果的处理

企业定期对内部控制整体有效性进行评价，出具评价报告，并向董事会、监事会和管理层报告内部控制设计与运行环节存在的主要问题，以及将要采取的整改措施。内部控制评价报告将作为进一步完善内部控制、提高经营管理水平和风险防范能力的重要依据。

企业应对内部控制评价报告中列示的问题采取适当的措施进行改进，并追究相关人员的责任，管理层和董事会应根据评价结论对相关单位、部门或人员实施适当的奖励和惩戒。

【实战范本01】内部控制评价表

内部控制评价表

一、控制环境

核心指标	评价标准	职能部门、二级经营单位	涉及的业务或事项
（一）组织结构			
董事会、监事会、经理层的相互制衡	1. 董事会及各专门委员会、监事会和经理层的职责权限、任职资格、议事规则和工作程序清晰明确并严格履行	战略规划部、人力资源部、办公厅	公司治理结构
	2. “三重一大”事项按照规定的权限和程序实行集体决策	办公厅	决策机制
董事会、监事会、经理层效力于内部控制建设和执行	1. 科学设置董事会、监事会、经理层在建立与实施内部控制中的职责分工	战略规划部	内控体系建设
	2. 董事会采取必要的措施促进和推动企业内部控制工作，按照职责分工提出内部控制评价意见，定期听取内部控制报告，督促内部控制整改，修订内部控制要求	办公厅（董事会办公室）	内控体系建设

（续）

核心指标	评价标准	职能部门、二级经营单位	涉及的业务或事项
组织机构的设置科学、精简、高效、透明、制衡	1. 组织机构设置与公司业务特点相一致，能够控制各项业务关键控制环节，各司其职，各尽其责，避免职能交叉、缺失或权责过于集中	战略规划部	公司组织架构
	2. 明确职责，制定组织结构图、业务流程图、职位说明书和权限指引等，保障权责行使的准确性和透明度		内控体系建设、内控手册制定
组织架构运行的效率和效果	定期梳理、评价公司治理结构和内部机构设置，全面评价运行效率和效果，发现问题及时采取措施加以优化调整。	战略规划部	公司组织架构评估
组织架构对子公司的控制力	通过合法有效的形式履行出资人职责，维护出资人权益，特别关注异地、境外子公司的发展战略、年度财务预决算、重大担保、大额资金使用、主要资产处置、重要人事任命、内部控制体系建设等重要事项	战略规划部、人力资源部、会计管理部、资金部、风险管理部、工程管理部、审计稽核部等	公司运营管理
（二）发展战略			
发展战略科学合理，既不缺乏也不激进，且实施到位	1. 综合考虑宏观经济政策、国内外市场需求变化、技术发展趋势、行业及竞争对手状况、可利用资源水平和自身优势与劣势等影响因素制定科学合理的发展战略	战略规划部、分析评价部	战略规划制定
	2. 根据发展目标制定战略规划，确定不同发展阶段的具体目标、工作任务和实施路径		
	3. 设立战略委员会或指定相关机构负责发展战略管理工作；明确战略委员会的职责和议事规则，并按规定履行职责		
	4. 对发展战略进行可行性研究和科学认证，并报董事会和股东会审议批准		
发展战略有效实施	1. 制订年度工作计划，编制全面预算，确保发展战略的有效实施	战略规划部、分析评价部	战略规划实施
	2. 采取有效方式将发展战略及其分解落实情况传递到内部各管理层级和全体员工		

（续）

核心指标	评价标准	职能部门、二级经营单位	涉及的业务或事项
发展战略科学调整	及时监控发展战略实施情况，并根据环境变化及风险评估情况及时对发展战略做出调整	战略规划部、分析评价部	战略规划评估及调整
（三）人力资源政策			
人力资源结构合理、能够满足本公司需要	1. 结合公司发展战略，制定人力资源总体规划和能力框架体系，保障公司可持续发展和内部控制的有效执行	人力资源部	人力资源管理
	2. 根据人力资源总体规划，制订年度人力资源需求计划，完善人力资源引进制度，按照计划、制度和程序组织人力资源引进工作		
人力资源开发机制健全有效	1. 制定并实施关于员工聘用、培训、辞退与辞职、薪酬、考核、健康与安全、晋升与奖励等方面的管理制度		
	2. 明确各岗位职责权限、任职条件和工作要求，公开、公平、公正选拔		
	3. 建立员工培训长效机制，能满足企业持续发展和职工发展的需要		
人力资源激励约束机制健全有效	1. 设置科学的业绩考核指标体系，并严格考核评价，以此作为确定员工薪酬、职级调整和解除劳动合同等的重要依据		
	2. 是否存在人才流失现象		
	3. 是否对关键岗位员工有强制休假制度或定期轮岗制度等方面的安排		
	4. 是否对掌握国家秘密或重要商业秘密的员工离岗有限制性的规定		
	5. 将有效执行内部控制纳入企业绩效考评体系	分析评价部	
（四）社会责任			
安全生产体系、机制健全有效	1. 建立严格的安全生产体系、操作规范和应急预案，强化安全生产责任追究，切实做到安全生产	安全部	安全管理
	2. 落实安全生产责任，保障对安全生产的投入，包括人力、物力等，建立监督检查机制。		

（续）

核心指标	评价标准	职能部门、二级经营单位	涉及的业务或事项
安全生产体系、机制健全有效	3. 发生生产安全事故后，能妥善处理，排除故障，追究责任；不存在迟报、谎报、瞒报重大生产安全事故现象	安全部	安全管理
产品质量体系健全有效	建立严格的产品质量控制和检验制度并严格执行；提供良好的售后服务，妥善处理客户提出的投诉和建议		
切实履行环境保护和资源节约责任	制定环境保护与资源节约制度，采取措施促进环境保护、生态保护和资源节约，并实现节能减排目标		
促进就业和保护员工权益	1. 依法保护员工的合法权益，保持工作岗位相对稳定，积极促进充分就业	人力资源部、党群工作部、管理学院、安全部	员工权益保护
	2. 实现按劳分配、同工同酬，建立科学的员工薪酬制度和激励机制		薪酬管理
	3. 及时办理员工社会保险，足额缴纳社会保险费；维护员工健康，落实休息休假制度		社会保障
	4. 积极开展员工职业教育培训，创造平等发展机会		教育培训
	5. 积极履行社会公益方面的责任和义务		公司社会责任
（五）企业文化			
企业文化具有凝聚力和竞争力，促进企业可持续发展	1. 采取切实有效的措施，积极培育具有自身特色的企业文化，打造以主业为核心的企业品牌，促进企业长远发展	人力资源部、党群工作部、管理学院、战略规划部、办公厅	企业文化建设
	2. 企业董事、监事及其他高级管理人员在文化建设和履行社会责任中起到表率作用，促进文化建设在内部各层级的有效沟通		
	3. 文化建设与发展战略有机结合，使员工自身价值在企业发展中得到充分体现		
	4. 重视并购重组后的企业文化建设，平等对待被并购方的员工，促进并购双方的文化融合		

（续）

核心指标	评价标准	职能部门、二级经营单位	涉及的业务或事项
企业文化评估具有客观性、实效性	1. 建立企业文化评估制度，重点对董事、监事、经理和其他高级管理人员在企业文化建设中的责任履行情况、全体员工对企业核心价值观的认同感、企业经营管理行为与企业文化的一致性、企业品牌的社会影响力、参与企业并购重组各方文化的整合度以及员工对企业未来发展的信心做出评估	党群工作部、人力资源部	企业文化评估
	2. 根据评估结果，研究影响企业文化的不利因素，分析深层次原因，及时采取措施加以改进，并巩固和发扬文化建设成果		

二、风险评估

核心指标	评价标准	职能部门、二级经营单位	涉及的业务或事项
控制目标设定	1. 企业层面：是否有明确的目标，目标是否具有广泛的认知基础、企业战略是否与企业目标相匹配	风险管理部	内控目标的评估与设定
	2. 业务层面：各业务层面目标是否与企业目标一致，各业务层面目标是否衔接一致，各业务层面目标是否具有操作指导性		
	3. 是否结合企业的风险偏好，确定相应的风险承受度		
风险识别	1. 目标是否层层分解并确立关键业务或事项	风险管理部	全面风险管理
	2. 是否持续收集相关信息，内外部风险识别机制是否健全，是否识别影响公司目标实现的风险		
	3. 是否根据关键业务或事项分析关键成功因素		
风险分析	1. 风险分析技术方法的适用性	风险管理部	全面风险管理
	2. 结合风险发生可能性和影响程度标准划分风险等级的准确性		
	3. 风险发生后负面影响判断的准确性		
风险应对	1. 风险应对策略与公司战略、企业文化的一致性	风险管理部	全面风险管理
	2. 风险承受度与风险应对策略的匹配程度		

三、控制活动

<table>
<tr><th>核心指标</th><th>评价标准</th><th>职能部门、二级经营单位</th><th>涉及的业务或事项</th></tr>
<tr><td colspan="4">（一）控制活动的设计</td></tr>
<tr><td rowspan="5">控制措施全面覆盖企业重要风险，不存在控制缺失、控制过度</td><td>1. 是否针对企业内部环境设立了相应的控制措施</td><td rowspan="5">风险管理部、资金管理部、工程管理部、科技管理部、行政事务部、会计管理部等</td><td rowspan="5">主要针对以下业务活动设定控制措施：资金活动、采购业务、资产管理、销售业务、研究与开发、工程项目、担保业务、业务外包、财务报告。控制措施包括全面预算、合同管理、内部信息传递、信息系统建设</td></tr>
<tr><td>2. 各项控制措施的设计是否与风险应对策略相适应</td></tr>
<tr><td>3. 各项主要业务控制措施是否完整、恰当</td></tr>
<tr><td>4. 是否针对日常规定非系统性业务事项制定相应的控制措施，并定期对其执行情况进行检查分析</td></tr>
<tr><td>5. 是否建立重大风险预警机制和突发事件，相关应急预案的处置程序和处理结果是否有效</td></tr>
<tr><td colspan="4">（二）控制活动的运行</td></tr>
<tr><td>控制活动运行符合控制措施规定</td><td>针对各类业务事项的主要风险和关键环节所制定的各类控制方法和控制措施是否得以有效实施</td><td>风险管理部、资金管理部、工程管理部、科技管理部、行政事务部、会计管理部等</td><td>针对以上业务事项的控制结果</td></tr>
</table>

四、信息与沟通

<table>
<tr><th>核心指标</th><th>评价标准</th><th>职能部门、二级经营单位</th><th>涉及的业务或事项</th></tr>
<tr><td>信息收集处理和传递及时、准确、适用</td><td>是否有透明高效的信息收集、处理及传递程序，合理筛选、核对、整合与经营管理和内部控制相关的信息</td><td>办公厅、信息技术部</td><td>内部信息传递机制</td></tr>
<tr><td rowspan="2">反舞弊机制健全</td><td>1. 是否建立健全并有效实施反舞弊机制</td><td rowspan="2">纪检监察室、审计稽核部</td><td rowspan="2">反舞弊机制建设</td></tr>
<tr><td>2. 举报投诉制度和举报人保护制度是否及时准确传达至企业全体员工</td></tr>
</table>

（续）

核心指标	评价标准	职能部门、二级经营单位	涉及的业务或事项
反舞弊机制健全	3. 对舞弊事件和举报所涉及的问题是否及时、妥善地作出处理	纪检监察室、审计稽核部	反舞弊机制建设
沟通顺畅	1. 信息在企业内部、企业与外部有关方面之间的沟通是否有效	办公厅	内外部沟通机制建设
	2. 董事会、监事会和经理层是否能够及时掌握经营管理和内部控制的重要信息并加以应对	办公厅	
	3. 员工诉求是否有顺畅的反映渠道	人力资源部、党群工作部	
信息化建设情况	1. 制度是否明确了公司信息化建设工作的组织机构，是否建立了适当的企业信息化建设工作组织机构，是否明确了信息化建设工作组织机构的管理职责和工作规定	信息技术部	信息规划制定及实施
	2. 信息化规划的制定和审批工作是否恰当，是否有信息化工作的长远规划和短期工作计划，并经主管领导批准后在企业中颁布实施		
	3. 企业是否建立了与经营管理相适应的信息系统，利用信息技术提高对业务事项自动控制水平		
	4. 在信息系统的开发过程中，是否对信息技术风险进行识别、评估和防范		
	5. 信息系统的一般控制是否涵盖信息系统开发与维护、访问与变更、数据输入与输出、文件存储与保管、网络安全、硬件设备、操作人员等方面，确保信息系统安全稳定运行		
	6. 信息系统的应用控制是否紧密结合业务事项进行，利用信息技术固化流程，提高效率，减少或消除人为操纵因素		
	7. 信息系统是否建立并保持相关信息交流与沟通的记录		

五、内部监督

<table>
<tr><th>核心指标</th><th>评价标准</th><th>职能部门、二级经营单位</th><th>涉及的业务或事项</th></tr>
<tr><td rowspan="7">内部监督能够覆盖并监控企业日常业务活动</td><td>1. 管理层是否定期与内部控制机构沟通评价结果，并积极整改</td><td rowspan="3">战略规划部</td><td rowspan="3">内控体系建设</td></tr>
<tr><td>2. 是否落实各职能部门和所属单位在日常监督中的责任，及时识别环境和业务变化</td></tr>
<tr><td>3. 日常监督的内容是否为经过分析确认的关键控制并有效控制，是否按重要程度将发现的问题如实反馈给内部控制机构，是否积极采取整改措施</td></tr>
<tr><td>4. 日常监督用以证明内部控制有效性的监督人员是否具有胜任能力和客观性</td><td>战略规划部、人力资源部、会计管理部、资金部、风险管理部、工程管理部、安全部、审计稽核部、纪检监察室等</td><td>履行内控监督人员的资格</td></tr>
<tr><td>5. 内部审计的独立性是否得以保障，审计委员会和内部审计机构是否独立、充分地履行监督职责</td><td>审计稽核部</td><td>内审工作</td></tr>
<tr><td>6. 是否开展了必要的专项监督</td><td>审计稽核部、纪检监察室</td><td>专项监督</td></tr>
<tr><td>7. 内部控制机构是否制定内部控制自我评价办法和考核奖励办法，明确评价主体、职责权限、工作程序和有关要求，定期组织开展内部控制自我评价，报送自我评价报告，合理认定内部控制缺陷并分析原因，提出整改方案建议</td><td>战略规划部</td><td>内控体系建设</td></tr>
<tr><td rowspan="2">对内部控制缺陷管理科学、客观、合理，且报送机制健全</td><td>1. 内部控制机构是否制定科学的内部控制缺陷标准并予以一贯地执行</td><td rowspan="2">战略规划部</td><td rowspan="2">内控体系建设</td></tr>
<tr><td>2. 是否对控制缺陷进行全面、深入地研究分析，提出并实施整改方案，采取适当的形式及时向董事会、监事会或管理层汇报并督促业务部门整改重大缺陷，同时按规定予以披露</td></tr>
</table>

（续）

核心指标	评价标准	职能部门、二级经营单位	涉及的业务或事项
对内部控制缺陷管理科学、客观、合理，且报送机制健全	3. 对发现的内部控制重大缺陷，是否追究相关责任单位和责任人的责任	战略规划部	内控体系建设
	4. 是否建立内部控制缺陷信息数据库，并对历年发现的内部控制缺陷及其整改情况进行跟踪检查		
内部控制建设与评价文档妥善保管	1. 是否采取书面或其他适当方式对内部控制的建立与实施情况进行记录	战略规划部、人力资源部、会计管理部、资金部、风险管理部、工程管理部、安全部、审计稽核部、纪检监察室等	内控体系建设及档案管理
	2. 是否妥善保存内部控制相关记录和资料，确保内部控制建立与实施过程的可验证性		
	3. 对暂未建立健全的有关内部控制文档或记录，是否有证据表明已实施了有效控制或者替代控制措施		

【实战范本02】××股份有限公司2015年度内部控制评价报告

××股份有限公司2015年度内部控制评价报告

××股份有限公司全体股东：

根据《企业内部控制基本规范》等法律法规的要求，我们对本公司（以下简称“公司”）内部控制的有效性进行了自我评价。

一、董事会声明

公司董事会及全体董事保证本报告内容不存在任何虚假记载、误导性陈述或重大遗漏，并对报告内容的真实性、准确性和完整性承担个别及连带责任。

建立健全并有效实施内部控制是公司董事会的责任；监事会对董事会建立与实施内部控制进行监督；经理层负责组织领导公司内部控制的日常运行。

公司内部控制的目标是：（一般包括合理保证经营合法合规、资产安全、财务报告及相关信息真实完整，提高经营效率和效果，促进实现发展战略）。由于内部控制存在固有局限性，故仅能对达到上述目标提供合理保证。

二、内部控制评价工作的总体情况

公司董事会授权内部审计机构（或其他专门机构）负责内部控制评价的具体组织实施工作，对纳入评价范围的高风险领域和单位进行评价（描述评价工作的组织领导体制，一般包括评价工作组织结构图、主要负责人及汇报途径等）。

公司（是／否）聘请了专业机构（中介机构名称）实施内部控制评价，并编制内部控制评价报告；公司（是／否）聘请会计事务所（会计师事务所名称）对公司内部控制有效性进行独立审计。

三、内部控制评价的依据

本评价报告旨在根据中华人民共和国财政部等五部委联合发布的《企业内部控制基本规范》（下称“基本规范”）及《企业内部控制评价指引》（下称“评价指引”）的要求，结合企业内部控制制度和评价办法，在内部控制日常监督和专项监督的基础上，对公司截至2015年12月31日内部控制的设计与运行的有效性进行评价。

四、内部控制评价的范围

（一）内部控制评价的范围涵盖了公司及其所属单位的各种业务和事项，重点关注下列高风险领域（列示公司根据风险评估结果确定的前“十大”主要风险）：

1. ______

2. ______

3. ______

…

（二）纳入评价范围的单位包括（描述公司及其所属单位的明确范围）：

1. ______

2. ______

3. ______

…

（三）纳入评价范围的业务和事项包括组织架构、发展战略、人力资源、社会责任、企业文化、资金活动、采购业务、资产管理、销售业务、研究与开发、工程项目、担保业务、业务外包、财务报告、全面预算、合同管理、内部信息传递、信息系统（根据实际情况充实调整）：

上述业务和事项的内部控制涵盖了公司经营管理的主要方面，不存在重大遗漏。

（如存在重大遗漏）公司本年度未能对以下构成内部控制重要方面的单位或业务（事项）进行内部控制评价[逐条说明未纳入评价范围的重要单位或业务（事项），包括单位或业务（事项）描述、未纳入的原因、对内部控制评价报告真实完整性产生的重大影响等]：

1. ______

2. ______

3. ______

…

五、内部控制评价的程序和方法

内部控制评价工作严格遵循基本规范、评价指引及公司内部控制评价办法规定的程序执行（描述公司开展内部控制检查评价工作的基本流程）。

____

____

评价过程中，我们采用了（个别访谈、调查问题、专题讨论、穿行测试、实地查验、抽样和比较分析）适当方法，广泛收集公司内部控制设计和运行是否有效的证据，如实填写评价工作底稿，分析、识别内部控制缺陷（说明评价方法的适当性及证据的充分性）。

____

____

六、内部控制缺陷及其认定

公司董事会根据基本规范、评价指引对重大缺陷、重要缺陷及一般缺陷的认定要求，结合公司规模、行业特征、风险水平等因素，研究确定了适用本公司的内部控制缺陷具体认定标准，并与以前年度保持一致（描述公司内部控制缺陷的定性及定量标准），或作出了调整（描述具体调整标准及原因）。

____

____

根据上述认定标准，结合日常监督和专项监督情况，我们发现报告期内存在______个缺陷，其中重大缺陷______个，重要缺陷______个。重大缺陷分别为（对重大缺陷进行描述，并说明其对实现相关控制目标的影响速度）：

____

____

七、内部控制缺陷的整改情况

针对报告期内发现的内部控制缺陷（含上一期间未完成整改的内部控制缺陷），公司采取了相应的整改措施（描述整改措施的具体内容和实际效果）。

____

____

对于整改完成的重大缺陷，公司有足够的测试样本显示，与重大缺陷（描述该重大缺陷）相关的内部控制设计且运行有效（运行有效的结论需提供90天内有效运作的证据）。

____

____

经过整改，公司在报告期末仍存在______个缺陷，其中重大缺陷______个，重要缺陷______个。重大缺陷分别为（对重大缺陷进行描述）：

____

____

针对报告期末未完成整改的重大缺陷，公司拟进一步采取相应措施加以整改（描述整改措施的具体内容及预期达到的效果）。

____

____

八、内部控制有效性的结论

公司已经根据基本规范、评价指引及其他相关法律法规的要求，对公司截至2015年12月31日的内部控制设计与运行的有效性进行了自我评价。

（存在重大缺陷的情形）报告期内，公司在内部控制设计与运行方面存在尚未完成整改的重大缺陷（描述该缺陷的性质及其对实现相关控制目标的影响程度）。由于存在上述缺陷，可能会给公司未来生产经营带来相关风险（描述该风险）。

____

____

（不存在重大缺陷的情形）报告期内，公司对纳入评价范围的业务与事项均已建立了内部控制，并得以有效执行，达到了公司内部控制的目标，不存在重大缺陷。

自内部控制评价报告基准日至内部控制评价报告发出日期间，（是/否）发生对评价结论产生实质性影响的内部控制的重大变化（如存在，描述该事项对评价结论的影响及董事会拟采取的应对措施）。

____

____

我们注意到，内部控制应当与公司经营规模、业务范围、竞争状况和风险水平等相适应，并随着情况的变化及时加以调整（简要描述下一年度内部控制工作计划）。

____

____

未来期间，公司将继续完善内部控制制度，规范内部控制制度执行，强化内部控制监督检查，促进公司健康、可持续发展。

董事长：（签名）

××股份有限公司

____年__月__日